PLÄTZCHEN · COOKIES · KEKSE

Nancy Baggett

PLÄTZCHEN COOKIES KEKSE

Feine Leckereien aus aller Welt

Fotos von Dennis Gottlieb

ChristianVerlag

Abbildung Schutzumschlag-Vorderseite:
Gefülltes Mandelmürbegebäck (Jam-Filled Almond Shorties)
(Rezept s. S. 94)
Abbildung Schutzumschlag-Rückseite:
Haselnuß-Spritzgebäck
(Rezept s. S. 142)
Abbildung Titelseite:
Walnuß-Cookies (Black Walnut Icebox Cookies)
(Rezept s. S. 65)

Aus dem Amerikanischen übersetzt
von Maria Mill
Redaktion: Christine Westphal
Korrekturen und Register: Anton Sturm
Herstellung: Dieter Lidl
Umschlaggestaltung: Ludwig Kaiser
Satz: Fotosatz Völkl, Germering

Druck und Bindearbeiten: Arnoldo Mondadori, Verona
Printed in Italy

ISBN 3-88472-148-8

INHALT

EINLEITUNG

Willkommen in der Welt der Plätzchen! »Plätzchen – Cookies – Kekse« gibt mir die Gelegenheit, Sie in die internationale Plätzchenbäckerei und damit in ein Zauberreich süßer Leckereien einzuführen. Es bietet mir außerdem die Möglichkeit, einige der schönsten und einfachsten sinnlichen Erfahrungen des Lebens mit Ihnen zu teilen: den Duft, der sich beim Backen von hauchdünnen Ingwerplätzchen in der Küche verbreitet, den Hochgenuß von Schokoladenplätzchen, die gerade aus dem Ofen gekommen und noch warm sind, und die Knusprigkeit von Kokosnuß-Knusperplätzchen.

Während der Arbeit an diesem Buch hatte ich großen Spaß daran, Rezepte zu suchen, auszuprobieren und Plätzchen jeder Art und Herkunft zusammenzustellen. Es war auch ein Vergnügen, mich an die Jahre zu erinnern, die ich mit meiner Familie in Europa verbracht habe. Während dieser Zeit entdeckte ich viele der Plätzchenrezepte, einschließlich des traditionellen deutschen Lebkuchenhauses. Andere Kekse oder Waffeln habe ich über Jahrzehnte gesammelt. Häufig sind es die Lieblingsplätzchen von amerikanischen Verwandten, Kollegen und Freunden.

Amerikanerinnen sind hervorragende Plätzchenbäckerinnen, und so habe ich eine große Auswahl unserer beliebtesten Rezepte in das Buch aufgenommen – pralinenartige Brownies (Schokoladenschnitten), saftige Schokotropfen-, traditionelle Haferplätzchen und zarte Pekan-Knusperle. Weitere Kapitel konzentrieren sich auf andere Länder und Gegenden, darunter Lateinamerika, Großbritannien, Mittel- und Osteuropa, wodurch eine repräsentative Sammlung von köstlichen und interessanten Plätzchen aus aller Welt entstanden ist. Butteriges Mürbegebäck und Kekse, wie man sie zum Nachmittagstee in einem englischen Landhaus angeboten bekommt, sind hier ebenso zu finden wie mit Puderzucker bestäubte Vanillekipferln, ähnlich denen in Wiener Kaffeehäusern, und Dutzende weiterer internatio-naler Rezepte, von denen einige sehr bekannt und andere ziemlich ungewöhnlich sind. Zu den Rezepten werden auch einige Hintergrundinformationen geliefert, damit Sie ein wenig Einblick in die Kulturen, Traditionen und Länderküchen erhalten, wo diese Leckereien kreiert wurden.

Wir haben uns sehr um schöne, anschauliche Fotos und einen lesbaren Text bemüht, doch ich hoffe, daß der Leser sich dieses Buch nicht nur im Sessel oder an der Kaffeetafel anschaut. Es ist in erster Linie ein Backbuch, das es den Bäckerinnen – unerfahrenen wie erfahrenen – ermöglichen soll, auf relativ leichte Weise köstliche Plätzchen herzustellen. Jedes Rezept wurde mindestens dreimal getestet, um den Backerfolg sicherzustellen. Als ich die Rezepte für das Buch aussuchte, geschah dies vor allem unter dem Gesichtspunkt, möglichst viele Geschmacksrichtungen anzusprechen. Aber maßgeblich für die Auswahl der Rezepte – ob einfach oder raffiniert, klassisch oder modern – war allein die Erfahrung, daß sie Plätzchen, Cookies, Kekse oder Waffeln ergeben, die wunderbar munden.

Außerdem wurde darauf geachtet, daß sie leicht herzustellen sind. Zwar habe ich mich darum bemüht, den ursprünglichen Charakter jeder Gebäcksorte zu erhalten, und Zutaten wie Arbeitsvorgänge sehr sorgfältig niedergeschrieben, sie jedoch, wenn notwendig, für die heutige Küche modernisiert oder adaptiert. Tips, kurze Anweisungen und erklärende Anmerkungen zu unbekannten Zutaten werden stets im Rezept selbst angegeben, nicht an anderer Stelle des Buches.

Nach dieser kurzen Einführung ist es an der Zeit, ans Werk zu gehen.

Die Rezepte warten, lassen Sie uns beginnen!

RECHTS:
Orientalische Mürberinge (Rezept s. S. 243)

6

KAPITEL 1

EINIGE VORBEMERKUNGEN ZUR PLÄTZCHENBÄCKEREI

Plätzchen zählen wirklich zu den einfachen Freuden des Lebens. Sie sind nicht nur ein köstlicher Genuß, es macht auch Spaß, sie zu backen. Man benötigt in der Regel wenige Geräte, und die meisten Plätzchenrezepte erfordern die Beherrschung einiger weniger grundlegender Backtechniken.

Lediglich ein bißchen Abmessen, Rühren Formen und Backen, und schon erhält man die unwiderstehlichen, aromatisch duftenden, frischgebackenen Plätzchen. Sogar diejenigen, die sonst nie backen, beherrschen die Plätzchenzauberei im Handumdrehen.

Außer daß man sich an ein gutes Rezept hält, gibt es nur noch ein Geheimnis, das man kennen muß, um leckere Plätzchen zu backen – es ist die Verwendung frischer Zutaten von bester Qualität. Sie sind Garant für das wunderbare Aroma von selbstgebackenen Plätzchen, das sonst auf keine Weise zu erreichen ist.

Im folgenden gebe ich einige kurze Kommentare zu den grundlegenden Backtechniken, Zutaten und Geräten, die für die Rezepte in diesem Buch erforderlich sind. Die Hinweise sollen dazu dienen, Detail- und andere Fragen zu klären, und ganz allgemein dazu beitragen, daß Sie beim Nachbacken dieser Rezepte in Ihrer eigenen Küche möglichst erfolgreich sind.

ZUTATEN

BACKPULVER UND NATRON

Beide Zutaten sind Backtriebmittel; sie können in diesem Buch jedoch nicht gegeneinander ausgetauscht werden. Backpulver muß luftdicht verschlossen aufbewahrt und schnell verbraucht werden, da es sonst seine Wirkung verliert. Zudem kann altes Backpulver einen unangenehmen Nachgeschmack im Gebäck hinterlassen.

Natron ist nur in Verbindung mit einer Säure im Teig wirksam. Es fördert auch das Bräunen des Gebäcks. Da Natron leicht Klumpen bildet, man jedoch nie klumpiges Natron unter trockene Zutaten mischen oder dem Teig zufügen sollte, müssen Sie Natronklümpchen sorgfältig zwischen den Fingern oder mit einem Löffel zerdrücken, bis Sie ein glattes Pulver erhalten, bevor Sie es mit anderen Zutaten vermischen.

In den Rezepten wird eine Anzahl verschiedener Schokoladenerzeugnisse verlangt, darunter Edelbitter-, Zartbitter-, Vollmilch- und weiße Schokolade, Zartbitter-Schokoladentröpfchen und Kakaopulver (nicht die gesüßte Instant-Kakaomischung, die man zum Herstellen heißer Schokolade verwendet). Diese Zutaten können normalerweise nicht gegeneinander ausgetauscht werden, da sie unterschiedliche Anteile an Zucker, Kakaobutter und Kakao (Schokoladenessenz) enthalten, die alle sowohl die Textur als auch den Geschmack der Plätzchen beeinflussen. Achten Sie sorgfältig darauf, welche Zutat im Rezept angegeben ist, und ersetzen Sie sie nicht durch eine andere, sofern nicht Alternativen vorgeschlagen werden.

Obwohl Edelbitter- und Zartbitterschokolade nicht ganz das gleiche sind und man damit geringfügig voneinander abweichende Ergebnisse erzielt, wurden doch einige der Rezepte mit beiden Schokoladensorten ausprobiert, und es kann daher entweder Edelbitter- oder Zartbitterschokolade verwendet werden, wenn dies im Rezept eigens angegeben ist. Edelbitterschokolade muß mindestens 60 % Kakao enthalten, während Zartbitterschokolade einen Kakaoanteil von 50 % haben sollte, aber gewöhnlich nicht mehr als etwa 40 % besitzt; daher verleiht Zartbitterschokolade dem Gebäck im allgemeinen einen zarteren, milderen und manchmal auch subtileren Schokoladengeschmack. Edelbitterschokolade ist gewöhnlich etwas weniger süß als Zartbitterschokolade. Behalten sie diese Unterschiede im Gedächtnis, damit Sie entscheiden können, welche Schokoladensorte Sie in einem bestimmten Rezept am besten verwenden.

Schokolade ist eine leicht verderbliche Zutat und sollte genauso behandelt werden, wie es in den Rezepten angegeben ist. Wenn sie Schokolade zum Beispiel direkt auf dem Feuer schmelzen, sollten Sie dazu auf jeden Fall einen schweren Topf verwenden und die Schokolade sehr langsam erwärmen, damit sie nicht anbrennt. Wenn Sie sie im Wasserbad schmelzen, müssen Sie darauf achten, daß das Wasser nur ganz leicht simmert, denn sonst kann der sich bildende Dampf bewirken, daß die Schokolade plötzlich hart wird und nicht mehr weiterverarbeitet werden kann.

Trockenfrüchte, wie Rosinen, Datteln, Korinthen, Feigen, Aprikosen und Zwetschgen, die in Plätzchen und für Plätzchenfüllungen verwendet werden, sollten stets saftig und frisch sein. Verwenden Sie keine Früchte, die schon ausgetrocknet und hart sind. Sie bleiben auch im Gebäck hart,

und es fehlt ihnen an Geschmack. Darüber hinaus können sie sogar Feuchtigkeit aus dem Teig absorbieren, so daß die Plätzchen trocken und bröselig werden.

Alle Rezepte wurden mit Eiern der Größe I–II getestet. Da die Textur der meisten Plätzchen von einem präzisen Mengenverhältnis der Zutaten Zucker, Fett, Eier und Mehl abhängt, ist es nicht ratsam, kleinere Eier als angegeben zu verwenden.

Wenn bei einem Rezept die Eiweiße schaumig geschlagen werden, dürfen sie keinerlei Eigelbpartikelchen enthalten. Die Rührschüssel und die Rührbesen müssen außerdem absolut fettfrei sein, da sich der Eischnee sonst nicht richtig herstellen läßt.

In diesen Rezepten wird Mehl vom Typ 405 verwendet. Soweit keine anderen Angaben gemacht werden, mißt und verarbeitet man es ungesiebt. Um das Mehl korrekt abzumessen, tauchen Sie die Meßtasse tief in das Mehl, so daß sie gehäuft voll ist. Dann das Mehl mit einem Spachtel oder Messer glattstreichen.

Verwenden Sie nur frische Nüsse von bester Qualität. Alle Nüsse werden schnell ranzig und können einen üblen Geschmack entwickeln, der sich negativ auf die Plätzchen auswirkt. Nüsse, die man nicht sofort verwendet, sollte man in der Tiefkühltruhe aufbewahren. Bevor Sie sie einem Plätzchenteig zufügen, lassen Sie sie gänzlich auftauen.

Eine ganze Anzahl von Rezepten verlangt das Rösten der Nüsse. Dies bringt ihren Geschmack besser zur Geltung und macht sie in einigen Fällen auch knuspriger. Bei den Haselnüssen trägt das Rösten dazu bei, die Schalen zu lösen, die etwas bitter schmecken und deswegen entfernt werden. Der Einfachheit halber sind die Anweisungen zum Enthülsen der Haselnüsse in den jeweiligen Rezepten enthalten.

GEWÜRZE UND AROMEN

Verwenden Sie frische Gewürze und lagern Sie sie luftdicht verschlossen. Bewahrt man Gewürze sehr lange Zeit auf, so verlieren sie nicht nur ihr charakteristisches Aroma, sondern können auch einen unangenehmen, muffigen Geschmack annehmen.

Wenn in Rezepten Vanille, Bittermandelöl oder andere Aromen verlangt werden, so ziehen Sie »reine« Extrakte den künstlichen Aromen vor. Chemische Aromen verleihen dem Gebäck einen künstlichen Geschmack.

ZUCKER

In den Rezepten ist immer angegeben, ob gewöhnlicher Kristallzucker (Haushaltszucker), Puderzucker, einfacher brauner oder dunkelbrauner Rohrzucker verwendet werden sollten; der gewöhnliche Haushaltszucker wird dabei einfach als *Zucker* bezeichnet. Verwenden Sie keinen braunen Zucker, der schon hart und klumpig ist; auch wenn man ihn zerstößt, bleiben noch Klumpen. Versuchen Sie auch nicht, harten braunen Zucker zu erweichen, indem Sie ihn in der Backröhre erwärmen, wie es von manchen Herstellern empfohlen wird. Der warme Zucker bewirkt, daß das Fett im Teig zu warm und weich wird. (Und wenn Sie den Zucker abkühlen lassen, dann wird er wieder hart.)

ARBEITSTECHNIKEN

DEN BACKOFEN VORHEIZEN

Alle in diesem Buch angegebenen Backzeiten beruhen auf Backergebnissen, die man mit einem gründlich vorgeheizten Ofen erhielt. Heizen Sie den Backofen mindestens 10 Minuten oder – noch besser – 15 Minuten vor. Falls Sie ein Backthermometer besitzen, benutzen Sie es, um sicherzugehen, daß die gewünschte Ofentemperatur erreicht ist, bevor Sie mit dem Backen beginnen, und kontrollieren Sie die Temperatur ab und zu, so daß sie nicht zwischen den einzelnen Backgängen absinkt oder steigt.

DIE ZUTATEN ZUSAMMENSTELLEN UND ABMESSEN

Obwohl die meisten Plätzchen ziemlich leicht herzustellen sind, ist es trotzdem wichtig, sorgfältig zu arbeiten. Lesen Sie zuerst immer das ganze Rezept. Achten Sie auch darauf, die Zutaten ganz genau abzumessen. Zu viel oder zu wenig Fett, Mehl, Zucker oder andere Grundzutaten können sich zum Beispiel entscheidend auf die Form, das Auseinanderlaufen, die Knusprigkeit und natürlich auch auf den Geschmack der Plätzchen auswirken.

Um trockene Zutaten abzumessen, benutzen Sie am besten ein Trinkglas oder eine Kaffeetasse in Becherform mit geraden Wänden. Die Mengenangaben der Rezepte beziehen sich auf die amerikanische Meßtasse, die 250 ml faßt (s. Fußnote). Auf dem Trinkglas oder der Bechertasse lassen sich die Mengen – etwa ¼, ⅓, ½, ¾ Tasse – mit einem Stift gut markieren.

Bei allen Löffelmaßen handelt es sich um gestrichene Eßlöffel (EL) bzw. Teelöffel (TL); ¼, ½ EL oder TL usw. sind nach Augenmaß abzumessen.

Hinweis: Amerikanische Meßtassen sind bei uns nicht überall erhältlich; man bekommt sie aber in Spezialgeschäften.

MIXEN UND RÜHREN

Bei den meisten Plätzchen ist nicht viel Rühren und Mixen erforderlich. Es ist jedoch wichtig, die trockenen Zutaten sehr gründlich zu vermischen, damit Salz, Backtriebmittel, Gewürze etc. gleichmäßig im Mehl verteilt werden. Wenn in einem Rezept nichts anderes angegeben ist, sollte man den Teig nicht mehr kräftig schlagen oder rühren, sobald man ihm die trockenen Zutaten zugefügt hat; denn durch das Rühren entwickelt sich Kleber (Glutin) im Mehl, so daß der Teig zäh werden kann.

PLÄTZCHEN FORMEN

Wie Sie noch sehen werden, verlangt eine ganze Anzahl von Rezepten, daß man den Teig zwischen Wachs- bzw. Backpapierbogen statt auf einer bemehlten Arbeitsfläche ausrollt.

Diese Methode hat, außer daß weniger Unordnung in der Küche entsteht, mehrere Vorteile. Der Teig kann ziemlich dünn ausgerollt werden, ohne daß die Gefahr besteht, ihn zu stark zu bemehlen. Zudem kann man die ausgerollten Teigblätter leicht auf ein Tablett oder Backblech heben und im Eisschrank kühl stellen. Sobald der Teig kalt ist, zieht man das Papier ab, sticht Plätzchen aus und legt sie auf die Backbleche. Man muß sich lediglich zwischenzeitlich öfter vergewissern, indem man den Teig umdreht, daß sich an seiner Unterseite keine Falten im Papier gebildet haben, die gegebenenfalls dann geglättet werden müssen.

Die Rezepte in diesem Buch beschreiben nicht nur genau, wie man den Teig zu Plätzchen formt, sondern geben auch die ungefähre Plätzchengröße in cm an. Dies ist notwendig, damit man die Backzeit und die zu erwartende Plätzchenmenge genau einschätzen kann. Das heißt aber nicht, daß Sie die Plätzchen methodisch exakt abmessen und genau in der richtigen Größe formen müssen, weil sonst Probleme auftreten könnten. Es bedeutet lediglich, daß die Backzeit etwas differieren wird, wenn die Plätzchen größer oder kleiner sind als im Rezept angegeben, und daß man dies berücksichtigen sollte.

PLÄTZCHEN BACKEN

Wenn Sie die Plätzchen backen, so halten Sie mindestens 5 cm Zwischenraum zwischen den einzelnen Backblechen ein, damit die heiße Luft gut zirkulieren kann. In manchen Backöfen kann man problemlos zwei Bleche voller Plätzchen gleichzeitig backen, obwohl man wahrscheinlich die Bleche nach der Hälfte des Backvorgangs von vorn nach hinten drehen und ihre Position austauschen muß, um gleichmäßiges Bräunen zu gewährleisten. Wenn der Ofen für zwei Bleche zu eng ist, so benutzen Sie am besten große Bleche und backen jeweils nur ein Plätzchenblech auf einmal.

PRÜFEN, OB DIE PLÄTZCHEN GAR SIND

Für jedes Rezept wird eine minimale und eine maximale Backzeit angegeben, aber eine ganze Anzahl unvorhersehbarer Faktoren, wie zum Beispiel die Teigtemperatur, die Art des Backblechs und die Funktionstüchtigkeit des Ofens, können bewirken, daß die tatsächliche Backzeit etwas davon abweicht. Folglich enthalten die Rezepte immer einen zusätzlichen Hinweis zur Überprüfung der Garzeit (wie etwa

die Tiefe der Bräune oder die gewünschte Festigkeit der Plätzchen), damit Sie feststellen können, wann das Gebäck fertig ist. Falls Sie mit einem Rezept noch nicht vollständig vertraut sind, ist es immer gut, wenn Sie ein oder zwei Minuten vor dem Ende der angegebenen Backzeit die Plätzchen zu kontrollieren beginnen. Man kann sie dann, falls es notwendig sein sollte, immer noch länger backen; sind sie aber einmal zu gar und braun, so läßt sich das nicht mehr rückgängig machen.

PLÄTZCHEN ABKÜHLEN LASSEN

Viele Plätzchen lassen sich zu einem bestimmten Zeitpunkt des Abkühlprozesses am besten von den Backblechen lösen (wenn sie gerade fest genug sind, damit sie nicht reißen oder bröseln, und immer noch ausreichend elastisch genug, damit sie nicht zerbrechen), und dieser Zeitpunkt wird im Rezept genau angegeben, damit Ihnen hier kein Fehler unterläuft. Sobald die Plätzchen fest genug sind, löst man sie sofort mit einem breiten Messer oder einem dünnen Spachtel und legt sie auf ein Kuchengitter. Dann läßt man sie stehen, bis sie vollständig ausgekühlt sind.

AUFBEWAHREN

Bewahren Sie die Plätzchen luftdicht verschlossen auf. Man sollte sie zunächst vollständig auskühlen lassen, da sie sonst im Behälter Dampf abgeben und dadurch feucht und teigig werden können. Falls sie auf besondere Weise verpackt werden müssen, so ist dies im Rezept angegeben. Manche Plätzchen, besonders solche mit Schokoladenglasur, sollten bis zum Servieren im Kühlschrank aufbewahrt werden.

Am besten bewahrt man immer nur eine Plätzchensorte in einem Behälter auf. Feucht-saftige Plätzchen, die man mit knusprigen zusammenpackt, machen die knusprigen Plätzchen weich. Würzige Plätzchen, die man zusammen mit milderen aufbewahrt, bewirken, daß die milderen nach den Gewürzen schmecken.

Trotz der üblichen Auffassung, daß Plätzchen luftdicht verschlossen bei Zimmertemperatur gut zwei oder drei Wochen oder auch länger aufbewahrt werden können, habe ich festgestellt, daß die meisten Gebäckarten etwa einen Tag lang nach dem Backen am besten schmecken. Die Plätzchen verderben nicht, wenn man sie länger aufhebt, aber das wunderbare, frische Aroma verschwindet allmählich, und einige Gebäcksorten trocknen auch aus.

Durch Einfrieren läßt sich der frische Geschmack besser erhalten, und daher empfehle ich, Plätzchen, die nicht innerhalb weniger Tage gegessen werden, einzufrieren. Sie sollten luftdicht und mit möglichst wenig Luftraum im Behälter verpackt werden.

Wenn Sie vorhaben, die Plätzchen länger als eine Woche einzufrieren, ist es am besten, wenn Sie sie doppelt in Plastikfolie einschlagen. Andernfalls können sie mit der Zeit andere Aromen aus der Tiefkühltruhe annehmen. Aber auch wenn man sie sorgfältig verpackt, beginnen die Plätzchen nach ein oder zwei Monaten in der Gefriertruhe alt und schal zu schmecken.

BACKAUSRÜSTUNG

BACKBLECHE

Nach meiner Ansicht sind einfache Aluminiumbackbleche (ohne Beschichtung) mit einem oder mehreren niedrigen Rändern am besten für die Plätzchenbäckerei geeignet. Nicht reflektierende Beschichtungen, vor allem dunkelfarbige, tendieren dazu, den normalen Bräunungsprozeß zu stören. Hohe Ränder können die Zirkulation der heißen Luft an der Plätzchenoberseite behindern.

Aluminiumbackbleche gibt es in zwei Stärken, in mittelschwerem und sehr leichtem Aluminiummaterial, zu kaufen. Der Vorteil der stärkeren, mittelschweren Bleche ist, neben der längeren Haltbarkeit, daß sie die Hitze besser halten, auch gleichmäßiger verteilen und dadurch verhindern, daß die Plätzchen an der Unterseite verbrennen oder ungleichmäßig bräunen. Auf den dünnen, flexiblen, leichten Blechen backen die Plätzchen ziemlich schnell, wodurch man maximale Bräunung und Knusprigkeit erzielt, was aber auch bedeutet, daß man die Plätzchen sehr sorgfältig beobachten und die Bleche während des Backvorgangs von vorn nach hinten drehen muß. Man kann das Risiko des Anbrennens verringern, indem man zwei leichte Bleche aufeinanderlegt und sie als eine einzige, schwerere Einheit benutzt.

Obwohl Sie natürlich mehrere verschiedene Arten von Backblechen gleichzeitig verwenden können, sollten Sie immer berücksichtigen, daß durch jedes eine unterschiedliche Bräune erzeugt werden kann und jedes daher eine geringfügig abweichende Backzeit erforderlich macht. Wenn Sie möchten, daß alle Plätzchen gleichmäßig aussehen, so backen Sie sie auf demselben oder auf gleichen Blechen.

AUSSTECHFORMEN

Bei einer Anzahl von Rezepten in diesem Buch werden Plätzchenausstechformen einer bestimmten Größe und Form verlangt. Dies geschieht, um zu zeigen, wie die Plätzchen traditionell zubereitet werden, es bedeutet aber nicht, daß bestimmte Ausstechformen unbedingt benutzt werden müssen. Sie können statt dessen ohne weiteres die Ausstechformen benutzen, die Sie schon besitzen.

RÜHRGERÄT

Obwohl viele Plätzchenteige mit der Hand gerührt werden können, ist ein elektrisches Rührgerät eine große Hilfe beim Plätzchenbacken, und es wird in diesem Buch daher immer wieder verlangt. Feststehende Rührgeräte rühren die Zutaten normalerweise schneller und effizienter als Handrührgeräte. Sie sind auch bequemer zu bedienen, da man die Hände für andere Arbeiten frei hat. Die Arbeit läßt sich jedoch auch mit einem Handrührgerät erledigen.

KÜCHENMASCHINE UND MIXER

Für einige Rezepte ist eine Küchenmaschine mit Messereinsatz absolut erforderlich, bei anderen kann sie alternativ zum Mixer verwendet werden. Auch zum Zerkleinern von Schokolade und Nüssen eignet sie sich sehr gut.

Bei einigen wenigen Rezepten wird ein Mixer verlangt. Verwenden Sie nicht die Küchenmaschine anstelle des Mixers, es sei denn, das Rezept sieht dies vor. Bei der Verwendung der beiden Maschinen erhält man nicht immer das gleiche Ergebnis.

MESSER UND SPACHTEL

Um das Gebäck von den Backblechen zu lösen, benötigt man bei den meisten Plätzchen entweder ein breites Messer oder einen dünnen Spachtel. Ein Metallspachtel ist dazu am besten geeignet, da Plastik- oder Holzspachteln meist zu dick sind, als daß man sie unter die dünnen Plätzchen schieben könnte, ohne diese zu zerbrechen. Benutzen Sie einen Spachtel, der breiter ist als die Plätzchen, damit diese beim Hochheben nicht zerbrechen.

Sie benötigen darüber hinaus auch einen Gummi- oder Plastikspachtel, um die Seitenwände der Rührschüssel abzuschaben und um zarte Massen, wie zum Beispiel Eischnee, mit anderen Zutaten zu vermischen.

TIMER

Der Timer ist zwar nicht absolut notwendig, aber doch sehr praktisch beim Plätzchenbacken. Es kann leicht vorkommen, daß man so vertieft ist, die Plätzchen von einem Blech zu lösen, daß man ein anderes Blech im Ofen vergißt, bis es zu spät ist. Die elektrischen oder batteriebetriebenen Digital-Timer sind die genauesten, und das investierte Geld zahlt sich aus, wenn Sie häufig backen. Natürlich können Sie auch den mechanischen Timer zum Aufziehen benutzen.

KAPITEL 2

NORDAMERIKANISCHE
COOKIES

Fast jeder in den Vereinigten Staaten und Kanada liebt Plätzchen, und nicht nur, weil sie so gut schmecken. Für viele Amerikaner rufen Plätzchen die heimelige warme Küche und die glücklichen Zeiten in der Familie ins Gedächtnis. Wir erinnern uns, wie wir die Plätzchen frisch vom Blech probierten, wenn Mutter oder Großmutter buk, und an das Abmessen, das Rühren, das Verzieren der Plätzchen, das ein fester Bestandteil der traditionellen Festtagsvorbereitungen war. Die Vielfalt der Plätzchen, die in amerikanischen und kanadischen Küchen gebacken wird, ist geradezu unglaublich – scharfe Pfefferkuchen, zerbrechliche Waffeln, Melasseplätzchen, Karamelschnitten, glasierte Zukkerplätzchen, knusprige Haferkekse, Zitronenschnitten und einfache Butterplätzchen sind nur einige der traditionellen Plätzchensorten. Die große Auswahl an Rezepten ist zum Teil darauf zurückzuführen, daß die Amerikaner eine Nation von Einwanderern sind, die ihre Backtraditionen in die Neue Welt mitbrachten. So wird zum Beispiel in vielen amerikanischen Haushalten Spritzgebäck nach skandinavischer Art hergestellt, und Mürbeteiggebäck (Shortbread) ist in Kanada genauso beliebt wie in Großbritannien.

Aber die beliebtesten Plätzchen sind echt amerikanisch. Die absoluten Favoriten in den Vereinigten Staaten sind wahrscheinlich die Schokotropfen-Plätzchen (Chocolate Chip Cookies), die um 1935 von Mrs. Ruth Wakefield vom Toll House Restaurant in Massachusetts kreiert wurden. Die Kombination von butterigem Teig und gehackten Schokoladenstückchen (Schokotröpfchen – auf amerikanisch »Chocolate Chips« – wurden erst später erfunden und dann für die Toll House-Cookies verwendet) machte amerikanische Plätzchen-Geschichte und hat zu vielen Variationen geführt, wie zum Beispiel Rohrzucker-Cookies mit Schokoladenstückchen, Doppelschokotalern und Macadamianuß-Cookies mit weißer Schokolade, die alle in diesem Kapitel vorgestellt werden. (Viele der Versuchspersonen, die Plätzchen aus diesem Buch probierten, hielten das Macadamianuß-Cookie für das unwiderstehlichste und köstlichste Gebäck, das sie je gegessen hatten.)

An zweiter Stelle der Beliebtheitsskala stehen zweifellos die »Brownies« (Schokoladenschnitten), ein weiterer schokoladiger Genuß in Form von saftigen Schnitten. In Kanada ist eine sehr gehaltvolle, dem Brownie vergleichbare Kreation mit dem Namen Nanaimo-Schnitte besonders beliebt, die nach der Stadt in British Columbia benannt wurde. Aber ob mit oder ohne Schokolade, nordamerikanische Plätzchen sind gewöhnlich gehaltvoll, saftig und voller Aroma. Zutaten wie Melasse (Rohrzuckersirup), Rohrzucker und Zitrone geben einer ganzen Anzahl von beliebten Rezepten ihren unverwechselbaren Geschmack. Zwei weitere typische Zutaten sind Erdnußbutter und Pekannüsse, beides Erzeugnisse, die im Süden beheimatet sind. Erdnußbutter- wie auch Pekan-Cookies sind ein Markenzeichen amerikanischer Zuckerbäckerei, und sie gehören zu den besten, die wir in der Welt der Plätzchen anzubieten haben.

LINKS:
Zitronenschnitten (Rezept s. S. 16)

ZITRONENSCHNITTEN (LEMON BARS)

Vereinigte Staaten

Ein besonders buttriger Mürbeteig verbindet sich bei diesem Lieblingsgebäck der Amerikaner mit einer saftigen Zitronenschicht. Das Rezept ist einfach, und die Plätzchen schmecken sehr gut.

Man kann den Mürbeteig von Hand oder mit der Küchenmaschine zubereiten.

MÜRBETEIG
1¼ Tassen Mehl
⅓ Tasse Puderzucker
10 EL kalte Butter, in kleine Stücke geschnitten

ZITRONENGUSS
1½ Tassen Zucker
¼ Tasse Mehl
4 große Eier
Abgeriebene Schale von 2 großen unbehandelten Zitronen
⅓ Tasse frischer Zitronensaft

VERZIERUNG
2–3 EL Puderzucker

Den Backofen auf 160° vorheizen. Eine etwa 19×30 cm große Backform leicht einfetten.

Um den Mürbeteig von Hand zuzubereiten, Mehl und Puderzucker in eine mittelgroße Schüssel sieben. Die Butterstücke über die Mehlmischung streuen. Mit einem Rührlöffel, einer Gabel oder den Fingern die Butter in das Mehl einarbeiten, bis die Mischung eine grobmehlige Konsistenz besitzt. 2 TL kaltes Wasser zufügen und mit der Gabel in der Mehl-Butter verteilen, bis die Mischung zusammenhält. Falls notwendig, noch etwas Wasser hinzufügen, jedoch den Teig auf keinen Fall zu feucht machen. (Um den Teig mit der Küchenmaschine zuzubereiten, Mehl und Puderzucker in die Rührschüssel der Maschine geben; den Knethaken einsetzen. Beim Mischen der Zutaten die Maschine je-

weils 5 Sekunden laufen lassen, dazwischen den Rührvorgang jeweils ganz kurz unterbrechen. Die Butterstückchen über die Mehlmischung streuen. Die Zutaten 1 Minute lang im 5-Sekunden-Rhythmus mischen, bis die Butter sich mit dem Mehl verbunden hat und die Masse grobmehlige Konsistenz besitzt. 2 TL kaltes Wasser zufügen und in Schüben rühren, bis der Teig zusammenhält beziehungsweise einen Klumpen bildet. Noch etwas Wasser dazugeben, falls notwendig, den Teig jedoch keinesfalls zu feucht machen und nicht zu lange rühren.)

Den Teig in die vorbereitete Form geben und mit den Fingern oder einem Holzlöffel zu den Rändern hin verteilen, so daß eine gleichmäßig dicke Schicht entsteht.

Auf der mittleren Schiene des Backofens 15–17 Minuten backen, bis er an den Rändern gerade Farbe anzunehmen beginnt.

In der Zwischenzeit den Zitronenguß zubereiten: Zucker und Mehl in einem kleinen hohen Gefäß mischen. Eier zufügen und die Masse mit einer Gabel schaumig schlagen. Zitronenschale und Zitronensaft dazugeben und weiterschlagen, bis ein glatter Guß entstanden ist. Den Mürbeteig aus dem Ofen nehmen und 3–4 Minuten stehenlassen. Den Zitronenguß gleichmäßig über den Mürbeteigboden gießen und die Form wieder in den Ofen schieben. Weitere 21–23 Minuten backen, bis der Guß an den Rändern Farbe anzunehmen beginnt.

Aus dem Ofen nehmen und die Form auf ein Kuchengitter setzen; stehenlassen, bis das Gebäck vollständig ausgekühlt ist. Wenn es kalt ist, Puderzucker darüberstäuben. Mit einem scharfen Messer in kleine Rechtecke oder Quadrate schneiden. Die Schnitten mit einem breiten Messer vorsichtig aus der Form lösen.

Die Zitronenschnitten schmecken am besten, wenn sie nach dem Backen innerhalb von 48 Stunden verzehrt werden. Zum Einfrieren eignen sie sich nicht sehr gut.

Das Rezept ergibt 20–24 kleine Schnitten. (Abb. s. S. 14)

DOPPELSCHOKOTALER (DOUBLE CHOCOLATE CHEWS)

Vereinigte Staaten

Mit Schokoladenstückchen angereichert und mit Puderzucker bestäubt ist dieses gehaltvolle Schokoladengebäck. Es gehört zu den Lieblingsplätzchen in vielen amerikanischen Haushalten.

1 ¾ Tassen Mehl
1 ½ TL Backpulver
¼ TL Salz
⅓ Tasse Pflanzenöl
100 g Edelbitterschokolade
1 ⅔ Tassen Zucker
4 große Eier
1 ¾ TL Vanilleextrakt
(ersatzweise Vanillinzucker)
3 Tropfen Bittermandel-Backaroma
¾ Tasse Schokoladen-Tröpfchen
oder grobgehackte Zartbitterschokolade

VERZIERUNG
¼ Tasse Puderzucker

In einer mittelgroßen Rührschüssel Mehl, Backpulver und Salz mischen und beiseite stellen. Das Öl und die Edelbitterschokolade in einen mittelgroßen schweren Kochtopf geben, bei geringer Hitze erwärmen und dabei gelegentlich umrühren, bis die Schokolade schmilzt. Den Topf vom Feuer nehmen und mit einem Kochlöffel den Zucker einrühren. Die Eier nach und nach zugeben und alles gut verrühren. Vanilleextrakt und Bittermandelaroma untermischen.

Die Schokoladenmischung in das Mehl gießen und rühren, so daß eine glatte Masse entsteht. Die Schokoladen-Tröpfchen zufügen und gleichmäßig im Teig verteilen. Den Teig abdecken und mindestens 1½ Stunden oder, im Bedarfsfall, bis zu 48 Stunden in den Kühlschrank stellen. Wurde der Teig länger als 2 Stunden gekühlt, vor dem Formen und Backen etwas aufwärmen und weich werden lassen.

Den Backofen auf 160° vorheizen. Mehrere Backbleche einfetten und beiseite stellen.

Den gekühlten Teig zwischen den Handflächen rollen und etwa 3 cm dicke Kugeln formen. Diese mit einem Abstand von etwa 5 cm auf die gefetteten Backbleche setzen.

Die Plätzchen in das obere Drittel des Backofens schieben und 11–13 Minuten backen, bis sie in der Mitte etwas fest zu werden beginnen. Die Bleche nach der Hälfte des Backvorgangs von vorn nach hinten drehen, um ein gleichmäßiges Durchbacken zu gewährleisten. Die Plätzchen aus dem Ofen nehmen und 1 Minute stehenlassen, dann zum Abkühlen auf ein Kuchengitter legen. Kurz vor dem Servieren das Gebäck leicht mit Puderzucker bestäuben.

Die Plätzchen lassen sich bis zu 1 Woche in luftdicht verschlossenen Behältern aufbewahren. Man kann sie auch einfrieren und nach dem Auftauen mit Puderzucker bestäuben.

Das Rezept ergibt 35–40 Plätzchen von etwa 6 cm Durchmesser.

FOLGENDE DOPPELSEITE:
Großmutter Ellisons Hafer-Cookies und Zucker-Cookies (Rezepte s. S. 20, 21)

ZUCKER-COOKIES (SUGAR COOKIES)

Vereinigte Staaten

Diese knusprigen, butterigen, mildsüßen Cookies schauen sehr festlich aus, wenn man sie mit bunten Zuckerstreuseln oder Spritzglasur verziert. Aber auch als einfache Alltagsplätzchen schmecken sie sehr gut. Diese Cookies waren schon immer ein beliebtes Gebäck in meiner Familie, meine Mutter und vorher deren Mutter haben es gebacken.

Die Plätzchen können nach der Zubereitung des Teigs sofort gebacken werden. Man kann den Teig aber auch bis zu 2 Tagen im Kühlschrank stehenlassen oder bis zu 10 Tagen einfrieren.

3³⁄₄ Tassen Mehl
2³⁄₄ TL Backpulver
¼ TL Salz
1 Tasse weiche Butter
1²⁄₃ Tassen Zucker
2 große Eier
2½ TL Vanilleextrakt
(ersatzweise Vanillinzucker)

VERZIERUNG (falls gewünscht)
Bunte Zuckerstreusel

SPRITZGLASUR (falls gewünscht)
1²⁄₃ Tassen Puderzucker
½ TL Ahornsirup
¼ TL Vanilleextrakt
(ersatzweise Vanillinzucker)
Lebensmittelfarbe (falls gewünscht)
Bunte Zuckerstreusel (falls gewünscht)

Mehl, Backpulver und Salz gründlich vermischen und beiseite stellen.

Butter in einer großen Rührschüssel mit einem Handrührgerät bei mittlerer Geschwindigkeit cremig schlagen. Zucker zufügen und zu einer lockeren Masse schlagen. Eier und Vanilleextrakt zugeben und weiterschlagen, bis eine glatte, schaumige Masse entstanden ist. Nach und nach etwa die Hälfte der Mehlmischung ein-

rühren. Das restliche Mehl mit einem hölzernen Rührlöffel von Hand einarbeiten. Den Teig in drei gleich große Portionen teilen. Jetzt kann man die Cookies entweder sofort backen oder die Teigportionen, gut verpackt, bis zu 48 Stunden im Kühlschrank oder bis zu 10 Tagen in der Tiefkühltruhe aufbewahren. (Vor dem Ausrollen und Ausstechen den Teig etwas aufwärmen lassen.)

Backt man die Plätzchen gleich anschließend, den Ofen auf 170° vorheizen. Mehrere Backbleche einfetten. Eine Teigportion zwischen zwei großen Bogen Backpapier etwa 3 mm dick ausrollen. Die Unterseite des Teigs häufig kontrollieren und eventuell entstandene Falten im Backpapier glätten. Teig auf ein Tablett oder ein Backblech legen und etwa 15 Minuten in den Kühlschrank stellen, bis er kalt und etwas fester geworden ist. Die verbliebenen zwei Teigportionen genauso ausrollen und kühlen.

Jeweils mit einem Teigblatt arbeiten (die anderen im Kühlschrank lassen). Den Teig schnell umdrehen, so daß die Unterseite oben zu liegen kommt, Backpapier entfernen, dann ein neues Backpapier locker darauflegen. Den Teig wieder schnell umdrehen, die obere Backpapierschicht ebenfalls abziehen. Mit verschiedenen Ausstechformen von 5−8,5 cm Durchmesser Plätzchen ausstechen und diese mit einem breiten Messer in etwa 3,5 cm Abstand auf Backbleche legen. (Bei unterschiedlicher Größe die Cookies jeweils nach Größen sortiert auf verschiedene Backbleche legen, damit sie gleichmäßig garen.) Teigreste zu einem Klumpen zusammendrücken und wieder zwischen Backpapier ausrollen; Teig kühlen und Plätzchen ausstechen. Mit dem zweiten und dritten Teigblatt genauso verfahren. Die Plätzchen jetzt gegebenenfalls mit Zuckerstreuseln bestreuen.

Auf den mittleren Schienen des Backofens 7−10 Minuten backen, bis die Cookies an den Rändern einen Hauch goldbrauner Farbe anzunehmen beginnen; die Backzeit kann je nach Größe der Plätzchen erheblich variieren. Backbleche aus dem Ofen nehmen und das Gebäck 2 Minuten lang etwas fest werden lassen, es dann sofort mit einem breiten Messer lösen und zum Auskühlen auf ein Kuchengitter legen. Im Bedarfsfall mit Glasur verzieren.

Zur Herstellung der Glasur Puderzucker in eine Rührschüssel sieben. Ahornsirup, Vanilleextrakt und 2½ TL Wasser zufügen und rühren, bis eine glatte Masse entstanden ist. Falls die Masse noch zu dickflüssig ist, so daß man sie nicht durch die Spritztüte mit Schreibspitze spritzen kann, noch etwas Wasser hinzufügen, um die gewünschte Konsistenz zu erhalten. Die Glasur gegebenenfalls in mehrere kleine Schüsseln verteilen und jede Portion mit Lebensmittelfarbe anders einfärben. Jede Glasur in eine kleine Spritztüte mit Schreibspitze füllen. (Die Spritztüte läßt sich leichter füllen, wenn man sie in ein Trinkglas setzt, wie eine breite Manschette über den Rand des Glases stülpt und mit dem Löffel bis zu zwei Drittel füllt. Die Manschette zurückschlagen und die Spritztüte oben zusammennehmen.) Die Glasur in den gewünschten Mustern auf die abgekühlten Cookies spritzen und eventuell zusätzlich mit Zuckerstreuseln verzieren. Das Gebäck mindestens 30 Minuten stehenlassen, bis die Spritzglasur getrocknet ist.

Die Plätzchen lassen sich bis zu 1 Woche in luftdicht verschlossenen Behältern aufbewahren; dabei möglichst nicht mehrere Lagen Gebäck aufeinanderschichten, wenn es glasiert ist. Bei längerer Lagerung einfrieren.

Das Rezept ergibt 65–75 Cookies, je nach Größe der benutzten Ausstechformen. (Abb. s. S. 18/19)

GROSSMUTTER ELLISONS HAFER-COOKIES
(GRANDMOTHER ELLISON'S OATMEAL COOKIES)

Vereinigte Staaten

Haferplätzchen gehören zu der Art Cookies, die amerikanische Kinder seit Generationen in der Unterrichtspause verzehren und die Lieblingstanten und Großmütter stets vorrätig haben. Die Plätzchen sind leicht, würzig, knusprig-fest und schmekken besonders gut zu einem Glas Milch oder Saft. Sie sind einfach herzustellen.

2 Tassen Mehl
1 TL Natron
1 TL Backpulver
½ TL Salz
¼ TL gemahlener Zimt
⅛ TL gemahlene Muskatblüte
1⅓ Tassen Butter
2 Tassen dunkelbrauner Rohrzucker
(s. Fußnote; ersatzweise brauner Rohrzucker)
⅔ Tasse und 2 EL Zucker
2 große Eier
1 TL Vanilleextrakt
(ersatzweise Vanillinzucker)
4½ Tassen Schmelzflocken

Den Backofen auf 160° vorheizen. Mehrere Backbleche gut einfetten und beiseite stellen.

Mehl, Natron, Backpulver, Salz, Zimt und Muskatblüte vermischen und beiseite stellen.

Butter in einer großen Rührschüssel mit dem Handrührgerät bei mittlerer Geschwindigkeit cremig schlagen. Braunen Zucker und ⅔ Tasse weißen Zucker zufügen und zu einer schaumigen, glatten Masse schlagen. Ei und Vanilleextrakt einrühren. Mehlmischung unterrühren. Mit einem großen Rührlöffel die Haferflocken gründlich in den Teig einarbeiten.

Den Teig zu großzügigen, etwa 4 cm dicken Kugeln formen und diese in etwa 7,5 cm Abstand auf die Backbleche setzen. Mit einem unten leicht eingefetteten und in 2 EL Zucker gestippten Glas die Kugeln zu Talern von etwa 6 cm Durchmesser flachdrücken, wobei das Glas jedesmal erneut in Zucker gestippt wird.

Im oberen Drittel des Backofens 10–12 Minuten backen, bis die Cookies gerade einen Hauch goldbrauner Farbe angenommen haben. Aus dem Ofen nehmen und 3–4 Minuten auf den Blechen stehenlassen. Mit einem breiten Messer lösen, auf ein Kuchengitter legen und vollständig auskühlen lassen.

Bis zu 10 Tagen lassen sich die Plätzchen in luftdicht verschlossenen Behältern aufbewahren. Bei längerer Lagerung einfrieren.

Das Rezept ergibt 45–50 Cookies von etwa 11 cm Durchmesser. (Abb. s. S. 18/19)

Hinweis: Dunkelbrauner Rohrzucker (Melassezucker) ist in Naturkostläden erhältlich.

SCHNECKENNUDELN (SNICKERDOODLES)

Vereinigte Staaten

In den Vereinigten Staaten erfreuen sich diese großen knusprig-leichten Zuckerplätzchen schon mindestens seit Anfang des 19. Jahrhunderts großer Beliebtheit. In den frühen regionalen Kochbüchern aus den von deutschen und holländischen Einwanderern besiedelten Gebieten wird diese Plätzchenart oft als »Schneckennoodles« bezeichnet, was im Lauf der Zeit zu dem unsinnigen Namen »Snickerdoodles« verballhornt wurde.

3 ½ Tassen Mehl
1 EL Backpulver
2 TL Natron
¼ TL Salz
¼ TL gemahlener Zimt
1 Tasse Butter
2 Tassen Zucker
2 große Eier
1 EL Ahornsirup
2 ½ TL Vanilleextrakt
(ersatzweise Vanillinzucker)

VERZIERUNG
3 EL Zucker
½ TL gemahlener Zimt
Bunte Zuckerstreusel (falls gewünscht)

Den Backofen auf 170° vorheizen. Mehrere Backbleche einfetten und beiseite stellen. Mehl, Backpulver, Natron, Salz und ¼ TL Zimt gründlich vermischen.

Butter und Zucker in einer großen Rührschüssel mit einem Handrührgerät bei mittlerer Geschwindigkeit so lange schlagen, bis die Masse locker und glatt ist. Eier und Ahornsirup zufügen und weiterschlagen, bis alles gut vermischt ist und eine glatte Schaummasse ergibt. Den Vanilleextrakt und dann nach und nach etwa die Hälfte der Mehlmischung unterrühren. Sobald der Teig fester wird, das restliche Mehl mit einem Kochlöffel von Hand unterheben und einarbeiten.

Großzügige Teigportionen abteilen und zwischen den Handflächen zu etwa 4,5 cm dicken Kugeln rollen. Die Teigkugeln im Abstand von etwa 8 cm auf die Backbleche setzen.

In einer kleinen Schüssel Zucker und ½ TL Zimt für die Verzierung vermischen. Den Boden eines großen Trinkglases leicht einfetten und in die Zimt-Zucker-Mischung stippen. Die Kugeln mit dem Glasboden flachdrücken, so daß etwa 5 mm dicke Taler von etwa 6 cm Durchmesser entstehen; den Glasboden nach jedem Plätzchen erneut in die Zuckermischung stippen, damit kein Teig am Glas klebenbleibt. Jedes Plätzchen zusätzlich mit etwas Zimt-Zucker oder mit bunten Zuckerstreuseln bestreuen.

Die Plätzchen im oberen Drittel des Backofens 8–10 Minuten backen, bis sie an den Rändern eine leicht goldbraune Farbe angenommen haben; die Bleche nach der Hälfte des Backvorgangs von vorn nach hinten drehen, damit die Plätzchen gleichmäßig bräunen. Während des Backens gehen die Plätzchen auf, fallen aber beim Auskühlen wieder zusammen. Die Bleche aus dem Backofen nehmen und 1–2 Minuten stehenlassen. Dann die Plätzchen mit einem breiten Messer vom Blech heben, auf ein Kuchengitter legen und völlig erkalten lassen. Die Bleche müssen zwischen den einzelnen Backvorgängen etwas abkühlen, damit der Teig nicht heiß wird und vor dem Backen zu sehr verläuft.

Die Plätzchen lassen sich bis zu 1 Woche in luftdicht verschlossenen Behältern aufbewahren. Bei längerer Lagerung einfrieren.

Das Rezept ergibt 35–40 Plätzchen von etwa 10 cm Durchmesser. (Abb. s. rechts)

RECHTS:
Schneckennudeln und Ahornwaffeln
(Rezepte s. oben und S. 24)

AHORNWAFFELN (MAPLE WAFERS)

Vereinigte Staaten

Goldbraun, knusprig und leicht herzustellen sind diese traditionellen, sehr dünnen Waffeln. Der echte Ahornsirup verleiht ihnen ein besonders mildes Aroma.

Ahornwaffeln laufen auf dem Backblech sehr stark auseinander. Sie müssen auch sehr schnell nach Beendigung der Backzeit vom Blech genommen werden, da sie sonst brüchig und spröde werden. Daher sollte man am besten immer nur jeweils ein Blech backen.

¾ Tasse Ahornsirup
10 EL Butter
1 Tasse Mehl
2½ EL Zucker
¼ TL Natron
1 Prise Salz
1 großes Ei
1¼ TL Vanilleextrakt
(ersatzweise Vanillinzucker)

Den Ahornsirup in einem 2-Liter-Topf bei mittlerer Hitze zum Kochen bringen. Unbedeckt 4 Minuten kochen lassen, bis der Sirup auf gut ½ Tasse eingekocht ist. Butter zufügen und die Masse wieder aufkochen lassen. Weitere 2 Minuten kochen. Den Topf vom Feuer nehmen und stehenlassen, bis die Masse abgekühlt ist.
Den Backofen auf 170° vorheizen. Mehrere Backbleche sehr gut einfetten. Mehl, Zucker, Natron und Salz gründlich zusammensieben; beiseite stellen. Mit einem großen hölzernen Kochlöffel zuerst das Ei und dann den Vanilleextrakt gut mit der Butter-Ahornsirup-Mischung verrühren. Die Mehlmischung dazugeben und gut unterrühren; die Masse muß dickflüssig sein. In Teelöffel-Portionen den Teig auf die Backbleche geben; etwa 9 cm Abstand zwischen den Teighäufchen einhalten (Teighäufchen nicht zu eng setzen, da die Waffeln sonst ineinanderlaufen).

Im Backofen 5−6 Minuten backen, bis die Plätzchen in der Mitte leicht gebräunt sind und einen hellbraunen Rand haben. Bleche nach der Hälfte des Backvorgangs von vorn nach hinten drehen, um gleichmäßiges Bräunen zu gewährleisten. Gegen Ende der Backzeit bräunen die Waffeln sehr schnell, sie daher sorgfältig beobachten, damit sie nicht verbrennen. Blech aus dem Ofen nehmen und 1 Minute auf einem Kuchengitter stehenlassen. Dann die Waffeln mit einem breiten Messer oder Spachtel lösen und auf ein Kuchengitter legen, bevor sie spröde und zerbrechlich werden. (Falls sie fest werden, bevor man alle Waffeln vom Blech lösen konnte, Blech noch einmal 1−2 Minuten in die Röhre schieben, damit sie etwas weicher werden.) Waffeln stehenlassen, bis sie ganz ausgekühlt sind. Backbleche vollständig abkühlen lassen, bevor man sie wieder verwendet, und zwischen den einzelnen Backgängen gut einfetten.

Die Waffeln können bis zu 1 Woche in luftdicht verschlossenen Behältern aufbewahrt werden. Bei längerer Lagerung einfrieren.

Das Rezept ergibt etwa 40 Plätzchen von 8−9 cm Durchmesser. (Abb. s. S. 23)

ZITRONENWAFFELN (LEMON WAFERS)

Vereinigte Staaten

Nach einem alten Rezept, das ich von einer Farmer-Familie aus Maryland zur Verfügung erhielt, sind diese einfachen, knusprig-zarten Plätzchen hergestellt. Sie haben einen wunderbaren Geschmack und sind von goldgelber Farbe.

1 Tasse Mehl
1½ EL Stärkemehl
⅛ TL Natron
⅛ TL Salz
⅔ Tasse weiche Butter (s. Fußnote)
¾ Tasse Zucker
1 großes Ei
1 TL Vanilleextrakt
(ersatzweise Vanillinzucker)
3 Tropfen Zitronen-Backaroma
Fein abgeriebene Schale von 2 mittelgroßen
unbehandelten Zitronen (= etwa 2 TL)

Den Backofen auf 170° vorheizen. Mehrere Backbleche leicht einfetten und beiseite stellen.

In einer kleinen tiefen Rührschüssel Mehl, Stärkemehl, Natron und Salz vermischen; beiseite stellen.

Butter und Zucker in einer kleinen Rührschüssel mit dem Handrührgerät bei mittlerer Geschwindigkeit schaumig schlagen. Ei zufügen und weiterschlagen, bis die Zutaten gut vermischt sind und die Masse glatt ist. Vanilleextrakt und Zitronenaroma dazugeben und nochmals 30 Sekunden schlagen. Nach und nach die Mehlmischung gründlich einarbeiten. Die Zitronenschale gleichmäßig unterrühren.

Kleine Teigportionen – jeweils ein schwach gehäufter Teelöffel voll – in etwa 9 cm Abstand auf die Backbleche setzen, wobei die Häufchen so glatt und gleichmäßig wie möglich sein sollen. (Nicht zu viele Plätzchen auf ein Blech setzen und die Teigportionen nicht zu groß bemessen, da sie sehr auseinanderlaufen.)

Auf den oberen Backschienen 7–8 Minuten backen, bis die Plätzchen an den Rändern goldbraun geworden sind. Bleche aus dem Ofen nehmen und Plätzchen 30 Sekunden stehenlassen, sie dann mit einem breiten Messer vorsichtig, aber auch schnell vom Blech lösen und auf ein Kuchengitter legen, bevor sie spröde und zerbrechlich werden. (Wenn sie fest werden, bevor alle vom Blech gehoben werden konnten, das Backblech nochmals 1–2 Minuten in den Ofen schieben, damit sie etwas weicher werden.) Bis zum vollständigen Auskühlen stehenlassen. Bleche zwischen den Backgängen auskühlen lassen, sonst läuft der Teig zu sehr auseinander.

Die Waffeln können 3–4 Tage in luftdicht verschlossenen Behältern aufbewahrt werden. Bei längerer Lagerung einfrieren.

Das Rezept ergibt 35–40 Waffeln mit einem Durchmesser von 7,5–8,5 cm.

Hinweis: Die Butter sollte nur streichfähig, aber auf keinen Fall geschmolzen sein. Wenn der Teig in dem Moment, wo er auf die Backbleche gesetzt wird, zu warm ist, läuft er während der ersten Minuten im Backofen zu sehr auseinander. Zu warm gewordener Teig kann zwischen den Backgängen 1 oder 2 Minuten im Eisschrank gekühlt werden.

MACADAMIANUSS-COOKIES MIT WEISSER SCHOKOLADE
(WHITE CHOCOLATE CHUNK-MACADAMIA NUT COOKIES)

Vereinigte Staaten

Weiße Schokolade, Macadamianüsse, brauner Zucker und Butter verleihen diesen Plätzchen ihr besonderes Aroma. Diese hinreißende Komposition wurde durch ein sehr beliebtes Schokoladen-Nußplätzchen aus Mrs. Fields umfangreicher Rezeptsammlung inspiriert.

Die Cookies sind knusprig, sehr gehaltvoll und reich im Geschmack. Sie sind außerdem ziemlich groß und mit ihrer zartgoldenen Farbe und den weißen Schokoladenstückchen ein Blickfang auf jedem Plätzchenteller.

¾ Tasse weiche Butter
½ Tasse brauner Rohrzucker
200 g weiße Schokolade
1½ Tassen Mehl
¾ TL Backpulver
½ TL Natron
¼ TL Salz (s. Fußnote)
3 EL Zucker
1 großes Ei
1 TL Vanilleextrakt
(ersatzweise Vanillinzucker)
½ Tasse grobgehackte Macadamianüsse
(möglichst ungesalzen, s. Fußnote; ersatzweise Haselnüsse)

Butter in einen schweren, mittelgroßen Topf geben und bei niedriger bis mittlerer Temperatur erhitzen, bis die Butter schwach, aber stetig köchelt und schäumt. Die Temperatur, falls notwendig, regulieren, um ein Anbrennen der Butter zu verhindern, und unter häufigem Umrühren unbedeckt weitere 4–5 Minuten köcheln lassen, bis sie goldgelb, aber nicht braun ist. Den Topf danach sofort vom Feuer nehmen und braunen Zucker einrühren. Die Masse in eine große Rührschüssel gießen und 50–60 Minuten im Eisschrank kühlen, bis sie etwas fest, aber nicht hart geworden ist. (Um den Kühlvorgang zu beschleunigen, kann man die Masse etwa 30 Minuten in das Tiefkühlfach stellen; jedoch darauf achten, daß sie nicht zu hart wird.)

Den Backofen auf 160° vorheizen. Mehrere Backbleche einfetten und beiseite stellen. Knapp 100 g der Schokolade raspeln, die restliche Schokolade grobhacken. Geraspelte und gehackte Schokolade getrennt beiseite stellen.

Mehl, Backpulver, Natron und Salz gut vermischen und beiseite stellen. Die abgekühlte Butter-Zucker-Mischung aus dem Kühlschrank nehmen und nochmals schlagen. Den weißen Zucker zufügen und zu einer lockeren, glatten Masse schlagen. Ei und Vanilleextrakt unterrühren. Die Mehlmischung einarbeiten. Die geraspelte Schokolade, die Hälfte der gehackten Schokolade und die Nüsse hinzufügen und rühren, bis alles gut vermischt ist.

Den Teig zu etwa 4 cm dicken Kugeln formen. Die Oberseite jeder Kugel in die restlichen weißen Schokoladenstückchen stippen, so daß sich jeweils einige Stücke in den Teig drücken. Die Kugeln mit der »Schokoladenseite« nach oben in etwa 5,5 cm Abstand auf die Backbleche setzen und mit einem breiten Messer ganz leicht flachdrücken.

Auf den mittleren Schienen des Backofens 9–11 Minuten backen, bis die Cookies einen Hauch goldbrauner Farbe angenommen haben. Nach der Hälfte des Backvorgangs die Bleche von vorn nach hinten drehen, um gleichmäßiges Bräunen zu gewährleisten, und sehr sorgfältig darauf achten, daß die Plätzchen nicht zu lange gebacken werden.

Backbleche aus dem Ofen nehmen und 4–5 Minuten stehenlassen. Das Gebäck mit einem breiten Messer lösen und zum Auskühlen auf ein Kuchengitter legen.

Die Plätzchen lassen sich 3–4 Tage in einem luftdicht verschlossenen Behälter aufbewahren. Bei längerer Lagerung einfrieren.

Das Rezept ergibt 25–27 Cookies von etwa 7–8 cm Durchmesser. (Abb. s. rechts)

Hinweis: Falls gesalzene Macadamianüsse verwendet werden, Salz auf ⅛ TL reduzieren. Für dieses Rezept eignen sich zwar ungesalzene Macadamianüsse am besten, doch gibt es sie selten. Macadamianüsse sind in speziellen Frucht- und Nußläden oder Feinkostgeschäften erhältlich.

Macadamianuß-Cookies mit weißer Schokolade und
Schokotropfen-Plätzchen (Rezepte s. links und S. 33)

MACADAMIANUSS-COOKIES MIT WEISSER SCHOKOLADE UND GANZEN NÜSSEN

(CHUNKY MACADAMIA NUTWHITE CHOCOLATE COOKIES)

Vereinigte Staaten

Sind dies die besten amerikanischen Schokoladen-Macadamianuß-Cookies? Das Rezept für die knusprigen und etwas mürben Plätzchen mit ganzen Macadamianüssen und weißen Schokoladenstückchen wurde von der Blue Chip Cookie Company, einer Kochschule in San Francisco, kreiert, was wiederum meine Freundin, die Hauswirtschaftlerin Jene Springrose, zu dieser Abwandlung des Originalrezepts inspirierte.

2 Tassen Mehl
¾ TL Natron
½ TL Backpulver
⅛ TL Salz
½ Tasse weiche Butter
½ Tasse Pflanzenmargarine
¾ Tasse brauner Rohrzucker
2 EL Zucker
1 großes Ei
1½ TL Vanilleextrakt
(ersatzweise Vanillinzucker)
250 g mittelfein gehackte weiße Schokolade
200 g ganze gesalzene Macadamianüsse
(s. Fußnote; ersatzweise Haselnüsse)

Den Backofen auf 170° vorheizen. Mehrere Backbleche leicht einfetten.

Mehl, Natron, Backpulver und Salz zusammensieben und beiseite stellen. Butter und Margarine in einer großen Rührschüssel cremig schlagen. Braunen und weißen Zucker zufügen und schaumig schlagen. Ei und Vanilleextrakt einrühren. Die Mehlmischung unterrühren. Weiße Schokolade und Macadamianüsse unterheben, bis sie gleichmäßig im Teig verteilt sind.

Mit einem Teelöffel großzügige Teigportionen auf die Backbleche setzen; dabei etwa 6 cm Abstand einhalten. Die Plätzchen mit einem Küchenmesser etwas flachdrücken.

Auf den mittleren Schienen des Backofens 8–9 Minuten backen, bis die Cookies in der Mitte goldgelb und an den Rändern etwas stärker gebräunt sind; die Bleche nach der Hälfte des Backvorgangs von vorn nach hinten drehen, um gleichmäßiges Bräunen zu gewährleisten; sorgfältig darauf achten, daß die Plätzchen nicht zu lange backen. Bleche aus dem Ofen nehmen und 2–3 Minuten stehenlassen. Das Gebäck mit einem breiten Messer lösen und zum Auskühlen auf ein Kuchengitter legen.

Die Plätzchen lassen sich bis zu 1 Woche in luftdicht verschlossenen Behältern aufbewahren. Bei längerer Lagerung einfrieren.

Das Rezept ergibt 35–40 Cookies von etwa 7 cm Durchmesser.

Hinweis: Macadamianüsse sind in speziellen Frucht- und Nußläden oder in Feinkostgeschäften erhältlich.

SCHOKOLADEN-SCHEIBEN (CHOCOLATE ICEBOX SLICES)

Vereinigte Staaten

Ein wohlschmekkendes, knuspriges, gehaltvolles Schokoladengebäck: Die Teigrollen können in Kühlschrank oder Tiefkühltruhe aufbewahrt, bei Bedarf in Scheiben geschnitten und gebacken werden.

2¼ Tassen und 2 EL Mehl
⅓ Tasse Kakaopulver
½ TL Backpulver
1 Tasse kalte Butter, in Stücke geschnitten
1 Tasse Zucker
1 großes Ei
2 TL Vanilleextrakt
(ersatzweise Vanillinzucker)
100 g feingeraspelte Zartbitterschokolade

Mehl, Kakaopulver und Backpulver in einer großen Schüssel gründlich mischen. Mit einem Rührlöffel, einer Gabel oder den Fingerspitzen die Butter in die Mehlmischung einarbeiten, so daß feine Streusel entstehen.

Zucker, Ei und Vanilleextrakt in einer mittelgroßen Schüssel mit einer Gabel schlagen, bis alles gut vermischt ist. Die geraspelte Schokolade einrühren. Die Zucker-Ei-Mischung auf die Mehl-Kakao-Streusel gießen und rühren, bis alles gut vermengt ist.

(Oder: Mehl, Kakaopulver und Backpulver in die Rührschüssel der Küchenmaschine geben und die Zutaten mit dem Knethaken in Intervallen von 5 Sekunden vermischen. Die Butterstückchen auf die Mehlmischung geben und

1½ Minuten in gleicher Weise verrühren, bis feine Streusel entstehen. Zucker, Ei und Vanilleextrakt in einer mittelgroßen Schüssel mit einer Gabel schlagen, bis alles gut vermischt ist. Die geraspelte Schokolade unterrühren. Die Zucker-Ei-Mischung in die Rührschüssel geben. In kurzen Intervallen so lange rühren, bis die Zutaten gründlich vermengt sind, aber nicht länger.)

Den Teig in zwei Portionen teilen. Die Teighälften auf je einen Bogen Backpapier geben und zwei gleichmäßig dicke Teigrollen von etwa 20 cm Länge und etwa 6 cm Durchmesser formen. Die Rollen auf ein großes Tablett oder ein Backblech legen und kühlen, bis sie fest genug sind, damit man sie in Scheiben schneiden kann; die Kühlzeit beträgt im Eisschrank etwa 1 Stunde, in der Tiefkühltruhe ungefähr 35 Minuten. (Der Teig kann anschließend sofort in Scheiben geschnitten und verbacken werden; gut verpackt, kann man ihn im Kühlschrank bis zu 4 Tagen, in der Tiefkühltruhe bis zu 2 Wochen aufbewahren, bei Bedarf in Scheiben schneiden und verbacken. Die gefrorenen Rollen sollte man vor der Weiterverarbeitung ein wenig auftauen lassen.)

Den Ofen auf 160° vorheizen. Mehrere Backbleche leicht einfetten. Mit einem scharfen Messer die Teigrollen in etwa 5 mm dicke Scheiben schneiden und diese in 3,5 – 4 cm Abstand auf die Backbleche setzen.

Auf den mittleren Backschienen 9 – 11 Minuten backen, bis die Plätzchen an der Oberseite fast fest sind. Die Backzeit kann je nach Teigtemperatur etwas variieren. Die Plätzchen aus dem Ofen nehmen und etwa 3 Minuten auf dem Blech abkühlen lassen. Mit einem breiten Messer lösen und zum vollständigen Auskühlen auf ein Kuchengitter legen.

Das Gebäck läßt sich bis zu 1 Woche in einem luftdicht verschlossenen Behälter aufbewahren. Bei längerer Lagerung einfrieren.

Das Rezept ergibt 50 – 60 Plätzchen von etwa 7 cm Durchmesser.

PEKANNUSS-SCHNITTEN MIT SCHOKOLADENGLASUR (CHOCOLATE-TIPPED PECAN BARS)

Vereinigte Staaten

Man kennt viele Varianten dieser sehr gehaltvollen Plätzchenschnitten. In einigen soll das Gebäck in Sechsecke, Quadrate oder Rechtecke geschnitten werden. In dieser Version sind die Schnitten schmale Trapeze.

MÜRBETEIG
¾ Tasse Mehl
1 EL Zucker
⅛ TL Salz
¼ Tasse kalte Butter, in Stückchen geschnitten
1−1½ EL Sahne

NUSSMASSE
1½ Tassen gehackte Pekannüsse
⅓ Tasse (= 5⅓ EL) Butter
½ Tasse brauner Rohrzucker
2 EL Honig
2 EL Zucker
1 EL Sahne
1½ TL Vanilleextrakt
(ersatzweise Vanillinzucker)

SCHOKOLADENGLASUR
70 g Zartbitterschokolade
2 TL Kokosfett
1 TL Honig

Den Ofen auf 160° vorheizen.

Zur Herstellung des Mürbeteigs Mehl, Zucker und Salz in einer großen Rührschüssel gründlich mischen. Butter dazugeben und mit dem Handrührgerät oder einer Gabel in die Mehlmischung einarbeiten, so daß man eine grobmehlige Masse erhält. 1 EL Sahne zufügen und verrühren, bis der Teig sich zu einem Klumpen formen läßt. Falls nötig, teelöffelweise noch etwas Sahne zugeben, bis der Teig zusammenhält, ihn jedoch keinesfalls zu feucht machen.

(Falls man die Küchenmaschine benutzt, trockene Zutaten und Butter in die Rührschüssel geben und mit dem Knethaken in Intervallen rühren, bis die Masse grobem Mehl ähnelt; darauf achten, daß man nicht zu lange rührt. 1 EL Sahne zufügen und in gleicher Weise weiterrühren, bis der Teig beginnt zusammenzuhalten. Falls notwendig, noch etwas Sahne dazugeben, um den Teig zu binden, ihn jedoch keinesfalls zu feucht machen.)

Den Teig in eine (ungefettete) quadratische Backform von 20 cm Seitenlänge geben und zu den Rändern hin drücken, so daß er eine glatte, gleichmäßig dicke Schicht bildet.

In mittlerer Höhe in den Backofen stellen und 12 Minuten backen. Mürbeteig aus dem Ofen nehmen und etwas abkühlen lassen.

Für die Nußmasse Pekannüsse auf einem großen Backblech verteilen und 5−6 Minuten rösten, indem man sie mehrere Male wendet. Butter in einem mittelgroßen schweren Topf bei mittlerer Temperatur erhitzen, bis sie geschmolzen ist und schäumt. Bei mittlerer Hitze 2 Minuten schwach kochen lassen; falls notwendig, die Temperatur regulieren, damit die Butter nicht verbrennt. Braunen Zucker, Honig und weißen Zucker einrühren. Unter häufigem Umrühren das Butter-Zucker-Gemisch zum Kochen bringen. 3 Minuten kochen, dann vom Feuer nehmen. Geröstete Pekannüsse, Sahne und Vanilleextrakt zufügen und verrühren, bis alles gut vermischt ist. (Die Nußmenge mag im Verhältnis zu der Butter-Zucker-Mischung groß scheinen, aber sie stimmt exakt.) Die Pekannußmasse gleichmäßig über dem Mürbeteigboden verteilen und verstreichen.

Die Backform wieder in den Backofen stellen und 20−22 Minuten bei 160° backen, bis die Nußmasse eine goldbraune Farbe angenommen hat und beginnt, Blasen zu werfen. Backform aus dem Ofen nehmen, auf ein Kuchengitter stellen und vor dem Schneiden abkühlen lassen. (Wenn der Teig beim Schneiden noch zu warm ist, werden die Schnitten krümelig; wenn er zu sehr abgekühlt ist, wird er fest und läßt sich nicht mehr so gut schneiden; daher öfter prüfen, ob der Teig warm, aber nicht mehr heiß ist.)

Das Gebäck mit einem scharfen Messer vorsichtig in 16 gleich große Quadrate schneiden. Dann die Quadrate schräg halbieren, so daß trapezähnliche Schnitten entstehen. Die Schnitten mit einem breiten Messer vom Blech lösen und auf ein Kuchengitter legen, das auf einem Bogen Backpapier steht.

Zur Herstellung der Glasur Zartbitterschokolade, Kokosfett und Honig in einen kleinen
schweren Topf geben und bei niedriger Hitze
unter gelegentlichem Umrühren erwärmen, bis
alle Zutaten geschmolzen sind und die Masse
dünnflüssig ist; darauf achten, daß die Glasur
nicht anbrennt.

Das schmale Ende jeder Schnitte in die Glasur
tauchen; dabei schnell arbeiten, damit die Glasur nicht abkühlt und vorzeitig eindickt.

Schnitten wieder auf das Kuchengitter setzen
und mindestens 45 Minuten, bis die Glasur fest
ist, liegenlassen.

Die Schnitten halten sich in einem luftdicht
verschlossenen Behälter im Kühlschrank bis zu
1 Woche. Man kann sie auch einfrieren; nach
dem Auftauen im Kühlschrank aufbewahren.

**Das Rezept ergibt 32 Schnitten von 5 cm Länge
und etwa 2,5 cm Breite.**

SCHOKOLADEN-COOKIES MIT SCHOKOTROPFEN

(CHOCOLATE CHOCOLATE CHIP COOKIES)

Vereinigte Staaten

Gute, besonders große Schokoladenplätzchen, die zusätzlich mit Schokoladenstückchen angereichert sind.

1 Tasse Schmelzflocken
2 ½ Tassen Mehl
1 ½ TL Backpulver
1 TL Natron
¼ TL Salz
350 g (2 Tassen) Schokoladen-Tröpfchen
oder grobgehackte Zartbitterschokolade
1 Tasse und 5 EL weiche Butter
1 Tasse brauner Rohrzucker
⅓ Tasse Zucker
2 große Eier
2 ½ TL Vanilleextrakt
(ersatzweise Vanillinzucker)

Die Schmelzflocken in der Küchenmaschine oder im Mixer mehlfein vermahlen. (Bei Benutzung eines Mixers die Flocken mehrmals kurz durchrühren lassen.)

Hafermehl, Mehl, Backpulver, Natron und Salz in die Schüssel einer Küchenmaschine oder in eine Rührschüssel geben und gut vermischen. 1 Tasse der Schokoladen-Tröpfchen im Wasserbad über schwach kochendem Wasser erwärmen; dabei ab und zu umrühren, bis die Schokolade vollständig geschmolzen ist; beiseite stellen.

In einer großen Rührschüssel die Butter cremig schlagen. Braunen und weißen Zucker zufügen und weiterschlagen, bis die Masse locker und glatt ist. Eier und Vanilleextrakt einrühren. Die geschmolzene Schokolade und etwa die Hälfte der Mehlmischung unterrühren. Die verbliebene Tasse Schokoladen-Tröpfchen und die restliche Mehlmischung dazugeben und rühren, bis alles gut vermengt ist. Die Schüssel abdecken und 20−30 Minuten in den Kühlschrank stellen, bis der Teig fest genug ist, damit man Kugeln daraus formen kann.

Den Backofen auf 160° vorheizen. Mehrere Backbleche einfetten. Den Teig zu etwa 3,5 cm dicken Kugeln formen und diese in etwa 5,5 cm Abstand auf die Bleche setzen. Die Kugeln ganz leicht zusammendrücken (sie aber nicht flachdrücken, da sonst die Plätzchen zu sehr auseinanderlaufen und nicht mehr saftig sind).

Im oberen Drittel des Backofens die Cookies 9−11 Minuten backen, bis sie in der Mitte fest zu werden beginnen. Sollen die Plätzchen schön saftig bleiben, so dürfen sie keinesfalls zu lange gebacken werden. Bleche aus dem Ofen nehmen und 3−4 Minuten stehenlassen, dann auf ein Kuchengitter legen und bis zum vollständigen Auskühlen stehenlassen.

Die Cookies bleiben in luftdicht verschlossenen Behältern bis zu 1 Woche frisch. Bei längerer Lagerung einfrieren.

Das Rezept ergibt 40−45 Cookies von etwa 6 cm Durchmesser.

SCHOKOTROPFEN-PLÄTZCHEN
(CHOCOLATE CHIP COOKIES)

Vereinigte Staaten

Ihr gerundeter Geschmack, das feine Schokoladenaroma und die knusprige Konsistenz machen diese Schokotropfen-Plätzchen zu einem bei Plätzchen-Kennern besonders beliebten Gebäck.

Das Rezept läßt sich variieren durch gehackte Walnüsse als weitere Zutat; mir schmecken die Plätzchen aber ohne Nüsse noch besser.

1 ⅔ Tassen Haferflocken
1 ½ Tassen Mehl
1 TL Natron
¾ TL Backpulver
¼ TL Salz
¾ Tasse Butter
⅔ Tasse Zucker
⅔ Tasse brauner Rohrzucker
1 großes Ei
2 TL Vanilleextrakt
(ersatzweise Vanillinzucker)
150 g (2 Pckg.) Schokoladen-Tröpfchen
oder grobgehackte Zartbitterschokolade
100 g feingehackte Vollmilchschokolade
¾ Tasse gehackte Walnüsse (falls gewünscht)

Den Backofen auf 170° vorheizen. Mehrere Backbleche einfetten und beiseite stellen. Die Haferflocken in die Küchenmaschine oder den Mixer geben und zu einem feinen Pulver vermahlen; beiseite stellen.

Mehl, Natron, Backpulver und Salz vermischen. Butter in einer großen Rührschüssel cremig schlagen. Weißen und braunen Zucker zufügen und weiterschlagen, bis die Masse locker und glatt ist. Ei und Vanilleextrakt einrühren.

Die Mehlmischung dazugeben und rühren, bis alles gut vermischt ist. Haferflocken, Schokoladen-Tröpfchen, feingehackte Vollmilchschokolade und gegebenenfalls Nüsse unterrühren, bis alle Zutaten gleichmäßig im Teig verteilt sind. Teigstücke zwischen den Handflächen rollen und etwa 4 cm dicke Kugeln formen. Die Kugeln in etwa 6,5 cm Abstand auf die Backbleche setzen und mit dem Handballen oder der Rückseite eines Löffels leicht flachdrücken.

Die Plätzchen im oberen Drittel des Backofens 8–10 Minuten backen, bis sie einen Hauch goldbrauner Farbe angenommen haben. Die Bleche nach der Hälfte des Backvorgangs von vorn nach hinten drehen, damit die Plätzchen gleichmäßig durchbacken, aber sorgfältig darauf achten, daß sie nicht zu lange backen.

Die Bleche aus dem Ofen nehmen und 3–4 Minuten stehenlassen. Mit einem breiten Messer die Plätzchen lösen und zum Auskühlen auf ein Kuchengitter legen.

In einem luftdicht verschlossenen Behälter sind die Plätzchen bis zu 1 Woche haltbar. Bei längerer Lagerung einfrieren.

Das Rezept ergibt etwa 30 Plätzchen von etwa 8 cm Durchmesser. (Abb. s. S. 27)

KARAMEL-WALNUSS-SCHEIBEN
(CARAMEL WALNUT SLICES)

Kanada

Traditionelle goldfarbene Plätzchen mit dem vollen Geschmack von Nüssen und Karamel. Dieses sehr alte Rezept – das etwas modernisiert wurde – stammt aus Winnipeg. Im Originalrezept heißt es, daß man immer einen Teigvorrat im Kühlschrank haben solle, aus dem man dann kurz vor der Tee- oder Kaffeezeit die Plätzchen backt.

Da dieses Rezept die Herstellung von Karamel erfordert, muß besonders sorgfältig gearbeitet werden. Heißer Karamel erreicht sehr hohe Temperaturen und kann zu bösen Verbrennungen der Haut führen.

1 Tasse und 2 EL weiche Butter
2¼ Tassen brauner Rohrzucker
2 Tassen gehackte Walnüsse
2 große Eier
2¾ TL Vanilleextrakt
(ersatzweise Vanillinzucker)
3⅔ Tassen Mehl
¾ TL Natron
¼ TL Backpulver
½ TL Salz

Die Butter in eine große Rührschüssel aus Glas oder Metall geben (keine Plastikschüssel verwenden, da der heiße Karamel sie schmelzen könnte); beiseite stellen. Ein großes Backblech einfetten.

Um den Karamel zuzubereiten, den braunen Zucker mit ⅓ Tasse Wasser in einen 2-Liter-Topf geben. Bei mittlerer Hitze unter ständigem Rühren zum Schäumen bringen. Sobald die Mischung zu kochen beginnt, genau weitere 3 Minuten kochen lassen; dabei mit einem hölzernen Kochlöffel ständig umrühren und am Topfboden entlangschaben, um ein Anbrennen zu verhindern. Der Karamel wird immer stärker kochen und dabei nach und nach dunkler werden. Schnell den Karamel bis auf ½ Tasse, die im Topf zurückbehalten wird, über die bereitgestellte Butter gießen. Den Topf mit dem restlichen Karamel beiseite stellen. Karamel und Butter etwa 30 Sekunden lang miteinander verrühren, bis die Butter teilweise geschmolzen ist und die Zutaten gut vermischt sind.

Den Topf wieder auf das Feuer stellen und die verbliebene ½ Tasse Karamel erneut zum Kochen bringen. Unter ständigem Rühren 2 Minuten lang kochen; dann sofort vom Feuer nehmen, 1 Tasse der Walnüsse zufügen und verrühren, bis diese ganz mit dem Sirup überzogen sind. Die Masse schnell auf dem Backblech verteilen und 8–10 Minuten, bis sie hart geworden ist, beiseite stellen. Vom Blech nehmen und in eine feste Plastiktüte geben; mit einem Fleischklopfer oder Stampfer die Karamelmasse in winzige Stücke zerkleinern.

Die Karamel-Butter-Mischung nun mit einem Handrührgerät bei niedriger Geschwindigkeit schlagen, bis die Butter vollständig geschmolzen ist und die Masse sich etwas abgekühlt hat. Eier und Vanilleextrakt dazugeben und gut unterrühren. In einer anderen Schüssel Mehl, Natron, Backpulver und Salz vermengen. Nach und nach etwa die Hälfte dieser Mehlmischung in die Karamel-Butter-Mischung einrühren. Die karamelisierten Walnußstücke und die restliche Mehlmischung mit einem großen Kochlöffel von Hand unterheben. (Die verbliebene Tasse Walnüsse für die Verzierung beiseite stellen.) Den Teig abdecken und 10–20 Minuten in den Kühlschrank stellen, bis er fest genug ist, um Rollen daraus formen zu können.

Den Teig halbieren und jede Portion auf einen Bogen Backpapier legen. Zu zwei etwa 30 cm langen Rollen von etwa 5,5 cm Durchmesser formen; dabei den Teig auf dem Backpapier hin- und herrollen, bis die Rollen glatt und gleichmäßig geformt sind. Jede Rolle mit ½ Tasse der verbliebenen Walnüsse bestreuen; dabei die Rollen behutsam drehen, damit sie auf allen Seiten gleichmäßig überzogen werden und die Nüsse sich in den Teig drücken. Die Rollen vorsichtig auf ein Backblech heben und im Eisschrank kühlen, bis sie fest sind, das heißt etwa 1½ Stunden. Die Rollen können sofort in Scheiben geschnitten und gebacken oder, gut eingewickelt, bis zu 2 Tagen im Kühlschrank aufbewahrt werden. Man kann sie auch bis zu 1 Woche einfrieren und sie dann vor dem Schneiden und Backen im Kühlschrank teilweise auftauen.

Den Backofen auf 170° vorheizen. Mehrere Backbleche einfetten. Die Rollen mit einem

scharfen Messer in 3−4 mm dünne Scheiben schneiden, im Abstand von etwa 2,5 cm auf die Backbleche setzen.

Auf den mittleren Schienen des Backofens 10−12 Minuten backen, bis die Plätzchen einen Hauch goldgelber Farbe angenommen haben; die genaue Backzeit kann entsprechend der Teigtemperatur erheblich variieren. Nach der Hälfte des Backvorgangs die Bleche von vorn nach hinten drehen, um gleichmäßiges Bräunen zu gewährleisten.

Die Backbleche aus dem Ofen nehmen und einige Minuten stehenlassen. Die Plätzchen mit einem breiten Messer lösen, auf ein Kuchengitter legen und bis zum vollständigen Auskühlen stehenlassen.

Bis zu 1 Woche lassen sich die Plätzchen in luftdicht verschlossenen Behältern aufbewahren. Bei längerer Lagerung einfrieren.

Das Rezept ergibt 60−65 Plätzchen von etwa 7,5 cm Durchmesser.

SCHOKOPLÄTZCHEN-EISKREM-SANDWICHES
(CHOCOLATE CHIP ICE CREAM SANDWICHES)

Vereinigte Staaten

Eine kleine Eisdiele in Myrtle Beach/South Carolina bietet solche Eiskrem-Sandwiches an. Die knusprigen, aromatischen Plätzchen sind voller Schokoladenstückchen und werden mit Vanille-Eis gefüllt.

Die Sandwiches können schon einige Zeit vor dem Verzehr komplett zubereitet und in der Tiefkühltruhe eingefroren werden. Allerdings verlieren die Plätzchen dabei nach und nach ihre Knusprigkeit, da sie die Feuchtigkeit der Eiskrem aufsaugen. Ich friere lieber nur die Plätzchen ein und setze die Sandwiches erst vor dem Servieren zusammen.

3¾ Tassen Mehl
1 EL Kakaopulver
2 TL Backpulver
½ TL Natron
½ TL Salz
1 Tasse und 3 EL weiche Butter
1¾ Tassen dunkelbrauner Rohrzucker
(s. Fußnote; ersatzweise brauner Rohrzucker)
3 EL Ahornsirup
2 große Eier
1 EL Vanilleextrakt
(ersatzweise Vanillinzucker)
350 g mittelgrob gehackte
Zartbitterschokolade (s. Fußnote)
1000 g leicht angetaute Vanille-Eiskrem
(ungefähr)

Mehl, Kakaopulver, Backpulver, Natron und Salz gründlich vermischen; beiseite stellen.

Butter in einer großen Rührschüssel mit dem Handrührgerät bei mittlerer Geschwindigkeit cremig schlagen. Dunkelbraunen Rohrzucker und Ahornsirup zugeben und schaumig schlagen. Eier und Vanilleextrakt zufügen und weiterschlagen, bis die Zutaten gut vermischt sind und die Masse glatt ist. Nach und nach die Mehlmischung einarbeiten. Die Schokoladenstückchen zufügen und rühren, bis sie sich gleichmäßig im Teig verteilt haben.

Den Teig halbieren. Jede Teigportion zwischen zwei großen Bogen Backpapier etwa 5 mm dick ausrollen. Dabei öfter die Unterseite kontrollieren und Falten, die sich eventuell gebildet haben, glätten. Den ausgerollten Teig auf ein großes Tablett oder Backblech legen und etwa 25—30 Minuten im Eisschrank kühlen, bis er kalt und fest, aber nicht hart ist. (Man kann die Kühlzeit verkürzen, wenn man den Teig etwa 15 Minuten in die Tiefkühltruhe stellt; darauf achten, daß er dabei nicht zu kalt und hart wird.)

Den Backofen auf 170° vorheizen. Mehrere Backbleche leicht einfetten und beiseite stellen. Den gekühlten Teig vorsichtig und schnell umdrehen, das Backpapier von der Unterseite entfernen, durch einen neuen Bogen Backpapier ersetzen, den Teig wieder umdrehen und das obere Backpapier abziehen. Mit einer Ausstechform oder einem Trinkglas von etwa 6 cm Durchmesser Plätzchen ausstechen. Die Plätzchen mit einem breiten Messer auf die Backbleche setzen; dabei einen Abstand von etwa 6 cm einhalten. Teigreste zu einem Klumpen zusammendrücken und zwischen zwei Bogen Backpapier erneut ausrollen. Den Teig wieder auf ein Tablett legen und mehrere Minuten kühl stellen. In der Zwischenzeit aus dem zweiten Teigblatt Plätzchen ausstechen. Teigreste ausrollen, kühlen und weiter Plätzchen ausstechen, bis der ganze Teig verbraucht ist.

Auf den mittleren Schienen des Backofens 9—11 Minuten backen, bis die Plätzchen an den Rändern gerade einen Hauch brauner Farbe angenommen haben. Aus dem Ofen nehmen und 2 Minuten auf den Backblechen abkühlen lassen. Dann die Plätzchen sofort mit einem breiten Messer lösen, auf ein Kuchengitter legen und bis zur vollständigen Auskühlung stehenlassen. Plätzchen in die Tiefkühltruhe geben und vor dem Zusammensetzen der Eiskrem-Sandwiches gut kühlen.

Um Sandwiches zu erhalten, 2½—3 EL leicht angetaute Eiskrem mit einem Messer auf die ebene Seite eines Plätzchens streichen. Das muß schnell geschehen, damit das Eis nicht schmilzt. Ein zweites Plätzchen auf die Eiskrem setzen und etwas andrücken. Die Sandwiches in kleinen Abständen auf ein mit Backpapier ausgelegtes Tablett setzen und einfrieren, bis sie fest sind; danach in stabile Plastiktüten packen.

Bis zu 2 Wochen in der Tiefkühltruhe aufbewahren. Sollen die Plätzchen jedoch schön knusprig sein, die Sandwiches erst 1–2 Tage vor dem Verzehr zusammensetzen.

Das Rezept ergibt etwa 55 Schokoplätzchen beziehungsweise etwa 27 Sandwiches von etwa 8 cm Durchmesser.

Hinweis: Dunkelbrauner Rohrzucker (Melassezucker) ist in Naturkostläden erhältlich. – Die Schokoladenstückchen dürfen nicht zu groß sein, denn in gefrorenem Zustand sind sie sonst zu hart und dann schwer zu beißen. Zu große Schokoladenbrocken machen es außerdem schwierig, den Teig in der gewünschten Dicke auszurollen.

FEINE ROHRZUCKER-COOKIES MIT SCHOKOLADENSTÜCKCHEN
(BROWN SUGAR-CHOCOLATE CHUNK SUPREME COOKIES)

Vereinigte Staaten

Brauner Rohrzucker, Butter sowie zartbittere und weiße Schokoladenstückchen geben den knusprigen Cookies ihren besonderen Geschmack. Dieser gelungenen Abwandlung der traditionellen Schokotropfen-Plätzchen kann kaum einer widerstehen. Das Rezept ist außerdem sehr einfach.

2 Tassen Mehl
1 TL Backpulver
¼ TL Natron
¼ TL Salz
1 Tasse weiche Butter
½ Tasse brauner Rohrzucker

¼ Tasse dunkelbrauner Rohrzucker
(s. Fußnote; ersatzweise brauner Rohrzucker)
1 großes Ei
1½ TL Vanilleextrakt
(ersatzweise Vanillinzucker)
150 g mittelfein gehackte Zartbitterschokolade
100 g mittelfein gehackte weiße Schokolade

Den Backofen auf 170° vorheizen. Mehrere Backbleche einfetten und beiseite stellen.

Mehl, Backpulver, Natron und Salz gut verrühren und beiseite stellen. Butter in der Rührschüssel der Küchenmaschine cremig schlagen. Braunen und dunkelbraunen Rohrzucker zufügen und zu einer lockeren, glatten Masse schlagen. Ei und Vanilleextrakt einrühren. Die Mehlmischung unterrühren. Zartbittere und weiße Schokolade dazugeben und umrühren, bis sich die Schokoladenstückchen gleichmäßig im Teig verteilt haben. Teigportionen mit einem gehäuften Teelöffel auf die Backbleche setzen und dabei einen Abstand von etwa 6 cm einhalten.

Auf den mittleren Schienen des Backofens 9–11 Minuten backen, bis die Ränder der Plätzchen leicht gebräunt sind. Nach der Hälfte des Backvorgangs die Bleche von vorn nach hinten drehen, um gleichmäßiges Garen zu gewährleisten. Das Gebäck keinesfalls zu lange im Ofen lassen. Bleche aus der Röhre nehmen und 2–3 Minuten stehenlassen. Mit einem breiten Messer die Plätzchen lösen und zum Auskühlen auf ein Kuchengitter legen.

Bis zu 3–4 Tagen lassen sich die Cookies in luftdicht verschlossenen Behältern aufbewahren. Bei längerer Lagerung einfrieren.

Das Rezept ergibt 35–40 Cookies von etwa 7,5 cm Durchmesser.

Hinweis: Dunkelbrauner Rohrzucker (Melassezucker) ist in Naturkostläden erhältlich.

SCHOKOLADEN-PRALINENSCHNITTEN (FUDGE BROWNIES)

Vereinigte Staaten

Gewiß dürfte es schwierig sein, in den Vereinigten Staaten jemanden zu finden, der Schokoladenschnitten, dieses typisch amerikanische Gebäck, nicht mag. Und es gibt fast so viele Rezepte für dieses einfache Gebäck, wie es Köche gibt.

Für die meisten Amerikaner sind Schokoladenschnitten um so besser, je gehaltvoller, dunkler und »schokoladiger« sie sind, weshalb diese hier die höchste Auszeichnung verdienen. Sie sind fest, saftig und ähneln in ihrer Konsistenz Karamelpralinen, ohne dabei zäh zu sein. Sie besitzen eine glänzende Oberfläche und ein intensives Schokoladenaroma.

¾ Tasse Mehl
1 ½ Tassen Puderzucker
2 EL Kakaopulver
¾ TL Backpulver
¼ TL Salz
100 g Zartbitterschokolade
6 EL Butter
1 ½ EL Rohrzuckersirup
(s. Fußnote; ersatzweise Rübensirup)
2 große Eier
1 ½ TL Vanilleextrakt
(ersatzweise Vanillinzucker)
3 Tropfen Bittermandel-Backaroma

Den Backofen auf 160° vorheizen. Eine quadratische Backform von 20 cm Seitenlänge mit Alufolie auskleiden. Die Folie auf zwei gegenüberliegenden Seiten jeweils 5 cm überstehen lassen; Folie einfetten.

Mehl, Puderzucker, Kakaopulver, Backpulver und Salz zusammensieben und beiseite stellen.

Schokolade und Butter in einem großen schweren Topf bei geringer Hitze und unter häufigem Umrühren erwärmen, bis die Masse geschmolzen und glatt ist. Vom Feuer nehmen und den Rohrzuckersirup unterrühren; stehenlassen, bis die Masse nur noch lauwarm ist. Dann die Eier einzeln dazugeben und jeweils mit einem Kochlöffel unterrühren. Vanilleextrakt und Bittermandelaroma einrühren. Die Mehlmischung zufügen und rühren, bis alles gut vermischt und ein glatter Teig entstanden ist. In die Backform geben und gleichmäßig nach den Rändern hin verstreichen.

In mittlerer Höhe des Backofens 22–25 Minuten backen, bis der Teig gerade anfängt, sich in der Mitte fest anzufühlen. (Sollen die Schnitten sehr saftig sein, die minimale Backzeit beachten; sollen sie etwas fester werden, die Maximalzeit einhalten.) Aus dem Ofen nehmen, die Form auf ein Kuchengitter stellen und mindestens 15–20 Minuten stehenlassen. Dann die überstehenden Folienenden fassen und das Gebäckstück vorsichtig aus der Form heben. Zum Auskühlen wieder auf das Gitter legen. Die Folie vorsichtig lösen und das Gebäck mit der Oberseite nach oben auf ein Schneidebrett legen. Mit einem scharfen Messer Quadrate von 5 oder 6 cm Seitenlänge markieren und schneiden.

Die Schnitten lassen sich 2–3 Tage in einem luftdicht verschlossenen Behälter aufbewahren. Bei längerer Lagerung einfrieren.

Das Rezept ergibt 12–16 Schnitten.
(Abb. s. rechts)

Hinweis: Rohrzuckersirup (Melasse) ist in Naturkostläden erhältlich.

RECHTS:
Butterschnitten (Rezept s. S. 41), Schokoladen-Pralinenschnitten (Rezept s. oben) und Feine Schokoladenschnitten mit Schokoladenglasur (Rezept s. S. 40)

FEINE SCHOKOLADEN-SCHNITTEN MIT SCHOKOLADENGLASUR

(EXTRA CHOCOLATEY BROWNIES WITH SHINY CHOCOLATE GLAZE)

Vereinigte Staaten

Schokoladen-Liebhaber werden begeistert sein von diesen dunklen festen Schnitten und ihrem intensiven Schokoladenaroma. Eine besonders schokoladige, bittersüße Glasur rundet den Geschmack ab.

In der einfacheren Version, ohne Glasur, schmecken die Schnitten aber auch sehr gut.

¼ TL Instant-Kaffeepulver oder -Kaffeegranulat
1 ½ EL kochendes Wasser
5 EL Butter
200 g Zartbitterschokolade, in Stücke gebrochen
2 große Eier
¾ Tasse Zucker
2 TL Vanilleextrakt
(ersatzweise Vanillinzucker)
⅔ Tasse Mehl
2 TL Kakaopulver
½ TL Backpulver
¼ TL Salz

GLASUR (falls gewünscht)
½ EL Butter
1 TL Ahornsirup
⅓ Tasse Puderzucker
100 g Edelbitterschokolade, in kleine Stücke gebrochen oder gehackt
1 TL Vanilleextrakt
(ersatzweise Vanillinzucker)

Den Backofen auf 160° vorheizen. Eine quadratische Backform von 20 cm Seitenlänge mit Alufolie auskleiden; die Folie an zwei gegenüberliegenden Seiten der Form jeweils 5 cm überstehen lassen. Um die Folie anzupassen, die Form umdrehen und die Folie um die Unterseite legen. Form wieder umdrehen und mit der geformten Folie auskleiden, dabei die überstehenden Enden nach außen biegen; Folie einfetten.

Kaffeepulver und kochendes Wasser in eine kleine Tasse geben und beiseite stellen, bis sich der Kaffee aufgelöst hat. Butter in einem kleinen schweren Topf bei geringer Wärme schmelzen. Die Schokolade einrühren und bei niedriger Temperatur 1 Minute lang erwärmen. Vom Herd nehmen und stehen lassen; dabei ab und zu umrühren, bis die Schokolade schmilzt und die Masse ganz glatt ist.

Eier in einer mittelgroßen Schüssel mit einer Gabel leicht schlagen. Zucker, Vanilleextrakt und Kaffee einrühren und beiseite stellen.

Mehl, Kakaopulver, Backpulver und Salz zusammensieben und unter die Eiermischung rühren. Die geschmolzene Schokolade zufügen und verrühren, bis sich alle Zutaten gut verbunden haben und die Masse glatt ist. Den Teig in die mit Folie ausgekleidete Form geben und gleichmäßig nach den Rändern hin verteilen.

Auf der mittleren Schiene des Backofens 27–30 Minuten backen, bis sich der Teig in der Mitte etwas fest anfühlt. (Sollen die Schnitten besonders saftig sein, Minimalbackzeit einhalten; sollen sie fester werden, etwas länger bakken.) Die Form auf ein Kuchengitter setzen und mindestens 15–20 Minuten stehen lassen. Dann das Teigquadrat an den beiden Folienenden vorsichtig aus der Form heben und zum vollständigen Auskühlen auf ein Kuchengitter legen. Die Folie behutsam von der Unterseite des Teigs entfernen und ihn auf ein Kuchengitter legen, das auf einem Bogen Backpapier steht.

Zur Herstellung der Glasur Butter, Ahornsirup, Puderzucker und 3 EL Wasser in einem kleinen schweren Topf bei mittlerer Hitze erwärmen. Unter Rühren zum Kochen bringen und dann gleich vom Feuer nehmen. Die Schokoladenstückchen einrühren und beiseite stellen; gelegentlich umrühren, bis die Schokolade geschmolzen und die Masse glatt ist. Den Vanilleextrakt unterrühren; beiseite stellen, damit die Masse abkühlt und etwas eindickt.

Mit einem Löffel die Glasur auf dem Gebäck verteilen und sie mit einem langen Messer schnell und gleichmäßig auf der Oberseite und an den Seiten des Gebäckstücks verstreichen. Gegebenenfalls die Glasur mit einem dekorativen Muster versehen, indem man eine Messerspitze in 5-mm-Abständen jeweils senkrecht und waagerecht über den Guß zieht (s. Abb. S. 39).

Das Gebäck mindestens 45 Minuten stehenlassen, bis die Glasur fest ist (oder, damit die Glasur schneller eindickt, etwa 25 Minuten in den Kühlschrank stellen).

Das Gebäck auf ein Schneidebrett legen und mit einem scharfen Messer in Quadrate von 5 cm Seitenlänge schneiden. Damit die Schnitten die gleiche Größe haben, das Gebäckstück vor dem Schneiden mit einem Lineal markieren, wobei man dieses nach jeder Markierung mit einem Papierküchentuch abwischt.

Die Schokoladenschnitten lassen sich in luftdicht verschlossenen Behältern 2–3 Tage im Kühlschrank aufbewahren.

Das Rezept ergibt 16 etwa 5,5 cm große Schnitten. (Abb. s. S. 39)

BUTTERSCHNITTEN (BUTTERSCOTCH BROWNIES)

Vereinigte Staaten

Für dieses beliebte amerikanische Gebäck habe ich ein Rezept von Polly Clingerman, einer Köchin aus Washington, leicht variiert.

Die Schnitten besitzen eine glänzende Oberfläche und sind recht fest, doch saftig. Beim Bakken verbreiten sie einen himmlischen Duft.

1 Tasse Butter
1 2/3 Tassen brauner Rohrzucker
2 Tassen Mehl
1 1/2 TL Backpulver
1/2 TL Salz
3 große Eier
2 1/2 TL Vanilleextrakt
(ersatzweise Vanillinzucker)
1 Tasse gehackte Pekan- oder Walnüsse

Den Backofen auf 160° vorheizen. Eine flache 30 × 19 × 2,5 cm große Backform mit Alufolie so auslegen, daß die Folie an zwei gegenüberliegende Seiten um jeweils 5 cm über den Rand der Form hinausreicht. (Um die Folie abzumessen und anzupassen, die Form umdrehen und die Folie außen um die Form herumlegen; Folie entfernen, Backform wieder umdrehen und mit der geformten Folie sorgfältig auskleiden.) Folie einfetten.

Die Butter in einem großen schweren Topf über mittlerer Hitze erwärmen, schmelzen und zum Kochen bringen; 5 Minuten bei schwacher Hitze unter gelegentlichem Rühren kochen lassen, so daß die Butter etwas schäumt und leicht goldbraun wird, aber nicht verbrennt. Braunen Zucker zufügen und umrühren. Den Topf sofort vom Feuer nehmen und stehenlassen, bis die Mischung nur noch lauwarm ist.

Mehl, Backpulver und Salz zusammensieben und beiseite stellen. Eier und Vanilleextrakt in die abgekühlte Butter-Rohrzucker-Mischung geben und mit einem großen Kochlöffel kräftig umrühren. Die Mehlmischung einrühren, bis alles gut vermengt ist. Sorgfältig die Nüsse unterheben, so daß sie sich gleichmäßig im Teig verteilen.

Den Teig mit einem Kuchenspachtel in die mit Folie ausgekleidete Form geben und ihn gleichmäßig zu den Rändern hin verteilen.

Ins obere Drittel des Backofens schieben und 35–40 Minuten backen, bis er in der Mitte goldbraun ist und sich fest anfühlt. Die Form aus dem Ofen nehmen, auf ein Kuchengitter setzen und mindestens 20 Minuten stehenlassen. Dann das Teigrechteck an den beiden überstehenden Folienenden vorsichtig aus der Form heben und auf einem Kuchengitter vollständig auskühlen lassen. Die Folie von der Unterseite lösen und das Gebäck auf ein Schneidebrett legen. Längsseits 4 Streifen, der Breite nach 6 Streifen markieren, so daß man beim Schneiden 24 Schnitten erhält.

In einem luftdicht verschlossenen Behälter halten sich die Schnitten bis zu 2 Tagen. Bei längerer Lagerung einfrieren.

Das Rezept ergibt 24 quadratische, 5×5 cm große Schnitten. (Abb. s. S. 39)

KOKOSNUSS-SCHNITTEN (TOASTED COCONUT DREAM BARS)

Vereinigte Staaten

Bei dieser Version der beliebten Nußschnitten werden Kokosraspel und Nüsse geröstet, um ihr reiches Aroma voll zur Geltung zu bringen. Die Nußmasse ist etwas weniger süß als in den meisten Rezepten.

TEIG
⅔ Tasse Mehl
¼ Tasse kalte Butter, in Stückchen geschnitten

NUSSMASSE
1¼ Tassen Kokosraspel
1 Tasse gehackte Pekan- oder Walnüsse
2 große Eier
½ Tasse und 2 EL brauner Rohrzucker
1½ EL Mehl
1 Prise Salz
1¼ TL Vanilleextrakt
(ersatzweise Vanillinzucker)

GLASUR
3 EL Butter (Zimmertemperatur)
1¼ Tasse Puderzucker
1¼ TL frischer Zitronensaft
1¼ TL Vanilleextrakt
(ersatzweise Vanillinzucker)

Den Backofen auf 160° vorheizen. Eine niedrige quadratische Backform von 20 cm Seitenlänge leicht einfetten.

Zur Herstellung des Teigs Mehl und Butter in eine kleine Schüssel geben. Mit einem Handrührgerät oder einer Gabel die Butter so einarbeiten, daß die Masse feinen Streuseln ähnelt. 2 TL kaltes Wasser darübergeben und den Teig leicht umrühren oder kneten, bis er zusammenhält. (Oder: Mehl und Butter in die Rührschüssel einer Küchenmaschine geben, die mit einem Knethaken ausgerüstet ist. Etwa 1 Minute lang schubweise rühren, bis die Masse groben Streuseln ähnelt. 2 TL kaltes Wasser darübergeben und in gleicher Weise weiterrühren, bis der Teig einen Klumpen bildet.) Teig in die Backform geben und nach den Rändern hin drücken, so daß eine glatte, gleichmäßig dicke Schicht entsteht. 10 Minuten backen; beiseite stellen.

Um die Nußmasse zuzubereiten, Kokosraspel und Nüsse auf zwei verschiedenen Backblechen verteilen und unter häufigem Bewegen 8–10 Minuten rösten, bis die Kokosnußraspel einen ganz leichten Hauch brauner Farbe angenommen haben. Aus dem Ofen nehmen und alles, mit Ausnahme von 2 EL Kokosraspel, beiseite stellen und etwas abkühlen lassen. Die verbliebenen 2 EL Kokosraspel weiterrösten, bis sie leicht gebräunt, aber keinesfalls verbrannt oder ausgetrocknet sind; zum Verzieren beiseite stellen.

In einer kleinen Schüssel Eier mit einer Gabel kräftig schlagen. Braunen Zucker, 1½ EL Mehl, Salz und Vanilleextrakt zufügen und weiterschlagen, bis eine glatte Masse entsteht. Die leicht gerösteten Kokosraspel und Pekanstücke unterrühren, bis alles gut vermischt ist. Die Nußmasse gleichmäßig über den Teigboden verteilen und verstreichen.

Die Backform in den Backofen stellen und 20–23 Minuten backen, bis das Gebäck an der Oberseite fest und goldbraun ist. Aus dem Ofen nehmen, Backform auf ein Kuchengitter stellen und etwas abkühlen lassen.

In der Zwischenzeit die Glasur zubereiten. Butter und Puderzucker in eine Schüssel geben. Zitronensaft und Vanilleextrakt zufügen und glattrühren. Etwa 2 TL Wasser zugeben, so daß man eine streichbare Masse erhält. Sobald das Gebäck etwas abgekühlt ist – es muß nicht kalt sein –, die Glasur dünn und gleichmäßig darauf verstreichen. Sofort die zurückbehaltenen 2 EL geröstete Kokosraspel darüberstreuen. Stehenlassen, bis die Glasur fest ist. Das Gebäckquadrat der Breite nach in 3, der Länge nach in 5 Streifen schneiden, so daß man 15 Schnitten erhält.

Die Schnitten lassen sich 2–3 Tage in einem luftdicht verschlossenen Behälter aufbewahren. Bei längerer Lagerung einfrieren.

Das Rezept ergibt 15 Schnitten von etwa 4 cm Breite und 6,5 cm Länge. (Abb. s. links)

LINKS:
Kokosnuß-Schnitten

NANAIMO-SCHNITTEN (NANAIMO BARS)

Kanada

Dies ist eine der beliebtesten Plätzchensorten Kanadas. Sie wurde nach der Stadt Nanaimo in British Columbia benannt, obgleich niemand weiß, warum.

Nanaimo-Schnitten bestehen aus drei gehaltvollen, fast konfektartigen Schichten: einem Schokoladen-Kokosnuß-Walnuß-Boden, einer Buttercremefüllung und einer dunklen Schokoladenglasur. Das folgende Rezept wurde von zwei verschiedenen Versionen des Gebäcks inspiriert, die im »Canadian Living Magazine« abgedruckt waren: Das eine enthielt eine einfache Vanille-Buttercreme, das andere eine raffiniertere Orangen-Grand Marnier-Füllung. Das Rezept ist so gehalten, daß Sie die Schnitten auf beide Arten zubereiten können.

BODEN
5 EL Butter
100 g grobgehackte Zartbitterschokolade
1 Tasse Kokosflocken
1 EL Zucker
1 Tasse Cracker- oder Zwiebackbrösel
1 Tasse feingehackte Walnüsse

BUTTERCREMEFÜLLUNG
1 großes Eigelb
1 EL Milch oder Orangenlikör
(zum Beispiel Grand Marnier)
½ Tasse weiche Butter
¾ TL Vanilleextrakt
(ersatzweise Vanillinzucker)
Sehr fein abgeriebene Schale von 1 mittelgroßen unbehandelten Orange (falls gewünscht)
1 ⅓ Tassen Puderzucker

GLASUR
115 g grobgehackte Edelbitterschokolade
1 EL Kokosfett

Eine quadratische flache Backform von 20 cm Seitenlänge einfetten.

Um den Boden herzustellen, die Butter in einem schweren mittelgroßen Topf bei mittlerer Hitze unter gelegentlichem Rühren schmelzen. Die Temperatur ganz niedrig stellen und die Schokolade einrühren. Unter Rühren erwärmen, bis sie geschmolzen und glatt ist. Sofort vom Feuer nehmen. Kokosflocken, Zucker, Crackerbrösel und Walnüsse einrühren und gleichmäßig in der Masse verteilen. Die Masse in die Backform geben und mit den Fingern oder einem Löffel auf den Formboden drücken, so daß man eine feste, gleichmäßig dicke Schicht erhält. Abdecken und mindestens 20 Minuten in den Kühlschrank stellen, bis sie sich kalt anfühlt. (Um den Kühlprozeß zu beschleunigen, kann man die Form statt dessen in die Gefriertruhe stellen.)

Für die Buttercreme Eigelb und Milch (oder Likör) in einer kleinen Rührschüssel schlagen, bis beide Zutaten gut vermischt sind. Butter, Vanilleextrakt und gegebenenfalls Orangenschale zufügen und schlagen, bis die Masse locker und schaumig ist. Nach und nach den Puderzucker zugeben und weiterschlagen, bis eine glatte, cremige Masse entstanden ist. Die Buttercreme mit einem Küchenmesser gleichmäßig auf dem Boden verstreichen. Backform abdecken und wieder in den Kühlschrank (oder die Gefriertruhe) stellen, bis die Buttercreme kalt und fest, aber *nicht hart* ist.

Um die Glasur zuzubereiten, Schokolade und Kokosfett in einem kleinen schweren Topf unter gelegentlichem Rühren erwärmen, bis beides geschmolzen ist. Abkühlen lassen, bis sich die Glasur *kaum mehr warm* anfühlt. Schokolade auf die Buttercremeschicht gießen und mit einem Küchenmesser schnell zu einer gleichmäßig dicken Schicht verstreichen, da die Schokolade ziemlich rasch fest wird. Abdecken und in den Kühlschrank stellen, bis die Schokolade fest, aber noch nicht hart ist. Dann mit einem scharfen Messer die Größe der Schnitten markieren. Um kleine Schnitten zu erhalten, 8 horizontale und 4 vertikale Streifen schneiden. Wenn die Schnitten größer sein sollen, 8 horizontale und 3 vertikale Streifen schneiden.

Die Schnitten abdecken und mehrere Stunden in den Kühlschrank stellen, bis sie sehr kalt und fest sind. Sie dann mit einem breiten Messer aus der Backform lösen.

Die Schnitten lassen sich im Kühlschrank bis zu 1 Woche aufbewahren. Bei längerer Lagerung einfrieren.

Das Rezept ergibt 32 kleine oder 24 größere Schnitten.

PEKAN-COOKIES MIT ORANGENGESCHMACK

(PECAN BUTTER ICEBOX COOKIES WITH ORANGE ZEST)

Vereinigte Staaten

Pekannüsse wie auch Orangen gedeihen im amerikanischen Südwesten und werden dort in vielen beliebten, köstlichen Gerichten und Kuchen miteinander kombiniert. Das Rezept für diese leckeren Cookies bekam ich von einer Freundin, der Kochbuchautorin Susan Belsinger, die den Südwesten auf der Suche nach regionalen Spezialitäten bereiste, als sie für ihr Buch »New Southwestern Cooking« (Die neue Küche des Südwestens) recherchierte.

Die Cookies sind knusprig-butterig. Zur Herstellung dieses Gebäcks ist die Benutzung einer Küchenmaschine unerläßlich.

1 Tasse grobgehackte Pekannüsse
Schale von 1 mittelgroßen unbehandelten Orange (die weiße Haut gänzlich entfernt)
1 Tasse Zucker
1 großes Ei
1 Tasse kalte Butter, in Stückchen geschnitten
1 TL Vanilleextrakt
(ersatzweise Vanillinzucker)
½ TL Salz
2 Tassen Mehl

Den Backofen auf 150° vorheizen.

Pekannüsse auf einem Backblech verteilen und unter gelegentlichem Wenden in der Röhre rösten, bis sie angenehm duften und gerade einen Hauch brauner Farbe angenommen haben, was 8–10 Minuten dauert. Sofort aus dem Ofen nehmen und stehenlassen, bis sie vollkommen ausgekühlt sind. Nüsse in die Küchenmaschine oder die Nußmühle geben und fein vermahlen. Gemahlene Pekannüsse auf einen Bogen Backpapier oder einen kleinen Teller geben.

Orangenschale und Zucker in der Küchenmaschine sehr fein zerkleinern. Ei zufügen und 1 Minute lang mit der Orangen-Zucker-Mischung verrühren. Butter, Vanilleextrakt und Salz zu der Mischung geben und 1 weitere Minute rühren, bis alle Zutaten sich gut verbunden haben. Die gemahlenen Pekannüsse gleichmäßig in der Masse verrühren. Mehl zufügen und wieder – aber keinesfalls zu lange – rühren, bis es in den Teig eingearbeitet ist.

Den Teig in drei gleich große Portionen teilen. Jedes Teigdrittel auf einen Bogen Klarsichtfolie legen und zu einer gleichmäßig dicken Rolle von etwa 4,5 cm Durchmesser formen. Teigrollen auf ein großes Tablett oder Backblech legen und mindestens 1 Stunde im Eisschrank kühlen, im Bedarfsfall auch über Nacht. (Die Rollen können, wenn man sie gut einwickelt, bis zu 10 Tagen eingefroren werden und müssen dann vor dem Schneiden und Backen leicht aufgetaut werden.)

Den Ofen auf 160° vorheizen. Mehrere Backbleche leicht einfetten. Mit einem scharfen großen Messer den Teig in etwa 5 mm dicke Scheiben schneiden und diese in etwa 2,5 cm Abstand auf die Backbleche legen.

Die Cookies 10–12 Minuten im oberen Drittel des Ofens backen, bis sie an den Rändern goldbraun sind. Die Backzeit kann je nach der Temperatur des Teigs etwas variieren. Bleche aus dem Ofen nehmen und etwa 3 Minuten abkühlen lassen. Dann die Plätzchen mit einem breiten Messer lösen, auf ein Kuchengitter legen und vollständig auskühlen lassen.

Die Plätzchen lassen sich bis zu 1 Woche in luftdicht verschlossenen Behältern aufbewahren. Bei längerer Lagerung einfrieren.

Das Rezept ergibt 60–70 Cookies von 5–5,5 cm Durchmesser.

PEKAN-KNUSPERLE
(PECAN CRISPS)

Vereinigte Staaten

Auf der Zunge zergehen einem diese knusprigen Plätzchen. In ihnen vereinen sich die köstlichen Aromen von gerösteten Pekannüssen, braunem Zucker und frischer Butter.

Das Rezept ergibt zwei Teigrollen, die bis zu zwei Wochen in der Tiefkühltruhe eingefroren werden können.

1¼ Tassen gehackte Pekannüsse
2⅓ Tassen Mehl
½ TL Natron
½ TL Salz
½ Tasse weiche Butter
½ Tasse brauner Rohrzucker
½ Tasse Puderzucker
1 großes Ei
½ Tasse Pflanzenöl
1 TL Vanilleextrakt
(ersatzweise Vanillinzucker)

Den Backofen auf 150° vorheizen. Pekannüsse auf einem Backblech verteilen und 7−8 Minuten in der Röhre rösten; dabei gelegentlich bewegen. Wenn sie duften und etwas gebräunt sind, aus dem Ofen nehmen und zum Auskühlen beiseite stellen. Mehl, Natron und Salz gründlich vermischen.

Butter, braunen Zucker und Puderzucker in einer großen Rührschüssel schaumig schlagen. Ei, Öl und Vanilleextrakt zufügen und weiterschlagen, bis alles gut vermischt ist. Die Mehlmischung unterrühren. Die Hälfte der gerösteten, abgekühlten Pekannüsse unterheben.

Den Teig abdecken und etwa 1 Stunde, bis er etwas fest ist, in den Kühlschrank stellen. Den Teig halbieren. Jede Teighälfte auf einen 40 cm langen Bogen Backpapier legen und zu einer glatten, etwa 25 cm langen Rolle von etwa 5 cm Durchmesser formen. Je die Hälfte der verbliebenen gehackten Pekannüsse auf die beiden Rollen streuen und in den Teig drücken. Die Rollen gut einwickeln und mindestens 4 Stunden, bis sie sehr fest sind, einfrieren. Der Teig kann, in Plastikbeuteln verpackt, bis zu 2 Wochen eingefroren werden.

Den Ofen auf 170° vorheizen. Mehrere Backbleche einfetten. Eine Teigrolle aus der Tiefkühltruhe nehmen, schnell in etwa 5 mm dicke Scheiben schneiden und diese in etwa 4 cm Abstand auf die Backbleche setzen. (Die zweite Rolle bis kurz vor dem Schneiden und Backen in der Kühltruhe belassen.)

Sofort ins obere Drittel der Backröhre schieben und 9−11 Minuten backen, bis die Plätzchen goldbraun und an den Rändern etwas dunkler sind. Nach der Hälfte des Backvorgangs die Bleche von vorn nach hinten drehen, um gleichmäßiges Bräunen zu gewährleisten. Die Plätzchen mit einem breiten Messer lösen, auf ein Kuchengitter legen und bis zum vollständigen Auskühlen stehenlassen.

Die Knusperle können bis zu 1 Woche in luftdicht verschlossenen Behältern aufbewahrt werden. Bei längerer Lagerung einfrieren.

Das Rezept ergibt 55−60 Plätzchen von etwa 6 cm Durchmesser. (Abb. s. links)

LINKS:
Pekan-Knusperle und Pekankrokant-Cookies
(Rezepte s. oben und S. 48)

PEKANKROKANT-COOKIES
(PECAN PRALINE COOKIES)

Vereinigte Staaten

Gehaltvolle, süße Plätzchen, die mit knusprigen karamelisierten Pekannußstückchen angereichert werden. Da die Pekannuß in den amerikanischen Südstaaten beheimatet ist, wird sie in der Küche des Südens häufig verwendet. Die Methode, nach der der Krokant hergestellt wird, stammt aus der klassischen französischen Küche. Und so ist es auch nicht überraschend, daß das Grundrezept von einem Koch aus New Orleans zur Verfügung gestellt wurde. Der Krokant kann schon lange im voraus zubereitet werden.

KROKANT
1 Tasse gehackte Pekannüsse
⅓ Tasse Zucker

TEIG
1½ Tassen Mehl
1¼ TL Backpulver
¼ TL Natron
¼ TL Salz
½ Tasse weiche Butter
1 Tasse brauner Rohrzucker
2 EL Zucker
1 großes Ei
2 TL Vanilleextrakt
(ersatzweise Vanillinzucker)

Den Backofen auf 150° vorheizen.

Um den Krokant herzustellen, die Pekannüsse gleichmäßig auf einem großen Backblech verteilen. Das Blech in die Röhre schieben und die Nüsse 8–10 Minuten rösten, wobei man sie öfter wendet; sie sollen angenehm duften und schön geröstet sein, aber nicht verbrennen. Nüsse aus dem Ofen nehmen und abkühlen lassen. Eine hitzebeständige Platte oder einen feuerfesten Teller einfetten und beiseite stellen.

Den Zucker mit 2 EL Wasser in einen kleinen schweren Kochtopf geben und bei mittlerer Temperatur erhitzen. Zum Kochen bringen und dabei häufig umrühren, damit sich der Zucker auflöst. Anschließend bei geschlossenem Deckel 2 Minuten kochen, dann ohne Deckel 2–2½ Minuten weiterkochen, bis der Sirup etwas eindickt, Blasen wirft und einen tiefen Bernsteinton annimmt; er darf jedoch nicht dunkelbraun werden. Die gerösteten Pekanstücke sofort in den Sirup geben und unterrühren, damit sie gleichmäßig von der Zuckermasse überzogen werden; dabei aufpassen, daß nichts verspritzt, da der Sirup sehr heiß ist. Die Krokantmasse schnell auf die gefettete Platte gießen. Etwa 10 Minuten, bis die Masse vollkommen abgekühlt ist, stehenlassen. Den Krokant in eine feste Plastiktüte geben und mit einem Fleischklopfer oder Stampfer in winzige Stücke zerkleinern. Der Krokant kann sofort weiterverwendet, aber auch in einem luftdichten Behälter im Kühlschrank oder in der Tiefkühltruhe bis zu einem Monat aufbewahrt werden. Bei der Weiterverwendung muß der Krokant Raumtemperatur haben.

Den Backofen auf 170° vorheizen. Mehrere Backbleche leicht einfetten und beiseite stellen. Mehl, Backpulver, Natron und Salz gut vermischen und beiseite stellen. Butter in einer kleinen Rührschüssel mit dem Handrührgerät bei mittlerer Geschwindigkeit schlagen, bis sie locker und cremig ist. Braunen und weißen Zucker, Ei und Vanilleextrakt zufügen und weiterschlagen, bis die Masse sehr glatt ist. Die Hälfte der Mehlmischung zugeben und gut unterrühren. Sobald der Teig fester wird, den Rest der Mehlmischung mit einem Löffel von Hand unterheben, bis eine glatte Masse entstanden ist. Gut ⅓ Tasse Pekankrokant in eine flache Schüssel geben und beiseite stellen. Den restlichen Krokant mit einem Löffel in den Teig einarbeiten, so daß er gleichmäßig darin verteilt ist.

Teigportionen abteilen und zwischen den Handflächen zu etwa 2,5 cm dicken Kugeln rollen. Die Oberseite jeder Kugel in den zurückbehaltenen Krokant drücken, so daß ein dünner Krokantüberzug entsteht. Die Kugeln in etwa 5 cm Abstand mit der Krokantseite nach oben auf die gefetteten Backbleche setzen.

Auf den mittleren Schienen des Backofens 10–11 Minuten backen, bis die Plätzchen an den Rändern ganz leicht angebräunt sind. Die Bleche nach der Hälfte des Backvorgangs von vorn nach hinten drehen, damit das Gebäck gleichmäßig bräunt, und darauf achten, daß es nicht zu lange gebacken wird. Die Plätzchen aus dem Ofen nehmen und 2 Minuten auf den Blechen ruhenlassen. Mit einem breiten Messer die

Plätzchen lösen und zum Auskühlen auf ein Kuchengitter legen.

In einem luftdicht verschlossenen Behälter lassen sich die Cookies bis zu 1 Woche aufbewahren. Bei längerer Lagerung einfrieren.

Das Rezept ergibt etwa 30 Cookies von etwa 7 cm Durchmesser. (Abb. s. S. 46)

SAUERRAHM-COOKIES
(OLD-FASHIONED SOUR CREAM COOKIES)

Vereinigte Staaten

Dieses klassische Gebäck zeichnet sich durch seinen milden Geschmack und seine sehr lockere, kuchenartige Mürbe aus. Das Originalrezept, das ich leicht abgewandelt habe, stammt von Jean Favors aus Washington, die diese Cookies seit mehr als 20 Jahren backt.

VERZIERUNG
2 EL Zucker
¼ TL fein abgeriebene Zitronenschale (unbehandelt) oder ½ TL gemahlener Zimt

TEIG
3 Tassen Mehl
½ TL Salz
½ TL Natron
½ TL Backpulver

⅛ TL gemahlener Zimt
⅔ Tasse weiche Butter
1⅓ Tassen Zucker
2 große Eier
2¼ TL Vanilleextrakt
(ersatzweise Vanillinzucker)
3—4 Tropfen Zitronen-Backaroma
¼ TL fein abgeriebene Zitronenschale (unbehandelt)
½ Tasse Sauerrahm
½ Tasse Crème fraîche

Den Backofen auf 180° vorheizen. Mehrere Backbleche einfetten. Für die Verzierung in einer kleinen Schüssel Zucker und Zitronenschale (oder Zimt) gut vermischen und beiseite stellen.

Mehl, Salz, Natron, Backpulver und Zimt zusammensieben. Butter und Zucker in einer großen Rührschüssel schaumig schlagen. Die Eier einzeln unterrühren. Vanilleextrakt, Zitronenaroma und Zitronenschale zufügen und weiterschlagen, bis alles gut vermischt ist. Abwechselnd die Mehlmischung und die Mischung aus Sauerrahm und Crème fraîche zufügen, wobei man mit dem Mehl beginnt und aufhört und jeweils etwa ein Drittel der Menge zugibt.

Mit einem Teelöffel großzügige Teigportionen in etwa 5 cm Abstand auf die Backbleche setzen. Jedes Plätzchen leicht mit der Zucker-Zitronen-(Zimt-)Mischung bestreuen.

Im oberen Drittel des Backofens 10—12 Minuten backen, bis die Ränder leicht goldbraun sind. Die Bleche nach der Hälfte des Backvorgangs von vorn nach hinten drehen, um ein gleichmäßiges Bräunen zu gewährleisten. Die Bleche aus dem Ofen nehmen und 1—2 Minuten ruhenlassen. Die Plätzchen auf ein Kuchengitter legen und stehenlassen, bis sie vollkommen ausgekühlt sind.

In einem luftdicht verschlossenen Behälter sind die Cookies 2—3 Tage haltbar. Bei längerer Lagerung einfrieren.

Das Rezept ergibt 45—50 Cookies von etwa 6 cm Durchmesser.

FOLGENDE DOPPELSEITE:
Erdnußbutter-Sandplätzchen (Rezept s. S. 53)

HAUCHDÜNNE PEKAN-WAFFELN
(PECAN LACE COOKIES)

Vereinigte Staaten

Pekanwaffeln sind eine Spezialität aus dem tiefen Süden der Vereinigten Staaten. Sie besitzen den reichen Geschmack von braunem Zucker, Butter und Pekannüssen – Zutaten, die Köche und Bäcker dort mit Vorliebe verwenden.

Ich betrachte diese zarten, brüchig-knusprigen Waffeln als Amerikas Antwort auf Italiens berühmte Florentiner. Sie sind vielleicht nicht ganz so elegant, aber genauso unwiderstehlich. Für besondere Anlässe tröpfle ich gern etwas zartbittere Schokoladenglasur über die Waffeln, obwohl dies eigentlich nicht dem traditionellen Rezept entspricht. Sollten Sie die Glasur für überflüssig halten, servieren Sie die Plätzchen unglasiert. Sie schmecken auch ohne besondere Verzierung ausgezeichnet.

Da der besondere Reiz der Pekanwaffeln in ihrer brüchigen, karamelisierten Konsistenz liegt, sollte man sie an einem trockenen Tag bakken. Andernfalls besteht die Gefahr, daß sie zuviel Feuchtigkeit aus der Luft aufnehmen und man am Ende klebrig-zähe Plätzchen erhält. Gehen Sie sehr behutsam mit den Waffeln um; sie sind so hauchdünn, daß man durch sie hindurchsehen kann.

1 Tasse grobgehackte Pekannüsse
½ Tasse Butter
¾ Tasse dunkelbrauner Rohrzucker
(s. Fußnote; ersatzweise brauner Rohrzucker)
⅓ Tasse Ahornsirup
¼ TL Salz
1 Tasse Schmelzflocken
2 EL Mehl
2 TL Vanilleextrakt
(ersatzweise Vanillinzucker)

SCHOKOLADENGLASUR (falls gewünscht)
1½ TL Kokosfett
100 g grobgehackte Zartbitterschokolade

Den Backofen auf 150° vorheizen. Die Pekannüsse in einer großen flachen Backform verteilen. In den Ofen stellen und 6–7 Minuten rösten, bis sie duften und einen Hauch brauner Farbe angenommen haben. Aus dem Ofen nehmen und zum Abkühlen beiseite stellen. Die Ofentemperatur auf 170° erhöhen. Mehrere Backbleche einfetten und beiseite stellen.

Die Butter in einem mittelgroßen schweren Topf bei mittlerer Hitze zum Kochen bringen. Temperatur etwas niedriger schalten und unter gelegentlichem Rühren 4 Minuten leise köcheln lassen. Rohrzucker, Sirup und Salz einrühren und noch 1 Minute auf der Herdplatte stehenlassen, bis die Masse glatt ist. Topf vom Feuer nehmen. Haferflocken, Mehl und Vanilleextrakt einrühren und gut untermischen. Die gerösteten Pekannüsse unterheben.

Den Teig in kleinen Teelöffelportionen mit etwa 10 cm Zwischenraum auf die Backbleche setzen. Nicht zu viele oder zu große Teighäufchen auf ein Blech setzen, da selbst kleine Portionen sehr weit auseinanderlaufen. (Es ist normal, daß der Teig beim Abkühlen fester wird.)

Im oberen Drittel des Backofens 6–8 Minuten backen, bis die Plätzchen eine goldbraune Farbe angenommen haben und an den Rändern etwas dunkler sind; Bleche nach der Hälfte des Backvorgangs von vorn nach hinten drehen, um gleichmäßiges Bräunen zu gewährleisten. Aus dem Ofen nehmen und etwa 1 Minute auf den Blechen stehenlassen, bis sie etwas fester geworden sind. Die Waffeln dann schnell mit einem breiten Messer auf mit Backpapier unterlegte Kuchengitter geben. (Falls die Plätzchen zu schnell abkühlen und zu spröde werden, so daß man sie nicht mehr gut vom Blech lösen kann, sie nochmals 1 Minute lang in den Ofen schieben, damit sie etwas weicher werden.) Die Waffeln stehenlassen, bis sie vollständig ausgekühlt sind. Sie dann gegebenenfalls glasieren. Nicht vergessen, die Backbleche vor der Wiederverwendung einzufetten.

Für die Glasur Kokosfett in einen kleinen schweren Topf geben und auf geringster Hitze schmelzen. Schokolade einrühren und unter häufigem Rühren erwärmen, bis sie geschmolzen und eine glatte Masse entstanden ist. Topf sofort vom Feuer nehmen. Mit einem Löffel die Glasur in dünnen Linien und in einem beliebigen Muster über die Waffeln gießen. (Falls die Glasur bei der Arbeit abkühlt und fest wird, sie wieder etwas erwärmen.) Die Waffeln 1 Stunde stehenlassen, bis die Glasur fest ist.

Die Plätzchen sind in einem luftdicht verschlossenen Behälter bis zu 1 Woche haltbar. Falls die Waffeln glasiert sind, muß man sie im Kühlschrank aufbewahren, unglasierte können auch eingefroren werden, wenn man sie länger lagern möchte. Nach dem Auftauen glasieren.

Das Rezept ergibt 50–60 Waffeln von etwa 8 cm Durchmesser.

Hinweis: Dunkelbrauner Rohrzucker (Melassezucker) ist in Naturkostläden erhältlich.

ERDNUSSBUTTER-SANDPLÄTZCHEN
(PEANUT BUTTER SANDIES)

Vereinigte Staaten

Eine wunderbare mürb-knusprige Konsistenz verbindet sich in diesem Lieblingsgebäck aller amerikanischen Kinder mit intensivem Erdnußgeschmack. Auch Erwachsene lieben diese Plätzchen.

2 Tassen Mehl
1 TL Backpulver
½ TL Natron
¼ TL Salz
1 Tasse Puderzucker
½ Tasse Pflanzenöl
½ Tasse cremige Erdnußbutter
6 EL weiche Butter
½ Tasse brauner Rohrzucker
1 großes Ei
1½ TL Vanilleextrakt
(ersatzweise Vanillinzucker)

VERZIERUNG (falls gewünscht)
¼ Tasse gehackte ungesalzene Erdnüsse

Den Backofen auf 160° vorheizen. Mehrere Backbleche einfetten und beiseite stellen.

Mehl, Backpulver, Natron und Salz zusammensieben; beiseite stellen, Puderzucker sieben. Öl, Erdnußbutter und Butter in eine große Rührschüssel geben und gut verrühren. Puderzucker und braunen Zucker zufügen und zu einer lockeren glatten Masse schlagen. Ei und Vanilleextrakt einrühren. Die Mehlmischung gründlich unterrühren, bis sich alle Zutaten gut verbunden haben.

Den Teig zwischen den Handflächen zu etwa 3 cm dicken Kugeln formen und in etwa 5 cm Abstand auf die Backbleche setzen. Mit einem am Boden befeuchteten Glas jedes Plätzchen etwas flachdrücken, so daß es einen Durchmesser von etwa 3,5 cm hat. Gegebenenfalls die Plätzchen mit gehackten Erdnüssen bestreuen und diese etwas in den Teig drücken.

Im oberen Drittel des Backofens 10–12 Minuten backen, bis die Plätzchen an den Rändern leicht gebräunt sind. Die Bleche nach der Hälfte des Backvorgangs von vorn nach hinten drehen, um gleichmäßiges Bräunen zu gewährleisten. Bleche aus dem Ofen nehmen und 2–3 Minuten abkühlen lassen. Die Plätzchen mit einem breiten Messer lösen und zum Auskühlen auf ein Kuchengitter legen.

Die Plätzchen lassen sich bis zu 1 Woche in luftdicht verschlossenen Behältern aufbewahren. Bei längerer Lagerung einfrieren.

Das Rezept ergibt 30–35 Sandplätzchen von etwa 6 cm Durchmesser. (Abb. s. S. 50/51)

ERDNUSSBUTTERKÜSSE (PEANUT BUTTER-KISS COOKIES)

Vereinigte Staaten

Noch nie bin ich einem Kind begegnet, das diese Erdnußbutterküsse nicht mochte, und auch viele Erwachsene schätzen sie sehr. Kindern macht das Backen dieser Plätzchen großen Spaß, vor allem helfen sie gern dabei, ein Schokoladenrippchen in die Mitte jedes Plätzchens zu drücken. Natürlich verschwinden immer schon ein paar Schokoladenstückchen vorzeitig!

Erdnußbutterplätzchen sind oft ziemlich schwer und gehaltvoll, diese jedoch besitzen eine sehr leichte Konsistenz. Obgleich die Verbindung von Erdnußbutter und Schokolade sehr reizvoll ist, können die Schokoladenstückchen auch weggelassen werden. Man erhält dann gute einfache Erdnußbutter-Cookies. Wenn Sie diese bevorzugen, so formen Sie den Teig einfach nur zu Kugeln, die Sie etwas flachdrücken und anschließend gleich backen.

1 ⅔ Tassen Mehl
⅓ Tasse Stärkemehl
½ TL Backpulver
½ TL Natron
½ Tasse weiche Butter
⅓ Tasse cremige Erdnußbutter
⅔ Tasse Puderzucker
⅓ Tasse dunkelbrauner Rohrzucker
(s. Fußnote; ersatzweise brauner Rohrzucker)
1 großes Ei
2 TL Vanilleextrakt
(ersatzweise Vanillinzucker)
35 – 40 Milchschokoladenrippchen
(= etwa 170 g)

Den Backofen auf 170° vorheizen. Mehrere Backbleche einfetten und beiseite stellen. Mehl, Stärkemehl, Backpulver und Natron in einer Schüssel gut vermischen.

In einer großen Rührschüssel Butter und Erdnußbutter mit dem Handrührgerät bei mittlerer Geschwindigkeit cremig schlagen. Puderzucker einsieben. Rohrzucker zufügen und zu einer lockeren, glatten Masse schlagen. Ei und Vanilleextrakt einrühren. Nach und nach die Mehlmischung unterrühren und gründlich einarbeiten; jedoch nicht zu lange rühren.

Kleine Teigportionen abteilen und jeweils zwischen den Handflächen rollen, so daß etwa 3 cm dicke Kugeln entstehen. In jede Teigkugel ein Schokoladenrippchen drücken, den Teig mit den Fingerspitzen um die Schokolade formen, so daß diese durch ein kleines Loch im Teig von etwa 5 mm Durchmesser noch sichtbar ist. Auf diese Weise alle Plätzchen formen und sie in etwa 5 cm Abstand auf die Backbleche setzen.

Auf den mittleren Schienen des Backofens 9 – 11 Minuten backen, bis die Plätzchen an den Rändern leicht gebräunt sind und an der Oberfläche Farbe anzunehmen beginnen. Bleche aus dem Ofen nehmen und 3 – 4 Minuten stehenlassen. Dann die Plätzchen auf ein Kuchengitter legen und vollständig auskühlen lassen.

Die Plätzchen sind bis zu 1 Woche in einem luftdicht verschlossenen Behälter aufzubewahren. Bei längerer Lagerung einfrieren.

Das Rezept ergibt etwa 35 Erdnußbutterküsse von etwa 5 cm Durchmesser. (Abb. s. rechts)

Hinweis: Dunkelbrauner Rohrzucker (Melassezucker) ist in Naturkostläden erhältlich.

RECHTS:
Ernußbutterküsse

ORANGEN-DATTEL-RÄDER
(ORANGE-DATE PINWHEELS)

Vereinigte Staaten

In dem althergebrachten Rezept für diese hübschen Plätzchen verbindet sich ein leichtes, knuspriges Backwerk mit einer saftigen Füllung. Diese Abwandlung basiert auf einem Rezept aus North Dacota.

Die gefüllten Teigrollen kann man eine Zeitlang im Kühlschrank oder in der Tiefkühltruhe aufbewahren, kurz vor dem Verzehr in Scheiben schneiden und backen.

FÜLLUNG
300 g entsteinte gehackte Datteln
(= etwa gut 2 Tassen)
⅔ Tasse Orangensaft
Abgeriebene Schale von 1 mittelgroßen
unbehandelten Orange
3 EL brauner Rohrzucker
¼ TL gemahlener Zimt
¾ Tasse feingehackte Wal- oder Pekannüsse

TEIG
3⅓ Tassen Mehl
¾ TL Backpulver
¼ TL Salz
¼ TL gemahlener Zimt
¾ Tasse weiche Butter
⅔ Tasse Zucker
⅔ Tasse brauner Rohrzucker
2 große Eier
1 TL Vanilleextrakt
(ersatzweise Vanillinzucker)
Abgeriebene Schale von 1 mittelgroßen
unbehandelten Orange

Zur Herstellung der Füllung Datteln, Orangensaft, Orangenschale, braunen Zucker und Zimt in einem mittelgroßen Topf bei mittlerer Hitze erwärmen. Die Masse unter ständigem Umrühren 5–6 Minuten köcheln lassen, bis sie weich und der größte Teil der Flüssigkeit aufgesogen ist. (Wenn die Datteln relativ trocken sind und die gesamte Flüssigkeit absorbieren, 1 EL Wasser zufügen.) Die Nüsse einrühren. Vom Feuer

nehmen und zum Abkühlen beiseite stellen. (Die Füllung kann bis zu 48 Stunden im voraus zubereitet und im Kühlschrank aufbewahrt werden. Vor der Weiterverwendung etwas aufwärmen und weich werden lassen.)

Zur Herstellung des Teigs Mehl, Backpulver, Salz und Zimt gründlich vermischen. Butter in einer großen Rührschüssel cremig schlagen. Weißen und braunen Zucker, Eier und Vanilleextrakt zufügen und schlagen, bis eine schaumige Masse entsteht. Die geriebene Orangenschale zugeben und ein paar Sekunden weiterschlagen. Nach und nach die Hälfte der Mehlmischung unterrühren. Falls die Leistung des Rührgeräts nicht mehr ausreicht, das restliche Mehl mit dem Rührlöffel von Hand gut in den Teig einarbeiten.

Den Teig in Klarsichtfolie wickeln und etwa 1½ Stunden in den Kühlschrank legen, bis er fest geworden ist. (Man kann den Teig bis zu 24 Stunden im Kühlschrank aufbewahren, vor der Weiterverwendung sollte man ihn jedoch etwas aufwärmen lassen.)

Um die gefüllten Teigrollen zuzubereiten, den Teig auf leicht bemehlter Arbeitsfläche zu einem Rechteck von etwa 35×50 cm ausrollen. Den Teig nach Bedarf zuschneiden oder ansetzen, damit die Seiten des Rechtecks gerade werden. Den Teig mehrere Male hochheben, um zu verhindern, daß er festklebt. Die Füllung gleichmäßig über die ganze Oberfläche des Teigs verteilen. Den Teig von der längeren Seite her fest aufrollen; dabei von der Mitte aus behutsam etwas dehnen und glätten, so daß man eine gleichmäßig dicke, etwa 65 cm lange Rolle erhält. Die Rolle halbieren und die beiden so entstandenen Rollen wieder behutsam ausziehen, bis sie gleichmäßig dick und etwa 40 cm lang sind, in Klarsichtfolie wickeln und auf ein Tablett oder Backblech legen. Dann mindestens 2 Stunden in den Kühlschrank oder mindestens 1 Stunde in die Tiefkühltruhe legen, damit sie fest und in Scheiben geschnitten werden können. (Man kann die Rollen auch, wenn man sie gut verpackt, bis zu 2 Wochen einfrieren; dann vor der Weiterverwendung den Teig im Kühlschrank teilweise auftauen lassen.)

Den Ofen auf 160° vorheizen. Mehrere Backbleche gut einfetten.

Die Rollen mit einem scharfen Messer in etwa 5 mm dicke Scheiben schneiden und diese in etwa 3 cm Abstand auf die Backbleche setzen.

Im oberen Drittel des Backofens 13–15 Minuten backen, bis die Plätzchen an den Rändern goldbraun sind; dabei die Backbleche nach der Hälfte des Backvorgangs von vorn nach hinten drehen, um gleichmäßiges Bräunen zu gewährleisten. Die Dattelräder sofort mit einem breiten Messer lösen, auf ein Kuchengitter legen und vollständig auskühlen lassen.

Das Gebäck kann man bis zu 1 Woche in einem luftdicht verschlossenen Behälter aufbewahren. Die Plätzchen werden dabei nach und nach weicher, da der Teig die Feuchtigkeit der Füllung aufnimmt. Bei längerer Lagerung einfrieren.

Das Rezept ergibt 60−70 Plätzchen mit einem Durchmesser von 7−7,5 cm.

WEICHE ROSINEN-GEWÜRZPLÄTZCHEN
(SOFT AND CHEWY RAISIN SPICE COOKIES)

Vereinigte Staaten und Kanada

Es gibt viele traditionelle Rosinenplätzchen in den Vereinigten Staaten und in Kanada, die diesen recht nahe kommen, doch ich denke, dieses Rezept ist das beste seiner Art. Die Plätzchen sind groß, dick und leicht gewürzt. Innen sind sie schön saftig und trotzdem fest.

1 ½ Tassen dunkle kernlose Rosinen
2 ¼ Tassen Haferflocken
2 Tassen Mehl
1 TL Backpulver
¾ TL Natron
¼ TL Salz
½ TL gemahlener Zimt
¼ TL gemahlener Piment
1 ¼ Tassen weiche Butter
¾ Tasse brauner Rohrzucker
⅔ Tasse Zucker
2 große Eier
2 ½ TL Vanilleextrakt
(ersatzweise Vanillinzucker)
½ Tasse gehackte Walnüsse (falls gewünscht)

Den Backofen auf 170° vorheizen. Mehrere Backbleche einfetten und beiseite stellen.

Die Rosinen in einem Sieb über einem Topf mit kochendem Wasser unbedeckt 6−7 Minuten dämpfen lassen, bis sie aufgehen. (Das Dämpfen dauert etwas länger, wenn die Rosinen trocken sind.) Vom Feuer nehmen und die Rosinen abtropfen lassen.

Haferflocken in der Küchenmaschine oder im Mixer mehlfein vermahlen. Falls ein Mixer benutzt wird, zwischendurch mehrere Male den Motor abschalten und umrühren, um die Haferflocken zu verteilen.

Mehl, Backpulver, Natron, Salz, Zimt und Piment gründlich vermischen und beiseite stellen. Butter in einer großen Rührschüssel cremig schlagen. Braunen und weißen Zucker zufügen und weiterschlagen, bis die Masse schaumig und glatt ist. Eier und Vanilleextrakt einrühren. Die Mehl-Gewürz-Mischung unterrühren. Hafermehl und Rosinen unterheben. Gegebenenfalls Walnüsse zufügen.

Die Teigstücke mit gut eingefetteten Händen zu etwa 4 cm dicken Kugeln formen. (Der Teig ist zwar weich, aber doch leicht zu verarbeiten.) Die Kugeln im Abstand von etwa 6 cm auf die Backbleche setzen.

Die Plätzchen im oberen Drittel des Backofens 10−12 Minuten backen, bis sie gerade einen Hauch goldbrauner Farbe angenommen haben; nach der Hälfte des Backvorgangs die Bleche von vorn nach hinten drehen, um gleichmäßiges Bräunen zu gewährleisten. Aus dem Ofen nehmen und 2−3 Minuten stehenlassen. Das Gebäck mit einem breiten Messer vom Blech lösen, auf ein Kuchengitter legen und vollständig auskühlen lassen.

Die Plätzchen lassen sich bis zu 1 Woche in luftdicht verschlossenen Behältern aufbewahren. Bei längerer Lagerung einfrieren.

Das Rezept ergibt 30−35 Plätzchen mit einem Durchmesser von 6,5−7,5 cm.

APFEL-ROSINEN-RUM-COOKIES

(APPLE-RAISIN-RUM-COOKIES

Vereinigte Staaten und Kanada

Diese traditionellen, mürben, würzig duftenden Cookies enthalten eine Menge Rum-Rosinen und getrockneter Äpfel und sind mit Walnußstückchen verziert.

1 Tasse kernlose Rosinen
2/3 Tasse feingehackte getrocknete Äpfel
1/3 Tasse weißer oder gewöhnlicher Rum
oder, falls bevorzugt, 1/3 Tasse Orangensaft
2 TL frischer Zitronensaft
1 1/4 Tassen Mehl
1 Tasse Weizenvollkornmehl
1 gehäufte Tasse Haferflocken
1 TL Natron
1/2 TL Backpulver
1/2 TL Salz
1 1/2 TL gemahlener Zimt
1/2 TL gemahlene Muskatblüte
1/2 TL gemahlene Nelken
1 Tasse weiche Butter
1 1/4 Tassen brauner Rohrzucker
1 großes Ei
1 großes Eigelb
1 1/2 TL Vanilleextrakt
(ersatzweise Vanillinzucker)
1/4 TL fein abgeriebene Zitronenschale
(unbehandelt)
1 1/4 Tassen gehackte Walnüsse

In einer Rührschüssel Rosinen, Äpfel, Rum und Zitronensaft vermengen und 15—20 Minuten stehen lassen.

Den Backofen auf 160° vorheizen. Mehrere Backbleche einfetten und beiseite stellen.

Mehl, Vollkornmehl, Haferflocken, Natron, Backpulver, Salz, Zimt, Muskatblüte und Nelken gründlich vermischen. Butter in der Rührschüssel der Küchenmaschine cremig schlagen. Braunen Zucker zufügen und weiterschlagen, bis die Masse locker und glatt ist. Ei, Eigelb, Vanilleextrakt und Zitronenschale einrühren. Etwa die Hälfte der Mehlmischung hinzugeben. Die Rosinen-Apfel-Mischung untermengen, dann die andere Hälfte der Mehlmischung zufügen.

Kleine Teigstücke zwischen den Handflächen rollen und zu etwa 3 cm dicken Kugeln formen. Die Oberseite jeder Kugel in die gehackten Walnüsse drücken und die Kugeln mit der Nußseite nach oben in etwa 6 cm Abstand auf die Backbleche setzen. Die Kugeln mit der Handfläche etwas flachdrücken, so daß Plätzchen von etwa 5 cm Durchmesser entstehen.

Im oberen Drittel des Backofens 9—12 Minuten backen, bis die Cookies auf der Oberseite beinahe fest und an den Rändern gebräunt sind. Aus dem Ofen nehmen und 2—3 Minuten auf den Blechen abkühlen lassen, dann mit einem breiten Messer lösen, auf ein Kuchengitter legen und vollständig auskühlen lassen.

Die Cookies lassen sich bis zu 1 Woche in luftdicht verschlossenen Behältern aufbewahren. Bei längerer Lagerung einfrieren.

Das Rezept ergibt 35—40 Cookies von etwa 7 cm Durchmesser. (Abb. s. rechts)

RECHTS:
Apfel-Rosinen-Rum-Cookies

PFEFFERKUCHENMÄNNER (GINGERBREAD PEOPLE)

Vereinigte Staaten

Nicht nur von amerikanischen Kindern werden diese großen würzigen Plätzchen heiß geliebt. Pfefferkuchenmänner schauen sehr hübsch aus, wenn man sie einfach mit Rosinen für die Augen und bunten kleinen Bonbons für Knöpfe verziert, aber man kann sie auch mit Zuckerguß dekorieren, um Gesichtszüge oder Details der Kleidung anzudeuten. Benutzen Sie entweder die selbstgemachte Glasur, die mit einem Spritzbeutel mit Schreibspitze aufgetragen wird, oder Dekorationsglasur, die es fertig zu kaufen gibt.

1 Tasse Rohrzuckersirup
(s. Fußnote; ersatzweise Rübensirup)
2 große Eier
5½–6 Tassen Mehl
2½ TL gemahlener Ingwer
2½ TL gemahlener Zimt
½ TL gemahlene Nelken
¾ TL Natron
¼ TL Backpulver
1 Tasse weiche Butter
1 Tasse dunkelbrauner Rohrzucker
(s. Fußnote; ersatzweise brauner Rohrzucker)
Fein abgeriebene Schale von 1 großen
unbehandelten Zitrone
Fein abgeriebene Schale von 1 großen
unbehandelten Orange

VERZIERUNG
Rosinen
Bunte kleine Bonbons

GLASUR *(falls gewünscht)*
1¼ Tassen Puderzucker
⅛ TL Vanilleextrakt
(ersatzweise Vanillinzucker)
1 Tropfen Lebensmittelfarbe (falls gewünscht)

Rohrzuckersirup in einen kleinen Topf geben, fast zum Kochen bringen und vom Feuer nehmen. Die Eier einzeln unterrühren. Die Masse beiseite stellen, bis sie nur noch lauwarm ist.

4 Tassen von der angegebenen Mehlmenge, dazu Ingwer, Zimt, Nelken, Natron und Backpulver gut vermischen und beiseite stellen.

Butter in einer großen Rührschüssel mit dem Handrührgerät bei mittlerer Geschwindigkeit cremig schlagen. Dunkelbraunen Rohrzucker, Zitronen- und Orangenschale unterrühren, bis alle Zutaten gut vermischt sind und eine glatte Masse entstanden ist. Nach und nach die Rohrzuckersirup-Eier-Mischung einarbeiten. Die Mehlmischung zufügen, mit einem großen Kochlöffel weiterschlagen, die restlichen 1½ Tassen Mehl unterrühren, bis sich alle Zutaten gut verbunden haben und ein glatter Teig entstanden ist. Scheint der Teig zu weich und feucht, noch eine ½ Tasse Mehl einarbeiten, dabei aber bedenken, daß der Teig beim Kühlen fester wird. Den Teig in drei gleich große Portionen teilen, jede Portion in Klarsichtfolie einschlagen und bis zu 24 Stunden, mindestens aber 1½ Stunden in den Kühlschrank stellen. (Oder bis zu 1 Woche in Plastiktüten einfrieren.)

Den Ofen auf 160° vorheizen. Mehrere Backbleche einfetten und beiseite stellen.

Jeweils nur mit einer Teigportion arbeiten (die anderen im Kühlschrank liegen lassen). Den Teig auf einer leicht bemehlten Arbeitsfläche etwa 5 mm dick ausrollen; dabei mehrere Male hochheben und das Nudelholz öfter bemehlen, damit der Teig nicht anhaftet. Den Teig mit einer Ausstechform für Pfefferkuchenmänner ausstechen. Die Plätzchen mit einem breiten Messer auf Backbleche legen; dabei etwa 5 cm Abstand zwischen den Teigfiguren einhalten. Rosinen für die Augen und kleine bunte Bonbons als Knöpfe in den Teig drücken.

Auf den mittleren Schienen des Backofens 11–13 Minuten backen, bis die Kuchenmänner an den Rändern einen Hauch brauner Farbe angenommen haben. Aus dem Ofen nehmen und 2–3 Minuten stehenlassen. Das Gebäck mit einem breiten Messer vom Blech lösen, auf ein Kuchengitter legen und vollständig auskühlen lassen; dann die Pfefferkuchen gegebenenfalls mit etwas Spritzglasur verzieren.

Zur Herstellung der Glasur Puderzucker in eine kleine Schüssel sieben, Vanilleextrakt, 1 TL Wasser und (eventuell) Lebensmittelfarbe zufügen und zu einer glatten Masse verrühren. Ist die Glasur noch zu steif, um sie spritzen zu können, die Zuckerlösung mit etwas mehr Wasser zu der gewünschten Konsistenz verdünnen. Die Glasur mit einem Löffel in eine Spritztüte füllen, die mit einer feinen Schreibspitze versehen ist. (Damit man diese leichter füllen kann, die Spritztüte mit der Spitze nach unten in ein großes Trinkglas setzen, die Tütenöffnung wie eine breite Manschette über den Glasrand stülpen und die Glasur einfüllen.) Die Pfefferkuchen verzieren, indem man Gesichtszüge oder Details der Kleidung, wie Kragen, Manschetten, Gürtel, Schuhe und Socken, aufspritzt. Das so dekorierte Gebäck mindestens 30 Minuten, bis die Glasur getrocknet ist, stehenlassen.

Das Gebäck kann bis zu 2 Wochen in luftdicht verschlossenen Behältern aufbewahrt werden. Bei längerer Lagerung einfrieren.

Das Rezept ergibt 45–50 etwa 13 cm große Pfefferkuchenmänner.

Hinweis: Rohrzuckersirup (Melasse) und dunkelbrauner Rohrzucker (Melassezucker) sind in Naturkostläden erhältlich.

INGWER-KNUSPERLE (GINGER SNAPS)

Vereinigte Staaten

Viele Sorten dieses beliebten amerikanischen Gebäcks kann man fertig kaufen, aber keine davon erreicht den würzigen, vollen Geschmack der selbstgebackenen Plätzchen. Diese köstlich duftenden Kekse sind sehr knusprig und schmecken intensiv-scharf, aber keinesfalls bitter.

2¼ Tassen Mehl
2 TL gemahlener Ingwer
1½ TL gemahlener Zimt
1½ TL Backpulver
1 TL Natron
¼ TL gemahlene Nelken
⅛ TL Salz

½ Tasse weiche Butter
1 Tasse Zucker
1 großes Ei
⅓ Tasse Rohrzuckersirup
(s. Fußnote; ersatzweise Rübensirup)
1½ TL Vanilleextrakt
(ersatzweise Vanillinzucker)

Den Backofen auf 185° vorheizen. Mehrere Backbleche gut einfetten und beiseite stellen.

Mehl, Ingwer, Zimt, Backpulver, Natron, Nelken und Salz gründlich vermischen; beiseite stellen.

Butter und Zucker in einer großen Rührschüssel mit dem Handrührgerät bei mittlerer Geschwindigkeit zu einer lockeren, schaumigen Masse schlagen. Ei, Rohrzuckersirup und Vanilleextrakt zufügen und weiterschlagen, bis alle Zutaten gut vermischt sind. Nach und nach etwa die Hälfte der Mehlmischung unterrühren. Wenn das Rührwerk ins Stocken gerät, mit einem Rührlöffel die verbliebene Mehlmischung von Hand gut in den Teig einarbeiten.

Kleine Teigstücke zwischen den Handflächen zu etwa 2,5 cm dicken Kugeln rollen und diese in etwa 5,5 cm Abstand auf die Backbleche setzen. Den Boden eines großen Trinkglases in kaltes Wasser tauchen; überschüssiges Wasser durch Schütteln entfernen. Mit dem befeuchteten Glas jede Kugel zu einem etwa 6 mm dicken Taler von etwa 4 cm Durchmesser flachdrücken. Das Glas nach jedem Plätzchen befeuchten.

Die Plätzchen im oberen Drittel des Backofens 7–9 Minuten backen, bis sie gerade anfangen, an den Rändern zu bräunen; dabei die Bleche nach der Hälfte des Backvorgangs von vorn nach hinten drehen, um gleichmäßiges Bräunen zu gewährleisten. (Durch kürzere Backzeit erhält man etwas weichere Plätzchen, durch längere Backzeit knusprigere.) Die Bleche aus dem Ofen nehmen und 1–2 Minuten stehenlassen. Dann die Plätzchen mit einem breiten Messer lösen, auf ein Kuchengitter legen und vollständig erkalten lassen. (Die Backbleche abkühlen lassen und neu einfetten.)

Die Plätzchen lassen sich bis zu 2 Wochen in luftdicht verschlossenen Behältern aufbewahren. Bei längerer Lagerung einfrieren.

Das Rezept ergibt 50–60 Plätzchen von etwa 6 cm Durchmesser.

Hinweis: Rohrzuckersirup (Melasse) ist in Naturkostläden erhältlich.

Rohrzucker-Formplätzchen

(BROWN SUGAR MOLDED COOKIES)

Vereinigte Staaten

Obwohl man für diese Plätzchen auch die traditionellen hölzernen Spekulatiusformen benutzen kann (s. Fußnote), ist das folgende Rezept speziell für die dekorativen Plätzchenformen aus Keramik gedacht, die es in den Vereinigten Staaten zu kaufen gibt. Tatsächlich werden die modernen Keramikformen ähnlich wie Spekulatiusformen verwendet; bei beiden entstehen Form und Oberflächenrelief der Plätzchen dadurch, daß man den Teig in die Form drückt und dann vor dem Bakken wieder herausnimmt, indem man die Form gegen einen festen Untergrund schlägt. Bei den meisten Keramikformen gelingt dies am besten, wenn man sie vorher mit Pflanzenöl einfettet und dann mit Mehl oder Stärkemehl bestäubt.

1 Tasse hellbrauner oder dunkelbrauner
Rohrzucker (s. Fußnote)
3 EL Ahorn- oder Rohrzuckersirup
(s. Fußnote; ersatzweise auch Rübensirup)
⅛ TL Salz
1 großes Ei
1 TL Vanilleextrakt
(ersatzweise Vanillinzucker)
½ Tasse weiche Butter
2⅔ Tassen Mehl (ungefähr)

Zum Einölen und Bestäuben der Formen
Pflanzenöl
Mehl oder Stärkemehl

Zucker, Sirup, Salz, Ei und Vanilleextrakt in einer großen Rührschüssel von Hand oder mit dem Handrührgerät bei niedrigster Geschwindigkeit etwas vermischen. Die Masse 5 Minuten stehenlassen, damit sich eventuell vorhandene Zuckerklümpchen auflösen können; dann kurz rühren. Butter zufügen und etwas rühren, bis eine glatte Masse entstanden ist. Mit einem gro-

ßen Rührlöffel das Mehl einrühren. Falls der Teig zum Formen zu weich scheint, weitere 1−2 EL Mehl zufügen. Teig in Klarsichtfolie wickeln und mindestens 2 ½ Stunden oder bis zu 48 Stunden in den Kühlschrank stellen.

Den Backofen auf 160° vorheizen. Mehrere Backbleche einfetten.

Um die Formen vorzubereiten, die Innenflächen sehr leicht mit Pflanzenöl bestreichen; einen Backpinsel oder ein Papierküchentuch dazu verwenden und darauf achten, daß man alle Winkel und Vertiefungen erreicht. Die gefetteten Formen leicht mit Mehl oder Stärkemehl bestäuben oder besieben; die Formen schütteln und drehen, damit das Mehl sich gleichmäßig verteilt. Formen umdrehen und leicht auf die Arbeitsfläche klopfen, um überschüssiges Mehl zu entfernen. Damit man möglichst gelungene Ergebnisse erzielt, sollten die Formen nur mit einem dünnen Mehlfilm überzogen sein. (Die Formen müssen nur am Anfang einmal mit Öl eingefettet, aber nach jedem Formen wieder mit Mehl bestäubt werden.)

Mengenmäßig jeweils nur soviel von dem gekühlten Teig abteilen (den restlichen Teig solange im Kühlschrank lassen), wie in die Form paßt, und diesen in die vorbereitete Form drükken; schnell arbeiten, solange der Teig noch kalt und etwas fest ist. (Wenn der Teig wärmer wird, ist es schwieriger, ihn aus der Form zu lösen.) Sobald die Form ganz gefüllt ist, überall auf den Teig drücken, um Luftbläschen zu entfernen und ein gleichmäßig dickes Plätzchen zu formen. Teig, der über den Rand der Form hinaussteht, vorsichtig in die Form drücken. Das Plätzchen sollte nicht dicker sein, als die Form tief ist, daher mit einem großen Messer überschüssigen Teig entfernen, so daß das Plätzchen mit dem Formrand abschließt. Um das Plätzchen aus der Form zu lösen, den Formrand wiederholt gegen ein Holzbrett oder die Tischfläche klopfen, wobei man die Form im Kreis dreht. (Die meisten Formen können ziemlich fest aufgeschlagen werden, ohne daß sie zerbrechen oder absplittern.) Sobald das Plätzchen sich überall etwas gelöst hat, es behutsam auf das Backblech schlagen. (Falls der Teig in der Form klebt, ihn vorsichtig mit der Spitze eines Schälmessers lösen.) Auf die gleiche Weise alle Plätzchen herstellen; dabei die Form nach jedem Plätzchen erneut mit Mehl bestäuben und überschüssiges Mehl wieder abklopfen. Die Plätzchen in etwa 6 cm Abstand auf den Backblechen anordnen.

Im oberen Drittel des Backofens 10 – 14 Minuten backen, bis die Plätzchenränder einen Hauch brauner Farbe angenommen haben. Die Backzeit kann, je nach Größe der Plätzchen, beträchtlich variieren. Aus dem Ofen nehmen und das Gebäck mehrere Minuten auf den Blechen stehenlassen. Die Plätzchen mit einem breiten Messer auf ein Kuchengitter legen und vollständig auskühlen lassen.

Das Gebäck läßt sich bis zu 1 Woche in einer luftdicht verschlossenen Dose aufbewahren. Bei längerer Lagerung einfrieren.

Das Rezept ergibt etwa 6 Formplätzchen von 15 – 20 cm Länge.

Hinweis: Auch wenn man hölzerne Spekulatiusformen verwendet, den hier gegebenen Anweisungen folgen. Falls notwendig, kann man diese Formen noch kräftiger aufschlagen, um die Plätzchen daraus zu lösen. – Dunkelbrauner Rohrzucker (Melassezucker) und Rohrzuckersirup (Melasse) sind in Naturkostläden erhältlich.

GLASIERTE ZUCKERPLÄTZCHEN (ICED SUGAR COOKIES)

Vereinigte Staaten

Mit einer dünnen, glänzenden Glasur überzogene Zuckerplätzchen: Sie sind sowohl eine leckere Bereicherung für den festtäglichen Plätzchenteller wie auch ein Backspaß für die ganze Familie. Die Glasur, die zusätzlich mit Lebensmittelfarbe unterschiedlich eingefärbt werden kann, ergänzt den nicht allzu süßen Teig ausgezeichnet.

3 Tassen Mehl
¾ Tl Backpulver
¼ TL Salz
1 Tasse weiche Butter
1 Tasse Zucker
1 großes Ei
2¼ TL Vanilleextrakt
(ersatzweise Vanillinzucker)
2–3 Tropfen Zitronen-Backaroma
1 EL Milch

GLASUR
2½ Tassen Puderzucker
3½–4½ EL heißes Wasser
2 TL Ahornsirup
¼ TL Vanilleextrakt
(ersatzweise Vanillinzucker)
Lebensmittelfarbe (falls gewünscht)

Mehl, Backpulver und Salz gut vermischen und beiseite stellen.

Butter in einer großen Rührschüssel mit dem Handrührgerät bei mittlerer Geschwindigkeit cremig schlagen. Zucker zufügen und schlagen, bis die Masse schön glatt ist. Ei, Vanilleextrakt, Zitronenaroma und Milch dazugeben und schlagen, bis alles gut vermischt ist. Nach und nach etwa die Hälfte der Mehlmischung unterrühren, die andere Hälfte mit einem großen Rührlöffel von Hand unterheben. Den Teig in zwei gleich große Portionen teilen. Beide Teighälften in Backpapier einschlagen und 1 Stunde im Eisschrank kühl stellen. (Wird der Teig längere Zeit gekühlt, ihn vor der Weiterverwendung bei Zimmertemperatur etwas aufwärmen lassen.)

Den Backofen auf 170° vorheizen. Mehrere Backbleche einfetten und beiseite stellen. Eine Teigportion auf leicht bemehlter Arbeitsfläche etwa 5 mm dick ausrollen. Dabei den Teig mehrere Male heben, damit er nicht an der Arbeitsfläche klebt. Den Teig mit beliebigen Ausstechformen von 5–8 cm Durchmesser ausstechen. Die Plätzchen mit einem breiten Messer auf die Backbleche legen; dabei etwa 5 cm Abstand einhalten. Den gleichen Vorgang mit der zweiten Teigportion wiederholen. Teigreste zu einem Klumpen zusammendrücken, ausrollen und Plätzchen ausstechen, bis der ganze Teig verbraucht ist.

Auf den mittleren Schienen des Backofens 7–9 Minuten backen, bis die Plätzchen an den Rändern gerade einen Hauch goldbrauner Farbe angenommen haben. Die Bleche aus dem Ofen nehmen und die Plätzchen 1–2 Minuten etwas fest werden lassen, dann mit einem breiten Messer lösen und zum Auskühlen auf ein Kuchengitter legen.

Zur Herstellung der Glasur Puderzucker in eine große Rührschüssel sieben. 3 EL heißes Wasser, Ahornsirup und Vanilleextrakt zufügen und rühren, bis ein glatter Guß entsteht. Ist die Masse zu dick, so daß sie sich nicht leicht verstreichen läßt, genug heißes Wasser zugeben, damit eine glatte, streichfähige Glasur entsteht. Gegebenenfalls die Glasur auf mehrere kleine Schüsseln verteilen und jede Portion mit 1 oder 2 Tropfen Lebensmittelfarbe unterschiedlich einfärben. Mit einem Messer eine dünne Schicht Glasur auf die abgekühlten Plätzchen streichen. Falls die Glasur während des Verzierens fest wird, noch ein paar Tropfen Wasser zufügen. Mit der spitzen Tülle eines Spritzbeutels können die glasierten Plätzchen zusätzlich mit einem farblich kontrastierenden Guß verziert werden. Die verzierten Plätzchen beiseite stellen, bis die Glasur fest ist.

Die Plätzchen lassen sich bis zu 1 Woche in luftdicht verschlossenen Behältern aufbewahren; dabei das Gebäck nicht übereinanderschichten. Bei längerer Lagerung einfrieren.

Das Rezept ergibt 40–50 Plätzchen, je nach Größe der benutzten Ausstechformen.

WALNUSS-COOKIES
(BLACK WALNUT ICEBOX COOKIES)

Vereinigte Staaten

Walnuß-Freunde
sind begeistert von den knusprigen, aromatischen Plätzchen. Diese Version ist die Abwandlung eines alten Rezepts aus North Carolina.

1 Tasse feingehackte Walnüsse
oder schwarze Walnüsse (s. Fußnote)
2½ Tassen Mehl
1 TL Backpulver
¼ TL Natron
¼ TL Salz
⅔ Tasse weiche Butter
⅔ Tasse brauner Rohrzucker
½ Tasse Zucker
1 großes Ei
1 großes Ei, Eigelb und Eiweiß getrennt
1½ TL Vanilleextrakt
(ersatzweise Vanillinzucker)

Den Backofen auf 150° vorheizen. Walnüsse gleichmäßig auf einem Backblech verteilen, in den Backofen schieben und unter gelegentlichem Wenden 8—10 Minuten leicht rösten, bis sie duften; darauf achten, daß die Nüsse nicht verbrennen. Aus dem Ofen nehmen und zum Abkühlen beiseite stellen.

Mehl, Backpulver, Natron und Salz gut vermischen. Butter in einer großen Rührschüssel mit dem Handrührgerät bei mittlerer Geschwindigkeit cremig schlagen. Braunen und weißen Zucker zufügen und schlagen, bis die Masse locker und glatt ist. Ei, Eigelb und Vanilleextrakt zugeben und schaumig schlagen. Nach und nach etwa die Hälfte der Mehlmischung unterrühren und gut einarbeiten. Wenn der Teig fester wird, das restliche Mehl mit dem Rührlöffel von Hand unterheben. Die Hälfte der Walnüsse zufügen und unterrühren, bis sie sich gleichmäßig im Teig verteilt haben. Die restlichen Nüsse für die Verzierung aufheben.

Den Teig in zwei gleich große Portionen teilen. Jede Teigportion auf einen 40 cm langen Bogen Backpapier legen und zu einer glatten Rolle von etwa 5 cm Durchmesser und ungefähr 25 cm Länge formen. Die Rollen einschlagen und mindestens 2½ Stunden im Kühlschrank erkalten lassen, bis sie sehr fest geworden sind. (Der Teig kann 2—3 Tage im Kühlschrank aufbewahrt und bis zu 2 Wochen eingefroren werden. Tiefgefrorenen Teig im Kühlschrank vor der Weiterverwendung soweit auftauen lassen, daß die Rolle immer noch fest ist.)

Den Ofen auf 170° vorheizen. Mehrere Backbleche einfetten. Jeweils mit einer Teigrolle arbeiten (die andere läßt man noch im Kühlschrank) und den Teig mit einem scharfen Messer in etwa 8 mm dicke Scheiben schneiden. Die Plätzchen in etwa 3 cm Abstand auf die Backbleche setzen.

Eiweiß und ½ EL Wasser in eine kleine Schüssel geben und gut schlagen. Mit einem Pinsel oder einem Papierküchentuch jeweils 3—4 Plätzchen dünn mit Eiweiß bestreichen, dann leicht mit gehackten Walnüssen bestreuen. In diesem Rhythmus fortfahren, bis alle Plätzchen verziert sind.

Auf den mittleren Schienen des Backofens 8—10 Minuten backen, bis die Plätzchen goldgelb und an den Rändern etwas stärker gebräunt sind. Die Bleche nach der Hälfte des Backvorgangs von vorn nach hinten drehen, um gleichmäßiges Bräunen zu gewährleisten. Backbleche aus dem Ofen nehmen und 1—2 Minuten abkühlen lassen. Dann die Plätzchen mit einem breiten Messer oder einem Teigspachtel lösen, auf ein Kuchengitter legen und vollständig auskühlen lassen.

Die Plätzchen lassen sich bis zu 1 Woche in einem luftdicht verschlossenen Behälter aufbewahren. Bei längerer Lagerung einfrieren.

Das Rezept ergibt 60—70 Cookies von etwa 5,5 cm Durchmesser. (Abb. s. Titelseite)

Hinweis: Amerikaner verwenden für dieses Gebäck schwarze Walnüsse oder Schwarznüsse, die einen ganz eigentümlichen und intensiven Geschmack besitzen, in Deutschland aber nicht erhältlich sind. Wenn Sie Kontakte in die USA haben, sollten Sie sich – wenn möglich – einmal schwarze Walnüsse schicken lassen und das Originalrezept probieren.

KÜRBISKEKSE AUS PENNSYLVANIA (PENNSYLVANIA DUTCH WHOOPIE PIES)

Vereinigte Staaten

Diese sehr großen, weichen und saftigen Plätzchen werden mit einer Cremefüllung zusammengesetzt. Ich habe schon »Whoopie Pies« – wie sie im Original heißen – gesehen, die mit Schokolade und einer sehr süßen Vanillecreme zubereitet waren, doch diese herzhaften, traditionellen Whoopies aus Pennsylvania erhalten ihren besonderen Geschmack durch die Verbindung von Kürbis und Gewürzen und einen zusätzlichen Reiz durch eine zarte, nicht allzu süße Frischkäsefüllung. Sie erinnern mich ein wenig an Möhrenkuchen mit Frischkäseglasur. Dieses Rezept stammt von meiner Schwester, Sally Churgui, die im Pennsylvania Dutch Country lebt.

Im Bedarfsfall kann die Füllung schon einen Tag vorher zubereitet und im Kühlschrank aufbewahrt werden.

4⅔ Tassen Mehl
1 EL Weinstein (s. Fußnote)
2 TL Natron
1 TL Backpulver
¼ TL Salz
1 EL und 2 TL gemahlener Zimt
1½ TL gemahlener Ingwer
1½ TL gemahlener Piment
1 Tasse weiche Butter
1 Tasse Pflanzenöl
2⅓ Tassen dunkelbrauner Rohrzucker
(s. Fußnote; ersatzweise brauner Rohrzucker)
1¼ Tassen frisches ungesüßtes Kürbispüree
1 großes Ei
2 große Eigelbe
1 EL Vanilleextrakt
(ersatzweise Vanillinzucker)
¼ TL fein abgeriebene Zitronenschale
(unbehandelt)
1⅓ Tassen Schmelzflocken

FÜLLUNG
350 g Frischkäse (70 % Fettgehalt),
etwas aufgewärmt
2 große Eiweiße
¼ TL Vanilleextrakt
(ersatzweise Vanillinzucker)
¼ TL fein abgeriebene Zitronenschale
(unbehandelt)
2¾ Tassen Puderzucker

Den Backofen auf 160° vorheizen. Mehrere Backbleche gut einfetten und beiseite stellen.

Mehl, Weinstein, Natron, Backpulver, Salz, Zimt, Ingwer und Piment in einer großen Schüssel gründlich vermischen. Butter und Öl in einer großen Rührschüssel mit dem Handrührgerät bei niedriger Geschwindigkeit schlagen, bis die Fette gut vermischt sind. Auf mittlere Geschwindigkeit hochschalten und weiterschlagen, bis die Masse locker und cremig ist. Rohrzucker zufügen und zu einer glatten Masse schlagen. Kürbispüree, Ei, Eigelbe (die Eiweiße für die Füllung aufheben), Vanilleextrakt und Zitronenschale einrühren. Nach und nach die Mehlmischung unterrühren. Falls der Motor des Rührgeräts zu stocken beginnt, das restliche Mehl von Hand einarbeiten. Die Haferflocken mit einem großen Rührlöffel gründlich untermischen.

Mit einem Eisportionierer oder einem gerundeten Soßenlöffel jeweils eine Teigmenge von etwa 2½ EL auf die Backbleche setzen; zwischen den Häufchen mindestens 10 cm Abstand lassen und sie so rund wie möglich machen. Mit einem Küchenmesser jedes Teighäufchen in einer kreisförmigen Bewegung zu einem gleichmäßig geformten, runden Plätzchen von etwa 6,5 cm Durchmesser verstreichen.

Im oberen Drittel des Backofens 10–12 Minuten backen, bis die Plätzchen an den Rändern etwas Farbe angenommen haben. Aus dem Ofen nehmen und auf den Blechen 3 Minuten stehenlassen. Die Plätzchen mit einem breiten Messer vorsichtig von den Blechen lösen, auf Kuchengitter legen und vollständig abkühlen lassen, bevor man sie zusammensetzt.

Für die Füllung Frischkäse, Eiweiße, Vanilleextrakt, Zitronenschale und etwa die Hälfte des Puderzuckers in einer Rührschüssel miteinander verrühren. Nach und nach den restlichen Puderzucker zufügen und schlagen, bis die Masse gut vermischt und glatt ist. Unbedeckt mindestens 15 Minuten in den Kühlschrank stellen oder abdecken und bis zu 24 Stunden im

Kühlschrank aufbewahren, bis man die Plätzchen zusammensetzt.

Um die Kürbiskekse zusammenzusetzen, bei der Hälfte der Plätzchen etwa 2 EL Füllung auf die Mitte der glatten Seite geben; die Füllung verteilt sich nach den Rändern hin. Einige Minuten stehenlassen, damit die Füllung etwas fest wird. Dann die restlichen Plätzchen mit der flachen Seite nach unten genau mittig über der Füllung auf den Plätzchen ausrichten; dabei die Plätzchen so auswählen, daß Ober- und Unterteile die gleiche Größe haben. Behutsam niederdrücken, so daß sich die Füllung bis zu den Plätzchenrändern verteilt und etwa 5 mm dick ist. Die Kekse auf einer ebenen Fläche etwa

30 Minuten stehenlassen, bis die Füllung etwas fest geworden ist, da sich die Oberteile leicht wieder lösen.

In einem luftdicht verschlossenen Behälter lassen sich die Kekse bis zu 1 Woche im Kühlschrank aufbewahren. Man kann sie auch einzeln in Plastiktütchen verpacken und einfrieren, wenn sie sich länger halten sollen.

Das Rezept ergibt 18−20 gefüllte Plätzchen von 9,5−10 cm Durchmesser.

Hinweis: Weinstein ist in Apotheken erhältlich. – Dunkelbraunen Rohrzucker (Melassezucker) bekommt man in Naturkostläden.

SALALBEEREN-COOKIES
(SOOKE HARBOUR HOUSE SALAL BERRY COOKIES)

Kanada

Kreiert wurde dieses Rezept von Martha Russell, der Küchenchefin des Sooke Harbour House-Restaurants in British Columbia. Dessen Besitzer, Sinclair Philip, hat es mir freundlicherweise zur Verfügung gestellt. Das Restaurant auf der Insel Vancouver, das von einigen Kritikern als eines der besten in Nordamerika eingeschätzt wird, hat sich auf frisches, natürliches Essen und die kreative Verwendung von einheimischen, nordwestpazifischen Zutaten spezialisiert. Der Teig nach dem folgenden, etwas ungewöhnlichen Rezept wird teilweise mit Weizenvollkornmehl hergestellt, und statt Zucker verwendet man Wildblütenhonig, außerdem Salalbeeren, kleine saure Beeren, die entlang der nordwestlichen Pazifikküste wachsen. Ersatzweise können auch Heidelbeeren verwendet werden, obwohl sich dadurch der Geschmack etwas verändert.

TEIG
1 ⅓ Tassen Mehl
1 Tasse Weizenvollkornmehl
½ TL Natron
½ Tasse weiche Butter
½ Tasse Wildblütenhonig
1 großes Ei
½ Tasse feingehackte Walnüsse

FÜLLUNG
⅓ Tasse ganze unblanchierte Haselnüsse
1 Tasse Salalbeeren
(ersatzweise Heidelbeeren)
2–4 EL Wildblütenhonig

Zur Herstellung des Teigs Weißmehl, Vollkornmehl und Natron in einer Schüssel gründlich vermischen.

Butter und Honig in einer zweiten Rührschüssel mit dem Handrührgerät bei mittlerer Geschwindigkeit schlagen, bis eine lockere, glatte Masse entstanden ist. Ei gut unterrühren;

Walnüsse einrühren. Mit einem großen Rührlöffel von Hand die Mehlmischung einarbeiten, aber nicht zu lange rühren. Teig zu einer Kugel zusammendrücken, in Klarsichtfolie einwickeln und mindestens 2 Stunden in den Kühlschrank stellen, bis er sehr kalt, aber nicht hart ist.

Den Backofen auf 150° vorheizen. Haselnüsse in einer Backform verteilen, in den Ofen stellen und unter gelegentlichem Wenden 16–18 Minuten rösten, bis die Schalen sich zu lösen beginnen und die Nüsse etwas Farbe angenommen haben. Aus dem Ofen nehmen und die Nüsse kurz beiseite stellen, damit sie etwas abkühlen.

Sobald die Haselnüsse genug abgekühlt sind, so daß man sie anfassen kann, die dunklen Schalen entfernen, indem man jeweils eine Handvoll Nüsse kräftig zwischen den Fingern oder in einem sauberen Küchentuch aneinanderreibt, wobei die Schalenstückchen abfallen. (Es ist etwas schwierig, die Schalen ganz zu entfernen, doch die Haselnüsse sollten ziemlich sauber sein.) Nüsse feinhacken und beiseite stellen.

Die Ofentemperatur auf 170° erhöhen. Mehrere Backbleche einfetten.

Salalbeeren und 2 EL Honig in einen kleinen schweren Topf geben. (Falls die Beeren sehr sauer sind oder man einen süßeren Geschmack bevorzugt, noch zusätzlich 1 oder 2 EL Honig zufügen.) Bei niedriger Temperatur köcheln, bis die Beeren Saft abzugeben beginnen. Dann bei mittlerer Hitze unter ständigem Rühren 4–5 Minuten kochen, bis die überschüssige Flüssigkeit verdampft und die Masse etwas eingedickt ist. Die gehackten Haselnüsse einrühren und die Füllung zum Abkühlen beiseite stellen.

Kurz vor dem Backen etwa ein Viertel des Teigs aus dem Kühlschrank nehmen und mit dem Nudelholz auf der leicht bemehlten Arbeitsfläche etwa 3 mm dick ausrollen; dabei das Nudelholz häufig mit Mehl bestäuben und den Teig mehrere Male heben, damit er nicht anhaftet. Mit einer runden Ausstechform von etwa 7 cm Durchmesser oder dem Rand eines Trinkglases Taler ausstechen. Diese mit einem breiten Messer in etwa 3,5 cm Abstand auf die Backbleche setzen; hierbei rasch arbeiten, damit die Taler nicht zu warm und weich werden, was die Verarbeitung sehr erschwert. 1 TL Füllung in die Mitte jedes Talers geben und sofort eine Teighälfte über die Füllung schlagen, so daß man eine Tasche erhält. Die Ränder mit den Fingern oder mit den Zinken einer Gabel, die man vorher in Mehl gestippt hat, zusammendrücken. Teigreste zusammenklumpen und in den Kühlschrank stellen, bis der Teig wieder kalt ist. Mit den restlichen Teigvierteln genauso verfahren, bis der ganze Teig verbraucht ist.

Im oberen Drittel des Backofens die Plätzchen 8–10 Minuten backen, bis sie an den Rändern einen Hauch brauner Farbe angenommen haben; dabei die Backbleche nach der Hälfte des Backvorgangs von vorn nach hinten drehen, um gleichmäßiges Bräunen zu gewährleisten. Aus dem Ofen nehmen und die Cookies 3–4 Minuten auf den Backblechen stehenlassen. Die Plätzchen mit einem breiten Messer auf Kuchengitter legen und vollständig auskühlen lassen.

Die Cookies lassen sich 2–3 Tage in einer luftdicht verschlossenen Dose aufbewahren. Bei längerer Lagerung einfrieren.

Das Rezept ergibt etwa 24 Plätzchentaschen von etwa 7,5 cm Länge.

DATTELBROCKEN (DATE ROCKS)

Vereinigte Staaten

Reichlich Datteln enthalten diese klassischen amerikanischen Plätzchen und strömen einen sehr würzigen Duft aus. Der Name leitet sich von ihrer unregelmäßigen Form ab. Sie sind knusprig, aber nicht hart und innen sogar recht saftig. In einer Familie aus Ohio wird dieses Rezept seit vier Generationen weitervererbt.

1 ¾ Tassen Mehl
½ TL Natron
1 TL gemahlener Zimt
1 TL gemahlene Nelken
¼ TL gemahlener Piment
⅛ TL Salz
¾ Tasse weiche Butter
1 Tasse Zucker

2 große Eier
1 ½ TL Vanilleextrakt
(ersatzweise Vanillinzucker)
300 g entsteinte Datteln, in mittelgroße Würfel geschnitten
(= etwa 2 Tassen gewürfelte Datteln)

Den Backofen auf 170° vorheizen. Mehrere Backbleche einfetten und beiseite stellen.

Mehl, Natron, Zimt, Nelken, Piment und Salz gut vermischen; beiseite stellen. Butter in einer großen Rührschüssel cremig schlagen. Zucker zufügen und schlagen, bis die Masse schaumig und glatt ist. Eier und Vanilleextrakt einrühren. Die Mehlmischung gründlich einarbeiten. Die Dattelwürfel unterheben, so daß sie gleichmäßig im Teig verteilt sind.

Großzügige Teighäufchen mit einem Teelöffel in etwa 5 cm Abstand auf die Backbleche setzen.

Im oberen Drittel des Backofens 11–13 Minuten backen, bis die Plätzchen gerade einen Hauch goldbrauner Farbe angenommen haben; die Bleche nach der Hälfte des Backvorgangs von vorn nach hinten drehen, um gleichmäßiges Bräunen zu gewährleisten. Plätzchen aus dem Ofen nehmen und 1 Minute lang auf den Blechen stehenlassen. Zum Auskühlen auf ein Kuchengitter legen.

Das Gebäck läßt sich in luftdicht verschlossenen Behältern bis zu 1 Woche aufbewahren. Bei längerer Lagerung einfrieren.

Das Rezept ergibt 35–40 Plätzchen von etwa 6 cm Durchmesser.

KAPITEL 3

MITTEL- UND SÜD-AMERIKANISCHE PLÄTZCHEN

Die Spanier landeten vor fast 500 Jahren im heutigen Lateinamerika, und die Küchen Mexikos, Mittel- und Südamerikas haben sich seit jener Zeit beträchtlich verändert. Im Laufe der Kolonisierung überlagerte die iberische Kultur und Küche der Alten Welt die Traditionen und die Ernährungsgewohnheiten der einheimischen indianischen Gesellschaften. Die Auswirkungen sind heute noch spürbar, sogar bei solch einfachen Eßwaren wie Plätzchen.

Die frühen spanischen Entdecker brachten das Zuckerrohr und die Technologie der Zuckermühlen in die Neue Welt. Als Rohrzucker dann weit verbreitet und fast überall erhältlich war, entwickelte sich eine Tradition der Herstellung von Konfekt, Plätzchen und anderen Süßspeisen, die bis heute Bestand hat. Überall in dieser Gegend ist der Geschmack von braunem und karamelisiertem Zucker so geschätzt, daß Zucker häufig als hauptsächlicher Aromaträger in den Rezepten fungiert. Brauner Zucker ist zum Beispiel eine Hauptzutat in den kubanischen »Polvorones«, und braunen wie karamelisierten Zucker findet man in den kolumbianischen »Cucas«, der köstlichen modernen Version eines sehr alten indianischen Rezeptes.

Außer Rohrzucker führten die Spanier und andere Europäer auch Orangen, Limetten, Zimt, Mandeln und Milchprodukte in Lateinamerika ein und vermittelten ebenso ihr Wissen bezüglich der effektiven Verwendung dieser Zutaten in

Backwaren. Obwohl die Plätzchen, die in diesem Kapitel vorgestellt werden, sicher in erster Linie für die Neue Welt charakteristisch sind, lehnen sich viele Rezepte doch auch an spanische Traditionen an. Die festlichen mexikanischen »Sevillanas« duften und schmecken nach Orangen, Zitronen und Limetten, und die lustigen »Schweinchen« aus einfachem Zuckerplätzchenteig sind mit Zimt und Orange gewürzt. Die »Kleinen Zuckerstäubchen«, die zuerst zu mundgerechten Kugeln geformt und dann in Zimtzucker gewälzt werden, erinnern an die zarten, zuckerbestäubten Mürbeplätzchen, die man heute noch in Spanien findet.

Natürlich werden zur Zubereitung lateinamerikanischer Plätzchen auch einige einheimische Zutaten verwendet. Mexikanische Hochzeitsplätzchen zeichnen sich durch das reiche, süße Aroma der Pekannuß aus, die sowohl in Mexiko wie in den amerikanischen Südstaaten beheimatet ist. Die ungewöhnlichen, aber köstlichen Maismehl-Plätzchen erhalten ihren charakteristischen Geschmack durch das Maismehl, einen Hauptbestandteil der traditionellen indianischen Küche, und werden mit Pinienkernen verziert, die in Mexiko wild wachsen. Erdnüsse, die schon von den alten Indianern verwendet wurden, werden oft in den Rezepten verlangt, zum Beispiel bei den costaricanischen Kokosnuß-Erdnuß-Plätzchen in diesem Kapitel.

Die Kokosnuß wird in den tropischen Gegenden Lateinamerikas oft in Nachspeisen verarbeitet, wobei man nicht genau weiß, ob es sich hier um eine einheimische oder eine eingeführte Frucht handelt. Kreative Bäcker wissen, daß sich damit ungewöhnlich gute Plätzchen herstellen lassen.

LINKS:
Rohrzucker-Erdnuß-Schnitten (Rezept s. S. 72)

ROHRZUCKER-ERDNUSS-SCHNITTEN (CUCAS)

Kolumbien

Auf einem alten kolumbianischen Rezept basiert dieses ungewöhnliche Gebäck. Bei dieser modernisierten Version sind die Erdnüsse karamelisiert, wodurch ihr Aroma gut zur Geltung kommt und die Plätzchen schön knusprig werden.

2 ⅓ Tassen Mehl
¾ TL Backpulver
1 Tasse weiche Butter
1 Tasse dunkelbrauner Rohrzucker
(s. Fußnote; ersatzweise brauner Rohrzucker)
1 großes Ei
1 großes Eigelb

ZUM BESTREICHEN UND BESTREUEN
3 EL Zucker
1 Tasse feingehackte, geschälte ungesalzene Erdnüsse
¼ Tasse weiche Butter
2 EL dunkelbrauner Rohrzucker
(s. Fußnote; ersatzweise brauner Rohrzucker)
1 ¼ Tassen Puderzucker

Mehl und Backpulver gründlich vermischen.

In einer großen Rührschüssel die Butter cremig schlagen. 1 Tasse Rohrzucker zufügen und zu einer glatten Masse schlagen. Ei und Eigelb einrühren. Nach und nach die Mehlmischung unterrühren; falls der Motor des Rührgeräts stockt, das restliche Mehl mit einem großen Rührlöffel von Hand einarbeiten.

Den Teig zwischen zwei lange Bogen Backpapier legen und ein etwa 5 mm dickes Rechteck ausrollen, wobei man die Unterseite des Teigs öfter kontrolliert und eventuell entstandene Falten glättet. Teig auf ein großes Tablett oder Backblech legen und 15–20 Minuten in den Kühlschrank stellen, bis er kühl und etwas fest, aber nicht hart ist.

Den Backofen auf 160° vorheizen. Mehrere Backbleche einfetten und beiseite stellen.

Den Teig aus dem Kühlschrank nehmen, sorgfältig den unteren Backpapierbogen abziehen, wieder leicht auflegen, den Teig umdrehen, so daß die Oberseite oben zu liegen kommt, und den oberen Backpapierbogen entfernen. Den Teig der Breite nach mit einem Teigrädchen oder einem großen scharfen Messer in etwa 3,5 cm breite Streifen, der Länge nach in etwa 6 cm breite Streifen schneiden, so daß man etwa 3,5×6 cm große Rechtecke erhält. Die Plätzchen mit 3 cm Abstand auf die Backbleche legen. Teigreste zusammendrücken und zwischen Backpapier ausrollen und weitere Plätzchen schneiden, bis der Teig verbraucht ist. (Falls der Teig zu weich wird, ihn nochmals kurz in den Kühlschrank stellen.)

Auf den mittleren Schienen des Backofens 8–10 Minuten backen, bis die Schnitten an den Rändern einen Hauch brauner Farbe angenommen haben. Backbleche aus dem Ofen nehmen und die Plätzchen 3 Minuten darauf stehenlassen. Dann auf ein Kuchengitter legen und vollständig auskühlen lassen.

Um die Erdnüsse zu karamelisieren, 3 EL Zucker in eine große schwere Pfanne streuen, die man auf Mittelhitze stellt. Sobald der Zucker anfängt zu schmelzen, die Erdnüsse einrühren. Den Zucker schmelzen lassen und die Erdnüsse weiter erhitzen; die Pfanne zum Abkühlen etwas hochheben, falls die Masse zu heiß wird und raucht; erhitzen, bis die Erdnüsse gebräunt, etwas knusprig sind und duften. Sie dann sofort in eine hitzebeständige Schüssel geben und vollständig abkühlen lassen. Falls sie dabei zusammenklumpen, sie mit einem Fleischklopfer oder einem großen schweren Löffel wieder in Stücke zerkleinern.

Die Butter und 2 EL Rohrzucker in einer Rührschüssel zu einer glatten Masse schlagen. Nach und nach den Puderzucker zufügen und weiterschlagen, bis die Masse vollkommen glatt ist. Die Glasur dünn auf den abgekühlten Schnitten verstreichen. Sofort einige karamelisierte Erdnüsse in die Glasur drücken.

Die Schnitten lassen sich bis zu 1 Woche in luftdicht verschlossenen Behältern aufbewahren; nicht aufeinanderschichten. Bei längerer Lagerung einfrieren.

Das Rezept ergibt etwa 30 Plätzchen von etwa 5,5×7,5 cm Größe. (Abb. s. S. 70)

Hinweis: Dunkelbrauner Rohrzucker (Melassezucker) ist in Naturkostläden erhältlich.

ROHRZUCKERPLÄTZCHEN (POLVORONES)

Kuba

Unter anderem aus dunkelbraunem Rohrzucker, der dem Gebäck einen vollen Geschmack gibt, werden diese einfachen, knusprigen Plätzchen zubereitet.

2 ¼ Tassen Mehl
¾ TL Backpulver
¼ TL Salz
⅔ Tasse Schweineschmalz
oder Pflanzenmargarine (Zimmertemperatur)
(s. Fußnote)
7 EL weiche Butter
¾ Tasse dunkelbrauner Rohrzucker
(s. Fußnote; ersatzweise brauner Rohrzucker)
1 großes Ei
2 TL Vanilleextrakt
(ersatzweise Vanillinzucker)

Mehl, Backpulver und Salz gut vermischen.

Schweineschmalz und Butter in einer großen Rührschüssel cremig schlagen. Dunkelbraunen Rohrzucker zufügen und weiterschlagen, bis eine gleichmäßig glatte Masse entstanden ist. Ei und Vanilleextrakt einrühren. Nach und nach etwa die Hälfte der Mehlmischung unterrühren. Das restliche Mehl mit einem großen Rührlöffel von Hand einarbeiten.

Den Teig halbieren, jede Teigportion zwischen zwei großen Bogen Backpapier etwa 5 mm dick ausrollen. Dabei die Teigunterseite häufig kontrollieren und eventuell entstandene Falten glätten. Teig auf ein Tablett oder Backblech legen und etwa 15 Minuten in den Eisschrank stellen, bis der Teig etwas fest, aber nicht hart ist.

Den Backofen auf 170° vorheizen. Mehrere Backbleche einfetten und beiseite stellen. Jeweils mit einer Teighälfte arbeiten (das zweite Teigblatt bleibt solange im Kühlschrank). Die untere Papierschicht abziehen und wieder locker auflegen, den Teig umdrehen und das obere Papier entfernen. Mit einer runden Ausstechform von 6–7 cm Durchmesser Plätzchen ausstechen. Plätzchen in etwa 3 cm Abstand auf die Backbleche legen. Teigreste zu einem Klumpen zusammendrücken, wieder zwischen Backpapierbogen ausrollen und in den Kühlschrank stellen. Weitere Plätzchen ausstechen und auf die Backbleche legen. Den Arbeitsvorgang mit der zweiten Teighälfte wiederholen, bis der ganze Teig verbraucht ist.

In den Backofen schieben und 9–11 Minuten backen, bis die Plätzchen an den Rändern einen Hauch goldbrauner Farbe angenommen haben. Die Backbleche aus dem Ofen nehmen und etwa 3 Minuten stehenlassen. Dann das Gebäck auf ein Kuchengitter legen und vollständig auskühlen lassen.

Die Plätzchen sind bis zu 1 Woche in einem luftdicht verschlossenen Behälter aufzubewahren. Bei längerer Lagerung einfrieren.

Das Rezept ergibt etwa 30 Plätzchen von etwa 6 cm Durchmesser.

Hinweis: Kubanische Köche verwenden hier frisches Schweineschmalz. Wer Schweineschmalz nicht mag, kann statt dessen Margarine nehmen. – Dunkelbrauner Rohrzucker (Melassezucker) ist in Naturkostläden erhältlich.

ANIS-WEIHNACHTS-PLÄTZCHEN (BIZCOCHITOS)

Mexiko

Bizcochitos sind traditionelle Ausstechplätzchen, die überall in Mexiko und im amerikanischen Südwesten zu Weihnachten gebacken werden. In dieser Version des Rezepts wird das Anisaroma noch durch Zitrone und Vanille verfeinert. Die Plätzchen sind sehr leicht, knusprig und zerbrechlich.

Für die Zubereitung des Teigs benötigt man eine Küchenmaschine.

2 Tassen Mehl
2 TL gemahlener Anis
½ TL Backpulver
⅛ TL Salz
1 große unbehandelte Zitrone
⅔ Tasse Zucker
½ Tasse Schweineschmalz
oder Pflanzenmargarine (Zimmertemperatur)
(s. Fußnote)
5½ EL weiche Butter
1 großes Eigelb
1 TL Vanilleextrakt
(ersatzweise Vanillinzucker)

VERZIERUNG
1 EL Zucker
1 TL gemahlener Zimt

Mehl, Anis, Backpulver und Salz gut vermischen und beiseite stellen. Mit einem kleinen scharfen Messer oder einem Kartoffelschäler die Zitrone sehr dünn schälen; den weißen Teil der Schale nicht verwenden. Zitronenschale und Zucker in die Küchenmaschine geben und das Gerät so lange laufen lassen, bis die Zitronenschale sehr fein zerkleinert ist. (Oder die Zitronenschale mit einer feinen Küchenreibe abreiben.) Schweineschmalz und Butter in die Maschine geben und etwa 1 Minute rühren, bis alles gut vermischt ist. Eigelb und Vanilleextrakt zufügen und 20 Sekunden weiterschlagen. Die Mehlmischung zufügen und gut einarbeiten; darauf achten, daß der Teig nicht zu lange gerührt wird.

Den Teig halbieren. Jede Teigportion zwischen zwei große Bogen Backpapier legen und etwa 3 mm dick ausrollen. Die Unterseite des Teigs dabei häufig kontrollieren und eventuell entstandene Falten glätten. Den ausgerollten Teig auf ein großes Tablett oder Backblech legen und etwa 15 Minuten in den Eisschrank stellen, bis der Teig gut gekühlt und etwas fest ist.

Den Backofen auf 170° vorheizen. Mehrere Backbleche leicht einfetten.

Jeweils mit einem Teigblatt arbeiten (das andere bleibt im Kühlschrank), den Teig umdrehen und den unteren Backpapierbogen abziehen. Einen neuen Backpapierbogen locker daraufflegen, den Teig wieder umdrehen und den oberen Backpapierbogen entfernen. Mit verschiedenen Ausstechformen von 5,5–7,5 cm Durchmesser Plätzchen ausstechen und in etwa 3 cm Abstand auf die Backbleche legen. Teigreste zu einem Klumpen zusammendrücken, wieder ausrollen und weitere Plätzchen ausstechen, bis der ganze Teig aufgebraucht ist. (Wenn der Teig inzwischen zu weich geworden ist, ihn nochmals kurz im Eisschrank kühlen). Den Vorgang mit der zweiten Teighälfte wiederholen.

In den Backofen schieben und 8–10 Minuten backen, bis das Gebäck an den Rändern ganz leicht gebräunt ist. Bleche aus dem Ofen nehmen und die Plätzchen etwa 3 Minuten darauf stehenlassen. Sie dann mit einem breiten Messer lösen, auf ein Kuchengitter legen und bis zum vollständigen Auskühlen stehenlassen.

Für die Verzierung 1 EL Zucker und Zimt in einer kleinen Schüssel vermischen. Die Plätzchen leicht mit der Mischung bestreuen.

Die Plätzchen lassen sich bis zu 10 Tagen in einem luftdicht verschlossenen Behälter aufbewahren. Bei längerer Lagerung einfrieren.

Das Rezept ergibt 35–40 Plätzchen von 6–8 cm Durchmesser. (Abb. s. rechts)

Hinweis: Stets nur frisches Schweineschmalz von bester Qualität verwenden. Wer Schweineschmalz nicht mag, kann statt dessen Margarine nehmen.

RECHTS:
Im Uhrzeigersinn, von oben: Anis-Weihnachtsplätzchen (Rezept s. oben), Kleine Zuckerstäubchen (Rezept s. S. 77) und Damenringe (Rezept s. S. 76)

DAMENRINGE (ROSQUITAS DE DAMAS)

Mexiko

Die Verbindung von Haselnüssen und Mandeln verleiht diesem traditionellen mexikanischen Gebäck ein reiches und ungewöhnliches Aroma. Die Plätzchen haben etwa die Farbe von Eierpunsch und sind mit gerösteten Nüssen bestreut. Wie der Name verrät, werden sie in Form von Ringen gebacken.

¾ *Tasse ganze unblanchierte Haselnüsse*
¾ *Tasse blanchierte Mandeln*
½ *Tasse und 2 EL weiche Butter*
1 Tasse Puderzucker
3 große Eigelbe
2 TL Vanilleextrakt
(ersatzweise Vanillinzucker)
1 ¾ Tassen Mehl
1 Eiweiß

Den Backofen auf 150° vorheizen. Die Haselnüsse gleichmäßig auf einem Backblech verteilen, in den Ofen schieben und unter gelegentlichem Wenden 17–18 Minuten rösten. Die Mandeln auf einem zweiten Backblech verteilen und unter gelegentlichem Wenden 6–7 Minuten rösten. Nüsse und Mandeln zum Abkühlen beiseite stellen.

Sobald die Haselnüsse genügend abgekühlt sind, die dunkle Schale entfernen, indem man jeweils eine Handvoll Nüsse zwischen den Fingern oder in einem sauberen Küchenhandtuch aneinanderreibt. (Es ist nicht notwendig, alle kleinen Schalenreste zu entfernen, doch sollten die Nüsse relativ sauber sein.) Haselnüsse und Mandeln in der Küchenmaschine, im Mixer oder in einer Nußmühle mittelfein zerkleinern, ¼ Tasse für die Verzierung beiseite stellen. Die restlichen Nüsse weiter zerkleinern, bis sie sehr fein gemahlen sind.

Butter in einer großen Rührschüssel cremig schlagen. Puderzucker, die 3 Eigelbe und Vanilleextrakt zufügen und schlagen, bis die Masse glatt ist. Etwa die Hälfte des Mehls und die gemahlenen Nüsse zugeben und weiterrühren, bis alle Zutaten gleichmäßig verrührt sind. Mit einem großen Rührlöffel das restliche Mehl von Hand einarbeiten. Den Teig in Klarsichtfolie wickeln und mindestens 2½–3 Stunden oder über Nacht in den Kühlschrank stellen.

Zum Backen den Ofen auf 160° vorheizen. Mehrere Backbleche leicht einfetten. Jeweils mit kleinen Teigmengen arbeiten und Kugeln von etwa 2,5 cm Durchmesser formen. Jede Kugel auf einer sauberen Arbeitsfläche mit der Hand hin und her rollen und so 11–12,5 cm lange »Schnüre« formen. Jede Schnur kreisförmig auf das Backblech legen und die beiden Enden zusammendrücken.

Eiweiß und 2 TL Wasser in einer kleinen Schüssel gut verschlagen. Mit einem Pinsel oder einem Papierküchentuch jeweils 2–3 Ringe mit dem Eiweiß bestreichen. Dann die Plätzchen leicht mit den verbliebenen gehackten Nüssen bestreuen. Das Verfahren wiederholen, bis alle Ringe verziert sind.

Auf den mittleren Schienen des Backofens 12–14 Minuten backen, bis die Ränder einen Hauch brauner Farbe angenommen haben; die Bleche nach der Hälfte des Backvorgangs von vorn nach hinten drehen, um gleichmäßiges Bräunen zu gewährleisten. Bleche aus dem Ofen nehmen und 3–4 Minuten stehenlassen. Die Ringe mit einem breiten Messer lösen und zum Auskühlen auf ein Kuchengitter legen.

Die Plätzchen lassen sich 4–5 Tage in luftdicht verschlossenen Behältern aufbewahren. Bei längerer Lagerung einfrieren.

Das Rezept ergibt 35 Ringe von etwa 5,5 cm Durchmesser. (Abb. s. S. 75)

KLEINE ZUCKERSTÄUBCHEN (POLVORONES)

Mexiko

Als die Spanier nach Mexiko kamen, brachten sie die Polvorones mit, was frei übersetzt »Stäubchen« bedeutet. Mit der Zeit haben die einheimischen Köche das Rezept etwas abgeändert und ihrem eigenen Geschmack angepaßt. Heute sind viele Polvorones ausgesprochen mexikanisch.

In beiden Ländern sind die Plätzchen gewöhnlich klein und mit Zucker bestäubt, woher sich wohl auch ihr Name ableitet. Während spanische Polvorones normalerweise mit Puderzukker überstäubt werden, ist eine ganze Anzahl ihrer mexikanischen Artverwandten mit einem Gemisch aus Kristallzucker und Zimt bestreut.

Ich bin auf mehrere einander ähnliche Polvorone-Rezepte gestoßen, doch diese mürbzarte Zimtversion ist besonders gut. Sie stammt von einer Familie aus New Mexico, die vor 40 Jahren in die Vereinigten Staaten einwanderte.

2 Tassen Mehl
1/2 Tasse weiche Butter
1/4 Tasse Schweineschmalz
oder Pflanzenmargarine (Zimmertemperatur)
(s. Fußnote)
1/3 Tasse Zucker
1 großes Eigelb
1 TL gemahlener Zimt
1/8 TL sehr fein abgeriebene Zitronenschale
(unbehandelt)

ZUM BESTREUEN
1/4 Tasse Zucker
1/2 TL gemahlener Zimt

Den Backofen auf 160° vorheizen. Mehrere Backbleche bereitstellen. Das Mehl sieben und beiseite stellen.

Butter und Schweineschmalz in einer großen Rührschüssel mit dem Handrührgerät bei mittlerer Geschwindigkeit cremig schlagen. Den Zucker zufügen und weiterschlagen, bis die Masse glatt ist. Eigelb, Zimt und Zitronenschale einrühren. Nach und nach das Mehl unterrühren; wenn der Motor des Rührgeräts dabei etwas stockt, einen Rührlöffel zu Hilfe nehmen und damit das restliche Mehl von Hand einarbeiten.

Kleine Teigstücke abteilen, zu etwa 2,5 cm dicken Kugeln formen und im Abstand von etwa 2,5 cm auf die Backbleche legen.

Im oberen Drittel des Backofens 15 – 17 Minuten backen, bis die Plätzchen an den Rändern einen Hauch brauner Farbe angenommen haben. Backbleche aus dem Ofen nehmen und 5 Minuten stehenlassen. Die Plätzchen mit einem breiten Messer behutsam lösen, auf ein Kuchengitter legen und stehenlassen, bis sie etwas abekühlt, aber noch nicht kalt sind.

In einer kleinen flachen Schüssel Zucker und Zimt gut vermengen. Die Plätzchen vorsichtig – da sie sehr zerbrechlich sind – in der Zucker-Zimt-Mischung wälzen.

Die Plätzchen lassen sich bis zu 1 Woche in einer gut verschlossenen Dose aufbewahren. Bei längerer Lagerung die Plätzchen vor dem Bestreuen einfrieren, nach dem Auftauen in der Zucker-Zimt-Mischung wälzen und servieren.

Das Rezept ergibt etwa 35 Plätzchen von etwa 3 cm Durchmesser. (Abb. s. S. 75)

Hinweis: Mexikanische Köche verwenden Schweineschmalz. Wer Schweineschmalz nicht mag, kann statt dessen Margarine nehmen.

SCHWEINCHEN (COCHINITOS)

Mexiko

Für diese ausgefallenen Rohrzuckerplätzchen in Form von Schweinchen erhielt ich das Rezept von Norma Guevara aus Arizona, die dieses Gebäck schon als Kind in Mexico City genoß.

Die hellbraunen Schweinchen sind mit Zucker und Zimt bestreut, was ihnen das sehr realistische »staubige« Aussehen verleiht. Sie schmecken leicht nach Orangen und Gewürzen und sind angenehm knusprig.

Abgeriebene Schale von 1 großen
unbehandelten Orange
2 Zimtstangen (10 cm lang)
¼ Tasse Orangensaft
¾ Tasse brauner Rohrzucker
2⅓ Tassen Mehl
½ TL Backpulver
½ TL Natron
¾ Tasse Schweineschmalz
oder Pflanzenmargarine (Zimmertemperatur)
(s. Fußnote)
1 TL Vanilleextrakt
(ersatzweise Vanillinzucker)

VERZIERUNG
2 EL Zucker
½ TL gemahlener Zimt

Orangenschale, Zimstangen, Orangensaft und braunen Zucker in einen kleinen Topf geben, zum Kochen bringen und beständig umrühren, bis sich der Zucker auflöst. Den Topf vom Feuer nehmen und zum Abkühlen beiseite stellen. Dann die Mischung durch ein feines Sieb streichen; dabei den Sirup in einer kleinen Schüssel auffangen, Zimtstangen und Orangenschale fortwerfen. Mehl, Backpulver und Natron gründlich vermischen.

Schweineschmalz in einer großen Rührschüssel mit dem Handrührgerät cremig schlagen. Den abgekühlten Sirup und den Vanilleextrakt unterrühren, bis alles gut vermischt ist.

Nach und nach das Mehl dazugeben. Falls der Motor des Rührgeräts etwas stockt, das restliche Mehl mit dem Rührlöffel von Hand einarbeiten. Den Teig halbieren, jede Teighälfte in Backpapier oder Klarsichtfolie einschlagen und etwa 1½ Stunden in den Kühlschrank stellen. (Wird der Teig länger gekühlt, ihn vor dem Ausrollen wieder etwas aufwärmen lassen.)

Zum Backen den Ofen auf 170° vorheizen. Mehrere Backbleche einfetten. Jeweils mit einer Teighälfte arbeiten und den Teig auf einer leicht bemehlten Arbeitsfläche etwa 5 mm dick ausrollen. Beim Ausrollen den Teig mehrere Male heben und auch das Nudelholz öfter bemehlen, damit der Teig nicht anhaftet. Mit einer Schweinchen-Form Schweinchen ausstechen. Die Plätzchen mit einem breiten Messer auf die Backbleche setzen; dabei etwa 3 cm Abstand einhalten. Teigreste zu einem Klumpen zusammendrücken, wieder ausrollen und weiter Plätzchen ausstechen, bis der ganze Teig aufgebraucht ist. Den ganzen Vorgang mit der zweiten Teighälfte wiederholen.

Für die Verzierung Zucker und Zimt in eine kleine Schüssel geben und gut vermischen, dann die Plätzchen leicht damit bestreuen. Auf den mittleren Backschienen 9–10 Minuten backen, bis die Schweinchen hellbraun und an den Rändern etwas dunkler geworden sind. Bleche aus dem Ofen nehmen und etwa 3 Minuten stehenlassen. Dann die Plätzchen auf ein Kuchengitter legen und vollständig auskühlen lassen.

Bis zu 1 Woche sind die Schweinchen in einem luftdicht verschlossenen Behälter aufzubewahren. Bei längerer Lagerung einfrieren.

Das Rezept ergibt etwa 35 Schweinchen von etwa 8,5 cm Länge.

Hinweis: Mexikanische Köche verwenden Schweineschmalz. Wer Schweineschmalz nicht mag, kann statt dessen Margarine nehmen.

Schweinchen

Sevilla-Plätzchen (Sevillanas)

Mexiko

Bei diesem Festtagsrezept wird der Plätzchenteig in mehrere Portionen geteilt und jede unterschiedlich gewürzt und eingefärbt.

Bei der folgenden Version des Rezepts wird eine Teigportion mit Ananas- oder Zitronenextrakt aromatisiert und gelb eingefärbt; die zweite wird mit Limonenschale gewürzt und grün gefärbt; die dritte erhält ihren Geschmack durch Orangenschale und wird orange eingefärbt. Es können natürlich auch andere Kombinationen, wie zum Beispiel rotgefärbter Teig mit Kirschgeschmack oder grüner Teig mit Pfefferminzgeschmack, gewählt werden.

2¾ Tassen Mehl
1¼ TL Backpulver
⅛ TL Salz
1 Tasse Schweineschmalz
oder Pflanzenmargarine (Zimmertemperatur)
(s. Fußnote)
1 Tasse Zucker
1 großes Ei
Fein abgeriebene Schale von 1 großen
unbehandelten Zitrone
¼ TL Ananasextrakt
(ersatzweise 3 Tropfen Zitronen-Backaroma)
Fein abgeriebene Schale von 1 großen
unbehandelten Limone
Fein abgeriebene Schale von 1 mittelgroßen
unbehandelten Orange
Gelbe, grüne und rote Lebensmittelfarbe

Mehl, Backpulver und Salz gut vermischen; beiseite stellen.

Schweineschmalz in einer großen Rührschüssel cremig schlagen. Zucker zufügen und schlagen, bis alles gut vermischt ist. Ei und Zitronenschale einrühren. Nach und nach etwa die Hälfte der Mehlmischung unterrühren. Das restliche Mehl mit einem großen Rührlöffel von Hand einarbeiten.

Den Teig in drei gleich große Portionen teilen. Den Ananasextrakt und 4 Tropfen gelbe Lebensmittelfarbe in eine Teigportion rühren oder kneten; Limonenschale und 3 Tropfen grüne Lebensmittelfarbe in die zweite Portion einarbeiten; Orangenschale, 3 Tropfen gelbe und 2 Tropfen rote Lebensmittelfarbe unter das letzte Teigdrittel mischen. Jede Teigportion in Klarsichtfolie einschlagen und etwa 1½ Stunden in den Kühlschrank legen, bis der Teig kalt und etwas fest, aber nicht hart ist.

Kurz vor dem Backen den Ofen auf 160° vorheizen. Mehrere Backbleche einfetten. Jeweils mit einer Teigportion arbeiten und den Teig zwischen zwei Bachpapierbogen etwa 5 mm dick ausrollen. Die Unterseite des Teigs öfter kontrollieren und eventuell entstandene Falten im Backpapier glätten. Papier von der unteren Seite des Teigblattes entfernen, Teigblatt wieder umdrehen und das Papier von der Teigoberseite abziehen. Plätzchen von 5,5–7 cm Durchmesser ausstechen; dabei einfache Formen benutzen, zum Beispiel Quadrate, Sechsecke, Dreiecke und glatte oder gezackte runde Ausstechformen. Die Plätzchen mit einem breiten Messer auf die Backbleche heben; dabei etwa 3 cm Abstand einhalten. Teigreste zu einem Klumpen zusammendrücken, wieder ausrollen und weitere Plätzchen ausstechen, bis der Teig aufgebraucht ist. Den Vorgang mit den anderen beiden Teigportionen wiederholen.

Auf den mittleren Backschienen 8–10 Minuten backen, bis die Plätzchen an den Rändern gerade einen Hauch hellbrauner Farbe angenommen haben; auf keinen Fall zu lange backen, da sonst das farbige Aussehen der Plätzchen leidet. Bleche aus dem Ofen nehmen und Plätzchen etwa 3 Minuten darauf stehenlassen; dann auf ein Kuchengitter legen und auskühlen lassen.

Die Plätzchen lassen sich bis zu 1 Woche in einem luftdicht verschlossenen Behälter aufbewahren. Bei längerer Lagerung einfrieren.

Das Rezept ergibt 35–45 Zuckerplätzchen von 5–7 cm Durchmesser.

Hinweis: Mexikanische Köche verwenden bei diesem Rezept stets Schweineschmalz. Wer Schweineschmalz nicht mag, kann jedoch statt dessen Margarine nehmen.

BRASILIANISCHE KOKOSNUSSKÜSSE (BRASILEIRAS)

Brasilien

Ursprünglich waren Kokospalmen nicht in Brasilien beheimatet, aber sie gediehen dort, und das Fleisch der großen, hartschaligen Nüsse wird in der brasilianischen Küche sehr viel verwendet. Diese kleinen, goldfarbenen Kokosküsse sind ein besonders beliebtes Gebäck.

¼ Tasse Mehl
1 großes Ei
2 große Eigelbe
½ Tasse und 1 ½ EL Zucker
⅓ Tasse brauner Rohrzucker
1 Prise Salz
2 Tassen Kokosflocken
¼ TL Vanilleextrakt
(ersatzweise Vanillinzucker)

Den Backofen auf 160° vorheizen. Mehrere Backbleche einfetten und beiseite stellen. Mehl, Ei und Eigelbe in einer kleinen Schüssel mit einer Gabel schlagen, bis die Zutaten gut vermischt sind. Beiseite stellen.

Weißen und braunen Zucker, Salz und ⅓ Tasse Wasser in einem schweren mittelgroßen Topf bei mittlerer Temperatur erhitzen – nicht umrühren, den Topf jedoch ab und zu vom Feuer nehmen und die Masse mehrmals schwenken –, bis die Masse kocht und 100° erreicht, wenn man sie mit dem Zuckerthermometer mißt (oder bis sie einen steifen Faden bildet, wenn man sie in Eiswasser tropfen läßt). Topf sofort vom Feuer nehmen. Langsam etwa 2 EL des heißen Sirups in die Mehl-Eier-Mischung gießen und gut untermischen. Die Kokosflocken in den verbliebenen Sirup einrühren. Dann die Mehl-Eier-Mischung unter kräftigem Rühren in die Sirup-Kokosflockenmischung gießen.

Den Topf wieder auf das Feuer stellen und die Masse bei mittlerer Temperatur unter ständigem Rühren erhitzen, bis sie fest wird; darauf achten, daß sie nicht am Topfboden anhaftet. Den Vanilleextrakt zugeben und gründlich unterrühren. Vom Feuer nehmen und abkühlen lassen, bis die Masse nur noch lauwarm ist.

Gehäufte Teelöffelportionen des Teigs mit etwa 3,5 cm Zwischenraum auf die Backbleche setzen. Mit den Fingerspitzen Unregelmäßigkeiten glätten, damit die Teighäufchen schön gerundet und gleichmäßig geformt sind.

Auf den mittleren Schienen des Backofens 12–14 Minuten backen, bis die Plätzchen überall goldbraun und oben etwas dunkler sind. Aus dem Ofen nehmen und das Gebäck 2 Minuten auf den Blechen stehenlassen. Es dann mit einem breiten Messer auf ein Kuchengitter legen und vollständig auskühlen lassen.

Die Plätzchen lassen sich 4–5 Tage in luftdicht verschlossenen Dosen aufbewahren. Bei längerer Lagerung einfrieren.

Das Rezept ergibt etwa 24 Kokosnußküsse von 3,5–4,5 cm Durchmesser.

MAISMEHL-PLÄTZCHEN (MOLLETES)

Mexiko

Molletes sind kleine runde Plätzchen, die mit Pinienkernen verziert sind. (In Mexiko werden auch andere Kekse oder Hefebrötchen manchmal als Molletes bezeichnet.)

Diese ungewöhnlichen und sehr wohlschmeckenden Plätzchen werden aus Maismehl, dem Hauptbestandteil der mexikanischen Küche, zubereitet. Es verleiht dem Gebäck die angenehme Mürbe und das reizvolle süße Aroma.

¾ Tasse weiche Butter
⅔ Tasse Zucker
2 große Eigelbe
1¼ TL Vanilleextrakt
(ersatzweise Vanillinzucker)
½ Tasse weißes Maismehl (s. Fußnote)
1¾–2 Tassen Mehl (ungefähr)
3 EL Pinienkerne

Den Backofen auf 160° vorheizen. Mehrere Backbleche einfetten und beiseite stellen.

Butter in einer großen Rührschüssel mit dem Handrührgerät bei mittlerer Geschwindigkeit cremig schlagen. Zucker zufügen und weiterschlagen, bis die Masse locker und gut vermischt ist. Die beiden Eigelbe und Vanilleextrakt unterrühren. Maismehl zufügen und rühren, bis es gut eingearbeitet ist. Die Masse 1–2 Minuten lang stehenlassen. Mit einem großen Rührlöffel 1¾ Tassen Mehl unterrühren, bis sich alle Zutaten gut verbunden haben und ein glatter Teig entstanden ist; 5 Minuten stehenlassen. Erscheint der Teig zu weich, so daß er nicht mit den Händen geformt werden kann, noch einige EL Mehl unterrühren, jedoch darauf achten, daß nicht zu viel Mehl zugegeben wird, da das Maismehl weiterhin Feuchtigkeit absorbiert und dadurch den Teig noch etwas fester und auch trockener macht.

Kleine Teigportionen abteilen und zwischen den Handflächen zu etwa 2,5 cm dicken Kugeln rollen. In etwa 4 cm Abstand auf die Backbleche setzen. Mit dem Handballen jede Kugel behutsam zu einem Plätzchen von etwa 4,5 cm Durchmesser flachdrücken. Drei Pinienkerne speichenartig auf jedes Plätzchen drücken, so daß die schmalen Enden zur Mitte zeigen.

Auf den mittleren Schienen des Backofens 14–16 Minuten backen, bis die Plätzchen oben eine blaßgoldene Farbe angenommen haben und an den Rändern leicht gebräunt sind. Die Bleche nach der Hälfte des Backvorgangs von vorn nach hinten drehen, um gleichmäßiges Bräunen zu gewährleisten. Backbleche aus dem Ofen nehmen und 3–4 Minuten stehen lassen. Dann das Gebäck auf ein Kuchengitter legen und vollständig auskühlen lassen.

Bis zu 1 Woche sind die Plätzchen in einem luftdicht verschlossenen Behälter aufzubewahren. Bei längerer Lagerung einfrieren.

Das Rezept ergibt etwa 35 Plätzchen von etwa 5 cm Durchmesser. (Abb. s. links)

Hinweis: Maismehl ist in Feinkostgeschäften oder in südamerikanischen und spanischen Läden erhältlich.

HOCHZEITSPLÄTZCHEN (PASTELITOS DE BODA)

Mexiko

Sogar diejenigen, die nur sehr wenig über mexikanisches Essen und mexikanische Traditionen wissen, kennen – und mögen – diese köstlichen Pekanmürbeplätzchen. Ihre zarte Konsistenz, verbunden mit dem reizvollen Geschmack der Pekannüsse, ist zweifellos der Grund für ihre Beliebtheit. Ähnliche Plätzchen, die unter dem Namen »Pekanbutterkugeln« bekannt sind, werden überall in den amerikanischen Südstaaten gebacken. Ob die dortigen Bäcker das Rezept von den Nachbarn borgten oder die gleiche gute Idee hatten, ist nicht mehr festzustellen.

Wie der Name andeutet, sind diese Plätzchen ein traditionelles Gebäck bei mexikanischen Hochzeiten.

1 ½ Tassen grobgehackte Pekannüsse
1 ½ Tassen weiche Butter
¼ TL Salz
⅔ Tasse Puderzucker
2 TL Vanilleextrakt
(ersatzweise Vanillinzucker)
3 Tassen Mehl

VERZIERUNG
½ – ⅔ Tasse Puderzucker

Den Backofen auf 150° vorheizen. Die Pekannüsse in einer großen flachen Backform verteilen. In den Ofen schieben und 8 – 10 Minuten unter häufigem Wenden rösten, bis sie duften und einen schwachen Hauch brauner Farbe angenommen haben. Aus dem Ofen nehmen und beiseite stellen, bis sie vollkommen abgekühlt sind. Die Pekannüsse in einer Nußmühle, der Küchenmaschine oder dem Mixer zu einer mehlfeinen Masse vermahlen.

Die Ofentemperatur auf 160° erhöhen. Mehrere Backbleche einfetten und beiseite stellen.

Butter und Salz in einer großen Rührschüssel mit dem Handrührgerät bei mittlerer Geschwindigkeit cremig schlagen. ⅔ Tasse Puderzucker und Vanilleextrakt zufügen und weiterschlagen, bis die Masse sehr locker und glatt ist. Die abgekühlten gemahlenen Pekannüsse unterrühren. Nach und nach das Mehl einrühren. Falls der Motor des Rührgeräts zu stocken beginnt, den Rest des Mehls von Hand einarbeiten.

Teigstücke abteilen, zwischen den Handflächen zu etwa 3 cm dicken Kugeln rollen und diese in etwa 5 cm Abstand auf die Backbleche setzen. Kugeln mit dem Handballen etwas flachdrücken, so daß die Plätzchen einen Durchmesser von etwa 3,5 cm haben.

Im oberen Drittel des Backofens 10 – 12 Minuten backen, bis die Plätzchen an den Rändern einen ganz leichten Hauch brauner Farbe angenommen haben und in der Mitte noch blaß sind. Backbleche aus dem Ofen nehmen und etwa 5 Minuten stehenlassen. Mit einem breiten Messer die Plätzchen behutsam lösen, auf ein Kuchengitter legen und etwas abkühlen lassen. Das Gebäck dick mit Puderzucker besieben und vollständig auskühlen lassen.

Die Plätzchen lassen sich bis zu 1 Woche in einem luftdicht verschlossenen Behälter aufbewahren. Damit sie frisch aussehen, sie kurz vor dem Servieren nochmals mit etwas Puderzucker besieben. Die Plätzchen können auch unbestäubt eingefroren werden, um dann nach dem Auftauen verziert zu werden.

Das Rezept ergibt 50 – 55 Plätzchen von etwa 4,5 cm Durchmesser.

KOKOSNUSS-ERDNUSS-PLÄTZCHEN
(GALLETAS MARIA)

Costa Rica

Die aus Costa Rica stammende Selvin Martinez gab mir dieses authentische costaricanische Rezept, das ich für die moderne Küche leicht abgewandelt habe. Selvin sagt, daß diese Plätzchen zu den beliebtesten ihres Landes zählen. Sie werden zu Hause gebacken, aber auch in Lebensmittelgeschäften verkauft. Die Plätzchen bestehen aus Erdnüssen, Hafer- und Kokosflocken.

1 ½ Tassen Mehl
1 TL Backpulver
¼ TL Natron
¾ Tasse weiche Butter
¾ Tasse und 1 TL brauner Rohrzucker
1 großes Ei
1 Tasse Kokosflocken
1 Tasse Schmelzflocken
¾ Tasse geschälte ungesalzene Erdnüsse, mittelfein gehackt

Den Backofen auf 160° vorheizen. Mehrere Backbleche einfetten und beiseite stellen. Mehl, Backpulver und Natron in einer mittelgroßen Schüssel gut vermischen.

Die Butter in einer Rührschüssel mit dem Handrührgerät bei mittlerer Geschwindigkeit cremig schlagen. Braunen Zucker und Ei zufügen und zu einer glatten Schaummasse schlagen. Die Mehlmischung einrühren und gut einarbeiten. Mit einem großen Rührlöffel Kokosflocken, Haferflocken und Erdnüsse unterheben, bis sie gleichmäßig im Teig verteilt sind. 3–4 Minuten beiseite stellen.

Teigstücke abteilen, zwischen den Handflächen zu etwa 3 cm dicken Kugeln rollen und diese in etwa 6 cm Abstand auf die Backbleche setzen. Jede Kugel mit dem Handballen etwas flachdrücken, so daß sie einen Durchmesser von etwa 5 cm hat.

Auf den mittleren Schienen des Backofens 13–15 Minuten backen, bis die Plätzchen eine goldgelbe Farbe angenommen haben und an den Rändern etwas stärker gebräunt sind. Backbleche aus dem Ofen nehmen und die Plätzchen 2 Minuten darauf stehenlassen. Sie dann mit einem breiten Messer auf ein Kuchengitter legen und vollständig auskühlen lassen.

Die Plätzchen lassen sich bis zu 1 Woche in luftdicht verschlossenen Behältern aufbewahren. Bei längerer Lagerung einfrieren.

Das Rezept ergibt etwa 35 Plätzchen von etwa 7 cm Durchmesser.

KAPITEL 4

PLÄTZCHEN AUS GROSSBRITANNIEN UND IRLAND

Auf den Britischen Inseln werden Süßigkeiten aller Art sehr geschätzt. In vielen Haushalten steht immer eine Dose Plätzchen oder »Biscuits«, wie sie von den Briten genannt werden, bereit, die man zusammen mit Kompott oder zu einer Tasse Tee oder Kaffee serviert. (Kaffee wurde in England lange vor Tee eingeführt und ist heute viel verbreiteter als angenommen.)

Britische Kekse sind in der Regel einfach, machen nicht viel Arbeit, schmecken aber trotzdem sehr gut. Die meisten sind fest, knusprig-trocken und besitzen weder eine Glasur noch komplizierte Verzierungen – phantasievolle Dekorationen findet man in England im allgemeinen nur bei Kuchen. Allerdings werden, besonders beim Nachmittagstee, einfache Kekse oft geschmacklich aufgewertet, indem man sie mit Marmelade, Buttercreme oder einem Zitronenaufstrich, dem »Lemon Curd«, füllt. Einige köstliche Kekse dieser Kategorie sind das mit Marmelade gefüllte Mandelmürbegebäck, die Orangen-Ingwer-Cremeplätzchen und die Sandwich-Biscuits mit Zitronencreme-Füllung.

Zweifellos sind die berühmtesten englischen Plätzchen die »Shortbreads« (Mürbeteig-Gebäck). Nach alter Tradition werden sie zu Weihnachten gebacken, sind aber das ganze Jahr über beliebt. Wenn man bedenkt, daß diese auf der Zunge zergehenden, gehaltvollen Plätzchen normalerweise nur aus Butter, Zucker, Mehl und vielleicht etwas Salz hergestellt werden, ist es bemerkenswert, wie viele verschiedene Variationen es davon gibt. Manche sind dick, schnittenartig und fest, andere eher dünn, keilförmig und zerbrechlich. Shortbreads unterscheiden sich auch beträchtlich in bezug auf ihren Zuckergehalt. Gewöhnlich ist der Buttergeschmack dominierend, aber bei einigen Rezepten kommt auch der Mandelgeschmack zur Geltung.

Vielleicht kommt es einem seltsam vor, aber viele traditionelle britische Plätzchen enthalten Ingwer. Schon mindestens seit dem Mittelalter sind englische Köche von diesem Gewürz fasziniert und verwenden es als Zutat zu vielen Soßen, Fleischpasteten, Heilmitteln und Backwaren sowie als Gewürz, das zusammen mit Salz und Pfeffer auf dem Tisch steht. Seit dem 18. Jahrhundert wird Ingwer zwar nicht mehr in Massen verwendet, aber die Tradition, Ingwerplätzchen zu backen, hat sich gehalten. Abgesehen von den Ingwerplätzchen, sind die meisten anderen englischen Lieblingskekse angenehm mild. So sind zum Beispiel Zuckerplätzchen mit Knusperhülle, Shrewsbury-Kekse, Haferplätzchen und Kokosnuß-Knusperplätzchen leicht gewürzte Gebäcke, die als Beilage, sei es zu einem Getränk oder zu Obst, gedacht sind. Aber jetzt habe ich genug geschwatzt. Es ist Zeit, den Wasserkessel für den Tee aufzusetzen.

LINKS:
Im Vordergrund: Hafer-Knusperplätzchen
(Rezept s. S. 93) – Auf dem Teller, von links nach rechts:
Ingwer-Parlamentarier-Kekse (Rezept s. S. 90) und
Mürbeteig-Gebäck (Rezept s. S. 88)

MÜRBETEIG-GEBÄCK
(SHORTBREAD)

Schottland und Irland

Von den Orkneys, der wunderschönen Inselkette vor der Nordküste Schottlands, stammt dieses leicht abgewandelte Rezept. Sogar im Sommer gibt es dort kühle und stürmische Tage, und eine Tasse Tee und ein Teller »Shortbread« bei flackerndem Holzfeuer sind ein wahrer Genuß.

Mürbeteig-Gebäck findet man überall in Schottland und auf den Britischen Inseln, und ich habe viele Rezepte ausprobiert, bevor ich mich für dieses hier entschied. Es ergibt Plätzchen, die ganz besonders butterig und knusprig sind. Dieses Shortbread ist, wie die meisten britischen Kekse, nicht allzu süß. Wenn Sie süßeres Gebäck bevorzugen, so bestreuen Sie die fertigen Plätzchen nach dem Backen mit Zucker.

Experten werden bemerken, daß dieses Rezept, anders als die meisten englischen Shortbread-Rezepte, etwas Wasser verlangt. Das hat seinen Grund nur darin, daß unser Mehl normalerweise etwas trockener ist als das englische.

Obwohl Shortbreads nur wenige Zutaten enthalten, müssen diese doch im genau richtigen Mengenverhältnis zueinander stehen. Daher ist das exakte Abmessen hier sehr wichtig.

½ Tasse und 1 ½ EL Butter
⅔ Tasse Puderzucker
1 Prise Salz
1 ⅔ Tassen Mehl

VERZIERUNG (falls gewünscht)
1−2 TL Zucker

Die Butter in einem schweren, mittelgroßen Topf bei mittlerer Hitze zum Kochen bringen. Temperatur reduzieren, so daß die Butter nur noch leicht köchelt, und unbedeckt unter häufigem Rühren 4−5 Minuten simmern lassen, bis die Butter goldgelb ist; jedoch darauf achten, daß sie nicht bräunt oder verbrennt. Topf sofort vom Feuer nehmen. Abdecken und etwa 1 Stunde lang in den Kühlschrank stellen, bis die Butter wieder fest geworden ist. (Um den Kühlprozeß zu beschleunigen, kann man die Butter etwa 25 Minuten in die Tiefkühltruhe stellen; darauf achten, daß sie nicht hart wird.)

Die abgekühlte Butter, Puderzucker und Salz in einer kleinen Rührschüssel mit dem Handrührgerät bei mittlerer Geschwindigkeit zu einer sehr lockeren, glatten Masse schlagen.

Mehl zufügen und schlagen, bis es sich mit den anderen Zutaten verbunden hat, aber nicht zu lange rühren. 2 TL kaltes Wasser einrühren. Teig zu einer glatten, gleichmäßig geformten Kugel zusammendrücken. Ist der Teig noch immer etwas bröselig, noch 1 TL Wasser einrühren, Teig aber nicht zu feucht machen. Die Kugel zu einer glatten Scheibe flachdrücken und zwischen Backpapier legen. Mit dem Nudelholz den Teig zu einer gleichmäßig dicken runden Platte von 16−17,5 cm Durchmesser ausrollen. Den oberen Backpapierbogen entfernen. Den Rand eines Tellers oder einer Schüssel mit einem etwa 3 mm kleineren Durchmesser als die Teigplatte als Führungslinie verwenden und Unregelmäßigkeiten des Teigrandes mit einem Teigrädchen oder einem scharfen Messer entlang der Linie entfernen. Den oberen Backpapierbogen wieder auflegen. Den Teig auf ein Backblech legen und 20−25 Minuten in den Kühlschrank stellen, bis er etwas fest geworden ist. Den Backofen auf 150° vorheizen.

Den Teig aus dem Kühlschrank nehmen, den unteren Backpapierbogen vorsichtig abziehen, dann wieder leicht auflegen, Teig umdrehen und den oberen Backpapierbogen entfernen. Mit dem Zinken einer Gabel rundum einen dekorativen Rand drücken, den Teig überall einstechen. Mit zwei breiten Messern oder zwei Tortenhebern den Teig auf ein Backblech heben. Die Platte mit einem Teigrädchen oder einem Messer zuerst in Viertel, dann in Achtel schneiden. (Falls man kleinere Shortbread-Stücke erhalten will, die runde Platte in Viertel und dann jedes Viertel in drei gleich große Stücke schneiden, so daß man 12 Portionen erhält.)

Auf den mittleren Schienen des Backofens 26−30 Minuten backen, bis der Teig einen Hauch hellbrauner Farbe angenommen hat, aber nicht wirklich braun ist. Aus dem Ofen nehmen und das Shortbread 10 Minuten auf dem Backblech stehenlassen. Mit einem großen scharfen Messer die Schnitte nachziehen. Gegebenenfalls die Stücke leicht mit Zucker bestreuen. Das Gebäck auf ein Kuchengitter legen und vollständig auskühlen lassen. Die Segmente tortenstückartig anordnen und auf einem runden Teller servieren.

Das Mürbeteig-Gebäck läßt sich bis zu 1 Woche in einer luftdicht verschlossenen Dose aufbewahren. Bei längerer Lagerung einfrieren.

Das Rezept ergibt 8 (oder 12) Gebäckstücke. (Abb. s. S. 86)

SHREWSBURY-KEKSE (SHREWSBURY BISCUITS)

England und Schottland

Shrewsbury-Kekse sind große, milde, nicht allzu süße Zuckerplätzchen, die sehr gut zum Tee passen. Viele britische Kochbücher enthalten unterschiedliche Versionen dieses Gebäcks. Alle diese Abwandlungen ähneln sich in gewisser Weise, doch dies Rezept ist das beste, das ich gefunden habe.

1 ½ Tassen Mehl
1 TL Backpulver
½ TL Natron
¼ TL Salz
½ Tasse weiche Butter
½ Tasse Zucker
2 Eigelbe
1 TL Vanilleextrakt
(ersatzweise Vanillinzucker)
2 Tropfen Bittermandel-Backaroma
(falls gewünscht)
Fein abgeriebene Schale von 1 kleinen
unbehandelten Zitrone
1 ½ – 2 TL Milch (ungefähr)

Mehl, Backpulver, Natron und Salz gut vermischen. Butter in einer großen Rührschüssel mit dem Handrührgerät bei mittlerer Geschwindigkeit cremig schlagen. Zucker und die beiden Eigelbe zufügen und schaumig schlagen.

Vanilleextrakt, gegebenenfalls Bittermandelaroma und Zitronenschale einrühren. Nach und nach das Mehl untermischen. 1½ TL Milch zufügen oder so viel, wie nötig ist, damit ein glatter Teig entsteht. Teig zu einer Kugel kneten, in Backpapier einschlagen und 15 Minuten in den Kühlschrank legen. Den Backofen auf 170° vorheizen. Mehrere Backbleche einfetten.

Den Teig zwischen Backpapierbogen etwa 1 cm dick ausrollen. Ab und zu die Unterseite des Teigs kontrollieren und eventuell entstandene Falten glätten. Teig umdrehen und den unteren Backpapierbogen abziehen, Backpapier locker wieder auf den Teig legen, diesen erneut umdrehen und die obere Backpapierschicht entfernen. Mit einer glatten oder gezackten runden Ausstechform von etwa 3 cm Durchmesser oder einem Trinkglas gleichen Durchmessers Plätzchen ausstechen. Die Plätzchen mit einem breiten Messer auf die Backbleche legen; dabei etwa 3,5 cm Abstand einhalten. Teigreste zu einem Klumpen zusammendrücken, wieder ausrollen und weitere Plätzchen ausstechen, bis der ganze Teig verbraucht ist.

Plätzchen auf den mittleren Backschienen 11 – 13 Minuten backen, bis sie einen Hauch brauner Farbe angenommen haben. Bleche aus dem Ofen nehmen und etwa 3 Minuten stehenlassen. Dann die Plätzchen auf ein Kuchengitter legen und bis zum vollständigen Auskühlen stehenlassen.

Bis zu 10 Tagen lassen sich die Kekse in einem luftdicht verschlossenen Behälter aufbewahren. Bei längerer Lagerung einfrieren.

Das Rezept ergibt etwa 24 Plätzchen von etwa 7,5 cm Durchmesser.

INGWER-PARLAMENTARIER-KEKSE
(PARLIES)

Schottland

Während eines Aufenthalts in der wunderschönen alten Stadt Edinburgh lernte ich diese knusprigen, traditionellen schottischen Pfefferkuchen kennen. Sie wurden einst von Verkäufern auf den Straßen und Plätzen von Edinburgh feilgeboten. Da die besten Kunden die Abgeordneten des schottischen Parlaments gewesen sein sollen, die in Regierungsgeschäften hin und her eilten, erhielten die Kekse den Spitznamen »Parlies«.

Parlies sind leicht und schnell herzustellen, da der Teig einfach in Rechtecke geschnitten und gebacken wird. Die knusprigen Plätzchen haben ein angenehm scharfes Aroma.

3½ Tassen Mehl
1 EL und 1 TL gemahlener Ingwer
¾ TL gemahlener Piment
¾ TL gemahlener Zimt
½ TL Natron
¾ Tasse und 2 EL weiche Butter
½ Tasse Rohrzuckersirup
(s. Fußnote; ersatzweise Rübensirup)
1 Tasse brauner Rohrzucker
1 großes Ei

Mehl, Ingwer, Piment, Zimt und Natron in einer großen Schüssel gut vermischen. Butter, Sirup und Zucker in einer großen Rührschüssel zu einer lockeren, glatten Masse schlagen. Das Ei einrühren. Nach und nach die Mehlmischung unterrühren. Wenn der Motor des Rührgeräts stockt, das restliche Mehl mit einem großen Rührlöffel von Hand einarbeiten. Den Teig hal-

bieren. Jede Hälfte in Klarsichtfolie wickeln und etwa 1½ Stunden in den Kühlschrank legen, bis der Teig kalt und etwas fest, aber nicht hart ist.

Den Backofen auf 170° vorheizen. Mehrere Backbleche einfetten und beiseite stellen.

Jeweils mit einer Teighälfte arbeiten (die zweite solange im Kühlschrank lassen) und den Teig auf einer leicht bemehlten Arbeitsfläche zu einem etwa 3 mm dicken Rechteck ausrollen. Gelegentlich den Teig etwas hochheben, Nudelholz und Arbeitsfläche mit Mehl bestäuben, damit der Teig nicht anhaftet; jedoch nicht zu viel Mehl zugeben, da sonst die Plätzchen nicht gelingen.

Mit einem Teigrädchen oder einem großen Messer den Teig in etwa 6×7 cm große Rechtecke schneiden. Die Abmessungen müssen nicht genau stimmen, wenn man aber exakt gleich große Kekse erhalten will, den Teig vor dem Schneiden abmessen und markieren. Die Rechtecke mit einem breiten Messer auf die Backbleche heben, dabei etwa 2,5 cm Abstand halten. Den Vorgang mit der zweiten Teighälfte wiederholen. Alle Teigreste zu einem Klumpen zusammendrücken, wieder ausrollen und in Rechtecke schneiden, bis der Teig verbraucht ist. (Ist der Teig zu warm und läßt sich nicht mehr verarbeiten, ihn vor dem erneuten Ausrollen nochmals kurz in den Kühlschrank stellen.)

Auf den mittleren Schienen des Backofens 6–9 Minuten backen, bis die Kekse an den Rändern einen etwas dunkleren Farbton angenommen haben. Die Backzeit kann je nach Größe der Rechtecke etwas variieren. Backbleche aus dem Ofen nehmen und 30 Sekunden stehenlassen. Die Plätzchen mit einem breiten Messer sofort lösen und auf ein Kuchengitter legen. Stehenlassen, bis sie vollständig ausgekühlt sind.

Die Plätzchen lassen sich bis zu 10 Tagen in einem luftdicht verschlossenen Behälter aufbewahren. Bei längerer Lagerung einfrieren.

Das Rezept ergibt 50–55 etwa 6×7 cm große Kekse. (Abb. s. S. 86)

Hinweis: Rohrzuckersirup (Melasse) ist in Naturkostläden erhältlich.

MANDEL-REIFROCK-PLÄTZCHEN

(ALMOND »PETTICOAT TAILS« SHORTBREAD)

Schottland und Irland

Einige Quellen deuten an, daß es sich bei dem wunderlichen Namen dieses Mürbegebäcks lediglich um eine Verballhornung des französischen »Petites Galettes« handelt, was sich mit »Kleine Kuchen« übersetzen läßt. Andere meinen jedoch, daß der Name sich auf die Form des Gebäcks bezieht: Eine große runde Teigscheibe wird in Achtel geteilt, so daß keilförmige Stücke entstehen, die den Reifröcken der Hofdamen vergangener Jahrhunderte ähneln.

Jedenfalls ist es ein feines, sehr zartes Mürbegebäck mit einem wunderbaren Mandel-Butter-Geschmack. Die »Reifröcke« haben eine goldgelbe Farbe und sehen besonders gut aus, wenn man sie auf einer großen runden Platte serviert.

Das hier vorgestellte Rezept kommt aus Schottland, aber auch einige irische Köche backen Mandelmürbegebäck.

½ Tasse und 2 EL Butter
⅓ Tasse blanchierte Mandeln
¼ Tasse Zucker
¼ TL Salz
½ EL Puderzucker
3 Tropfen Bittermandel-Backaroma
1 ⅓ Tassen Mehl

VERZIERUNG
1 Eiweiß
¼ Tasse grobgehackte blanchierte Mandeln

Butter in einem schweren mittelgroßen Topf bei mittlerer Temperatur erhitzen, bis sie schmilzt und schäumt. Temperatur regulieren, damit die Butter nicht verbrennt, und unbedeckt unter häufigem Umrühren 4–5 Minuten köcheln lassen, bis die Butter goldfarben, aber noch nicht braun ist. Topf vom Feuer nehmen und Butter 30 Sekunden lang umrühren. Abdecken und

40–50 Minuten in den Kühlschrank stellen, bis die Butter zwar wieder fest, aber nicht sehr kalt und hart geworden ist. (Im Bedarfsfall läßt sich der Abkühlvorgang verkürzen, indem man die Butter etwa 20 Minuten in die Tiefkühltruhe stellt; jedoch nicht zu stark abkühlen lassen.)

In der Zwischenzeit den Ofen auf 150° vorheizen. ⅓ Tasse halbierte Mandeln auf einem Backblech verteilen und 7–8 Minuten in den Backofen schieben, bis sie einen Hauch brauner Farbe angenommen haben; darauf achten, daß sie nicht verbrennen. Aus dem Ofen nehmen und zum Abkühlen beiseite stellen. Danach die Mandeln in der Küchenmaschine oder im Mixer fein vermahlen.

Die erstarrte Butter, Zucker, Puderzucker und Salz in einer kleinen Rührschüssel mit dem Handrührgerät bei mittlerer Geschwindigkeit 2–3 Minuten schlagen, bis die Masse locker und schaumig ist. Die gemahlenen Mandeln und Bittermandelaroma einrühren. Mit einem großen Rührlöffel Mehl zugeben und gut einarbeiten, bis der Teig zusammenhält. Den Teig zu einer Kugel formen und diese zwischen Backpapierbogen mit einem Nudelholz zu einer runden Scheibe von etwas mehr als 20 cm Durchmesser ausrollen. Den Teig umdrehen, so daß die Unterseite oben zu liegen kommt, und das Backpapier abziehen; Papier locker wieder auflegen, Teig erneut umdrehen und die obere Backpapierschicht entfernen. Den Rand einer runden Backform von 20 cm Durchmesser zur Markierung benutzen und den überstehenden Teig mit einem Teigrädchen oder einem scharfen Messer wegschneiden. Dann mit einer runden Ausstechform von 5,5–6 cm Durchmesser (oder einem Trinkglas) in der Mitte der Scheibe einen Kreis ausstechen, den ausgestochenen Teigkreis aber nicht entfernen. Oberen Wachspapierbogen wieder auflegen und den Teig auf einem Tablett oder einem Backblech 20 Minuten in den Kühlschrank oder 8–9 Minuten in die Tiefkühltruhe stellen, bis er wieder etwas fester geworden ist. In der Zwischenzeit den Backofen auf 150° vorheizen.

Den unteren Backpapierbogen vom Teig nehmen und diesen auf ein Backblech setzen, oberen Backpapierbogen entfernen. Den Rand der Teigscheibe verzieren, indem man die Zinken einer Gabel hineindrückt. Mit der Spitze eines Küchenmessers den runden Mittelteil aus dem Teig nehmen, so daß dieser einen Ring bildet. Den Mittelteil separat auf ein Backblech legen. Auf dem Teigring zuerst Viertel, dann Achtel markieren und mit einem Teigrädchen oder Messer schneiden; *die Teigstücke auf ihrem Platz liegenlassen.* (Sollen die Gebäckstücke kleiner sein, den Ring zuerst in Viertel und jedes Viertel anschließend in drei keilförmige Stücke schneiden, so daß man 12 Stücke erhält.)

Eiweiß und 2 TL Wasser in einer kleinen Schüssel gut verschlagen, den Ring und das Mittelteil leicht damit bestreichen; dabei aufpassen, daß kein Eiweiß auf das Backblech tropft, da das Gebäck sonst anklebt. Die Mürbeteigstücke sofort mit Mandelsplittern bestreuen.

Auf der mittleren Schiene des Backofens 25–29 Minuten backen, bis das Gebäck einen Hauch goldgelber Farbe angenommen hat, aber noch nicht braun ist. (Sollten die Mandeln zu rasch bräunen, die Ofentemperatur während der letzten 5 Minuten der Backzeit auf 140° herunterschalten.) Aus dem Ofen nehmen und das Gebäck 15–20 Minuten auf dem Blech abkühlen lassen. Dann mit einem scharfen Messer behutsam die Einschnitte nachziehen. Gebäck auf dem Blech stehenlassen, bis es vollständig ausgekühlt ist; solange es warm ist, krümelt es und sollte nicht bewegt werden. Die Gebäckstücke trennen, vom Blech nehmen und die »Reifröcke« als Ring oder als Scheibe – je nachdem, ob man das Mittelstück einsetzt oder nicht – auf einer großen runden Platte servieren.

Das Gebäck läßt sich bis zu 10 Tagen in einem luftdicht verschlossenen Behälter aufbewahren. Bei längerer Lagerung einfrieren.

Das Rezept ergibt 8 (oder 12) »Reifrock«-Gebäckstücke und einen runden Mittelteil.

ZUCKERPLÄTZCHEN MIT KNUSPERHÜLLE (MELTING MOMENTS)

Schottland und England

Diese angenehm knusprigen Plätzchen zergehen einem förmlich auf der Zunge. Wer immer dieses Gebäck erfunden haben mag, muß es speziell für den Fünfuhrtee kreiert haben.

Mir wurden diese Zuckerplätzchen zum ersten Mal in einer »Bed and Breakfast«-Pension auf den Orkneys serviert, einer wunderschönen Inselkette vor der Nordküste Schottlands. Meine Gastgeberin bot das Gebäck zu einer Kanne Tee an, und ich aß fast alle Plätzchen auf, während ich meine Füße an einem Torffeuer wärmte. Dieses Rezept stammt von der Insel Birsay.

1 2/3 Tassen Mehl
2/3 Tassen Stärkemehl
3/4 TL Backpulver
1 Tasse weiche Butter
1 1/2 Tassen Puderzucker
1 großes Eigelb
4 Tropfen Bittermandel-Backaroma

ZUM WÄLZEN
1/3 Tasse Schmelzflocken

Den Backofen auf 160° vorheizen. Mehrere Backbleche einfetten und beiseite stellen. Mehl, Stärkemehl und Backpulver gründlich vermischen.

Butter in einer großen Rührschüssel mit dem Handrührgerät bei mittlerer Geschwindigkeit sehr cremig schlagen. Zucker zufügen und schlagen, bis die Masse glatt ist. Eigelb und Bittermandelaroma einrühren. Nach und nach die Mehlmischung unterrühren und gut einarbeiten. Falls der Motor des Rührgeräts ins Stocken gerät, das restliche Mehl mit einem großen Rührlöffel von Hand unterrühren.

Kleine Teigportionen abteilen und zwischen den Handflächen zu etwa 2,5 cm dicken Kugeln rollen. Jede Kugel leicht in den Haferflocken wälzen. Kugeln in etwa 5 cm Abstand auf die

Backbleche setzen und mit dem Handballen zu Plätzchen von etwa 3,5 cm Durchmesser flachdrücken.

Die Plätzchen auf den mittleren Schienen des Backofens 13−16 Minuten backen, bis sie oben blaßgold und an den Rändern leicht gebräunt sind; nach der Hälfte des Backvorgangs die Bleche von vorn nach hinten drehen, um gleichmäßiges Bräunen zu gewährleisten. Backbleche aus dem Ofen nehmen und 3−4 Minuten stehenlassen. Dann das Gebäck auf ein Kuchengitter legen und vollständig auskühlen lassen.

Die Plätzchen lassen sich bis zu 1 Woche in einem luftdicht verschlossenen Behälter aufbewahren. Bei längerer Lagerung einfrieren.

Das Rezept ergibt etwa 40 Plätzchen von etwa 6 cm Durchmesser.

HAFER-KNUSPER-PLÄTZCHEN
(OAT BISCUITS)

Schottland

Ich backe diese herzhaften Haferplätzchen nie, ohne mich an die Mahlzeiten zu erinnern, die ich bei meiner Reise durch das schottische Hochland genoß. Haferflocken sind dort Bestandteil vieler traditioneller Gerichte; Zimmerwirtinnen servierten uns oft Porridge zum Frühstück und süße gebutterte Haferbrötchen zum Nachmittagstee oder zum Abendessen. Auch diese einfachen, knusprigen Haferplätzchen sind eine beliebte Beigabe zum Fünfuhrtee.

1 Tasse Mehl
³⁄₄ TL Backpulver
¹⁄₄ TL Natron
7 EL weiche Butter
¹⁄₃ Tasse Zucker

¹⁄₃ Tasse brauner Rohrzucker
1 großes Ei
3 EL Rohrzuckersirup
(s. Fußnote; ersatzweise Rübensirup)
1³⁄₄ Tassen Haferflocken

Den Backofen auf 160° vorheizen. Mehrere Backbleche einfetten und beiseite stellen. Mehl, Backpulver und Natron gut vermischen.

Butter in einer großen Rührschüssel mit dem Handrührgerät bei mittlerer Geschwindigkeit cremig schlagen. Weißen und braunen Zucker zufügen und weiterschlagen, bis die Masse locker und glatt ist. Ei und Rohrzuckersirup zugeben und schlagen, bis alles gut vermischt ist. Die Mehlmischung einrühren. Die Haferflocken mit einem großen Rührlöffel unterrühren und die Masse 5 Minuten stehenlassen, damit die Haferflocken etwas Feuchtigkeit aus dem Teig aufnehmen können. Mit einem Teelöffel großzügige Teighäufchen auf die Backbleche setzen; dabei etwa 6 cm Abstand einhalten.

Im oberen Drittel des vorgeheizten Backofens 9−12 Minuten backen, bis die Plätzchen eine goldbraune Farbe angenommen haben und an den Rändern etwas dunkler sind. Sie 2−3 Minuten auf dem Blech stehenlassen, bevor man sie zum Abkühlen auf ein Kuchengitter legt.

Die Plätzchen lassen sich bis zu 1 Woche in einem luftdicht verschlossenen Behälter aufbewahren. Bei längerer Lagerung einfrieren.

Das Rezept ergibt etwa 30 Plätzchen mit einem Durchmesser von 6−7 cm. (Abb. s. S. 86)

Hinweis: Rohrzuckersirup (Melasse) wird in England häufig verwendet. Er ist bei uns in Naturkostläden erhältlich.

GEFÜLLTES MANDEL-MÜRBEGEBÄCK

(JAM-FILLED ALMOND SHORTIES)

Schottland und England

Bereits der Name dieser schottischen Ausstechplätzchen verrät, daß es sich um ein sehr mürbes, butteriges Gebäck handelt. Tatsächlich backt man die Plätzchen aus einem Mürbeteig, der besonders dünn ausgerollt wird. Diese lecker aussehenden Sandwich-Kekse werden mit Marmelade gefüllt und schmecken hervorragend zum Tee.

1 ½ Tassen weiche Butter
1 Tasse Puderzucker
½ TL Salz
6 Tropfen Bittermandel-Backaroma
Fein abgeriebene Schale von 1 kleinen
unbehandelten Zitrone
⅓ Tasse feingemahlene blanchierte Mandeln
3 Tassen Mehl
½–⅔ Tasse Brombeer-, Aprikosen-, Stachelbeer-, Johannisbeer- oder eine andere nicht zu süße Marmelade

Butter in eine große Rührschüssel geben, Puderzucker darübersieben und mit einem Handrührgerät bei mittlerer Geschwindigkeit 2 Minuten schlagen, bis die Masse locker und schaumig ist. Salz, Bittermandelaroma, Zitronenschale und Mandeln zufügen und 30 Sekunden lang weiterschlagen. Mit einem großen Rührlöffel nach und nach das Mehl von Hand einarbeiten, bis der Teig beginnt zusammenzuhalten. (Um besonders zarte Plätzchen zu erhalten, das Mehl nur so lange unterrühren, bis es gleichmäßig im Teig verteilt ist.)

Den Teig in zwei Portionen teilen, jede Portion zwischen große Bogen Backpapier legen und etwa 5 mm dick ausrollen. Häufig die Unterseite des Teigs kontrollieren und eventuell entstandene Falten im Papier glätten. Die ausgerollten Teigblätter auf ein Tablett oder Backblech legen und 15–20 Minuten in den Eisschrank stellen, bis sie kühl und etwas fest sind. In der Zwischenzeit den Backofen auf 160° vorheizen. Mehrere Backbleche bereitstellen.

Um die Plätzchenoberteile herzustellen, eine Teigportion aus dem Kühlschrank nehmen, vorsichtig das Papier von der Teigunterseite abziehen, locker erneut auflegen, den Teig wieder umdrehen und vorsichtig die obere Backpapierschicht entfernen. Nun schnell arbeiten, damit der Teig nicht zu warm und weich wird, und mit einer runden Ausstechform von etwa 5,5 cm Durchmesser oder einem entsprechend großen Trinkglas Plätzchen ausstechen. (Die Ausstechform, falls es nötig sein sollte, leicht in Puderzucker stippen, um das Anhaften des Teigs zu verhindern.) In der Plätzchenmitte mit einem Fingerhut, der Drehkappe einer Flasche oder einer anderen kleinen runden Ausstechform ein Loch ausstechen. Bleibt der ausgestochene Mittelteil nicht am Fingerhut haften, ihn mit der Spitze eines kleinen Messers entfernen. Die Plätzchen mit einem breiten Messer sofort auf das Backblech legen; dabei etwa 2,5 cm Abstand einhalten. (Wird der Teig während des Ausstechens zu warm und weich, ihn noch einmal kurz in den Kühlschrank stellen.) Die Mittelteile und sonstige Teigreste zusammendrücken, wieder zwischen Backpapierbogen ausrollen, kühlen und den Ausstechvorgang wiederholen, bis die erste Teighälfte verbraucht ist.

Für die Plätzchenunterteile die andere Teighälfte ausstechen, jedoch ohne das Loch in der Mitte. Teigreste wie zuvor zu einem Klumpen zusammendrücken, wieder ausrollen, kühlen und weitere Plätzchen ausstechen, bis der ganze Teig aufgebraucht ist.

Die Plätzchen auf den mittleren Schienen des vorgeheizten Backofens 10–12 Minuten backen, bis sie an den Rändern einen Hauch brauner Farbe angenommen haben; für die Plätzchenoberteile ist die Backzeit möglicherweise etwas kürzer. (Die genaue Backzeit kann beträchtlich schwanken, je nach Temperatur des Teigs bei Backbeginn.) Nach der Hälfte des Backvorgangs Bleche von vorn nach hinten drehen, um gleichmäßiges Bräunen zu gewährleisten.

Backbleche aus dem Ofen nehmen und 5 Minuten auf Kuchengittern stehenlassen, dann die Plätzchen zum vollständigen Auskühlen auf ein Kuchengitter legen.

Die Plätzchen können anschließend zusammengesetzt und serviert werden. Man kann die einzelnen Teile auch ungefüllt bis zu 4 Tagen auf-

bewahren oder bis zu 10 Tagen einfrieren. Da die Feuchtigkeit der Marmelade nach und nach von den Plätzchen absorbiert wird und diese dadurch ihre Knusprigkeit verlieren, sollte man sie spätestens 3—4 Stunden nach dem Füllen servieren. Die Plätzchen werden zusammengesetzt, indem man etwa 1½ TL Marmelade auf jeden Plätzchenboden streicht und behutsam ein Plätzchenoberteil auf den Boden drückt.

Das Rezept ergibt etwa 24 gefüllte Plätzchen von etwa 6 cm Durchmesser.

ZARTES ORANGEN-SPRITZGEBÄCK (ORANGE MELTAWAYS)

England und Schottland

Für die Herstellung dieser eleganten Teeplätzchen benötigt man einen Spritzbeutel mit großer Sterntülle. Das Gebäck wird mit einer Mischung aus Aprikosenmarmelade und Orangenschale bestrichen und mit Zucker bestreut. Wie ihr Name schon verrät, sind die Plätzchen so zart, daß sie förmlich auf der Zunge zergehen.

1 ½ Tassen Mehl
¼ Tasse Stärkemehl
¼ TL Backpulver
¾ Tasse und 1 EL weiche Butter
½ Tasse Puderzucker
1 großes Eigelb
Fein abgeriebene Schale von 1 kleinen unbehandelten Zitrone
Fein abgeriebene Schale von 1 kleinen unbehandelten Orange
2 TL frischer Zitronensaft
2–4 TL Orangensaft (ungefähr)

GLASUR
¼ Tasse Aprikosenmarmelade
½ TL frischer Zitronensaft
¼ TL sehr fein abgeriebene Orangenschale (unbehandelt)
1 ½–2 ½ EL Zucker

Den Backofen auf 160° vorheizen. Mehrere Backbleche einfetten und beiseite stellen. Mehl, Stärkemehl und Backpulver zusammensieben.

Die Butter in einer großen Rührschüssel mit dem Handrührgerät bei mittlerer Geschwindigkeit 3 Minuten schlagen, bis sie sehr cremig ist. Den Puderzucker zufügen und zu einer lockeren, glatten Masse schlagen. Eigelb, Zitronenschale, Orangenschale, Zitronensaft und 2 TL Orangensaft einrühren, bis sich alle Zutaten gut verbunden haben. Die Mehlmischung zufügen und gründlich einarbeiten. 2–3 Minuten stehen lassen. Falls die Masse zu steif ist, um gespritzt werden zu können, noch etwas Orangensaft zufügen, damit sie etwas weicher wird.

Einen Spritzbeutel mit einer Sterntülle von 12 mm oder etwas größerem Durchmesser mit dem Teig füllen, indem man den Beutel mit der Spitze nach unten in ein großes Glas stellt, die Manschette breit über den Glasrand schlägt und die Masse in den Beutel löffelt, bis er zu zwei Dritteln gefüllt ist. Manschette wieder zurückschlagen und den Beutel oben zusammendrehen. Muschelförmige Plätzchen von etwa 3,5 cm Durchmesser in etwa 3,5 cm Abstand auf die Backbleche spritzen. Ungefähr 5 Minuten stehenlassen.

In der Zwischenzeit die Glasur zubereiten, indem man die Aprikosenmarmelade durch ein Sieb in eine kleine Schüssel drückt und mit Zitronensaft und Orangenschale verrührt.

Auf den mittleren Schienen des Backofens die Plätzchen 12–14 Minuten backen, bis sie an den Rändern schön gebräunt sind. Backbleche aus dem Ofen nehmen und die Oberseite des Gebäcks leicht mit der Glasur bestreichen. Die glasierten Plätzchen großzügig mit Zucker bestreuen.

Backbleche wieder in den Ofen schieben und weitere 4–5 Minuten backen, bis die Glasur Blasen zu bilden und zu karamelisieren beginnt und die Plätzchen an den Rändern gebräunt sind. Backbleche aus dem Ofen nehmen und die Plätzchen etwa 2 Minuten darauf stehenlassen. Dann auf ein Kuchengitter legen und vollständig auskühlen lassen.

Das Teegebäck kann einschichtig in einer luftdicht verschlossenen Dose bis zu 1 Woche aufbewahrt werden. Bei längerer Lagerung einfrieren.

Das Rezept ergibt etwa 40 Plätzchen mit einem Durchmesser von 4,5–5 cm. (Abb. s. rechts)

RECHTS:
Zartes Orangen-Spritzgebäck

WEINBRAND-INGWERWAFFELN (BRANDY SNAPS)

England

Nahezu jedes englische Kochbuch enthält ein Rezept für diese besonders knusprigen Ingwerwaffeln. Sie werden, solange sie noch warm sind, um den Griff eines hölzernen Kochlöffels zu Zylindern gerollt und, nach dem Abkühlen, vor dem Servieren mit Schlagsahne gefüllt.

7 EL Butter
½ Tasse Zucker
⅓ Tasse Rohrzuckersirup
(s. Fußnote; ersatzweise Rübensirup)
¾ Tasse Mehl (nach dem Abmessen gesiebt)
1½ TL gemahlener Ingwer
1½ TL Weinbrand
Fein abgeriebene Schale von ½ mittelgroßen unbehandelten Zitrone

FÜLLUNG
1 Tasse Schlagsahne
1 EL Weinbrand
3–4 EL Puderzucker
(falls gewünscht; s. Fußnote)

Den Backofen auf 160° vorheizen. Mehrere Backbleche mit Alufolie belegen, die passend zurechtgeschnitten wird; Folie gut einfetten. 3–4 Kochlöffel bereitlegen, die zum Aufrollen der warmen Waffeln benötigt werden.

Butter, Zucker und Rohrzuckersirup in einen kleinen Topf geben. Bei geringer bis mittlerer Hitze erwärmen, umrühren, bis die Butter schmilzt, aber die Mischung noch nicht heiß geworden ist. Den Topf anschließend sofort vom Feuer nehmen. Mehl, Ingwer, Weinbrand und Zitronenschale unterrühren, bis alle Zutaten gut vermischt sind und die Masse glatt ist.

Etwa 5 oder 6 sehr kleine, gleichmäßig geformte Teighäufchen mit dem Teelöffel auf eines der mit Folie ausgelegten Backbleche setzen; dabei etwa 7,5 cm Abstand einhalten. Keinesfalls zu viele oder zu große Teighäufchen auf das Blech setzen, da sie sehr auseinanderlaufen. Nicht mehr als 5 oder 6 Waffeln auf einmal bakken, da sie sonst abkühlen und fest werden, bevor man sie zu Zylindern rollen kann.

In das obere Drittel des vorgeheizten Backofens schieben und 8–10 Minuten backen, bis die Waffeln Blasen werfen und eine tief goldbraune Farbe angenommen haben; Backblech nach der Hälfte des Backvorgangs von vorn nach hinten drehen, um gleichmäßiges Bräunen zu gewährleisten. Blech dann sofort aus dem Ofen nehmen und die Waffeln 1–2 Minuten stehenlassen. Wenn die Plätzchen ausreichend abgekühlt sind, so daß man sie, ohne sie zu zerreißen, hochheben kann, sie von der Folie lösen und jede Waffel *locker* um den Griff eines Kochlöffels rollen. (Die ersten sind sehr leicht zu formen, die letzten aber werden abgekühlt und daher etwas steif sein. Sind sie so steif, daß man sie nicht mehr rollen kann, so muß man sie im Backofen noch einmal kurz aufwärmen.) Sobald die Waffeln genügend abgekühlt sind und ihre Form halten, sie von den Löffelgriffen ziehen und zum vollständigen Auskühlen auf ein Kuchengitter legen.

Den Vorgang wiederholen, bis der ganze Teig aufgebraucht ist. Falls der Teig zwischenzeitlich abkühlt und steif wird, ihn bei geringer Hitze wieder etwas erwärmen. Die mit Folie ausgelegten Backbleche können mehrmals verwendet, sollten aber jeweils erneut eingefettet werden.

Wenn alle Waffeln gebacken, geformt und ausgekühlt sind, kann man sie in einem luftdicht verschlossenen Behälter bis zu 1 Woche und eingefroren mehrere Wochen aufbewahren.

Kurz vor dem Servieren die Füllung zubereiten, indem man Sahne, Weinbrand und gegebenenfalls Puderzucker in einer kleinen gekühlten Rührschüssel so lange schlägt, bis sich steife Spitzen bilden. Die Schlagsahne mit einem Löffel in einen Spritzbeutel mit großer Sterntülle füllen und in die beiden Enden jedes Waffelzylinders spritzen. Sofort servieren.

Das Rezept ergibt 25–30 Waffeln von 6,5–7,5 cm Länge.

Hinweis: Britische Ingwerwaffeln werden mit Rohrzuckersirup (Melasse) gesüßt. Er ist bei uns in Naturkostläden erhältlich. – Für Weinbrandwaffeln sehen englische Rezepte stets ungesüßte Schlagsahne vor. Doch man kann die Sahne, je nach Geschmack, auch etwas mit Puderzucker süßen.

KOKOSNUSS-KNUSPER-PLÄTZCHEN
(COCONUT CRUNCHIES)

England

Ein Kokosnuß-
teegebäck, das von einer Bäckerei in Derbyshire/
England hergestellt wird, inspirierte mich zu
diesem Rezept. Diese ziemlich einfachen, aber
köstlichen Plätzchen besitzen eine knusprige
Textur, eine goldbraune Farbe und einen leichten Kokosnußgeschmack.

1 ¾ *Tassen Mehl*
½ *TL Backpulver*
½ *TL Natron*
½ *Tasse und 2 EL weiche Butter*
⅔ *Tasse brauner Rohrzucker*
½ *Tasse Zucker*
1 *großes Ei*
¾ *Tasse Schmelzflocken*
(keine Instant-Haferflocken)
½ *Tasse Kokosflocken*

Den Backofen auf 185° vorheizen. Mehrere Backbleche großzügig einfetten und beiseite stellen.

Mehl, Backpulver und Natron gründlich vermischen. Die Butter in einer großen Rührschüssel mit dem Handrührgerät bei mittlerer Geschwindigkeit cremig schlagen. Braunen und
weißen Zucker zufügen und zu einer lockeren,
glatten Masse schlagen. Das Ei einrühren. Haferflocken und Kokosflocken in die Küchenmaschine geben und mixen, bis die Flocken sehr
fein vermahlen sind. Die Hafer-Kokos-Mischung
in die Butter-Zucker-Mischung geben und mit
einem Rührlöffel gut verrühren. Die Mehlmischung zugeben und gründlich einarbeiten.

Den Teig zu etwa gut 2,5 cm dicken Kugeln
formen und diese in etwa 6 cm Abstand auf die
Backbleche setzen. Die Plätzchen mit dem
Handballen zu Talern von etwa 5 cm Durchmesser flachdrücken.

Im oberen Drittel des Backofens 8–10 Minuten backen, bis sie goldbraun sind. Aus dem Ofen
nehmen und die Plätzchen 1–2 Minuten auf
den Backblechen stehenlassen. Mit einem breiten Messer die Plätzchen auf ein Kuchengitter
legen und vollständig auskühlen lassen.

Das Gebäck läßt sich bis zu 1 Woche in einem
luftdicht verschlossenen Behälter aufbewahren.
Bei längerer Lagerung einfrieren.

Das Rezept ergibt 45–50 Plätzchen von etwa
6 cm Durchmesser.

FOLGENDE DOPPELSEITE:
Sandwich-Biscuits mit Zitronencreme-Füllung
(Rezept s. S. 102)

SANDWICH-BISCUITS MIT ZITRONENCREME-FÜLLUNG
(LEMON TEA BISCUITS WITH LEMON CURD)

England und Schottland

Geschmack und Konsistenz dieser feinen Teeplätzchen sind einfach unwiderstehlich. Knusprige und butterige Waffeln umschließen eine cremig-zarte Zitronenfüllung von intensivem Aroma, die die Briten »Lemon Curd« nennen und die in etwa die Konsistenz von Gelee besitzt. Lemon Curd ist in England und Schottland so beliebt, daß man ihn überall kaufen kann. Er wird, wie Marmelade und Gelee, als Aufstrich für Brötchen, Teegebäck und Brot verwendet.

Auch bei uns führen viele Feinkostläden fertigen Lemon Curd. (In diesem Fall braucht man bei diesem Rezept gut ¾ Tasse.) Der nach dem hier wiedergegebenen Rezept selbst hergestellte Lemon Curd schmeckt jedoch viel besser.

Plätzchen wie Füllung können vorher zubereitet und einige Tage aufbewahrt werden; um jedoch die Knusprigkeit der Waffeln zu erhalten, sollte man diese erst kurz vor dem Servieren zusammensetzen.

Da die Biscuits unglaublich gehaltvoll sind und außerdem immer »zu zweit« serviert werden, ist es angeraten, sie möglichst klein zu machen. Ich benutze gewöhnlich eine Ausstechform von etwa 5 cm Durchmesser. Obwohl die Teigtaler dann relativ bescheiden aussehen, sind die fertigen Sandwiches ziemlich mächtig.

1¼ Tassen weiche Butter
½ Tasse Zucker
⅛ TL Salz
Sehr fein abgeriebene Schale von 2 großen unbehandelten Zitronen
2⅔ Tassen Mehl

FÜLLUNG
⅓ Tasse und 2 EL frischer Zitronensaft
Fein abgeriebene Schale von 2 großen unbehandelten Zitronen

1 großes Ei
2 große Eigelbe
1½ Tassen Puderzucker
2 EL kalte Butter, in kleine Stücke geschnitten

VERZIERUNG
1–2 EL Puderzucker

Butter, Zucker, Salz und Zitronenschale in einer großen Rührschüssel mit dem Handrührgerät bei mittlerer Geschwindigkeit 2 Minuten schlagen, bis eine cremige, lockere Masse entstanden ist. Mehl mit einem großen Rührlöffel von Hand einarbeiten, bis der Teig beginnt zusammenzuhalten. (Die zartesten Plätzchen erhält man, wenn man den Teig gerade nur so lange rührt, bis das Mehl gleichmäßig verteilt ist.)

Den Teig halbieren und jede Teighälfte zwischen große Bogen Backpapier legen. Jede Teigportion mit einem Nudelholz etwa 5 mm dick ausrollen; Teigunterseite während der Arbeit mehrere Male kontrollieren und eventuell entstandene Falten im Papier glätten. Die ausgerollten Teigblätter auf ein Tablett oder Backblech legen und 17–18 Minuten in den Kühlschrank stellen, bis sie kalt und ziemlich fest sind. (Um den Kühlprozeß zu verkürzen, den Teig 9–10 Minuten in die Tiefkühltruhe stellen.)

Den Backofen auf 160° vorheizen. Mehrere Backbleche bereitstellen.

Jeweils mit einer gekühlten Teighälfte arbeiten (die zweite bleibt solange im Kühlschrank), die untere Backpapierschicht abziehen und wieder leicht auflegen. Teig umdrehen und die obere Backpapierschicht entfernen. Schnell arbeiten, damit der Teig nicht zu warm und weich wird. Mit einer gezackten runden Ausstechform von 5–5,5 cm Durchmesser oder dem Rand eines kleinen Trinkglases Plätzchen ausstechen; die Ausstechform jeweils leicht in Puderzucker stippen, falls dies nötig sein sollte, um das Anhaften des Teigs zu verhindern. Die Taler mit einem breiten Messer sofort auf die ungefetteten Backbleche setzen; dabei etwa 2,5 cm Abstand halten. Teigreste zu einem Klumpen zusammendrücken und wieder zwischen Backpapierbogen ausrollen; weitere Plätzchen ausstechen. (Falls notwendig, den Teig vor dem Ausstechen nochmals in den Eisschrank stellen und kühlen.) Den Vorgang mit dem zweiten Teigblatt wiederholen.

Auf den mittleren Schienen des Backofens 9–12 Minuten backen, bis die Ränder der Waffeln einen schwachen Hauch brauner Farbe angenommen haben und die Oberseiten noch ganz blaß sind; Bleche nach der Hälfte des Backvorgangs von vorn nach hinten drehen, um gleichmäßiges Bräunen zu gewährleisten. Backbleche aus dem Ofen nehmen und 1 Minute stehen lassen. Die Plätzchen vorsichtig auf ein Kuchengitter legen und vollständig auskühlen lassen. Die Biscuits können sofort zusammengesetzt und serviert oder ungefüllt bis zu 3 Tagen aufbewahrt werden.

Zur Herstellung der Füllung in einer mittelgroßen Porzellan- oder Metallschüssel Zitronensaft, Zitronenschale, Ei, Eigelbe und Puderzucker mit dem Handrührgerät oder einem Schneebesen schaumig schlagen. Die Masse im köchelnden Wasserbad unter häufigem Rühren 12–15 Minuten kochen, bis sie zu einer dünnen Puddingkonsistenz eindickt und am Löffel anhaftet. Die Masse durch ein Haarsieb streichen. Nach und nach die Butter in die Mischung rühren, bis sie geschmolzen und die Füllung glatt ist. Abdecken und in den Kühlschrank stellen, bis die Masse kalt ist. Sie kann bis zu 48 Stunden in einem nichtmetallischen Behälter aufbewahrt werden.

Um die Plätzchen zusammenzusetzen, einen gehäuften Teelöffel der kalten Füllung auf der glatten Unterseite eines Plätzchentalers verstreichen. Behutsam einen zweiten Keks auf die Füllung drücken, so daß ein Sandwich entsteht. Auf diese Weise alle Doppelkekse zusammensetzen. Die Sandwiches zur Verzierung leicht mit Puderzucker besieben.

Die Plätzchen in einem luftdicht verschlossenen Behälter aufbewahren, dessen Boden ganz eben ist (damit die Plätzchenoberteile nicht von der Füllung rutschen); die Sandwiches am besten nicht aufeinanderschichten. Ohne Füllung kann man sie auch bis zu 10 Tagen einfrieren. Da die Feuchtigkeit der Lemon Curd-Füllung in die Plätzchen eindringt und ihnen auf diese Weise ihre wundervolle Knusprigkeit nimmt, sollte das Gebäck nicht früher als 1 oder 2 Stunden vor dem Servieren zusammengesetzt werden.

Das Rezept ergibt 22–24 Sandwich-Biscuits von etwa 5,5 cm Durchmesser.
(Abb. s. S. 100/101)

ANTHEAS INGWERPLÄTZCHEN (ANTHEA'S GINGER BISCUITS)

England und Schottland

Dies sind wundervolle Plätzchen mit lockerer, knuspriger Konsistenz und mildem Ingwergeschmack. Sie haben ein wenig Ähnlichkeit mit Pfefferkuchen, doch ihr Aroma und ihre Konsistenz sind feiner, und sie besitzen eine schöne goldbraune Farbe.

Jo Simons, die mir dieses Rezept gab, erhielt es von einer Freundin, die es wiederum von ihrer schottischen Großmutter kannte.

1²⁄₃ Tassen Mehl
2 TL Backpulver
1 TL Natron
1¼–1½ TL gemahlener Ingwer (s. Fußnote)
1 Prise Salz
½ Tasse weiche Butter
1 Tasse Zucker
1 großes Ei
2 TL Rohrzuckersirup
(s. Fußnote; ersatzweise Rübensirup)

VERZIERUNG
1–2 EL Zucker

Den Backofen auf 170° vorheizen. Mehrere Backbleche einfetten und beiseite stellen. Mehl, Backpulver, Natron, Ingwer und Salz gründlich vermischen.

Butter und Zucker in einer großen Rührschüssel mit dem Handrührgerät bei mittlerer Geschwindigkeit zu einer glatten Masse schlagen. Ei und Rohrzuckersirup zufügen und weiterschlagen, bis alle Zutaten gut vermischt sind. Nach und nach etwa die Hälfte der Mehlmischung zugeben. Sobald der Teig fester wird, das restliche Mehl mit einem großen Rührlöffel von Hand unterrühren.

Um die Plätzchen zu formen, kleine Teigportionen abteilen, zwischen den Handflächen zu etwa 2,5 cm dicken Kugeln rollen und diese in etwa 6 cm Abstand auf Backbleche setzen. Den Boden eines Trinkglases (er muß flach sein) leicht einfetten und in Zucker stippen. Jede Teigkugel mit dem Glasboden flachdrücken, so daß etwa 5 mm dicke Plätzchen von etwa 4,5 cm Durchmesser entstehen; den Glasboden jedesmal erneut in den Zucker stippen, damit kein Teig am Glas anhaftet.

Plätzchen im oberen Drittel des Backofens 8–10 Minuten backen, bis sie in der Mitte goldbraun und an den Rändern etwas dunkler sind. (Wählt man die längere Backzeit, so erhält man knusprigere Plätzchen.) Backbleche aus dem Ofen nehmen und 30 Sekunden stehenlassen. Dann das Gebäck mit einem breiten Messer lösen und auf ein Kuchengitter legen; stehenlassen, bis sie vollständig ausgekühlt sind.

Die Bleche zwischen den einzelnen Backgängen gut abkühlen lassen, da sonst der Teig zu sehr auseinanderläuft.

Die Plätzchen lassen sich bis zu 1 Woche in luftdicht verschlossenen Behältern aufbewahren. Bei längerer Lagerung einfrieren.

Das Rezept ergibt 40–45 Plätzchen von etwa 7 cm Durchmesser.

Hinweis: Ist der Ingwer sehr frisch und hat einen beißenden Geruch, die kleinere Menge nehmen; im anderen Fall die größere Menge verwenden. – Rohrzuckersirup (Melasse), der in England häufig benutzt wird, ist bei uns in Naturkostläden erhältlich.

ORANGEN-INGWER-CREMEPLÄTZCHEN
(ORANGE-GINGER CREAMS)

England und Schottland

Wenn Plätzchen in England »Creams« genannt werden, dann bedeutet dies gewöhnlich, daß sie mit einer Buttercremefüllung zusammengesetzt sind. In diesen Waffeln verbinden sich köstliche Plätzchen mit Ingwer- und Orangengeschmack und eine schwere, nicht allzu süße Orangen-Buttercreme.

3 1/2 Tassen Mehl
1 1/4 TL Backpulver
1/4 TL Natron
1 1/4 TL gemahlener Ingwer
3/4 TL gemahlener Zimt
1/2 TL gemahlene Muskatnuß
1 Tasse weiche Butter
3/4 Tasse und 3 EL Zucker
3/4 Tasse brauner Rohrzucker
3 große Eigelbe
2 EL Rohrzuckersirup
(s. Fußnote; ersatzweise Rübensirup)
Sehr fein abgeriebene Schale von 1 großen
unbehandelten Orange
Sehr fein abgeriebene Schale von 1 großen
unbehandelten Zitrone

FÜLLUNG
1/2 Tasse weiche Butter
2 Tassen Puderzucker
Sehr fein abgeriebene Schale von 2 großen
unbehandelten Orangen

Den Backofen auf 170° vorheizen. Mehrere Backbleche einfetten und beiseite stellen. Mehl, Backpulver, Natron, Ingwer, Zimt und Muskat in einer großen Rührschüssel gründlich vermischen.

Butter, 3/4 Tasse weißen Zucker und den braunen Zucker in einer großen Rührschüssel mit dem Handrührgerät bei mittlerer Geschwindigkeit schlagen, bis die Masse locker und glatt ist.

Die Eigelbe, Rohrzuckersirup, Orangen- und Zitronenschale zufügen und weiterrühren, bis alles gut vermischt ist. Nach und nach die Mehlmischung einrühren. Wenn der Motor des Rührgeräts zu stocken beginnt, das restliche Mehl mit einem großen Rührlöffel von Hand gründlich einarbeiten.

Kleine Teigstücke zwischen den Handflächen rollen, so daß man etwa gut 2,5 cm dicke Kugeln erhält. Diese in etwa 6 cm Abstand auf die Backbleche setzen. Den Boden eines Trinkglases leicht einfetten, in die verbliebenen 3 EL Zucker stippen und die Teigkugeln flachdrücken, bis sie ungefähr 5 mm dick sind und etwa 4,5 cm Durchmesser haben. Den Glasboden jedesmal wieder in den Zucker stippen, damit der Teig nicht am Glas anhaftet.

Im oberen Drittel des Backofens 8–10 Minuten backen, bis die Plätzchen an den Rändern etwas Farbe angenommen haben. Backbleche aus dem Ofen nehmen und 30 Sekunden stehenlassen. Dann die Plätzchen mit einem breiten Messer auf ein Kuchengitter legen und vollständig auskühlen lassen. Backbleche zwischen den einzelnen Backgängen ganz abkühlen lassen, da sonst die Plätzchen zu sehr aufgeheizt werden und zu stark auseinanderlaufen.

Zur Herstellung der Füllung Butter, Puderzucker und Orangenschale in einer großen Schüssel sehr locker und cremig schlagen.

Um die Plätzchen zusammenzusetzen, einen gehäuften Teelöffel Füllung auf die glatte Seite jedes Plätzchentalers streichen und die glatte Seite eines zweiten, etwa gleich großen Plätzchens behutsam auf die Füllung drücken.

Das Gebäck läßt sich in einem luftdicht verschlossenen Behälter 3–4 Tage im Kühlschrank aufbewahren; die Plätzchen vor dem Servieren etwas aufwärmen lassen. Im Bedarfsfall bis zu 1 Woche einfrieren und dann im Kühlschrank vor dem Servieren auftauen lassen.

Das Rezept ergibt etwa 30 gefüllte Plätzchen von etwa 6 cm Durchmesser.

Hinweis: Rohrzuckersirup (Melasse) ist in Naturkostläden erhältlich.

JAHRMARKT-PLÄTZCHEN AUS LLANDDAROG

(TEISENNAU FFAIR LLANDDAROG)

Wales

Vor einigen Jahren bereiste meine Familie während der Sommerferien die rauhe und doch liebliche Landschaft von Wales, und ich sammelte bei dieser Gelegenheit Rezepte und regionale Kochbüchlein. Die folgende Rezeptversion ist eine Abwandlung verschiedener ähnlicher Rezepte – eins davon erhielt ich von der Besitzerin einer »Bed and Breakfast«-Pension, die anderen fand ich in kleinen gedruckten Rezeptsammlungen.

Es heißt, daß diese Art von »Teekuchen« auf dem Jahrmarkt von Llanddarog, einer kleinen Stadt in der Nähe der Südwestküste von Wales, verkauft wurden. Die hier beschriebenen Plätzchen sind knusprig, leicht gewürzt und sehr wohlschmeckend. Und sie sind typisch für walisisches Gebäck, in dem häufig Korinthen und kandierte Früchte mit etwas Zimt und Nelken kombiniert werden.

Im Gegensatz zu vielen der ältesten Waliser Rezepte jedoch werden diese Plätzchen im Ofen gebacken und nicht in der Pfanne auf dem Herd. (Wales war immer ein armes Land, und in der Vergangenheit hatten die meisten Haushalte keine Backöfen.)

¾ Tasse getrocknete Korinthen
1½ EL warmer Weinbrand oder Rum
(s. Fußnote)
2⅓ Tassen Mehl
1¼ TL Backpulver
½ TL Natron
¼ TL gemahlener Zimt
¼ TL gemahlene Nelken
1 Tasse weiche Butter
¾ Tasse Zucker
1 großes Eigelb
Fein abgeriebene Schale von 1 kleinen unbehandelten Zitrone
½ Tasse feingehackte kandierte Früchte

Den Backofen auf 170° vorheizen. Mehrere Backbleche einfetten und beiseite stellen.

Von den Korinthen ½ Tasse mit dem Weinbrand in eine kleine Schüssel geben, die restlichen Korinthen zum Verzieren zurückbehalten. Mehl, Backpulver, Natron, Zimt und Nelken gut vermischen und beiseite stellen. Butter in einer großen Rührschüssel mit dem Handrührgerät bei mittlerer Geschwindigkeit cremig schlagen. Zucker, Eigelb und Zitronenschale zufügen und schaumig schlagen. Die Weinbrand-Korinthen sowie den eventuell nicht absorbierten Weinbrand und ¼ Tasse der kandierten Früchte einrühren. Nach und nach die Mehlmischung gut einarbeiten.

Den Teig in zwei gleich große Portionen teilen. Jede Portion zwischen Backpapierbogen legen und mit dem Nudelholz etwa 1 cm dick ausrollen. Jeweils mit einem Teigblatt arbeiten; dabei zunächst die untere Backpapierschicht abziehen, locker wieder auflegen, den Teig umdrehen und die obere Backpapierschicht entfernen. Mit einer glatten runden Ausstechform von etwa 5,5 cm Durchmesser (oder dem Rand eines entsprechend großen Trinkglases) Plätzchen ausstechen, sie dann mit einem großen breiten Messer auf die Backbleche legen; dabei etwa 3,5 cm Abstand einhalten. Teigreste wieder ausrollen und weitere Plätzchen ausstechen, bis der ganze Teig aufgebraucht ist. Ein paar Korinthen und kandierte Fruchtstückchen auf jedes Plätzchen streuen und leicht in den Teig drücken.

Auf den mittleren Backschienen des vorgeheizten Ofens 11–13 Minuten backen, bis die Plätzchen leicht gebräunt sind. Bleche aus dem Ofen nehmen und etwa 3 Minuten stehenlassen. Dann die Plätzchen auf ein Kuchengitter legen und vollständig auskühlen lassen.

Die Plätzchen lassen sich bis zu 1 Woche in einem luftdicht verschlossenen Behälter aufbewahren. Bei längerer Lagerung einfrieren.

Das Rezept ergibt 25–28 Plätzchen von etwa 7,5 cm Durchmesser.

Hinweis: Wenn man keinen Alkohol verwenden will, kann man die Korinthen – statt in Weinbrand oder Rum – auch in warmem Wasser einweichen.

JAHRMARKT-PLÄTZCHEN AUS CORNWALL (CORNISH FAIRINGS)

England

Mit einem solch hübschen Namen müssen die traditionellen englischen Gewürzplätzchen, die als »Cornish Fairings« bekannt sind, einfach gut sein! Sie kommen ursprünglich aus Cornwall im Südwesten Englands, wo sie auf dem Jahrmarkt verkauft werden.

Diese Jahrmarkt-Plätzchen zeichnen sich durch ihr besonders gutes, leicht würziges Aroma und ihre Knusprigkeit aus. Sie haben eine rissige Oberfläche und eine wunderbare tiefgoldene Farbe.

2 Tassen Mehl
1¼ TL Backpulver
1 TL Natron
1¼ TL gemahlener Zimt
¾ TL gemahlener Ingwer
½ TL gemahlene Muskatnuß
½ TL gemahlene Nelken
½ Tasse weiche Butter
1 Tasse Zucker
1 großes Ei
¼ TL fein abgeriebene Zitronenschale
(unbehandelt)
2 EL Rohrzuckersirup
(s. Fußnote; ersatzweise Rübensirup)

Den Backofen auf 170° vorheizen. Mehrere Backbleche gut einfetten und beiseite stellen. Mehl, Backpulver, Natron, Zimt, Ingwer, Muskat und Nelken gründlich vermischen.

Butter und Zucker in einer großen Rührschüssel mit dem Handrührgerät bei mittlerer Geschwindigkeit locker und glatt schlagen. Ei, Zitronenschale und Rohrzuckersirup zufügen und weiterrühren, bis alles gut vermischt und eine glatte Masse entstanden ist. Nach und nach etwa die Hälfte der Mehl-Gewürz-Mischung unterrühren. Sobald der Teig fester wird, den Rest der Mischung mit einem großen Rührlöffel von Hand einarbeiten.

Um Plätzchen zu formen, kleine Teigstücke abteilen und zwischen den Handflächen zu etwa 2,5 cm dicken Kugeln formen. Diese in etwa 6 cm Abstand auf Backbleche setzen und ganz leicht etwas flachdrücken.

Im oberen Drittel des Backofens 9–11 Minuten backen, bis die Plätzchen einen goldbraunen Ton angenommen haben und an den Rändern etwas dunkler sind. (Die Plätzchen gehen ziemlich stark auf und fallen noch während des Backens zusammen, wodurch sie eine rissige Oberfläche bekommen.) Bleche aus dem Ofen nehmen und 1–2 Minuten stehenlassen. Dann die Plätzchen mit einem breiten Messer lösen, auf ein Kuchengitter legen und bis zum vollständigen Auskühlen stehenlassen.

Die Plätzchen lassen sich bis zu 1 Woche in einem luftdicht verschlossenen Behälter aufbewahren. Bei längerer Lagerung einfrieren.

Das Rezept ergibt 45–50 Plätzchen von etwa 7 cm Durchmesser.

Hinweis: Rohrzuckersirup (Melasse) wird in England häufig verwendet und ist bei uns in Naturkostläden erhältlich.

KAPITEL 5

SKANDINAVISCHE PLÄTZCHEN

Nordeuropa ist für seine dunklen, nicht enden wollenden Winter bekannt, und seit Jahrhunderten backen tüchtige Hausfrauen, um ihr Heim warm und gastlich zu machen. Das Backen ist tatsächlich ein so integraler Bestandteil ihrer Kultur, daß skandinavische Bäckerinnen für ihr Können berühmt sind. Die Plätzchenrezepte, die für dieses Kapitel zusammengetragen wurden, sind ein überzeugender Beweis dafür, daß sie diesen Ruf verdienen.

Natürlich findet man hier das zarte Spritzgebäck, das uns vielleicht am vertrautesten ist, es werden aber auch viele andere köstliche und interessante Butter- und Mandelplätzchenarten zubereitet. Butter-»S«-Plätzchen sind knusprig und besitzen ein intensives Marzipanaroma, bei den Kirschen-Halbmonden ergänzt der süßsaure Geschmack der Sauerkirschmarmelade einen zarten Butterteig. Es gibt auch eine ganze Anzahl feiner Gewürz- und Butter-Gewürzplätzchen: »Brune Kager«, »Braune Kuchen«, sind in Dänemark beliebt, mit Kardamom und Nelken gewürzte Plätzchen; die Schweden essen gerne »Ingefarspepparkakor«, knusprige, etwas scharfe Ingwerplätzchen, die an deutsche Pfeffernüsse erinnern; und die Norweger lieben ihre »Krumkake«, dünne, mit Zitrone und Kardamom aromatisierte, geprägte Waffeln, die in einem speziellen Eisen zubereitet werden.

Abgesehen von wenigen Ausnahmen, sind die meisten nordeuropäischen Plätzchen weder besonders ausgefallen noch kompliziert herzustellen. Sie zeichnen sich durch die hervorragende Qualität der Zutaten aus. Die meisten Bäckerinnen sind überzeugt, daß nur die süßeste Butter, die dicksten Mandeln und die frischesten Gewürze in Frage kommen dürfen. Ein anderer Grund für die Vorzüglichkeit skandinavischer Zuckerbäckerei ist die Aufmerksamkeit, die die Bäckerinnen dem Detail schenken. Sie sind zum Beispiel stolz darauf, daß sie bei Gebäckarten wie den finnischen hauchdünnen Gewürzplätzchen oder den dänischen Sandkeksen den Teig so dünn ausrollen, daß darunter das Backblech durchscheint. Und ganz routinemäßig nehmen sie sich immer Zeit dazu, die Plätzchen schön zu verzieren – oft mit ein paar gehackten Mandeln oder mit Hagelzucker, in dem sich das Licht bricht. Ein weiterer Grund für das gute Gelingen und den Erfolg skandinavischer Backwaren muß wohl in dem Reichtum an alten Rezepten liegen. Die Anweisungen und Techniken zur Herstellung feiner Plätzchen werden von Generation zu Generation weitergegeben.

Plätzchen werden das ganze Jahr über zu frisch gebrautem Kaffee angeboten, aber die beeindruckende Vielfalt skandinavischen Gebäcks erkennt man erst zu Weihnachten auf dem Festtagstisch. Der Dezember ist der dunkelste Monat in Nordeuropa, und die meisten Familien tun ihr Bestes, um Glanz und Freude in ihr Heim zu bringen. Die Wohnungen sind mit bunten Stroh- und Papiersternen sowie Bändern dekoriert, und Dutzende von Kerzen werden angezündet. In der Küche herrscht ein hektisches Treiben, wenn ein Blech mit Plätzchen nach dem anderen gebacken wird. Diese bietet man dann an den Festtagen Verwandten und Freunden an, und sie helfen mit, die Menschen froh zu stimmen, bis der Winter vorübergeht und der Frühling wieder ins Land zieht.

LINKS:
Kirschen-Halbmonde (Rezept s. S. 110)

109

KIRSCHEN-HALBMONDE (SYLTHALVMÅNAR)

Schweden

Butterig und zart sind diese Plätzchen. Eine Schicht Kirschmarmelade verleiht ihnen einen reizvollen Geschmack. Der Teig enthält Kartoffelmehl, eine Zutat, die das Gebäck sehr zart macht.

Obwohl der Teig ziemlich weich ist, läßt er sich gut verarbeiten, wenn die Anweisungen genau befolgt werden.

¼ Tasse feingehackte blanchierte Mandeln
1 Tasse weiche Butter
¾ Tasse Puderzucker
1 großes Ei, Eigelb und Eiweiß getrennt
⅛ TL Salz
⅛ TL fein abgeriebene Zitronenschale (unbehandelt)
3 Tropfen Bittermandel-Backaroma
¼ Tasse Kartoffelmehl
2 Tassen Mehl
¾—1 Tasse Sauerkirschmarmelade (s. Fußnote)

VERZIERUNG (falls gewünscht)
2 EL Hagelzucker

Den Backofen auf 150° vorheizen. Mandeln in einer großen Backform verteilen. In den Ofen stellen und unter gelegentlichem Wenden 5 Minuten rösten, bis sie gerade Farbe anzunehmen beginnen. Aus dem Ofen nehmen und abkühlen lassen. Ofentemperatur auf 170° erhöhen.

Die Butter in einer großen Rührschüssel mit dem Handrührgerät bei mittlerer Geschwindigkeit cremig schlagen. Puderzucker zufügen und schlagen, bis die Masse locker und glatt ist. Eigelb (Eiweiß für die Verzierung aufheben), Salz, Zitronenschale und Bittermandelaroma gründlich unterrühren. Das Kartoffelmehl gut einrühren. Mit einem großen Rührlöffel das Mehl kräftig unterrühren, bis es eingearbeitet ist.

Den Teig halbieren und jede Teigportion zwischen große Backpapierbogen legen. Mit dem Nudelholz jede Teighälfte etwa 3 mm dick ausrollen; darauf achten, daß der Teig in der Mitte nicht dicker ist. Mehrere Male die Teigunterseite kontrollieren und eventuell entstandene Falten glätten. Die ausgerollten Teigblätter auf ein Tablett oder Backblech schichten und etwa 15 Minuten in den Kühlschrank stellen, bis der Teig kalt und fest ist. Mehrere Backbleche mit Alufolie auslegen – mit der glänzenden Seite nach oben – und die Folie leicht einfetten.

Die Marmelade durch ein Haarsieb drücken, so daß man etwa ⅔ Tasse glatte Marmelade erhält. Falls die Marmelade sehr fest ist, sie vor dem Durchstreichen kurz erwärmen und anschließend abkühlen lassen, bevor man sie verwendet. 1 EL gehackte Mandeln in die Marmelade rühren, die restlichen Mandeln zum Verzieren der Plätzchen zurückbehalten.

Jeweils mit einer gekühlten Teigportion arbeiten (die andere solange im Kühlschrank lassen). Teig umdrehen, die untere Backpapierschicht behutsam abziehen und locker wieder auflegen. (Dies macht es einfacher, die Plätzchen später vom Papier zu heben.) Teig umdrehen und die obere Backpapierschicht entfernen. Mit einer gezackten oder glatten runden Ausstechform von etwa 5,5 cm Durchmesser oder dem Rand eines Trinkglases Plätzchen ausstechen; schnell arbeiten, da der Teig schwer zu verarbeiten ist, wenn er sich aufwärmt. Mit einem großen Messer jedes Plätzchen in zwei »Hälften« schneiden, von denen die eine etwas größer ist als die andere. Jeweils die größere Hälfte mit einem breiten Messer auf das mit Folie ausgelegte Backblech setzen. Knapp ½ TL der Kirsch-Mandel-Mischung in die Mitte des Plätzchens geben und verteilen, so daß ein etwa 5 mm breiter Rand unbedeckt bleibt. Die kleinere Plätzchenhälfte auf die größere legen und die Ränder aneinander ausrichten. Die Ränder der kleineren Hälfte leicht niederdrücken. Auf diese Weise alle Plätzchen herstellen und mit etwa 3,5 cm Zwischenraum auf die Bleche setzen. (Falls der Teig warm wird und die Plätzchen sich nur schwer vom Papier auf die Folie heben lassen, den Teig nochmals auf ein Tablett legen und in den Kühlschrank stellen, bis er wieder kalt und fest ist.) Teigreste zusammendrücken, erneut zwischen Backpapierbogen ausrollen und in den Kühlschrank stellen, bis der Teig kalt ist; dann weitere Plätzchen ausstechen und zusammensetzen. Den Vorgang mit der zweiten Teighälfte wiederholen.

In einer kleinen Schüssel das Eiweiß mit 1 TL Wasser verschlagen. Die Oberseiten der Plätzchen leicht damit bestreichen. Sofort jeweils mit gehackten Nüssen und gegebenenfalls Hagelzucker bestreuen.

Auf den mittleren Schienen des Backofens die Plätzchen 9−11 Minuten backen, bis sie an den Rändern gerade einen Hauch brauner Farbe angenommen haben; Backbleche nach der Hälfte des Backvorgangs von vorn nach hinten drehen, um gleichmäßiges Bräunen zu gewährleisten. Backbleche aus dem Ofen nehmen und etwa 3 Minuten stehenlassen. Dann die Plätzchen vorsichtig auf ein Kuchengitter legen und vollständig auskühlen lassen.

Das Gebäck läßt sich 3−4 Tage in einem luftdicht verschlossenen Behälter aufbewahren. Bei längerer Lagerung einfrieren.

Das Rezept ergibt 45−50 Plätzchen von etwa 6 cm Durchmesser. (Abb. s. S. 108)

Hinweis: Keine dunkle, süße Kirschmarmelade verwenden. Ersetzen Sie in diesem Rezept die Marmelade auch nicht durch Kirschgelee; die meisten Gelees sind zu dünnflüssig, laufen aus den Plätzchen und kleben beim Backen am Blech fest.

Krumkake – Kardamomwaffeln

Norwegen

Norwegische Plätzchen-Rezeptsammlungen enthalten immer zumindest ein Rezept für die dünnen Waffeln, die unter dem Namen »Krumkake« bekannt sind, und oft hat man die Wahl zwischen mehreren Versionen. Wie die italienischen Pizzelle (s. S. 200) werden diese Waffeln zubereitet, indem man den Teig in einem Spezialeisen backt. Anders als die Pizzelle jedoch werden die Krumkake nach dem Backen zu Tüten gedreht. Die abgekühlten Waffeltüten werden vielfach mit Sahne gefüllt und mit Früchten garniert.

Das folgende Rezept ergibt mildwürzige, zerbrechliche und knusprige Waffeln. Kardamom, eine sehr beliebte Zutat in der skandinavischen Küche, ist das vorherrschende Gewürz.

Sehr erfahrene Krumkake-Bäcker wissen genau, wieviel Teig sie auf das Krumkake-Eisen gießen müssen, um die Innenfläche vollständig zu bedecken, ohne daß der Teig an den Rändern herausquillt. Manche der authentischen Backbücher warnen sogar davor, zuviel Teig auf das Eisen zu geben. Ich fand jedoch heraus, daß es für Anfänger viel leichter ist, schön geformte und gleichmäßige Waffeln herzustellen, wenn der Teig etwas großzügig portioniert wird. Er quillt dann zwar ein wenig aus dem Eisen, wenn die Platten geschlossen werden, kann aber schnell entfernt werden und beschädigt das Eisen auch nicht.

6 EL sehr weiche Butter
(aber nicht geschmolzen)
2 große Eier
1 Tasse Zucker
Fein abgeriebene Schale von 2 großen
unbehandelten Zitronen

LINKS:
Krumkake – Kardamomwaffeln

1½ TL gemahlener Kardamom
½ TL gemahlener Ingwer
⅔ Tasse süße Sahne
1⅓–1½ Tassen Mehl (ungefähr)

Zum Einölen des Krumkake-Eisens
Pflanzenöl

Zum Verzieren (falls gewünscht)
1½ Tassen leicht gesüßte Schlagsahne

Butter, Eier, Zucker, Zitronenschale, Kardamom und Ingwer in einer großen Schüssel mit einem Schneebesen leicht verschlagen. Nach und nach die süße Sahne einrühren. 1⅓ Tassen Mehl über die Mischung sieben und gründlich einarbeiten.

Die Innenflächen eines vorbereiteten Krumkake-Eisens (s. Fußnote) leicht mi Pflanzenöl bestreichen; darauf achten, daß alle Vertiefungen eingefettet sind. Den Krumkake-Brenner-Ring auf einen großen Brenner und das Eisen in den Ring setzen. Eine Seite des Eisens 6–7 Minuten bei mittlerer Hitze aufheizen. Dann das Eisen umdrehen und die andere Seite 5 Minuten erhitzen. Sobald ein auf die Innenflächen fallender Wassertropfen zischt und verdampft, ist das Eisen bereit.

Eine Testwaffel backen, indem man gut gehäufte 2 TL Teig in die Mitte der Eisenplatte gibt. Eisen aus dem Brenner-Ring heben und über einen Bogen Backpapier halten. Das Eisen vorsichtig schließen; *es dabei in einiger Entfernung halten, damit man nicht von Spritzern oder heißem Dampf getroffen wird.* Sofern an den Rändern Teig herausquillt, diesen sofort mit einem Messer abkratzen. Das geschlossene Eisen wieder auf den Brenner-Ring setzen und die Waffel etwa 30 Sekunden backen. Dann das Eisen öffnen und kontrollieren, ob die Waffel gar ist; sie sollte goldgelb und auf keinen Fall verbrannt sein. Falls die Waffel zu braun ist, die Hitze etwas reduzieren, bevor man fortfährt; falls sie noch blaß ist, die Flamme größer stellen. Eisen umdrehen, um die andere Seite zu erhitzen. Am Anfang das Eisen häufig öffnen und die Waffel kontrollieren. Sie ist gar, wenn sie goldgelb ist und einige braune Stellen aufweist; sie soll aber nicht überall dunkelbraun sein. Die Waffel sofort mit einer Gabel aus dem Eisen nehmen und flach auf ein Kuchengitter legen. Etwa 5 Sekunden darauf liegen und etwas abkühlen lassen, damit man sie anfassen kann. Dann sofort zu einer Tüte zusammenrollen, indem man sie entweder um einen Krumkake-

Former rollt oder mit der Hand eine Tüte formt. Die Waffeltüte mit der Nahtseite nach unten auf das Gitter legen und abkühlen lassen. Falls die Testwaffel so dünn ist, daß sie kleine Löcher hat, den Teig etwas dickflüssiger machen, indem man noch 1 oder 2 EL Mehl hineinsiebt und einarbeitet. Dann – wie beschrieben – alle Waffeln backen und rollen. Falls die Waffeln am Eisen anhaften, die Innenflächen des Gerätes zwischen den einzelnen Backgängen immer wieder mit Pflanzenöl bestreichen.

Die Waffeln lassen sich bis zu 1 Woche in einem luftdicht verschlossenen Behälter aufbewahren. Bei längerer Lagerung einfrieren. Kurz vor dem Servieren ungesüßte oder ganz leicht gesüßte Schlagsahne in die Waffeltüten löffeln oder spritzen.

Das Rezept ergibt etwa 35 etwa 10 cm hohe Waffeltüten. (Abb. s. S. 112)

Hinweis: Ein neues Krumkake-Eisen nach Herstelleranleitung vorbereiten. Falls keine Anweisungen gegeben werden, die Innenflächen des Eisens großzügig mit Pflanzenöl bestreichen und das Eisen direkt über mittlerer Flamme aufheizen. Zuerst auf der einen Seite, dann auf der anderen jeweils 6 Minuten erhitzen. Eisen abkühlen lassen, so daß es nur noch warm ist, dann überschüssiges Öl abwischen.

Um die Oberflächenbehandlung des vorbereiteten Eisens zu erhalten, mit warmem Seifenwasser abbürsten, mit klarem Wasser nachspülen und trockentupfen. Falls notwendig, das Eisen mit einer Scheuerbürste mit weichen Borsten reinigen; die Innenflächen jedoch nicht mit Scheuerpulver oder anderen scharfen Reinigungsmitteln behandeln, da sie sonst erneut vorbereitet werden müssen.

Bei uns gibt es in großen Haushaltswarengeschäften sogenannte Hörnchenautomaten zu kaufen. Sie sind beschichtet und unbeschichtet erhältlich und werden elektrisch betrieben. In Form und Größe entsprechen sie in etwa den Krumkake-Eisen.

SANDKEKSE (SANDKAGER)

Dänemark

Diese feine dänische Version des in vielen Ländern bekannten Gebäcks ist fast papierdünn, sehr butterig, mit etwas Kardamom aromatisiert, einem beliebten Gewürz in Skandinavien, und mit Zucker und Mandelssplittern verziert. Falls Sie keinen Kardamom zur Hand haben, so ist das kein Unglück – die Plätzchen schmecken auch ohne dieses Gewürz sehr gut.

Der Trick bei der Herstellung guter Sandkekse besteht darin, den Teig sehr dünn auszurollen, ohne ihn dabei zu sehr zu bemehlen. Das Ausrollen nach der herkömmlichen Methode kann eine schwierige, frustrierende Sache sein; im folgenden Rezept wird jedoch eine spezielle Technik angewandt, die den Arbeitsvorgang sehr erleichtert. Es ist erstaunlich, welche hauchdünnen Waffeln man auf diese Weise erhält.

1 ¾ Tasse Mehl
1 ½ TL Backpulver
⅛ TL Salz
½ Tasse weiche Butter (s. Fußnote)
¾ Tasse Zucker
1 großes Ei
¼ TL gemahlener Kardamom (falls gewünscht)
2 Tropfen Bittermandel-Backaroma

VERZIERUNG
1 großes Eiweiß.
⅔ – ¾ Tasse blanchierte Mandelssplitter
2 EL Zucker

Mehl, Backpulver und Salz in einer Schüssel gründlich vermischen. In einer zweiten Schüssel die Butter cremig schlagen. Zucker zufügen und schlagen, bis die Zutaten gut vermischt sind. Ei, Kardamom und Bittermandelaroma zugeben und weiterschlagen, bis eine glatte Masse entstanden ist. Die Mehlmischung zufügen und gut einarbeiten.

Den Teig in vier gleich große Portionen teilen. Jedes Teigviertel zwischen Backpapierbogen so dünn wie möglich ausrollen; das Teigblatt sollte nur etwa 1,5 mm dick und fast durchsichtig sein. Zwischendurch immer wieder kontrollieren und darauf achten, daß keine Falten im Backpapier entstehen, beziehungsweise schon vorhandene Knitter glätten. Teigblätter auf ein großes Tablett aus *Metall* oder ein Backblech legen und ungefähr 10 Minuten in den Kühlschrank stellen, bis sie kalt und fest, aber nicht hart sind. Gleichzeitig ein zweites Tablett oder Backblech kühlen. (Um den Kühlprozeß zu verkürzen, das Tablett etwa 5 Minuten in die Tiefkühltruhe stellen, den Teig jedoch nicht zu kalt und hart werden lassen.)

Den Backofen auf 170° vorheizen. Mehrere Backbleche einfetten. Ein Teigblatt und das gekühlte Metalltablett aus dem Kühlschrank nehmen; der kalte Untergrund sorgt dafür, daß sich das sehr dünne Teigblatt nicht zu schnell aufwärmt. Auf den Tabletts arbeiten. Den Teig umdrehen und die untere Backpapierschicht sehr vorsichtig abziehen, dann wieder leicht auflegen. Teig auf dem Tablett wieder umdrehen, so daß die Oberseite oben zu liegen kommt, und die obere Backpapierschicht vorsichtig entfernen. Mit einer runden Ausstechform von 3−3,5 cm Durchmesser Plätzchen ausstechen. Die Plätzchen mit einem breiten Messer auf die Backbleche heben und in etwa 2,5 cm Abstand anordnen. (Wird der Teig weich, so daß es schwierig ist, die Plätzchen auf die Bleche zu heben, ihn samt Tablett nochmals 3−4 Minuten in den Kühlschrank oder die Tiefkühltruhe stellen, damit er wieder fester wird.)

In einer kleinen Schüssel das Eiweiß mit 1 EL Wasser verschlagen. Die Oberseite der Kekse mit einem Backpinsel oder einem Papierküchentuch dünn und sorgfältig mit der Eiweißmischung bestreichen. 3 oder 4 Mandelsplitter speichenartig auf jedes Plätzchen drücken und mit etwas Zucker bestreuen. Den Vorgang mit den anderen Teigblättern wiederholen und nicht vergessen, das Tablett wieder zu kühlen, so daß man immer eine kalte Arbeitsfläche hat. Teigreste zu einem Klumpen zusammendrücken und zwischen Backpapierbogen ausrollen. Erneut kühlen, bis der Teig fest ist. Dann weitere Plätzchen ausstechen und verzieren, bis der Teig verbraucht ist.

Auf den mittleren Schienen des Backofens 4−6 Minuten backen, bis die Plätzchen an den Rändern einen Hauch von Farbe angenommen haben; sorgfältig darauf achten, daß die Kekse nicht verbrennen. Backbleche aus dem Ofen

nehmen und 1 Minute stehenlassen. Mit einem breiten Messer die Plätzchen lösen, auf ein Kuchengitter legen und vollständig auskühlen lassen. Vorsichtig behandeln, da sie sehr knusprig und zerbrechlich sind.

Das Gebäck läßt sich bis zu 1 Woche in luftdicht verschlossenen Behältern aufbewahren. Bei längerer Lagerung einfrieren.

Das Rezept ergibt 75−85 Sandkekse von 3,5−4,5 cm Durchmesser.

Hinweis: Bei diesem Rezept die Butter nicht durch Margarine ersetzen. Sie wird beim Kühlen nicht fest, wie dies bei Butter der Fall ist, und es wäre äußerst schwierig, die Kekse auf die Backbleche zu heben.

GELEE-TALER
(SYLTBOLLAR)

Schweden und Norwegen

Husarenkrapferln ähneln diese leichten »Syltbollar«, sind aber luftiger und laufen beim Backen mehr auseinander. Sie haben eine zarte, knusprig-trockene Konsistenz und ein mildes Zitronenaroma.

1 ½ Tassen Mehl
¼ Tasse Kartoffelstärkemehl
1 TL Backpulver
¾ Tasse weiche Butter
¾ Tasse Puderzucker
1 großes Eigelb
1 ½ TL Vanilleextrakt
(ersatzweise Vanillinzucker)
Fein abgeriebene Schale von 1 großen
unbehandelten Zitrone
½–¾ Tasse Aprikosen-, Pfirsich-, Beeren- oder
Kirschgelee (oder eine Mischung aus mehreren
Geleesorten)

Den Backofen auf 160° vorheizen. Mehrere Backbleche einfetten und beiseite stellen. Mehl, Kartoffelstärke und Backpulver zusammensieben.

Butter in einer großen Rührschüssel sehr cremig schlagen. Puderzucker darübersieben und schlagen, bis eine lockere, glatte Masse entsteht. Eigelb, Vanilleextrakt und Zitronenschale einrühren. Nach und nach die Mehlmischung unterrühren, bis ein glatter Teig entstanden ist. Sollte der Teig zu weich und warm sein, ihn ein paar Minuten in den Kühlschrank stellen, bis er fest genug ist, um Kugeln daraus formen zu können. Sobald der Teig die nötige Festigkeit besitzt, kleine Portionen abteilen, zwischen den Handflächen zu etwa 2,5 cm dicken Kugeln rollen und diese in etwa 6 cm Abstand auf die Backbleche setzen. Mit dem Daumen eine Vertiefung in die Mitte jedes Plätzchens drücken und etwa ¾ TL Gelee in die Mulde füllen.

In den Backofen schieben und 10–11 Minuten backen, bis die Plätzchen oben etwas fest sind und der Gelee zu zerlaufen beginnt; die Plätzchen sollen nicht bräunen. Bleche aus dem Ofen nehmen und 3–4 Minuten stehenlassen. Dann die Plätzchen vorsichtig auf ein Kuchengitter legen und stehenlassen, bis sie vollständig ausgekühlt sind.

Die Taler lassen sich bis zu 1 Woche in einem luftdicht verschlossenen Behälter aufbewahren. Bei längerer Lagerung einfrieren.

Das Rezept ergibt etwa 30 Plätzchen von etwa 5,5 cm Durchmesser.

KLEINE ZUCKERKUCHEN (SYKUR KAKA)

Island

Mit Bittermandelöl aromatisiert sind diese leichten Zuckerplätzchen, die sich in Island großer Beliebtheit erfreuen. Der Teig wird oft mit Pastellfarben eingefärbt und die Oberseite der Plätzchen mit Mustern von traditionellen Holzmodeln verziert. Die Zuckerkuchen können auch mit bunten Zuckerstreuseln garniert werden.

2 ⅓ Tassen Mehl
½ TL Backpulver
¼ TL Natron
¾ Tasse weiche Butter
¾ Tasse Zucker
1 großes Ei
8 Tropfen Bittermandel-Backaroma
Einige Tropfen Lebensmittelfarbe
(falls gewünscht)

VERZIERUNG (falls gewünscht)
Bunte Zuckerstreusel

Mehrere Backbleche einfetten und beiseite stellen. Mehl, Backpulver und Natron in einer großen Schüssel gründlich vermischen.

In einer großen Rührschüssel die Butter mit dem Handrührgerät bei mittlerer Geschwindigkeit sehr cremig schlagen. Zucker zugeben und schlagen, bis die Masse gut vermischt und glatt ist. Ei und Bittermandelaroma einrühren. Falls gewünscht, den Teig mit einigen Tropfen Lebensmittelfarbe einfärben. Nach und nach die Mehlmischung gründlich einarbeiten, aber nicht zu lange rühren.

Den Teig halbieren. Jede Portion zwischen großen Backpapierbogen etwa 3 mm dick ausrollen; dabei die Unterseite des Teigs häufig kontrollieren und eventuell entstandene Falten glätten. Teigblätter auf ein Tablett oder Backblech schichten und etwa 20 Minuten in den Kühlschrank stellen, bis sie kalt und etwas steif sind. (Der Kühlprozeß kann beschleunigt werden, indem man den Teig statt in den Kühlschrank etwa 12 Minuten in die Tiefkühltruhe stellt; jedoch darauf achten, daß der Teig nicht zu kalt und hart wird.)

Den Backofen auf 160° vorheizen. Jeweils mit einer Teigportion arbeiten (die zweite solange im Kühlschrank lassen), den unteren Backpapierbogen abziehen und dann wieder locker auflegen. Teig umdrehen und die obere Papierschicht entfernen. Mit unterschiedlichen Ausstechformen von 5−7,5 cm Durchmesser Plätzchen ausstechen. Die Plätzchen mit einem breiten Messer in etwa 3,5 cm Abstand auf die Backbleche legen. Teigreste zusammendrücken, wieder zwischen Backpapierbogen ausrollen, kühlen und weitere Plätzchen ausstechen. Die Plätzchen gegebenenfalls leicht mit Zuckerstreuseln bestreuen. Den Arbeitsvorgang mit der zweiten Teighälfte wiederholen.

Auf den mittleren Schienen des Backofens 6−8 Minuten backen, bis die Plätzchen an den Rändern gerade zu bräunen beginnen. Die Backzeit wird je nach deren Größe variieren. Backbleche aus dem Ofen nehmen und die Plätzchen etwa 2 Minuten etwas fest werden lassen. Sie mit einem breiten Messer auf Kuchengitter legen und abkühlen lassen.

Das Gebäck läßt sich bis zu 1 Woche in luftdicht verschlossenen Dosen aufbewahren. Bei längerer Lagerung einfrieren.

Das Rezept ergibt 40−50 Plätzchen, je nach Größe der verwendeten Ausstechformen.

FOLGENDE DOPPELSEITE:
Im Uhrzeigersinn, von oben: Dünne Gewürzplätzchen (Rezept s. S. 123), Napoleonhüte (Rezept s. S. 121), Glasierte Weihnachtsplätzchen (Rezept s. S. 128), Butter-»S«-Plätzchen (Rezept s. S. 129), Skandinavische Zuckerbrezeln (Rezept s. S. 120)

SKANDINAVISCHE ZUCKERBREZELN (KRINGLOR)

Schweden und Dänemark

Wie die Deutschen mögen die Skandinavier Plätzchen in Brezelform, die mit Hagelzucker verziert werden, so daß es aussieht, als seien sie mit Salz bestreut. Skandinavische Brezeln oder »Kringlor« haben jedoch eine etwas andere Form, und die Teigstränge sind an der Stelle, wo sie sich überkreuzen, nicht miteinander verschlungen. Außerdem ähneln die Kringlor oft mehr einem plumpen, kurvigen »B«.

Die goldfarbenen Kringlor haben ein mildes, angenehmes Zuckerplätzchen-Aroma und sind dick mit Hagelzucker bestreut.

½ Tasse halbierte blanchierte Mandeln
2 ¼ Tassen Mehl
¾ TL Natron
⅛ TL Salz
½ Tasse weiche Butter
⅔ Tasse Zucker
1 großes Ei
1 großes Eigelb
1 ¼ TL Vanilleextrakt
(ersatzweise Vanillinzucker)
6 Tropfen Bittermandel-Backaroma
¼ TL fein abgeriebene Zitronenschale
(unbehandelt)

VERZIERUNG
1 Eigelb
¼ Tasse Hagelzucker

Den Backofen auf 150° vorheizen. Mandeln auf einem großen Backblech verteilen, in den Ofen schieben und unter gelegentlichem Wenden 5–6 Minuten rösten. Aus dem Ofen nehmen und beiseite stellen, bis sie vollständig abgekühlt sind. Dann die Mandeln in die Küchenmaschine, die Nußmühle oder den Mixer geben, zerkleinern, bis sie feingemahlen sind, und beiseite stellen. Mehl, Natron und Salz vermischen.

Butter und Zucker in einer Rührschüssel mit dem Handrührgerät bei mittlerer Geschwindigkeit locker und glatt schlagen. Ei und Eigelb zufügen und schaumig schlagen. Vanilleextrakt, Bittermandelaroma und Zitronenschale zugeben. Gemahlene Mandeln und etwa die Hälfte des Mehls zufügen und rühren, bis alles gut eingearbeitet ist. Das restliche Mehl mit einem großen Rührlöffel von Hand unterrühren. Den Teig halbieren und jede Teigportion auf Klarsichtfolie legen. (In diesem Fall kein Backpapier verwenden, da der Teig anhaften würde.) Jede Teigportion zu einer gleichmäßig dicken, etwa 18 cm langen Rolle formen, gut einwickeln und mindestens 4 Stunden, im Bedarfsfall auch über Nacht, in den Kühlschrank stellen.

Den Teig kurz vor dem Backen aus dem Kühlschrank nehmen und ihn etwas aufwärmen lassen. Den Backofen auf 180° vorheizen. Mehrere Backbleche einfetten und beiseite stellen. Jeweils mit einer Teigportion arbeiten. Die Rolle zuerst markieren und dann in 14 gleich lange Stücke schneiden. Vor der Weiterverarbeitung die Teigstücke jeweils zuerst etwas kneten, damit sie weicher werden, dann auf einer sauberen Arbeitsfläche mit den Fingern zu je 18–20 cm langen »Strängen« rollen, wobei diese gleichmäßig dick sein sollen. (Der Teig ist ziemlich elastisch und läßt sich gut verarbeiten; sollte er trotzdem reißen, setzt man die Stücke an der Bruchstelle wieder zusammen oder rollt den Teig nochmals aus.)

Einen Teigstrang auf ein Backblech legen und die Enden überkreuzen, dann diese hochheben und sie über die andere Seite der Teigschlinge ziehen (s. S. 252). Diesen Vorgang wiederholen, bis alle 14 Brezeln geformt sind; zwischen den einzelnen Brezeln etwa 5 cm Abstand auf dem Blech lassen. Die zweite Teigportion genauso verarbeiten.

Für die Verzierung Eigelb in einer kleinen Schüssel mit 1 EL Wasser verschlagen. Mit einem Pinsel oder einem Papierküchentuch jeweils nur ein paar Brezeln mit der Eigelb-Wasser-Mischung bestreichen; darauf achten, daß kein Eigelb auf das Backblech tropft, da sonst die Plätzchen anhaften. Jede Brezel dick mit Hagelzucker bestreuen.

Auf den mittleren Schienen des vorgeheizten Backofens 8–10 Minuten backen, bis das Gebäck eine blaßgoldene Farbe angenommen hat; nach der Hälfte des Backvorgangs die Bleche von vorn nach hinten drehen, um gleichmäßiges Bräunen zu gewährleisten, und sorgfältig darauf achten, daß die Brezeln nicht verbrennen. Backbleche aus dem Ofen nehmen und 1−2 Minuten stehenlassen. Dann die Brezeln mit einem breiten Messer lösen, auf ein Kuchengitter legen und stehenlassen, bis sie vollständig ausgekühlt sind.

Die Brezeln lassen sich 3−4 Tage in einem luftdicht verschlossenen Behälter aufbewahren. Bei längerer Lagerung einfrieren.

Das Rezept ergibt 28 Brezeln von 7−7,5 cm Länge. (Abb. s. S. 118/119)

NAPOLEONHÜTE (NAPOLEONHATTAR)

Schweden

Die berühmtesten und traditionellsten Dreispitzplätzchen sind die jüdischen »Hamantaschen« (s. S. 244), doch auch die hübschen schwedischen Plätzchen, die »Napoleonhüte« heißen, verdienen einen größeren Bekanntheitsgrad. Zartes und aromatisches Marzipan (oft in einem Pastellton eingefärbt) wird in Mandelteigtaschen in der Form von Dreispitzhüten eingeschlagen. Zur Verzierung werden die Plätzchen dann noch großzügig mit Puderzucker bestäubt.

TEIG
½ Tasse gehackte blanchierte Mandelsplitter
2½ Tassen Mehl
1 TL Backpulver
⅛ TL Salz
¾ Tasse kalte Butter, in kleine Stücke geschnitten
½ Tasse Zucker
1 großes Ei
1 großes Eiweiß
2 TL frischer Zitronensaft
5 Tropfen Bittermandel-Backaroma
1 TL sehr fein abgeriebene Zitronenschale (unbehandelt)

FÜLLUNG
200−230 g Marzipan
1 großes Eiweiß
1½ TL frischer Zitronensaft
1−2 Tropfen Lebensmittelfarbe (falls gewünscht)

VERZIERUNG
1½−2 EL Puderzucker

Zur Herstellung des Teigs Mandeln in einer Küchenmaschine mit Messereinsatz fein vermahlen. Mehl, Backpulver und Salz zugeben. Weitere 15 Sekunden in kurzen Intervallen rühren, bis die Zutaten gut vermischt sind. Die Butterstückchen über die Mehlmischung streuen und in

Schüben mixen, bis die Masse groben Streuseln ähnelt. In einer kleinen Schüssel Zucker, Ei, Eiweiß, Zitronensaft, Bittermandelaroma und Zitronenschale mit einer Gabel verschlagen. Die Eiermischung in die Küchenmaschine geben und etwa 30 Sekunden rühren, bis die Zutaten eingearbeitet sind und der Teig um den Einsatz herum zu klumpen beginnt; nicht zu lange rühren.

Den Teig aus der Küchenmaschine nehmen und halbieren. Jede Teighälfte zwischen Backpapierbogen etwa 5 mm dick ausrollen und an der Teigunterseite eventuell entstandene Falten glätten. Die Teigblätter auf ein großes Tablett oder Backblech schichten und etwa 15 Minuten in den Kühlschrank stellen, bis sie kühl, aber nicht kalt oder hart sind.

Für die Füllung Marzipan, Eiweiß, 1½ TL Zitronensaft und gegebenenfalls Lebensmittelfarbe in die Küchenmaschine geben. 1 TL Wasser zufügen und mixen, bis alles gut vermischt ist. Falls die Masse noch zu trocken ist und nicht zusammenhält, etwas Wasser (1–2 TL) zufügen, um sie weicher und glatter zu machen. Die Masse abdecken und beiseite stellen.

Den Backofen auf 160° vorheizen. Mehrere Backbleche großzügig einfetten und beiseite stellen.

Eine Teighälfte aus dem Kühlschrank nehmen, behutsam die untere Papierschicht abziehen und wieder locker auflegen. Teig umdrehen und das obere Papier entfernen. Mit einer runden Ausstechform von etwa 6 cm Durchmesser oder dem Rand eines Trinkglases Taler ausstechen. Jeweils mit einem Teigtaler arbeiten und ½ gehäuften TL Marzipanfüllung in die Mitte geben. Um einen Dreispitz zu formen, etwa ein

Drittel des Talerrands heben, über die Mandelfüllung schlagen und leicht andrücken, so daß man eine Seite der Krempe formt. Ein zweites Randdrittel heben und umschlagen, um die zweite Seite der Krempe zu formen. Schließlich das letzte Randdrittel über die Mitte schlagen, um die Hutkrempe fertigzustellen (s. S. 252). Das Marzipan sollte nur eine kleine Wölbung in der Mitte des »Huts« bilden. Auf gleiche Weise alle Hüte formen und die Plätzchen mit etwa 5 cm Abstand auf gefettete Backbleche setzen. Falls die Teigtaler zwischenzeitlich weich werden und sich nur schwierig verarbeiten lassen, die Plätzchen mit dem Backpapier auf ein Tablett oder Backblech legen und in den Kühlschrank stellen, bis sie wieder fest sind. Teigreste zusammendrücken und erneut zwischen Wachspapier ausrollen. Plätzchen ausstechen, füllen, formen und auf Backbleche legen, bis der ganze Teig verbraucht ist. Den Vorgang mit der zweiten Teighälfte wiederholen.

Auf den mittleren Schienen des Backofens 10–12 Minuten backen, bis die Plätzchen an den Rändern einen schwachen Hauch brauner Farbe angenommen haben. Aus dem Ofen nehmen und die Plätzchen auf dem Backblech 1–2 Minuten etwas fest werden lassen. Mit einem breiten Messer auf ein Kuchengitter setzen und vollständig auskühlen lassen. Die Oberseiten der Plätzchen großzügig mit Puderzucker besieben.

Die Plätzchen lassen sich bis zu 1 Woche in einem luftdicht verschlossenen Behälter aufbewahren. Bei längerer Lagerung einfrieren.

Das Rezept ergibt 36–38 gefüllte Plätzchen von etwa 6 cm Durchmesser. (Abb. s. S. 118/119)

DÜNNE GEWÜRZPLÄTZCHEN (PIPARKAKUT)

Finnland

Finnische Hausfrauen backen diese leckeren, würzigen Ausstechplätzchen das ganze Jahr über. Oft werden die Plätzchen mit einer glatten oder gezackten runden Form ausgestochen und ohne weitere Verzierung serviert. Zu Weihnachten wählt man Figuren-, Tier- und Herzformen und dekoriert das Gebäck mit einer Glasur aus Puderzucker.

Die fertigen Plätzchen sollten sehr dünn sein – nicht dicker als etwa 3 mm –, was sie wunderbar knusprig und etwas zerbrechlich macht.

2²/₃ Tassen Mehl
2¼ TL gemahlener Zimt
1¼ TL gemahlene Nelken
1¼ TL gemahlener Piment
¾ TL gemahlener Kardamom
½ TL gemahlener Ingwer
½ TL Natron
¾ Tasse weiche Butter (s. Fußnote)
½ Tasse Rohrzuckersirup
(s. Fußnote; ersatzweise Rübensirup)
¾ Tasse Zucker
1 großes Ei
Fein abgeriebene Schale von 1 kleinen unbehandelten Zitrone

Mehl, Zimt, Nelken, Piment, Kardamom, Ingwer und Natron zusammensieben. Butter, Rohrzuckersirup und Zucker in einer großen Rührschüssel zu einer lockeren, glatten Masse schlagen. Ei und Zitronenschale einrühren. Etwa die Hälfte der Mehlmischung unterrühren. Das restliche Mehl mit einem großen Rührlöffel von Hand einarbeiten. Die Teigmasse soll ziemlich fest sein. Den Teig in drei gleich große Portionen teilen. Jede Teigportion zwischen Backpapierbogen etwa 3 mm dick ausrollen; sorgfältig arbeiten, so daß keine Falten oder Knitter im Papier entstehen. Die Teigblätter auf ein großes Backblech legen. Etwa 20 Minuten in den Kühl-schrank stellen, bis sie kalt und fest, aber nicht hart sind. (Man kann den Kühlprozeß verkürzen, indem man die Teigblätter etwa 12 Minuten in die Tiefkühltruhe stellt.)

Den Backofen auf 170° vorheizen. Mehrere Backbleche einfetten. Jeweils mit einem Teigblatt arbeiten (die anderen beiden solange im Kühlschrank lassen). Den Teig umdrehen und das Backpapier abziehen, locker wieder auflegen, den Teig erneut umdrehen und den oberen Backpapierbogen entfernen. Mit unterschiedlichen Ausstechformen von 5–7,5 cm Durchmesser Plätzchen ausstechen. Die Plätzchen mit einem breiten Messer schnell auf die Backbleche setzen; dabei etwa 2,5 cm Abstand einhalten. (Falls der Teig zu weich wird und man die Plätzchen nicht unbeschädigt auf die Bleche heben kann, das Teigblatt noch einmal auf ein Backblech legen und kurz in den Kühlschrank stellen.) Das zweite und dritte Teigblatt ebenso verarbeiten. Teigreste zu einem Klumpen zusammendrücken, zwischen Backpapierbogen ausrollen, kühl stellen und ausstechen, bis der ganze Teig aufgebraucht ist.

Auf den mittleren Schienen des Backofens 6–8 Minuten backen, bis die Plätzchen an den Rändern etwas Farbe angenommen haben. Backbleche aus dem Ofen nehmen und etwa 2 Minuten stehenlassen. Die Plätzchen mit einem breiten Messer lösen, auf ein Kuchengitter legen und vollständig auskühlen lassen.

Die Plätzchen lassen sich bis zu 2 Wochen in einem luftdicht verschlossenen Behälter aufbewahren. Bei längerer Lagerung einfrieren.

Das Rezept ergibt 70–85 Plätzchen mit einem Durchmesser von 5,5–7,5 cm.
(Abb. s. S. 118/119)

Hinweis: Die Butter hier keinesfalls durch Margarine ersetzen, da die Plätzchen sonst nicht gelingen. Bei der Verwendung von Margarine wird der Teig beim Kühlen nicht fest genug, so daß sich die Plätzchen nicht auf die Backbleche heben lassen. Ist es in der Küche sehr warm, so daß der Teig beim Ausstechen zu schnell weich wird, sollte man auf dem gekühlten Backblech arbeiten. – Rohrzuckersirup (Melasse) ist in Naturkostläden erhältlich.

Butter-Spritzgebäck (Spritskakor)

Schweden und Dänemark

In Deutschland sind diese leckeren Plätzchen genauso bekannt wie in Skandinavien. Diese Version zeichnet sich durch ihren angenehmen Vanille- und Mandelgeschmack, ihre butterige Textur und ihr schönes Aussehen aus. Butter-Spritzgebäck ist zudem leicht und schnell herzustellen. Für dieses Rezept benötigen Sie einen Spritzbeutel und eine große Sterntülle.

1 Tasse weiche Butter
⅔ Tasse Puderzucker
1 großes Eigelb
1 ¼ TL Vanilleextrakt
(ersatzweise Vanillinzucker)
6 Tropfen Bittermandel-Backaroma
½ Tasse feingemahlene blanchierte Mandeln
2 Tassen Mehl

Verzierung (falls gewünscht)
Halbe kandierte Kirschen

Den Backofen auf 170° vorheizen. Mehrere Backbleche einfetten und beiseite stellen.

Die Butter in einer großen Rührschüssel mit dem Handrührgerät bei mittlerer Geschwindigkeit sehr cremig schlagen. Puderzucker und Eigelb zufügen und zu einer sehr lockeren, glatten Masse schlagen. Vanilleextrakt, Bittermandelaroma und Mandeln einrühren. Nach und nach das Mehl einrühren und gut einarbeiten; aber nicht zu lange rühren.

Einen Spritzbeutel mit einer Sterntülle von etwa 1 cm Durchmesser in ein hohes Glas stellen und oben eine breite Manschette umschlagen. Teig in den Beutel füllen, bis dieser zu zwei Drittel voll ist. Manschette hochschlagen und Beutel oben fest zudrehen. Rosetten von etwa 3 cm Durchmesser in etwa 3,5 cm Abstand auf die Backbleche spritzen. Gegebenenfalls eine Kirschhälfte mit der Schnittseite nach unten in die Mitte jedes Plätzchens drücken.

Auf den mittleren Schienen des Backofens die Plätzchen 7 – 10 Minuten backen, bis sie an den Rändern etwas braun sind. Backbleche aus dem Ofen nehmen und die Plätzchen 2 – 3 Minuten darauf stehenlassen. Sie dann auf ein Kuchengitter legen und vollständig auskühlen lassen.

Das Spritzgebäck läßt sich bis zu 1 Woche in einer luftdicht verschlossenen Dose aufbewahren. Bei längerer Lagerung einfrieren.

Das Rezept ergibt 50 – 60 Plätzchen von etwa 4,5 cm Durchmesser.

SCHOKOLADEN-SPRITZ-GEBÄCK
(LEKEBERGSKAKOR)

Schweden und Dänemark

Obwohl die Skandinavier Schokolade in Kuchen und Gebäck verwenden und auch wunderbares Schokoladenkonfekt herstellen, sind Schokoladenplätzchen aus irgendwelchen Gründen eher eine Seltenheit. Fast jede Familie besitzt zwar ein Lieblingsrezept für einfaches Spritzgebäck, doch ist es schwierig, Rezepte für Schokoladen-Spritzgebäck zu finden. Die hier beschriebenen Plätzchen wurden durch ein Rezept inspiriert, das ich in einem sehr verbreiteten schwedischen Backbuch, »Sju Sorters Kakor«, fand.

1 großes Eigelb
⅛ TL Instant-Kaffeepulver
(am besten feingekörnt, kein grobes Granulat)
1 Tasse weiche Butter
⅔ Tasse Puderzucker
1½ EL Kakaopulver
1¾ Tassen Mehl
50 g sehr fein geriebene Zartbitterschokolade

VERZIERUNG *(falls gewünscht)*
1 EL Puderzucker

Den Backofen auf 160° vorheizen. Mehrere Backbleche einfetten und beiseite stellen.

In einer kleinen Schüssel Eigelb und Kaffeepulver verrühren. Etwa 5 Minuten stehenlassen, bis der Kaffee sich aufgelöst hat. Die Butter in einer großen Rührschüssel mit dem Handrührgerät bei mittlerer Geschwindigkeit sehr cremig schlagen. Puderzucker, Kakaopulver und die Eigelb-Kaffee-Mischung zufügen und zu einer sehr lockeren, glatten Masse schlagen. Nach und nach das Mehl einrühren, bis es gut eingearbeitet ist; jedoch nicht zu lange rühren. Die Schokolade untermischen, bis sie sich gleichmäßig im Teig verteilt hat.

Einen großen Spritzbeutel mit einer Sterntülle von etwa 1 cm Durchmesser in ein hohes Glas stellen und eine Manschette etwa 10 cm breit über den Glasrand schlagen. Den Beutel bis zu zwei Drittel mit dem Teig füllen. Manschette zurückschlagen und den Beutel oben fest zudrehen. Rosetten von etwa 3 cm Durchmesser mit etwa 3,5 cm Zwischenraum auf die Backbleche spritzen.

Auf den mittleren Schienen des Backofens die Plätzchen 8–10 Minuten backen, bis sie an der Oberfläche etwas fest sind. Backbleche aus dem Ofen nehmen und die Plätzchen 2–3 Minuten darauf stehenlassen. Sie dann auf ein Kuchengitter legen und vollständig auskühlen lassen. Gegebenenfalls die Plätzchen vor dem Servieren leicht mit Puderzucker bestäuben.

Das Spritzgebäck läßt sich bis zu 1 Woche in einem luftdicht verschlossenen Behälter aufbewahren. Bei längerer Lagerung einfrieren.

Das Rezept ergibt 50–60 Rosettenplätzchen von etwa 4,5 cm Durchmesser.

WEIHNACHTSRÄDER MIT PFLAUMENFÜLLUNG (JOULUTORTUT)

Finnland

Jedes finnische Backbuch enthält mindestens ein Rezept für diese radförmigen Plätzchen, die gewöhnlich zu Weihnachten gebacken werden. Manche Varianten des Gebäcks basieren auf Hefeteig, andere auf Blätterteig. In dem hier gegebenen Rezept wird ein butteriger, aber doch leicht zu verarbeitender Plätzchenteig verwendet.

Die traditionelle Pflaumenfüllung ist sehr wohlschmeckend, aber man kann die Pflaumen auch ohne weiteres durch getrocknete Aprikosen ersetzen.

Die Zubereitung der Räder-Plätzchen ist keineswegs kompliziert, nicht einmal zeitraubend.

2¾ Tassen Mehl
¼ TL Natron
¼ TL Salz
1 Tasse weiche Butter
⅔ Tasse Zucker
1 großes Ei
½ TL fein abgeriebene Orangenschale (unbehandelt)

FÜLLUNG
1¼ Tassen (= etwa 200 g) entsteinte gehackte Backpflaumen oder getrocknete gehackte Aprikosen (s. Fußnote)
½ Tasse Zucker
½ Tasse Orangensaft
Fein abgeriebene Schale von 1 kleinen unbehandelten Orange
⅛ TL gemahlener Zimt

Mehl, Natron und Salz gründlich vermischen und beiseite stellen. Butter in einer Rührschüssel mit dem Handrührgerät bei mittlerer Geschwindigkeit cremig schlagen. Zucker zufügen und weiterschlagen, bis die Masse sehr locker ist. Ei und Orangenschale einrühren. Nach und nach die Mehlmischung zufügen und gründlich einarbeiten.

Den Teig halbieren und jede Teigportion zwischen Backpapierbogen legen. Mit dem Nudelholz jede Teighälfte zu einem etwa 3 mm dicken Rechteck ausrollen; die Unterseite des Teigs häufig kontrollieren und Falten im Papier glätten. Die ausgerollten Teigblätter auf ein Tablett oder ein Backblech legen und 15–20 Minuten in den Kühlschrank stellen, bis der Teig kalt und fest, aber nicht hart und spröde ist.

Den Backofen auf 170° vorheizen. Mehrere Backbleche einfetten und beiseite stellen.

Zur Herstellung der Füllung Pflaumen, Zucker, Orangensaft, Orangenschale und Zimt in einem mittelgroßen Topf bei schwacher Hitze zum Kochen bringen und unbedeckt unter gelegentlichem Umrühren etwa 10 Minuten weiterköcheln lassen, bis die Pflaumen weich sind und die Masse ziemlich glatt ist. Gegebenenfalls die Pflaumen mit einem Löffel zerdrücken oder die Füllmasse in der Küchenmaschine pürieren.

Jeweils mit einer gekühlten Teigportion arbeiten (die andere solange im Kühlschrank lassen), vorsichtig die obere Backpapierschicht ablösen, das Papier locker wieder auflegen, den Teig umdrehen und behutsam die andere Backpapierschicht entfernen. Mit einem Teigrädchen oder einem scharfen Messer das Teigrechteck in Quadrate von etwa 6 cm Seitenlänge schneiden. Die Quadrate sofort auf die Backbleche legen; dabei etwa 5 cm Abstand einhalten.

Mit einem Küchenmesser jedes Quadrat von den vier Ecken zur Mitte etwa 2,5 cm einschneiden. Mit dem Daumen die Mitte jedes Quadrats etwas eindrücken. Gut ¾ TL Füllung in die Vertiefungen geben. Jede zweite Teigecke heben und zur Mitte falten, so daß die Form eines Windrädchens entsteht; die Ecken fest zusammendrücken, damit sie an ihrem Platz bleiben. (Falls der Teig zu weich wird, so daß man ihn nicht mehr verarbeiten kann, das Backblech einige Minuten in den Kühlschrank oder die Tiefkühltruhe stellen.) Das Verfahren mit der zweiten Teighälfte wiederholen.

Auf den mittleren Schienen des Backofens die Weihnachtsräder 7–10 Minuten backen, bis sie oben einen Hauch von Farbe angenommen haben und an den Rändern goldbraun geworden sind. Die Backbleche nach der Hälfte des Backvorgangs von vorn nach hinten drehen, um gleichmäßiges Bräunen zu gewährleisten. Bleche aus dem Ofen nehmen und das Gebäck etwa 2 Minuten darauf stehenlassen, es danach auf ein Kuchengitter legen und vollständig auskühlen lassen.

Bis zu 1 Woche lassen sich die Weihnachtsräder in einem luftdicht verschlossenen Behälter aufbewahren. Bei längerer Lagerung einfrieren.

Das Rezept ergibt etwa 30 Weihnachtsräder von etwa 7,5 cm Durchmesser.

Hinweis: Falls Aprikosen verwendet werden, die Füllung eventuell etwas nachsüßen.

GLASIERTE WEIHNACHTSPLÄTZCHEN (JULEKAKER)

Norwegen

Diese mild-aromatischen Ausstechplätzchen, die mit einer dünnen Zitronenglasur und kandierten Früchten verziert sind, sehen nicht nur wunderschön aus, sondern schmecken auch sehr lecker. Wie viele skandinavische Kuchen und Kekse enthalten sie Kardamom, ein scharfes Gewürz aus dem Samen von Ingwer-Gewächsen.

2 Tassen Mehl
1 TL Backpulver
½ TL gemahlener Zimt
½ TL gemahlener Ingwer
¼ TL gemahlener Kardamom
⅛ TL gemahlener Piment
10 EL weiche Butter
⅓ Tasse Zucker
¼ Tasse Ahornsirup
1 großes Eigelb
1 TL Vanilleextrakt
(ersatzweise Vanillinzucker)
1 TL frischer Zitronensaft
¼ TL sehr fein abgeriebene Zitronenschale
(unbehandelt)

ZITRONENGLASUR
1 großes Eiweiß (Zimmertemperatur)
1 Prise Salz
1 EL frischer Zitronensaft
1½ Tassen Puderzucker (gesiebt)

VERZIERUNG
Kandierte rote Kirschen und Orangeat,
in kleine Stücke geschnitten
Kandierte gelbe und grüne Ananasscheiben,
in dünne Späne geschnitten

Mehl, Backpulver, Zimt, Ingwer, Kardamom und Piment gründlich vermischen.

Butter in einer Rührschüssel mit dem Handrührgerät bei mittlerer Geschwindigkeit cremig schlagen. Zucker und Ahornsirup zufügen und weiterschlagen, bis die Masse sehr locker und schaumig ist. Eigelb, Vanilleextrakt, Zitronensaft und Zitronenschale unterrühren. Nach und nach die Mehlmischung zugeben und schlagen, bis sie gut eingearbeitet und der Teig glatt ist.

Den Teig halbieren und jede Teigportion zwischen zwei große Backpapierbogen legen. Mit dem Nudelholz jede Teighälfte etwa 3 mm dick ausrollen. Teigunterseite häufig kontrollieren und eventuell entstandene Falten glätten. Die ausgerollten Teigblätter auf ein Tablett oder ein Backblech legen und 15–20 Minuten in den Kühlschrank stellen, bis sie kalt und etwas fest geworden sind.

Den Backofen auf 170° vorheizen. Mehrere Backbleche einfetten und beiseite stellen.

Jeweils mit einem gekühlten Teigblatt arbeiten: Den Teig vorsichtig umdrehen, so daß die Unterseite oben zu liegen kommt, und behutsam die Backpapierschicht abziehen, sie dann wieder locker auflegen. (So lassen sich die Plätzchen später leichter vom Papier heben.) Den Teig wieder umdrehen und jetzt die obere Backpapierschicht entfernen. Mit einer blütenförmigen, gezackten oder glatten runden Ausstechform von 5,5–6 cm Durchmesser (oder einem entsprechenden Trinkglas) Plätzchen ausstechen. Sie vorsichtig mit einem breiten Messer vom Backpapier heben und in etwa 2,5 cm Abstand auf die Backbleche setzen. Teigreste zu einem Klumpen zusammendrücken, wieder zwischen Backpapierbogen ausrollen und kühl stellen; weitere Plätzchen ausstechen. Die zweite Teighälfte genauso verarbeiten.

Auf den mittleren Schienen des Backofens 6–9 Minuten backen, bis die Plätzchen an der Oberseite einen Hauch goldgelber Farbe angenommen haben und an den Rändern leicht gebräunt sind. Bleche nach der Hälfte des Backvorgangs von vorn nach hinten drehen, um gleichmäßiges Bräunen zu gewährleisten. Aus dem Ofen nehmen und etwa 2 Minuten stehenlassen. Sobald die Plätzchen nur noch lauwarm sind, mit dem Glasieren und Verzieren beginnen.

Zur Herstellung der Glasur Eiweiß in einer sauberen, fettfreien Rührschüssel mit dem Handrührgerät bei mittlerer Geschwindigkeit schaumig schlagen. Salz und ½ TL des Zitronensafts einrühren. Geschwindigkeit des Rührgeräts erhöhen und schlagen, bis alles gut vermischt und eine lockere leichte Masse entstanden ist. Weiterschlagen und dabei nach und nach den restlichen Zitronensaft, den Puderzucker und 1½ TL Wasser zufügen; schlagen, bis der

Zucker vollständig eingearbeitet und die Glasur steif und glänzend ist.

Mit dem Küchenmesser eine dünne Schicht Glasur auf jedes Plätzchen streichen. Sofort ein Stückchen kandierte Kirsche oder Orangeat in die Mitte des Plätzchens drücken. 3 oder 4 dünne Ananasspäne speichenartig um den Mittelpunkt anordnen. Die Plätzchen mindestens 45 Minuten auf den Kuchengittern stehenlassen, bis die Glasur fest geworden ist. (Wird sie beim Bestreichen zu steif, ein paar Tropfen Wasser oder Zitronensaft unterrühren.)

Die Plätzchen lassen sich bis zu 1 Woche in einem luftdicht verschlossenen Behälter aufbewahren. Bei längerer Lagerung einfrieren.

Das Rezept ergibt 35—40 Plätzchen von etwa 5,5 cm Durchmesser. (Abb. s. S. 118/119)

BUTTER-»S«-PLÄTZCHEN (ÄSSÄT)

Finnland

Butterplätzchen in S-Form scheinen überall in Europa sehr beliebt zu sein. Ich habe Rezepte für S-förmige Plätzchen nicht nur in skandinavischen, sondern auch in deutschen, griechischen und osteuropäischen Kochbüchern gefunden, obwohl das Gebäck durchaus nicht immer gleich schmeckt.

Das hier beschriebene »S«-Plätzchen ist ein ganz besonders feines – butterig und knusprig, mit einem wunderbaren Mandelgeschmack. Der Teig ist geschmeidig und glatt, so daß das Formen ein Kinderspiel ist.

1 großes Ei, Eigelb und Eiweiß getrennt
100 g Marzipan, in kleine Stücke geschnitten
½ Tasse Zucker
4 Tropfen Bittermandel-Backaroma

¾ Tasse weiche Butter
2 Tassen Mehl
½—⅔ Tasse feingehackte blanchierte Mandeln

Den Backofen auf 170° vorheizen. Mehrere Backbleche einfetten und beiseite stellen.

Eigelb, Marzipan, Zucker und Bittermandelaroma in einer großen Rührschüssel mit dem Handrührgerät bei mittlerer Geschwindigkeit etwa 3 Minuten schlagen, bis das Marzipan gut eingearbeitet ist. Butter zufügen und weiterschlagen, bis die Masse locker und glatt ist. Nach und nach das Mehl zufügen und gut in den Teig einarbeiten, aber nicht zu lange rühren. Sollte der Motor des Rührgeräts stocken, das restliche Mehl mit einem großen Rührlöffel von Hand einarbeiten.

Teigstücke abteilen und zu etwa 3 cm dicken Kugeln formen. Jede Kugel auf eine saubere Arbeitsfläche legen und rollen, so daß eine gleichmäßig dicke, 11—12,5 cm lange »Schnur« entsteht. Teigschnüre auf die Backbleche legen und jeweils zu einem »S« formen; zwischen den Plätzchen etwa 3 cm Abstand lassen. Eiweiß mit einer Gabel schaumig schlagen. Mit einem Pinsel oder einem Papierküchentuch jeweils 3—4 Plätzchen mit Eiweiß bestreichen. (Darauf achten, daß das Eiweiß nicht auf das Blech tropft, da die Plätzchen sonst anhaften.) Die Plätzchen sofort mit den gehackten Mandeln bestreuen. Im gleichen Rhythmus alle Plätzchen verzieren.

Auf den mittleren Schienen des Backofens 10—12 Minuten backen, bis die Plätzchen oben blaßgelb geworden sind und an den Rändern gerade einen Hauch brauner Farbe angenommen haben. Backbleche aus dem Ofen nehmen und 3—4 Minuten stehenlassen. Dann die Plätzchen vorsichtig lösen und zum Abkühlen auf ein Kuchengitter legen.

Die Plätzchen lassen sich bis zu 10 Tagen in einem luftdicht verschlossenen Behälter aufbewahren. Bei längerer Lagerung einfrieren.

Das Rezept ergibt 40—45 Plätzchen von 6—7,5 cm Größe. (Abb. s. S. 118/119)

Mandelringkuchen (Kransekake)

Dänemark, Norwegen und Schweden

Viele Ringe aus Plätzchenteig bauen diesen unter dem Namen »Kransekake« bekannten, hohen Kuchen auf. Er gehört zu den beeindruckendsten und köstlichsten Kreationen des skandinavischen Plätzchen-Repertoires. Freunde erzählten mir, daß diese »Kuchen« zu besonderen Anlässen, vor allem bei Hochzeiten, serviert werden. Die Gäste brechen von den Ringen Stücke ab, um den Neuvermählten Glück zu wünschen. Manchmal werden die Ringe ihrer Größe entsprechend stufenweise um eine Flasche Champagner gelegt, und es ist Tradition, den Ringkuchen mit kleinen Papierflaggen zu verzieren.

Das folgende Rezept wurde von der Hauswirtschaftlerin Jene Springrose kreiert, die skandinavischer Abstammung ist. Der Teig, den sie entwickelt hat, ergibt ganz vorzüglich schmekkende Plätzchen und läßt sich – anders als die meisten, die ich ausprobierte – leicht verarbeiten. Um einen aus 18 Ringen bestehenden »Kransekake« (wie den gezeigten) mit einer Küchenmaschine von Standardgröße herzustellen, müssen Sie den Teig in zwei Rührgängen zubereiten (s. Fußnote).

TEIG
2 Tassen weiche Butter
2 Tassen Puderzucker
400–450 g Marzipan, in kleine Stücke geschnitten
2 große Eier
2 große Eigelbe
12 Tropfen Bittermandel-Backaroma
5 Tassen Mehl

GLASUR
1 großes Eiweiß (Zimmertemperatur)
¼ TL frischer Zitronensaft
1 Prise Salz
3 Tropfen Bittermandel-Backaroma
¼ Tasse Puderzucker

VERZIERUNG (falls gewünscht)
Silberne Zuckerkügelchen
Papierflaggen

Den Backofen auf 160° vorheizen. Die Kransekake-Formen gut einfetten und leicht mit Puderzucker bestäuben. (Auch wenn beschichtete Formen benutzt werden, ist es besser, wenn man sie einfettet und bestäubt.)

In der Küchenmaschine 1 Tasse Butter und 1 Tasse Puderzucker etwa 30 Sekunden mixen, bis die Masse cremig ist. 200–225 g Marzipan zugeben und weiterrühren, bis die Masse sehr glatt ist. 1 Ei, 1 Eigelb und 6 Tropfen Bittermandelaroma gründlich unterrühren. 2 ½ Tassen Mehl zufügen (ungefähr ¾ Tasse auf einmal) und gut einarbeiten; jedoch nicht zu lange rühren. Der Teig sollte jetzt ziemlich fest sein, aber immer noch weich genug, damit man ihn mit einem Spritzbeutel spritzen kann. Ist er zu fest, ein paar Tropfen Wasser zufügen.

Den Teig in einen großen Spritzbeutel, der mit einer glatten Tülle von etwa 1,5 cm Durchmesser versehen ist, füllen. (Keine größere Tülle verwenden, da sonst die Ringe über ihre Rinnen hinaus aufgehen und zusammenbacken. Eine etwas kleinere Spritztülle kann verwenden werden, allerdings bleibt dann Teig übrig; s. Fußnote). Den Teig in langen »Schnüren« in die Ringrinnen der Kransekake-Formen spritzen. Die Schnurenden und abgebrochene Teigstücke zusammendrücken, so daß man glatte, ganze Ringe erhält. Sobald der Teig verbraucht ist, mit den verbliebenen Teigzutaten auf gleiche Weise eine zweite Teigmenge herstellen und in die restlichen Ringe spritzen.

In den Ofen stellen und 16–18 Minuten backen, bis die Ringe einen Hauch brauner Farbe angenommen haben. Die Formen auf Kuchengitter stellen und sofort mit einem Messer das Gebäck am Rand lösen. Stehenlassen, bis es vollständig abgekühlt ist. Die Ringe in ihren Formen belassen, bis man den »Kuchen« zusammensetzt, da man so am besten überblickt, wie sie korrekt angeordnet werden müssen.

Für die Glasur Eiweiß, Zitronensaft, Salz und Bittermandelaroma in einer großen Rührschüssel mit dem Handrührgerät bei mittlerer Geschwindigkeit zu einem blasigen Schaum schlagen. Die Rührgeschwindigkeit erhöhen und, während man weiterschlägt, nach und nach den Puderzucker zugeben, bis er gründlich eingearbeitet und die Glasur glänzend und glatt ist. Die Glasur sollte ziemlich steif sein, aber doch flüs-

sig genug, damit man sie durch einen Spritzbeutel mit feiner Tülle spritzen kann. Falls sie zu steif ist, ein paar Tropfen Wasser unterrühren.

Die Glasur in einen Spritzbeutel mit feiner Schreibtülle füllen. Einen dicken Glasurring entlang der Mitte des Plätzchenrings in der größten Form spritzen. Dann den Ring behutsam umdrehen und auf eine große Servierplatte legen, so daß die glasierte Oberfläche unten zu liegen kommt und die Glasur die Kuchenbasis auf der Platte befestigt.

Dekorative Glasurschleifen auf den unteren Ring spritzen. Den zweitgrößten Ring umdre-

hen, so daß die glatte Unterseite zur Oberseite wird, ihn auf den ersten Ring setzen und ebenso glasieren. Auf diese Weise mit abnehmender Größe alle Ringe aufeinanderschichten. (Falls ein Ring bricht, ihn mit etwas Glasur wieder »zusammenkleben«.)

Um den Kuchen zusätzlich mit Silberkügelchen zu verzieren, kleine Glasurpunkte auf die Ringe spritzen und die Bonbons daraufdrücken. Falls gewünscht, Papierfähnchen auf den Kuchen stecken. Den Ringkuchen mindestens 1 Stunde stehenlassen, bis die Glasur fest geworden ist.

Den Kuchen kann man – leicht mit Alu- oder Klarsichtfolie abgedeckt – bis zu 1 Woche aufbewahren. Falls sich die Ringe länger halten sollen, kann man sie, luftdicht eingewickelt, einfrieren und nach dem Auftauen zusammensetzen. Um ein Durcheinander zu vermeiden, die größten, die mittleren und die kleinsten Ringe jeweils getrennt verpacken.

Das Rezept ergibt einen Ringkuchen von 26–30 cm Höhe.

Hinweis: Ein Backformsatz von 18 Ringen ist bei uns nicht erhältlich. In großen Küchenläden kann man jedoch 8 unterschiedlich große Ringformen als Backsatz bekommen. Wenn Sie dieses Rezept ausprobieren wollen, benötigen Sie bei 8 Ringformen nur jeweils etwa die halbe Menge der angegebenen Zutaten und für die Herstellung des Teigs lediglich einen Rührgang.

Übriggebliebenen Teig kann man verwenden, indem man kurze Teigstücke als Plätzchen spritzt und backt oder indem man in den Ringformen einige zusätzliche kleine Ringe backt und diese getrennt serviert.

Schwedische Haferwaffeln (Havreflarn)

Schweden

Zarte, zerbrechliche, goldbraune Waffeln, denen Ingwer und Kardamom ihre besondere Würze verleihen.

10 EL Butter
¾ Tasse Zucker
⅓ Tasse Ahornsirup
1 Tasse Schmelzflocken
⅔ Tasse Mehl (nach dem Abmessen gesiebt)
1 TL gemahlener Kardamom
¾ TL gemahlener Ingwer
¼ TL Natron
¼ TL Backpulver
¼ TL fein abgeriebene Zitronenschale (unbehandelt)
1 TL Vanilleextrakt (ersatzweise Vanillinzucker)

Den Backofen auf 170° vorheizen. Mehrere Backbleche mit Alufolie auslegen; dabei die Folie an zwei gegenüberliegenden Enden überstehen lassen; Folie leicht einfetten.

Butter in einem mittelgroßen Topf auf mittlerer Hitze schmelzen. Zucker, Ahornsirup und 2½ EL Wasser einrühren; Topf vom Feuer nehmen. Haferflocken, Mehl, Kardamom, Ingwer, Natron, Backpulver und Zitronenschale unterrühren, bis alles gut vermischt ist, und 10 Minuten stehenlassen. Vanilleextrakt zufügen und gründlich unterrühren.

Mit einem Teelöffel kleine Teighäufchen in etwa 7,5 cm Abstand auf die Folie setzen. (Nicht zu viele Teigportionen auf ein Blech setzen, da sie sehr auseinanderlaufen.)

Im oberen Drittel des Backofens 6–8 Minuten backen, bis die Plätzchen hellbraun sind; Backbleche nach der Hälfte des Backvorgangs von vorn nach hinten drehen, um gleichmäßiges Bräunen zu gewährleisten. Aus dem Ofen nehmen und die Plätzchen etwa 1½ Minuten auf den Blechen stehenlassen. Dann die Folie an den überstehenden Enden fassen, die Plätzchen auf eine ebene Unterlage setzen und vollständig auskühlen lassen. Plätzchen vorsichtig von der Folie lösen. (Ist die Folie nicht zu zerknittert, kann man sie nochmals benutzen, muß sie aber vorher wieder einfetten.) Bleche zwischen den Backgängen vollständig abkühlen lassen.

Die Plätzchen können bis zu 1 Woche in luftdicht verschlossenen Behältern aufbewahrt werden. Bei längerer Lagerung einfrieren.

Das Rezept ergibt 35−40 Plätzchen von etwa 8,5 cm Durchmesser.

MELASSE-PFEFFERKUCHEN (PEPPARKAKOR)

Schweden

Anne Dietrich aus Ohio gab mir dieses Rezept, das sie wiederum von einer Freundin erhalten hatte, deren schwedische Großmutter diese Melasse-Pfefferkuchen immer buk.

Die Plätzchen sind dunkel, groß, ziemlich weich und mit dicken Rosinen verziert. Manche Varianten der schwedischen Pfefferkuchen sind leicht und mild im Geschmack, diese besitzen jedoch das volle, kräftige Aroma der Melasse und der starken Gewürze.

4 Tassen Mehl
2 TL gemahlener Zimt
1 TL gemahlener Ingwer
1 TL gemahlener Kardamom
1¾ TL Natron
1 Tasse Melasse
(s. Fußnote; ersatzweise Rübensirup)
1 Tasse Zucker
1 Tasse weiche Butter
2 große Eier

½ TL fein abgeriebene Zitronenschale (unbehandelt)

VERZIERUNG
¼ Tasse dicke, dunkle kernlose Rosinen

Mehrere Backbleche einfetten und beiseite stellen. Mehl, Zimt, Ingwer, Kardamom und Natron in einer großen Schüssel gut vermischen; beiseite stellen.

Melasse, Zucker und Butter in einem mittelgroßen Topf unter gelegentlichem Umrühren auf mittlerer Hitze erwärmen, bis die Butter schmilzt. Dann sofort den Topf vom Feuer nehmen und abkühlen lassen. Wenn die Melasse-Butter-Mischung nur noch lauwarm ist, mit einem großen Kochlöffel die Eier einrühren, bis alles gut vermischt und die Masse glatt ist. Zitronenschale unterrühren.

Sirupmasse über die Mehl-Gewürz-Mischung gießen und rühren, bis ein glatter Teig entstanden ist. Teig abdecken und 30−40 Minuten in den Kühlschrank stellen, bis er etwas fester geworden ist.

Den Backofen auf 170° vorheizen. Teigstücke zu etwa 3 cm dicken Kugeln formen und in etwa 6 cm Abstand auf die Backbleche setzen.

Auf den mittleren Schienen des Backofens 9−11 Minuten backen, bis die Plätzchen an den Rändern einen Hauch brauner Farbe angenommen haben (je länger die Backzeit, um so fester die Plätzchen). Backbleche aus dem Ofen nehmen und sofort eine Rosine in die Mitte jedes Pfefferkuchens drücken. Die Plätzchen auf den Blechen 1 Minute abkühlen und etwas fest werden lassen. Sie dann vorsichtig mit einem breiten Messer lösen, auf ein Kuchengitter legen und vollständig auskühlen lassen.

Die Pfefferkuchen lassen sich bis zu 10 Tagen in einem luftdicht verschlossenen Behälter aufbewahren. Bei längerer Lagerung einfrieren.

Das Rezept ergibt 45−50 Plätzchen von etwa 7 cm Durchmesser.

Hinweis: Melasse (Rohrzuckersirup) ist in Naturkostläden erhältlich.

GLASIERTE HONIGPLÄTZCHEN (HONNINGKAGER)

Dänemark

Diese honiggelben Gewürzplätzchen mit glänzender weißer Glasur sind leicht herzustellen und lassen sich auch gut aufbewahren. Beinahe festlich sehen sie aus, wenn man sie zusätzlich mit bunten Zuckerstreuseln verziert.

1 ½ Tassen Mehl
2 TL gemahlener Zimt
2 TL gemahlener Ingwer
2 TL gemahlener Kardamom
¼ TL Backpulver
¼ TL Natron
⅛ TL Salz
½ Tasse weiche Butter
⅓ Tasse Zucker
⅓ Tasse Honig
2 große Eigelbe

GLASUR UND VERZIERUNG
1 großes Eiweiß (Zimmertemperatur)
¼ TL frischer Zitronensaft
1 Prise Salz
1 ¼ Tassen Puderzucker
Bunte Zuckerstreusel (falls gewünscht)

Den Backofen auf 170° vorheizen. Mehrere Backbleche gut einfetten. Mehl, Zimt, Ingwer, Kardamom, Backpulver, Natron und Salz gründlich vermischen.

Butter, Zucker und Honig in einer kleinen Rührschüssel mit dem Handrührgerät bei mittlerer Geschwindigkeit zu einer lockeren, schaumigen Masse schlagen. Die beiden Eigelbe zufügen und weiterschlagen, bis sich die Zutaten gut verbunden haben. Nach und nach die Mehlmischung einrühren. Sobald der Motor des Rührgeräts zu stocken beginnt, das restliche Mehl mit einem großen Rührlöffel von Hand gut unterrühren.

Kleine Teigstücke zwischen den Handflächen zu etwa 2,5 cm dicken Kugeln rollen und diese in etwa 5 cm Abstand auf die Backbleche setzen. Mit dem Boden eines großen Trinkglases, das man vorher in kaltes Wasser eintaucht, jede Kugel zu einem Plätzchen von etwa 5 cm Durchmesser flachdrücken. Auf den mittleren Backschienen des vorgeheizten Ofens 9–11 Minuten backen, bis die Plätzchen an den Rändern gebräunt sind. Sofort die Backbleche aus dem Ofen nehmen und 2–3 Minuten stehenlassen. Die Plätzchen mit einem breiten Messer lösen, auf ein Kuchengitter legen und vollständig auskühlen lassen.

In der Zwischenzeit die Glasur zubereiten: Eiweiß in eine sehr saubere, fettfreie Rührschüssel geben und mit dem Handrührgerät bei mittlerer Geschwindigkeit schaumig schlagen. Zitronensaft und Salz einrühren. Das Rührgerät auf die höchste Geschwindigkeitsstufe schalten und schlagen, bis alles gut vermischt ist. Weiterschlagen und dabei nach und nach den Puderzucker in das Eiweiß sieben. Schlagen, bis der Zucker vollständig eingearbeitet und die Glasur steif und glänzend ist.

Jedes Plätzchen mit Glasur überziehen, gegebenenfalls sofort bunte Zuckerstreusel darüberstreuen, bevor die Glasur eindickt. (Wird die Glasur während des Verzierens zu fest, ein paar Tropfen Wasser zugeben.)

Diese Plätzchen schmecken am besten, wenn man sie vor dem Servieren über Nacht durchziehen läßt. Man kann sie bis zu 2 Wochen in einem luftdicht verschlossenen Behälter aufbewahren. Bei längerer Lagerung einfrieren.

Das Rezept ergibt 35–40 Plätzchen von etwa 5,5 cm Durchmesser.

SCHWEDISCHE PFEFFERNÜSSE (INGEFÄRSPEPPARKAKOR)

Schweden

Im Geschmack ähneln diese knusprigen und intensiv gewürzten Plätzchen unseren Pfeffernüssen.

2 1/3 Tassen Mehl
2 3/4 TL gemahlener Ingwer
1 1/2 TL gemahlener Zimt
1/2 TL gemahlene Nelken
1/2 TL gemahlener Piment
1 Prise Salz
1 TL Backpulver
3/4 TL Natron
2 TL Kakaopulver
1/2 Tasse weiche Butter
1/2 Tasse Rohrzuckersirup
(s. Fußnote; ersatzweise Rübensirup)
1/2 Tasse brauner Rohrzucker
1 großes Ei
1 TL Vanilleextrakt
(ersatzweise Vanillinzucker)
2 1/2 EL Zucker

Mehl, Ingwer, Zimt, Nelken, Piment, Salz, Backpulver, Natron und Kakaopulver zusammensieben und beiseite stellen. Butter, Rohrzuckersirup und braunen Zucker in einer großen Rührschüssel zu einer lockeren, glatten Masse schlagen. Ei und Vanilleextrakt einrühren. Die Mehlmischung unterrühren, bis sich alle Zutaten gut verbunden haben und ein glatter Teig entstanden ist. Den Teig in Backpapier einschlagen und mindestens 1½ Stunden lang – im Bedarfsfall auch bis zu 24 Stunden – in den Kühlschrank stellen.

Kurz vor dem Backen den Ofen auf 160° vorheizen. Mehrere Backbleche einfetten. Den Teig halbieren und jeweils nur mit einer Teighälfte arbeiten (die zweite Hälfte einstweilen im Kühlschrank aufheben). Kleine Teigstücke abteilen, zu etwa 2,5 cm dicken Kugeln formen und diese in etwa 3,5 cm Abstand auf die Backbleche setzen. Den Boden eines Trinkglases leicht einfetten und in den weißen Zucker stippen. Jede Kugel flachdrücken, so daß ein etwa 5 mm dicker Taler von etwa 4,5 cm Durchmesser entsteht. Das Glas nach jedem Plätzchen in den Zucker stippen, damit der Teig nicht anhaftet.

Auf den mittleren Schienen des Backofens 10 – 11 Minuten backen, bis die Plätzchen an den Rändern einen Hauch brauner Farbe angenommen haben und oben beinahe fest sind. Backbleche aus dem Ofen nehmen und 1½ Minuten stehenlassen. Die Plätzchen mit einem breiten Messer lösen, auf ein Kuchengitter legen und so lange stehenlassen, bis sie vollständig ausgekühlt sind.

Die Pfeffernüsse lassen sich bis zu 2 Wochen in einem luftdicht verschlossenen Behälter aufbewahren.

Das Rezept ergibt 40 – 45 Plätzchen von etwa 5,5 cm Durchmesser.

Hinweis: Rohrzuckersirup (Melasse) ist in Naturkostläden erhältlich.

BUTTERCREMEWAFFELN (PARISERVÅFFLOR)

Schweden

Jede Tee- oder Kaffeetafel wird bereichert durch diese sehr kleinen, sündhaft gehaltvollen Plätzchen, die aus einfachen, aber eleganten Waffeln und einer zarten Buttercremefüllung bestehen. Die Buttercreme kann auch gefärbt werden, um diesen zerbrechlichen und auf der Zunge zergehenden Leckerbissen ein festliches Aussehen zu verleihen.

Man muß sorgsam darauf achten, daß man den Teig nicht zu dünn ausrollt, denn sonst werden die Plätzchen möglicherweise so spröde, daß sie zerbrechen.

1 1/2 Tassen Mehl
2/3 Tasse Stärkemehl
1/8 TL Salz
1 Tasse weiche Butter
1/3 Tasse und 1 EL Zucker
1 TL Vanilleextrakt
(ersatzweise Vanillinzucker)

BUTTERCREMEFÜLLUNG
1 1/4 Tassen Puderzucker
1/2 Tasse weiche Butter
1 TL frischer Zitronensaft
3/4 TL Vanilleextrakt
(ersatzweise Vanillinzucker)
3–4 Tropfen Bittermandel-Backaroma
Einige Tropfen Lebensmittelfarbe
(falls gewünscht)

Mehl, Stärkemehl und Salz zusammensieben. Die Butter in einer Rührschüssel locker und cremig schlagen. Zucker und Vanilleextrakt einrühren, bis die Masse gut vermischt und schön glatt ist. Die Mehlmischung zugeben und gut einarbeiten; aber nicht zu lange rühren. Die Masse abdecken und 5–10 Minuten in den Kühlschrank stellen, bis sie etwas fest geworden ist.

Den Teig halbieren und jede Portion zwischen große Backpapierbogen legen. Jede Teighälfte etwa 1 cm dick ausrollen; dabei ab und zu die Teigunterseite kontrollieren und eventuell entstandene Falten glätten; sorgfältig arbeiten, *damit die Teigplatten gleichmäßig dick sind.* Teigplatten auf ein Tablett oder Backblech legen und etwa 20 Minuten in den Kühlschrank stellen, bis sie kalt und etwas fest sind. (Um den Kühlprozeß zu beschleunigen, den Teig statt dessen etwa 10 Minuten in die Gefriertruhe stellen und darauf achten, daß er nicht zu kalt und hart wird.)

Den Backofen auf 170° vorheizen. Mehrere Backbleche einfetten und beiseite stellen.

Jeweils mit einer Teighälfte arbeiten (die zweite solange im Kühlschrank lassen), behutsam die untere Bachpapierschicht abziehen, wieder leicht auflegen, Teig umdrehen und die obere Backpapierschicht entfernen. Mit einer glatten oder gezackten runden Ausstechform von etwa 3 cm Durchmesser oder dem Rand eines Likörglases Plätzchen ausstechen; dabei die Ausstechform jedesmal in Puderzucker stippen, damit der Teig nicht anhaftet. Die Plätzchen mit einem breiten Messer auf die Backbleche heben; dabei etwa 2,5 cm Abstand halten. Teigreste zusammendrücken und wieder zwischen Backpapier ausrollen; Teig kühlen, bis er fest ist, dann weitere Plätzchen ausstechen. Den Vorgang mit der zweiten Teighälfte wiederholen, bis der Teig verbraucht ist. Mit einer Gabel, die man jedesmal wieder in Puderzucker stippt, jedes Plätzchen dreimal einstechen, so daß man drei parallele Linien erhält.

Auf den mittleren Schienen des Backofens 7–9 Minuten backen, bis die Waffeln an den Rändern gerade zu bräunen beginnen. Backbleche aus dem Ofen nehmen und die Plätzchen etwa 2 Minuten darauf stehenlassen. Sie sehr behutsam auf Kuchengitter legen und vollständig auskühlen lassen.

Für die Cremefüllung Puderzucker in eine kleine Rührschüssel sieben. Butter, Zitronensaft, Vanilleextrakt und Bittermandelaroma zufügen und schlagen, bis alle Zutaten gut vermischt sind. Notfalls noch einige Tropfen Zitronensaft zufügen, um eine glatte und etwas weiche Buttercreme zu erhalten. Nach Belieben 1 oder 2 Tropfen Lebensmittelfarbe unterrühren. (Sie können die Creme auch in mehrere Portionen aufteilen und jede mit einer anderen Farbe einfärben.) Mit einem Küchenmesser die Creme in einer gleichmäßigen, etwa 3 mm dicken Schicht auf die flache Seite eines Plätzchens streichen. Dann die Unterseite eines zweiten Kekses sehr behutsam auf die Füllung drücken; äußerst vorsichtig mit den Plätzchen umgehen,

da sie ziemlich zerbrechlich sind. Auf diese Weise alle Waffeln zusammensetzen. Stehenlassen, bis die Füllung etwas fest geworden ist.

Die Plätzchen lassen sich bis zu 1 Woche in einem luftdicht verschlossenen Behälter aufbewahren. Bei längerer Lagerung einfrieren.

Das Rezept ergibt 40–50 gefüllte Waffeln von etwa 3,5 cm Durchmesser.

TRÄUME (DROMMAR)

Norwegen und Schweden

Die Bezeichnung »Träume« scheint mir ein sehr passender Name zu sein für diese zarten, zerbrechlichen Plätzchen. Sie sind ziemlich blaß, haben einen feinen Buttergeschmack und zergehen einem auf der Zunge. Die Herstellung ist einfach.

1 1/4 Tassen Mehl
1/2 Tasse Kartoffelstärkemehl
1 TL Backpulver
1/2 Tasse weiche Butter
1 Tasse Puderzucker
2 große Eigelbe
2 TL Vanilleextrakt
(ersatzweise Vanillinzucker)
3 Tropfen Bittermandel-Backaroma
18–20 ganze blanchierte Mandeln, halbiert, oder etwa 1/4 Tasse blanchierte Mandelsplitter

Den Backofen auf 160° vorheizen. Mehrere Backbleche einfetten und beiseite stellen. Mehl, Kartoffelstärke und Backpulver zusammensieben.

Butter in einer großen Rührschüssel mit dem Handrührgerät bei mittlerer Geschwindigkeit cremig schlagen. Puderzucker zufügen und zu einer lockeren, glatten Masse schlagen. Die beiden Eigelbe, Vanilleextrakt und Bittermandelaroma unterrühren. Nach und nach das Mehl zugeben und gut einarbeiten; Teig jedoch nicht zu lange rühren. Kleine Teigportionen abteilen, zwischen den Handflächen zu etwa 2,5 cm dicken Kugeln rollen und diese in etwa 5 cm Abstand auf Backbleche setzen. Eine Mandelhälfte oder einen Mandelsplitter in die Mitte jedes Plätzchens drücken; dabei aufpassen, daß man die Kugeln auf diese Weise nicht zu sehr flachdrückt.

Die Plätzchen in den Ofen schieben und 9–10 Minuten backen, bis sie oben etwas fest geworden sind; sie sollen nicht bräunen. Backbleche aus dem Ofen nehmen und die Plätzchen 3–4 Minuten darauf stehenlassen. Sie dann auf ein Kuchengitter legen und vollständig auskühlen lassen.

Bis zu 1 Woche sind die Plätzchen in einem luftdicht verschlossenen Behälter aufzubewahren. Bei längerer Lagerung einfrieren.

Das Rezept ergibt 30–35 Plätzchen von etwa 5 cm Durchmesser.

KAPITEL 6

WESTEUROPÄISCHE PLÄTZCHEN

Im Herzen Westeuropas sind Plätzchen ein sehr geschätzter Teil des kulinarischen Erbes. Die Tradition, Plätzchen zu backen, blüht in Deutschland, Österreich, der Schweiz und den benachbarten Ländern seit Jahrhunderten. Wie der beträchtliche Umfang dieses Kapitels schon andeutet, stellen die Bäcker und Bäckerinnen in dieser Gegend diese Leckereien noch immer in großer Vielfalt her.

Die frühesten Plätzchen, die hier gebacken wurden, waren einfache Honigkuchen, da Honig vor 1600 das einzige leicht erhältliche Süßmittel war. Als der Handel dann zunahm, enthielten die Rezepte Gewürze aus Indien, Rohrzucker aus der Karibik, und nach und nach entwickelte sich eine große Vielfalt von köstlichen Pfefferkuchenplätzchen. Heute gibt es eine reiche Auswahl von ausgestochenen, geformten und geschnittenen Plätzchenversionen, vor allem in den deutschsprachigen Ländern, wo die traditionellen Honigkuchenteige Lebkuchen genannt werden. In den meisten modernen Rezepten wird Honig nicht so sehr als Süßmittel, sondern eher als Gewürz verwendet.

Während viele der frühen Plätzchenteige sehr einfach waren, sahen die Plätzchen selbst oft wunderbar aus. Damals wie heute wurden Plätzchen als besondere Leckereien bei festlichen Anlässen geschätzt, und das Plätzchenbacken wurde zu einer Kunst erhoben. Einige der beliebtesten und ältesten Sorten, wie zum Beispiel die leicht gewürzten, geformten »Speculaas« (Spekulatius) in Belgien und den Niederlanden und die mit Anis aromatisierten, geprägten Springerle in Deutschland und Österreich, werden traditionell mit fein geschnitzten oder geprägten Formen hergestellt

und sind fast zu schön zum Essen. Andere Lieblingsplätzchen, wie die glasierten süßen Brezeln im Elsaß und die Schokoladenbrezeln in Deutschland, werden sorgfältig mit der Hand geformt und mit einer Zuckerglasur überzogen. Ein paar weitere witzige »Trompe-l'œil«-Kreationen sind die deutschen Schokoladenplätzchen, die Wurst- und Schwarzbrotscheiben ähneln, und die französischen Meringeplätzchen, die wie Champignons aussehen.

Neben diesem interessanten Gebäcksortiment wird in der Gegend eine reiche Vielfalt von außergewöhnlich feinen Butterplätzchen hergestellt – von den Wiener Vanillekipferln und den Ischler Plätzchen bis zum deutschen Haselnuß-Spritzgebäck und den französischen »Sablés« (Sandplätzchen). Als Gegensatz zu diesen Butterplätzchen gibt es auch viele Gebäcksorten, die kein Fett enthalten und mit Eischnee zubereitet werden; zu diesen zählen die würzigen Zimtsterne, die klassischen Mandel- und Schokoladenmakronen und die saftigen, schokoladigen Basler Brunsli.

Plätzchen werden in Mitteleuropa immer gern gegessen, aber während der Weihnachtszeit ergreift eine Art von Plätzchenwahn die Leute. Die Regale der Lebensmittelläden biegen sich unter der Last der Nüsse, getrockneten Früchten, Gewürze, Schokoladentafeln, glitzernden Zuckerkügelchen und der zahllosen anderen Backzutaten. Zeitschriften – auch solche, die nicht aufs Kochen spezialisiert sind – veröffentlichen Plätzchenfotos und -rezepte, um den Leuten den Mund wässerig zu machen und sie in eine festliche Stimmung zu versetzen. Hausfrauen ziehen die von der Mutter ererbten Rezepte aus der Schublade und machen sich, wie schon zahllose Generationen vor ihnen, ans Backen. Für die meisten Familien wäre Weihnachten einfach kein richtiges Weihnachtsfest ohne den traditionellen Festtagsplätzchenvorrat.

LINKS:
Spitzbuben (Rezept s. S. 140)

139

SPITZBUBEN

Deutschland, Schweiz und Österreich

Spitzbuben sind butterige Mandelplätzchen, die mit Himbeer- oder Johannisbeergelee zusammengesetzt werden. Die Oberteile dieser schönen Plätzchen haben ein rundes, stern- oder herzförmiges Loch, so daß man die glänzende rote Geleefüllung sehen kann. Außerdem sind sie leicht mit Puderzucker bestäubt.

Diese wohlschmeckenden Plätzchen sind in ganz Mitteleuropa sehr beliebt.

1 Tasse blanchierte Mandelsplitter
(= etwa 130 g)
1¾ Tassen und 2 EL Mehl
⅛ TL Salz
¾ Tasse weiche Butter
½ Tasse Zucker
1 TL Vanilleextrakt
(ersatzweise Vanillinzucker)
2–3 Tropfen Bittermandel-Backaroma

FÜLLUNG UND VERZIERUNG
¼ Tasse Himbeer- oder roter Johannisbeergelee
2–3 EL Puderzucker

Mandeln in die Nußmühle, die Küchenmaschine oder den Mixer geben und feinmahlen.

Mehl und Salz vermischen und beiseite stellen. Die Butter in einer Rührschüssel mit dem Handrührgerät bei mittlerer Geschwindigkeit cremig schlagen. Zucker zufügen und zu einer lockeren Masse schlagen. Vanilleextrakt und Bittermandelaroma unterrühren. Nach und nach das Mehl zugeben und zu einem glatten Teig schlagen. Die gemahlenen Mandeln unterheben beziehungsweise einkneten. Den Teig zu einer Kugel zusammendrücken und halbieren. Jede Teighälfte zwischen Backpapierbogen etwa 3 mm dick ausrollen. Teigblätter auf ein großes Tablett oder Backblech legen und 15 Minuten in den Kühlschrank stellen.

Den Backofen auf 160° vorheizen. Mehrere Backbleche einfetten. Jeweils mit einem Teig-

blatt arbeiten (das zweite bleibt solange im Kühlschrank). Den Teig umdrehen und die untere Backpapierschicht abziehen und wieder leicht auflegen. Den Teig erneut umdrehen und die obere Backpapierschicht entfernen. Mit einer gezackten oder glatten runden Ausstechform von 4,5–5 cm Durchmesser Plätzchen ausstechen. Auf die Backbleche legen und dabei etwa 3,5 cm Abstand zwischen den Plätzchen lassen.

Um die Plätzchenoberteile herzustellen, das zweite Teigblatt aus dem Kühlschrank nehmen, das Backpapier abziehen und wie zuvor runde Plätzchen von 4,5–5 cm Durchmesser ausstechen. Dann in der Mitte jedes Talers mit einer kleinen Herz- oder Sternform oder einem Fingerhut ein Loch ausstechen (auch die Verschlußkappe einer Flasche läßt sich hierzu verwenden). Die ausgestochenen Mittelteile mit der Spitze eines kleinen Messers herausheben.

Auf den mittleren Schienen des Backofens 8–10 Minuten backen, bis die Plätzchen eine blaßgoldene Farbe angenommen haben. Aus dem Ofen nehmen und 1–2 Minuten auf den Backblechen stehenlassen. Auf ein Kuchengitter legen und vollständig auskühlen lassen.

Die ungefüllten Plätzchen lassen sich bis zu 5 Tagen in einem luftdicht verschlossenen Behälter aufbewahren. Die Plätzchen kurz vor dem Servieren zusammensetzen. (Sie schmecken auch gut, wenn man sie schon vorher füllt, aber sie verlieren dann ihre Knusprigkeit.)

Den Gelee im Wasserbad unter gelegentlichem Rühren leicht erwärmen, damit er etwas flüssiger wird. In der Zwischenzeit die Plätzchenoberteile mit Puderzucker bestäuben. Etwa ½ TL Gelee auf die Mitte jedes Plätzchenbodens setzen, die Oberteile mittig darauf ausrichten und behutsam auf den Gelee drücken.

Die Plätzchen schmecken am besten, wenn sie innerhalb von 8 Stunden nach dem Zusammensetzen gegessen werden.

Das Rezept ergibt etwa 25 Plätzchen von etwa 4,5 cm Durchmesser. (Abb. s. S. 138)

MADELEINES

Elsaß/Frankreich

Madeleines sind muschelförmige kleine Kuchenstückchen. Manchmal wird dem Teig etwas Weinbrand oder Fruchtlikör zugefügt, der dem Gebäck ein verlockendes Aroma und einen feinen Geschmack verleiht. Das folgende Rezept, das ich aus dem Elsaß mitbrachte, enthält Kirsch. Die Elsässer scheinen eine Vorliebe für diese Art von Kirschbranntwein zu haben; ein Schuß Kirsch ist Bestandteil ihres berühmten Kougelhopf-Hefekuchens und vieler anderer Backwaren und Süßspeisen. In den Madeleines schmeckt er einfach wundervoll.

Es heißt, daß Madeleines in der Stadt Commercy für Stanislas, den Herzog von Lothringen, erfunden wurden. Ihre Schöpferin war ein Dienstmädchen namens Madeleine, das beim Kuchenbacken aushalf.

½ Tasse Butter
1¼ Tassen Mehl
¼ TL Backpulver
1 großes Ei
3 große Eigelbe
1 Tasse Puderzucker
1 TL frischer Zitronensaft
¼ TL sehr fein abgeriebene Zitronenschale (unbehandelt)
1 Prise Salz
1 EL und 1½ TL Kirsch
oder ein anderes Kirschwasser

VERZIERUNG
Puderzucker

Den Backofen auf 185° vorheizen. Die muschelförmigen Vertiefungen von zwei Madeleine-Backformen großzügig mit Butter einfetten (s. Fußnote). Die Vertiefungen sorgfältig mit Mehl bestäuben; überschüssiges Mehl abklopfen. Butter in einem kleinen Topf auf niedriger Hitze schmelzen und abkühlen lassen.

Mehl und Backpulver zusammensieben. In einer großen Rührschüssel Ei und Eigelbe mit dem Handrührgerät bei mittlerer Geschwindigkeit miteinander verschlagen. Puderzucker einsieben und Zitronensaft, Zitronenschale und Salz unter ständigem Rühren zugeben. Nach und nach die Rührgeschwindigkeit erhöhen und 5–7 Minuten bei Höchstgeschwindigkeit schlagen, bis die Masse ziemlich dick ist und breit und bandartig von den Rührbesen läuft. Den Kirsch leicht unterrühren. Die Mehlmischung mit einem Kuchenspachtel behutsam unterheben, dann die geschmolzene Butter unterziehen, so daß alle Zutaten gut vermischt sind; jedoch nicht zu lange rühren.

Den Teig auf die 24 Vertiefungen der Madeleine-Backformen verteilen und mit einem Küchenmesser gleichmäßig verstreichen.

In die Mitte des vorgeheizten Ofens stellen und 9–11 Minuten backen, bis die Madeleines einen Hauch brauner Farbe angenommen haben und an den Rändern etwas dunkler geworden sind. Aus dem Ofen nehmen und 1 Minute stehenlassen. Sie dann mit der Spitze eines Schälmessers behutsam aus den Formen lösen, auf ein Kuchengitter legen und 1–2 Minuten darauf stehenlassen. Dann die Küchlein umdrehen und vollständig auskühlen lassen. Kurz vor dem Servieren mit Puderzucker bestäuben.

Madeleines schmecken ganz frisch am besten, können aber in einem luftdicht verschlossenen Behälter bis zu 24 Stunden aufbewahrt werden. Bei längerer Lagerung einfrieren.

Das Rezept ergibt 24 Madeleines von etwa 7,5 cm Durchmesser.

Hinweis: Falls nur eine Madeleine-Backform vorhanden ist, zuerst nur die Hälfte der Madeleines backen. Dann, nachdem man die Form gesäubert und abgetrocknet hat, sie erneut einfetten, bemehlen und die andere Hälfte der Madeleines backen.

HASELNUSS-SPRITZGEBÄCK

Deutschland

Haselnüsse und Schokolade gehen auch in diesem Gebäck eine glückliche Verbindung ein.

Die Plätzchen sind, wenn Sie einen Spritzbeutel mit einer glatten Spitze oder einer Sterntülle besitzen, relativ leicht herzustellen. Sie sind dünn, zart-knusprig und haben einen intensiven Nuß-Butter-Geschmack. Die zartbittere Schokoladenglasur, die in feinen Linien über das Gebäck gegossen wird, paßt gut zu den aromatischen gerösteten Haselnüssen.

½ Tasse ganze unblanchierte Haselnüsse
¾ Tasse weiche Butter
½ Tasse Zucker
1 großes Ei
1 ¼ TL Vanilleextrakt
(ersatzweise Vanillinzucker)
⅛ TL Salz
1 ¼ Tassen Mehl

SCHOKOLADENGLASUR
50 g Zartbitterschokolade
¼ TL Kokosfett

Den Backofen auf 150° vorheizen. Die Haselnüsse in einer großen flachen Backform verteilen und unter gelegentlichem Wenden im Ofen 16−18 Minuten rösten. Aus dem Ofen nehmen und zum Abkühlen beiseite stellen. Um die Schalen von den Nüssen zu entfernen, jeweils eine Handvoll zwischen den Handflächen oder in einem sauberen Küchentuch aneinanderreiben, wobei sich die dunklen Schalen ablösen. (Es ist nicht notwendig, jedes Schalenpartikelchen zu entfernen, doch sollten die Nüsse relativ sauber sein.) Die Nüsse in der Nußmühle, der Küchenmaschine oder dem Mixer feinmahlen.

Die Backofentemperatur auf 160° erhöhen. Mehrere Backbleche leicht einfetten. Die Butter in einer Rührschüssel cremig schlagen. Zucker zufügen und zu einer lockeren, glatten Masse schlagen. Ei, Vanilleextrakt und Salz unterrühren. Nach und nach das Mehl einrühren, bis es gut eingearbeitet ist. Die gemahlenen Nüsse unterheben.

Den Teig in einen Spritzbeutel füllen, der mit einer Stern- oder einer glatten Tülle von etwa 1 cm Durchmesser versehen ist. In etwa 3,5 cm Abstand etwa 4,5 cm lange Teigstreifen auf die Backbleche spritzen.

Auf den mittleren Schienen des Backofens 9−11 Minuten backen, bis die Ränder gerade zu bräunen beginnen. Aus dem Ofen nehmen und 1−2 Minuten stehenlassen. Dann die Plätzchen, bevor sie spröde werden, rasch auf ein Kuchengitter setzen, das mit Backpapier unterlegt ist; in gleichmäßigen Reihen auf das Gitter legen, so daß sie sich fast berühren. Plätzchen etwas abkühlen lassen.

Zur Herstellung der Glasur Schokolade und Kokosfett im Wasserbad unter gelegentlichem Rühren erwärmen, bis die Masse geschmolzen und glatt ist.

Mit einem Löffel dünne Glasurlinien quer über die Gebäckstreifen gießen und auf diese Weise alle Plätzchen verzieren. Etwa 45 Minuten stehenlassen, bis die Glasur vollkommen fest ist. (Um das Trocknen der Glasur zu beschleunigen, die Plätzchen etwa 10 Minuten in den Kühlschrank stellen.)

Das Spritzgebäck kann 3−4 Tage in einem luftdicht verschlossenen Behälter aufbewahrt werden. Es läßt sich auch unglasiert einfrieren; kurz vor dem Servieren glasieren.

Das Rezept ergibt 40−45 Plätzchen von etwa 7,5 cm Länge. (Abb. s. rechts)

RECHTS:
Haselnuß-Spritzgebäck

SCHOKOLADENBREZELN

Deutschland und Österreich

Brezelformen werden seit mindestens tausend Jahren benutzt. Möglicherweise waren sie ein astronomisches Symbol für den Lauf der Sonne. Obwohl man mit der Brezel normalerweise ein knuspriges Salzgebäck assoziiert, wird diese Form in vielen mittel- und nordeuropäischen Ländern für süßes Kleingebäck verwendet. Glasierte Schokoladenbrezeln sind besonders in Deutschland sehr beliebt, und man findet sie fast in jedem deutschen Backbuch. Das Formen der Brezeln verlangt ein wenig Übung, ist aber leicht zu meistern, wenn man den Anweisungen genau folgt.

2 1/3 Tassen Mehl
1/4 Tasse und 3 EL Kakaopulver
1/2 TL Backpulver
1/8 TL Salz
5 1/2 EL weiche Butter
1/3 Tasse Zucker
3 EL Ahornsirup
2 große Eier
1 1/2 TL Vanilleextrakt
(ersatzweise Vanillinzucker)
1/2 Tasse feingemahlene Walnüsse
60 g feingeraspelte Zartbitterschokolade

GLASUR UND VERZIERUNG
1 Tasse Puderzucker
1/3 Tasse und 1 EL Kaffee oder Wasser
1 TL Kokosfett
1 TL Ahornsirup
170 g Zartbitterschokolade, in kleine Stücke gebrochen oder gehackt

ZUSÄTZLICHE VERZIERUNG (falls gewünscht)
1–2 EL Hagelzucker
50 g geschmolzene weiße Schokolade

Mehl, Kakaopulver, Backpulver und Salz gründlich vermischen und beiseite stellen.

Die Butter in einer Rührschüssel mit dem Handrührgerät bei mittlerer Geschwindigkeit cremig schlagen. Zucker und Sirup zufügen und gut unterrühren. Eier und Vanilleextrakt dazugeben und zu einer lockeren, glatten Masse schlagen. Nach und nach etwa die Hälfte der Mehlmischung unterrühren und gut einarbeiten. Die gemahlenen Walnüsse und die Schokolade einrühren. Das restliche Mahl mit einem großen Rührlöffel von Hand unterheben und gründlich einarbeiten.

Den Teig halbieren und jede Teigportion auf einen Bogen Klarsichtfolie legen. (In diesem Fall kein Backpapier verwenden, da der Teig daran anhaften würde.) Jede Teighälfte zu einer gleichmäßig dicken, etwa 15 cm langen Rolle formen. Die Rollen fest einwickeln und etwa 1 Stunde in den Kühlschrank legen, bis der Teig gut gekühlt, aber nicht hart und steif ist.

Den Backofen auf 160° vorheizen. Mehrere Backbleche einfetten.

Jeweils mit einer Teigportion arbeiten. Auf der Rolle sorgfältig 12 gleich große Abschnitte markieren und dann in 12 Stücke schneiden. Um Brezeln zu formen, jedes Teigstück kurz kneten, um es etwas elastischer zu machen, es dann mit den Fingern auf einer sauberen Arbeitsfläche zu einer gleichmäßigen »Schnur« rollen, die 25–30 cm lang und etwas dicker sein sollte als ein Bleistift. (Der Teig ist leicht zu verarbeiten, sofern man die Teigschnur gleichmäßig dick formt. Falls diese reißen sollte, einfach wieder anstücken.) Die Teigschnüre behutsam in etwa 3,5 cm Abstand auf die Backbleche setzen. Die Enden jeder Brezel überkreuzen (s. S. 252) und die Schnurenden am Kreuzungspunkt miteinander verschlingen, dann vom Backblech heben und fest auf den Brezelbogen drücken. Auf diese Weise alle 12 Brezeln formen. Den Vorgang mit der zweiten Teigportion wiederholen.

Auf den mittleren Schienen des Backofens 9–11 Minuten backen, bis die Ränder der Brezeln gerade anfangen zu bräunen. Aus dem Ofen nehmen und 1–2 Minuten stehenlassen. Dann die Brezeln mit einem breiten Messer lösen und auf ein mit Bachpapier unterlegtes Kuchengitter setzen. Auf Zimmertemperatur abkühlen lassen, dann glasieren und verzieren.

(Fortsetzung des Rezeptes S. 146)

RECHTS:
Schokoladenbrezeln

Für die Glasur Puderzucker in einen mittelgroßen Topf sieben. Kaffee, Kokosfett und Sirup zufügen und bei mittlerer Hitze unter Rühren zum Kochen bringen. Dann sofort vom Feuer nehmen, Schokolade dazugeben und rühren, bis die Schokolade geschmolzen und eine glatte Masse entstanden ist.

Mit einer Zuckerzange jeweils eine Brezel ganz in die Glasur tauchen. (Sie sollte vollständig, aber nicht dick mit der Glasur überzogen sein. Wenn die Glasur zu dickflüssig wird oder während der Arbeit zu trocknen beginnt, sie mit ein paar Tropfen Wasser oder Kaffee verdünnen.) Überschüssige Glasur abtropfen lassen und die Brezeln mit der Oberseite nach oben zum weiteren Abtropfen auf ein Kuchengitter legen; darauf achten, daß sie sich nicht berühren. Gegebenenfalls einige Hagelzuckerkristalle auf jede Brezel streuen oder die Glasur fest werden lassen und dann in dünnen Linien etwas weiße Schokolade schnell über die Brezeln gießen. Die Brezeln 5 Minuten stehenlassen, sie dann vorsichtig lösen, damit sie nicht am Gitter anhaften, und wieder hinlegen. Noch etwa 30 Minuten stehenlassen, bis die Glasur vollkommen getrocknet ist.

Die Brezeln schmecken frisch am besten, lassen sich aber auch 2–3 Tage in einem luftdicht verschlossenen Behälter aufbewahren. Sie können unglasiert eingefroren werden. Dann läßt man sie vollständig auftauen und glasiert sie vor dem Servieren.

Das Rezept ergibt 24 Brezeln von etwa 7,5 cm Länge. (Abb. s. S. 145)

HIMBEER-SCHOKOLADEN-STANGEN

Deutschland und Österreich

Ob nun die Deutschen oder die Österreicher den Anspruch auf die Urheberschaft an dieser außergewöhnlichen Geschmackskombination von Schokolade, Himbeeren, Haselnüssen und Mandeln für sich geltend machen dürfen, weiß ich nicht. Beide können jedoch für sich beanspruchen, daß sie diese Zutaten in vielen Gebäckarten auf gekonnte und raffinierte Weise verwenden. Diese gehaltvollen Schnitten, die aus einem Mürbeteigboden bestehen, mit Himbeergelee gefüllt, mit gerösteten Nüssen bestreut und mit Schokoladenglasur verziert sind, geben dafür ein unwiderstehliches Beispiel. Obwohl man etwas Zeit braucht, ist es nicht schwierig, die Schnitten herzustellen.

¼ Tasse ganze unblanchierte Haselnüsse
¼ Tasse blanchierte Mandelsplitter
2 ½ Tassen Mehl
½ TL Backpulver
¼ TL Salz
½ Tasse weiche Butter
⅓ Tasse und 2 EL Zucker
3 große Eier
1 EL Kirschwasser oder Orangensaft
½ Tasse Himbeergelee
75 g Edelbitterschokolade
½ TL Kokosfett

Den Backofen auf 150° vorheizen.

Die Haselnüsse in einer Backform verteilen und in den Ofen stellen. 16–18 Minuten unter gelegentlichem Wenden rösten, bis die Schalen anfangen, sich zu lösen und die Nüsse etwas Farbe angenommen haben. Mandeln in einer zweiten Backform verteilen und unter gelegentlichem Wenden 5 Minuten rösten. Nüsse zum Abkühlen beiseite stellen. Ofentemperatur auf 160° erhöhen. Ein großes Backblech einfetten und beiseite stellen.

Sobald die Haselnüsse so weit abgekühlt sind, daß man sie anfassen kann, die dunklen Schalen entfernen, indem man jeweils eine Handvoll Nüsse kräftig zwischen den Handflächen oder in einem sauberen Küchentuch aneinanderreibt, wobei die dunklen Schalenstückchen sich lösen und abfallen. (Es ist etwas schwierig, alle Partikelchen zu entfernen, doch sie sollten ziemlich frei von Schalen sein.) Haselnüsse und Mandeln vermengen und in der Küchenmaschine oder dem Mixer mittelfein hacken.

Mehl, Backpulver und Salz gründlich vermischen. Butter und Zucker in einer großen Rührschüssel mit dem Handrührgerät bei mittlerer Geschwindigkeit zu einer lockeren Masse schlagen. 2 Eier und das Kirschwasser zufügen und schlagen, bis die Zutaten gut vermischt sind. Etwa die Hälfte der Mehlmischung einrühren. ⅓ Tasse der gehackten Haselnüsse und Mandeln unterrühren. (Die restlichen Nüsse zum Verzieren zurückbehalten.) Mit einem großen Rührlöffel das restliche Mehl von Hand unterrühren, bis der Teig zusammenzuhalten beginnt.

Den Teig in drei gleich große Portionen teilen, jedes Teigdrittel auf einen großen Bogen Backpapier legen und im Papier zu einer glatten, gleichmäßig dicken Rolle von etwa 28 cm Länge formen. Die Teigrollen auf das Backblech heben und mit möglichst großem Abstand voneinander darauf anordnen. Mit der Handkante über die ganze Länge jeweils eine tiefe, etwa 3,5 cm breite Rinne in die Mitte der Teigrolle drücken. (Darauf achten, daß entlang der Rinne rechts und links ein Rand stehenbleibt, da sonst der Gelee, der später eingefüllt wird, auf das Blech läuft.) Das verbliebene Ei in einer kleinen Schüssel mit 1 EL Wasser kräftig verschlagen. Die Rollen oben und an den Seiten mit der Eimischung gleichmäßig bestreichen; darauf achten, daß sie nicht auf das Backblech tropft.

Auf der mittleren Schiene des Backofens die Rollen 9 Minuten backen. Aus dem Ofen neh-men. Die Rollen wieder mit der Eimischung bestreichen. Etwa 2½ EL Himbeergelee in die Rinne jeder Rolle geben und gleichmäßig verstreichen. Die Rollen mit einigen gehackten Nüssen bestreuen, ein paar zum Verzieren aufheben. Die Rollen wieder in den Ofen schieben und weitere 11−13 Minuten backen, bis die Rollen etwas gebräunt sind und der Gelee Blasen wirft. Backblech aus dem Ofen nehmen und mindestens 10 Minuten stehenlassen.

Schokolade und Kokosfett in einen kleinen schweren Topf geben und auf kleinster Hitze unter gelegentlichem Rühren schmelzen, bis eine gut vermischte, glatte Masse entstanden ist. Vom Feuer nehmen.

Die Gebäckstangen sehr vorsichtig auf mit Backpapier unterlegte Kuchengitter setzen. Schokolade in dekorativen Linien über die Stangen gießen und mit den restlichen Nüssen bestreuen. Stehenlassen, bis das Gebäck vollständig abgekühlt und die Schokolade etwas fest geworden ist. Die Rollen vorsichtig auf ein Schneidebrett heben. Mit einem großen scharfen Messer die Enden diagonal abschneiden, dann jede Gebäckstange diagonal in 12−13 Scheiben schneiden. Die Scheiben auf ein Kuchengitter legen und stehenlassen, bis die Schokolade fest geworden ist. (Um diesen Vorgang zu beschleunigen, die Schnitten ein paar Minuten in den Kühlschrank stellen.)

Die Schnitten schmecken am besten, wenn man sie ganz frisch verzehrt, sie können aber auch 3−4 Tage in einer luftdicht verschlossenen Dose aufbewahrt werden. Man kann die Stangen auch ganz einfrieren und dann im Bedarfsfall nach dem Auftauen, vor dem Servieren, in Scheiben schneiden.

Das Rezept ergibt etwa 40 Schnitten von etwa 7,5 cm Durchmesser. (Abb. s. S. 173)

FOLGENDE DOPPELSEITE:
Im Uhrzeigersinn, von oben rechts:
Honiglebkuchen (Rezept s. S. 150), Zimtsterne (Rezept s. S. 155), Springerle (Rezept s. S. 152) und Spekulatius (Rezept s. S. 153)

HONIGLEBKUCHEN

Deutschland

Dies ist ein klassisches deutsches Ausstechgebäck, das nach Gewürzen und Honig duftet und mit einer gespritzten Puderzuckerglasur verziert ist. Die Plätzchen sind knusprig und schmecken ein wenig wie Ingwerwaffeln, obwohl Ingwer nicht das vorherrschende Gewürz ist. Honiglebkuchen sind goldbraun und sehen, wenn sie auf traditionelle Weise verziert werden, sehr festlich und farbig aus.

Oft wird der Teig in Herzformen verschiedener Größen ausgestochen, und die Ränder der Plätzchen werden mit einer weißen Glasur – die wie Spitze aussieht – oder aber einer roten Glasur verziert. Während der Adventszeit und zu Weihnachten sticht man die Plätzchen auch häufig mit einer Nikolaus-Form aus, um den Kindern eine besondere Freude zu machen. Andere beliebte Formen sind Engel, Weihnachtsbäume und Sterne.

Das Rezept enthält Anweisungen zur Herstellung der Glasur und zum Verzieren der Plätzchen mit Hilfe eines Spritzbeutels. Sie können jedoch auch eine Spritzglasur verwenden, die es fertig zu kaufen gibt.

4 1/3 Tassen Mehl
1 1/2 EL Kakaopulver
4 TL gemahlener Zimt
2 TL gemahlene Nelken
1 3/4 TL gemahlene Muskatblüte
1 1/2 TL gemahlener Ingwer
1/4 TL gemahlener Kardamom (falls gewünscht)
1/4 TL Backpulver
1/4 TL Natron
1 Tasse weiche Butter
3/4 Tasse Kleehonig
oder ein anderer milder Honig
1 Tasse Zucker
1 großes Ei
Fein abgeriebene Schale von 1 großen
unbehandelten Zitrone

GLASUR UND VERZIERUNG
1 1/4 Tassen Puderzucker

1 EL frischer Zitronensaft
Silberne Zuckerkügelchen, rote und bunte
Zuckerstreusel (falls gewünscht)
1–2 Tropfen rote Lebensmittelfarbe
(falls gewünscht)

Mehl, Kakaopulver, Zimt, Nelken, Muskatblüte, Ingwer, Kardamom, Backpulver und Natron gründlich vermischen und beiseite stellen.

Butter, Honig und Zucker in einer Rührschüssel mit dem Handrührgerät bei mittlerer Geschwindigkeit zu einer sehr lockeren und glatten Masse schlagen. Ei und Zitronenschale gründlich unterrühren. Nach und nach die Mehlmischung einrühren. Falls der Motor des Rührgeräts zu stocken beginnt, das restliche Mehl von Hand unterrühren. Den Teig in drei gleich große Portionen teilen. Jedes Teigdrittel zwischen lange Backpapierbogen legen und etwa 5 mm dick ausrollen. Die Unterseite des Teigs häufig kontrollieren und eventuell entstandene Falten im Papier glätten. Die Teigblätter auf ein großes Tablett oder Backblech legen und mindestens 1½ Stunden in den Kühlschrank stellen, bis sie kalt und fest sind. (Um den Kühlprozeß zu verkürzen, den Teig 30–40 Minuten in die Tiefkühltruhe stellen.)

Den Backofen auf 160° vorheizen. Mehrere Backbleche gut einfetten.

Ein Teigblatt aus dem Kühlschrank nehmen (die anderen im Kühlschrank lassen), sorgfältig den unteren Backpapierbogen abziehen und wieder leicht auflegen. Teig umdrehen und behutsam den oberen Backpapierbogen entfernen. Den Teig mit Herz-, Nikolaus- oder anderen Formen ausstechen. Die Plätzchen in etwa 2 cm Abstand auf die Backbleche legen. (Sind einige Formen sehr viel größer als die anderen, diese auf ein separates Backblech setzen.) Teigreste zusammendrücken, erneut zwischen Backpapier ausrollen und wieder in den Kühlschrank stellen, bis der Teig kalt und fest ist, bevor man weitere Plätzchen aussticht. Dann den Vorgang mit dem zweiten und dritten Teigblatt wiederholen, bis der Teig aufgebraucht ist.

Auf den mittleren Schienen des Backofens die Lebkuchen backen, bis sie beinahe fest und an den Rändern ganz leicht gebräunt sind; das dauert, je nach Plätzchengröße, 10–13 Minuten. Aus dem Ofen nehmen, Plätzchen sofort mit einem breiten Messer auf ein Kuchengitter legen und vollkommen auskühlen lassen.

Für die Spritzglasur Puderzucker, Zitronensaft und 1½ TL Wasser in einer kleinen Schüssel verrühren, bis die Masse glatt ist. Tropfenweise noch ½–1 TL Wasser zugeben, bis die Glasur zwar fest genug ist, um nicht zu verfließen, gleichzeitig aber ausreichend geschmeidig, um durch den Spritzbeutel mit Schreibtülle gespritzt werden zu können. Einen hübschen, dekorativen Rand auf die Herzplätzchen spritzen, zum Beispiel mit Punkten, Wellen- oder Zickzacklinien. Gegebenenfalls weitere Tupfer aufspritzen, die als Kleber für Silberkügelchen oder Zuckerstreusel dienen. Bei Plätzchen in Nikolausform Stiefel, Bart und Sack sowie andere Details mit Spritzglasur andeuten und Zuckerkügelchen als Knöpfe, Augen, Nase und Mund mit Glasur aufkleben. (Wenn man die Plätzchen zu-

sätzlich dekorieren will, einen Teil der Glasur zurückbehalten und mit roter Lebensmittelfarbe einfärben. Damit einen zweiten Rand aufspritzen oder einige Details farbig akzentuieren.) Die Plätzchen etwa 1 Stunde stehenlassen, bis die Glasur vollständig getrocknet ist.

Die Lebkuchen schmecken am besten, wenn man sie vor dem Servieren in einem luftdicht verschlossenen Behälter über Nacht durchziehen läßt. Sie können so bis zu 2 Wochen aufbewahrt werden. Bei längerer Lagerung einfrieren.

Das Rezept ergibt 30–40 Herzen von 6–10 cm Durchmesser oder etwa 24 Nikoläuse von etwa 10 cm Höhe. (Abb. s. S. 148/149)

SPRINGERLE

Deutschland

Springerle sind traditionelle deutsche Anisplätzchen, die man herstellt, indem man mit Hilfe von geschnitzten Nudelhölzern, Brettern und Holz- oder Metallformen unterschiedliche Muster in den ausgerollten Teig drückt. In der Vergangenheit besaß in manchen Familien jedes Kind seine eigene Form, und jedes Jahr vor Festtagen wie Weihnachten und Ostern wurden seine ganz persönlichen Plätzchen damit hergestellt.

Es heißt, daß die schönen frühen Springerle-Formen, von denen viele Vogel-, Blumen- und Herzmotive zeigten, den städtischen Bäckern zu verdanken seien. Der Laden, der die schönsten Plätzchen anbot, hatte wahrscheinlich auch den höchsten Umsatz, und so engagierten viele Bäcker Schnitzer, die raffinierte Formen für sie schufen. Manche Bäckereien präsentierten jedes Jahr neue Muster.

Obwohl sich die meisten alten Springerle-Model heute in Privatsammlungen befinden, ist immer noch eine große Vielfalt von modernen Holz-, Metall- und Keramikformen erhältlich. Alle Typen sind einfach in der Verwendung, und mit allen sind schöne Ergebnisse zu erzielen.

Springerle sind feste, manchmal sogar harte, aromareiche Plätzchen, die sich gut halten. Da sie meist trocken sind, werden sie oft mit Kaffee serviert und können auch eingetunkt werden.

3 große Eier (Zimmertemperatur)
1 ⅓ Tassen Zucker
Sehr fein abgeriebene Schale von 2 mittelgroßen unbehandelten Zitronen
½ TL Vanilleextrakt
(ersatzweise Vanillinzucker)
3—3 ⅓ Tassen Mehl (ungefähr)

VERZIERUNG
3—4 EL ganze Anissamen
Lebensmittelfarbe (falls gewünscht)

Eier in einer großen Rührschüssel mit dem Handrührgerät bei hoher Geschwindigkeit etwa 2 Minuten schlagen, bis sie locker und schaumig sind. Nach und nach den Zucker einrühren und bei hoher Geschwindigkeit 10—12 Minuten schlagen, bis die Masse sehr locker und von der Konsistenz her fast so dick wie Crème fraîche ist. Zitronenschale und Vanilleextrakt zufügen und weitere 30 Sekunden schlagen. Mit einem großen Rührlöffel 3 Tassen Mehl unterrühren, so daß man einen festen, aber nicht krümeligen Teig erhält. Den Teig in der Schüssel mehrere Minuten rühren oder kneten, bis er sehr glatt ist. Teig fest in Klarsichtfolie einwickeln und mindestens 2 Stunden lang oder im Bedarfsfall bis zu 8 Stunden in den Kühlschrank stellen.

Vor dem Formen der Plätzchen mehrere Backbleche einfetten. Jedes großzügig mit Anissamen bestreuen. Ein Springerle-Nudelholz, -Brett oder Plätzchenformen leicht mit Mehl bestäuben; überschüssiges Mehl abklopfen. Die Arbeitsfläche ebenfalls leicht mit Mehl bestäuben.

Den gekühlten Teig auf der Arbeitsfläche gut 5 mm dick ausrollen; das Nudelholz öfter leicht bemehlen und den Teig mehrere Male heben, damit er nicht anhaftet. Das Springerle-Nudelholz, -Brett oder die Formen fest über den Teig rollen beziehungsweise fest in den Teig drücken, um die Muster einzuprägen. Falls Formen benutzt werden, sie behutsam wieder vom Teig heben. Die Muster mit einem Teigrädchen oder einem scharfen Messer auseinanderschneiden. Die Plätzchen mit einem breiten Messer auf die vorbereiteten Backbleche heben, dabei etwa 1,5 cm Abstand einhalten. Teigreste zusammendrücken und verkneten. Dann das Ausrollen und Prägen wiederholen, bis der Teig verbraucht ist. (Rasch arbeiten, da der Teig austrocknet, wenn er zu lange steht.) Damit die Plätzchen hübsch aussehen, Mehl, das an den Oberseiten anhaftet, abbürsten. Unbedeckt mindestens 18 oder bis zu 24 Stunden beiseite stellen.

Den Backofen auf 110° vorheizen. 25—45 Minuten backen, bis die Plätzchen oben fest sind, aber noch keine Farbe angenommen haben; die Backzeit variiert je nach Plätzchengröße. (Sehr kleine quadratische Plätzchen von etwa 4,5 cm Seitenlänge brauchen 25 Minuten, solche mit 7,5—10 cm Kantenlänge etwa doppelt so lange.) Plätzchen auf ein Kuchengitter legen und mindestens 1 Stunde abkühlen lassen.

Gegebenenfalls die Plätzchen folgendermaßen bemalen: Lebensmittelfarbe mit etwas Wasser verdünnen und die Farbe mit einem kleinen Pinsel auf die erhöhten Teile des Plätzchenreliefs auftragen. Die bemalten Plätzchen mindestens 2 Stunden, bis sie vollständig getrocknet sind, stehenlassen.

Die Plätzchen lassen sich in luftdicht verschlossenen Dosen oder Plastiktüten 2 Wochen aufbewahren. Um ein noch stärkeres Anisaroma zu erhalten, 1−2 TL Anissamen in die Behältnisse geben. Bei längerer Lagerung einfrieren.

Das Rezept ergibt 20−35 Plätzchen, je nach Größe der verwendeten Formen und Muster. (Abb. s. S. 148/149)

SPEKULATIUS (SPECULAAS)

Belgien und Niederlande

Meist mit den traditionellen geschnitzten Holzformen werden die Spekulatius hergestellt. Die Gewürzplätzchen sind besonders in Belgien und in den Niederlanden verbreitet und beliebt. Fast die gleichen Plätzchen findet man auch in Deutschland. In diesen Ländern werden die Plätzchen mit dem St.-Nikolaus-Tag, dem 6. Dezember, assoziiert, wenn Nikolaus braven Kindern einen Teller mit Plätzchen, Süßigkeiten und anderen kleinen Geschenken bringt.

Falls Sie keine Spekulatiusformen besitzen, können Sie aus dem Teig auch leckere Ausstechplätzchen herstellen. Dazu rollt man einfach den gekühlten Teig auf einer leicht bemehlten Arbeitsfläche etwa 5 mm dick aus und sticht mit unterschiedlichen Formen Plätzchen aus. Auch einige der modernen Keramikplätzchenformen, die es in Küchenläden zu kaufen gibt, können verwendet werden. Mit ihnen erhält man interessante Formen und dekorative Oberflächenreliefs, die denen der traditionellen Speculaasformen ähneln.

Einige allgemeine Anweisungen, die sich beim Testen einiger unterschiedlicher Holzformen und einem Keramikform-Typ als hilfreich erwiesen haben, werden in diesem Rezept berücksichtigt. Besitzen Sie jedoch Formen, denen eine Anleitung des Herstellers beiliegt, so folgen Sie dessen Anweisungen.

Mit diesem Teig fällt das Formen der Speculaas ziemlich leicht, obschon es etwas Übung erfordert, bis man perfekte Plätzchen zustande bringt. Das ist jedoch insofern kein Unglück, als man den Teig wieder glattdrücken, nochmals kurz in den Kühlschrank stellen und erneut formen kann. Kindern scheinen diese Plätzchen immer besonders zu gefallen. Die Spekulatius sind knusprig und haben ein angenehmes, mildwürziges Aroma.

3¾ Tassen Mehl
1 EL und 1 ½ TL gemahlener Zimt
¾ TL gemahlener Ingwer
½ TL gemahlene Nelken
½ TL gemahlene Muskatnuß
⅛ TL Natron
1 Tasse weiche Butter
1 ⅓ Tassen Zucker
2 große Eier
¼ TL fein abgeriebene Zitronenschale
(unbehandelt)
⅔ Tasse feingemahlene blanchierte Mandeln

Zum Einölen und Bestäuben der Formen
Pflanzenöl
Mehl oder Stärkemehl

Mehl, Zimt, Ingwer, Nelken, Muskatnuß und Natron in einer großen Schüssel vermischen und beiseite stellen.

Butter und Zucker in einer Rührschüssel zu einer glatten Masse schlagen. Eier und Zitronenschale einrühren. Etwa die Hälfte der Mehlmischung und die Mandeln unterrühren, bis sie gerade eben in den Teig eingearbeitet sind. Das restliche Mehl mit einem großen Rührlöffel unterheben. Den Teig in Klarsichtfolie wickeln und mindestens 3 Stunden oder im Bedarfsfall bis zu 48 Stunden in den Kühlschrank legen. (Der Teig kann auch bis zu 2 Wochen eingefroren werden, vor der Weiterverarbeitung im Kühlschrank vollständig auftauen lassen.)

Den Backofen auf 160° vorheizen. Mehrere Backbleche einfetten.

Holz- oder Keramikformen vorbereiten, indem man die Innenflächen leicht mit Pflanzenöl bestreicht; darauf achten, daß man alle Vertiefungen einfettet. (Ein Backpinsel eignet sich gut für diese Arbeit.) Die Formen leicht mit Mehl oder Stärkemehl bestreuen, in sich drehen und wenden, damit das Mehl in alle Ritzen eindringt, dann Formen umdrehen und gegen eine harte Fläche klopfen, um überschüssiges Mehl zu entfernen. (Mit einem dünnen Mehlfilm gelingt die Arbeit am besten, und man erhält auch die schönsten Plätzchen.) Die Formen müssen nach jedem Plätzchen wieder bemehlt, aber nicht mehr neu eingefettet werden.

Jeweils mit einer kleinen Teigportion arbeiten (der übrige Teig bleibt solange im Kühlschrank) und ein Teigstück abtrennen, das groß genug ist, um die verwendete Form auszufüllen. Nach und nach jeweils ein kleines Teigstück in die Form drücken. (Auch wenn einem der Teig am Anfang sehr zäh vorkommt, weiterarbeiten; während man das Plätzchen formt, wird er weicher.) Sobald die Form gefüllt ist, den Teig überall niederdrücken, um Luftblasen zu entfernen. Teig, der über den Formrand steht, zurück in die Form drücken. Mit einem großen, scharfen Messer überschüssigen Teig abschneiden, so daß die Plätzchenoberfläche mit dem Formrand abschließt. Um die Plätzchen aus den Holzformen zu lösen, die umgedrehte Form mehrere Male kräftig auf eine harte Fläche schlagen, bis sich das Plätzchen löst. (Bei Keramikformen sollte man gegen ein Holzbrett oder eine andere etwas weichere Fläche schlagen, auch nicht ganz so fest, damit man die Form nicht beschädigt oder zerbricht.) Sobald sich das Plätzchen überall gelöst hat, es auf ein Backblech klopfen. (Wenn es an einer Stelle anhaftet, den Teig vorsichtig mit der Spitze eines Schälmessers lösen.) Die Plätzchen mit etwa 3,5 cm Abstand auf den Blechen anordnen.

Auf den mittleren Schienen des Backofens die Spekulatius je nach Größe 10–15 Minuten bakken, bis sie an den Rändern einen Hauch brauner Farbe angenommen haben. Aus dem Ofen nehmen und die Plätzchen mehrere Minuten auf den Blechen stehenlassen, sie dann mit einem breiten Messer lösen, auf ein Kuchengitter legen und vollständig auskühlen lassen.

Die Spekulatius lassen sich bis zu 2 Wochen in einer luftdicht verschlossenen Dose aufbewahren oder, bei längerer Lagerung, einfrieren.

Das Rezept ergibt 20–40 Plätzchen, je nach Größe der Formen. (Abb. s. S. 148/149)

ZIMTSTERNE

Deutschland

Zimtsterne werden aus einem Eiweiß-Mandel-Teig hergestellt, der einer Makronenmasse ähnelt. Allerdings wird der Teig bei diesem Gebäck ausgerollt und ausgestochen, so daß man nicht weiche gewölbte, sondern flache Plätzchen erhält, die außen knusprig und innen etwas feucht sind. Außerdem wird der ziemlich süße Teig mit Zimt und Zitrone aromatisiert und die Oberseite der Plätzchen mit einer schönen glänzenden Glasur verziert.

Dieses ungewöhnliche, aber feine Gebäck gehört sicher zu den beliebtesten deutschen Weihnachtsplätzchen.

2 ½ Tassen blanchierte Mandelsplitter
⅓ Tasse Eiweiße (= etwa 2–3 große Eiweiße; Zimmertemperatur)
1 Prise Salz
⅛ TL frischer Zitronensaft
2 Tassen Puderzucker
(nach dem Abmessen gesiebt)
1 EL gemahlener Zimt
1 ¼ TL sehr fein abgeriebene Zitronenschale
(unbehandelt)

ZUM AUSROLLEN DES TEIGS
½–⅔ Tasse Puderzucker

ZUR HERSTELLUNG DER GLASUR
1–2 TL frischer Zitronensaft

Den Backofen auf 140° vorheizen. Mehrere Backbleche gut einfetten und bemehlen oder mit Backpapier auslegen. Die Mandeln in der Küchenmaschine oder dem Mixer fein vermahlen; beiseite stellen.

Eiweiße und Salz in einer großen, absolut fettfreien Rührschüssel mit dem Handrührgerät bei mittlerer Geschwindigkeit zu einem blasigen Schaum schlagen. Zitronensaft zufügen und das Gerät allmählich auf Höchstgeschwindigkeit schalten und schlagen, bis sich weiche Spitzen bilden. Nach und nach den Puderzucker zugeben. Weiterschlagen, bis der Eischnee steif, aber nicht trocken ist. ½ Tasse des Eischnees entnehmen und in einer kleinen Schüssel für die Glasur beiseite stellen.

Mandeln, Zimt und Zitronenschale in die große Schüssel mit Eischnee einrühren und gut untermischen. Die Arbeitsfläche mit Puderzucker bestäuben und den Teig darauflegen. Nach und nach noch ausreichend Puderzucker in den Teig kneten, damit er die zur Verarbeitung nötige Konsistenz erhält.

Die Arbeitsfläche wieder mit Puderzucker bestreuen. Den Teig etwa 6 mm dick ausrollen; Nudelholz häufig mit Puderzucker bestäuben und den Teig mehrere Male heben, damit er nicht anhaftet. Mit einer sternförmigen Ausstechform von 5–5,5 cm Durchmesser Plätzchen ausstechen und in etwa 3 cm Abstand auf die Backbleche setzen. Teigreste zusammendrücken, ausrollen und weitere Plätzchen ausstechen, bis der Teig verbraucht ist.

Für die Glasur nach und nach genügend Zitronensaft in den zurückbehaltenen Eischnee einrühren, so daß er streichfähig wird. Mit einem Küchenmesser die Oberseite jedes Sterns mit ausreichend Glasur bestreichen, so daß eine glatte, gleichmäßige Schicht entsteht; die Plätzchenoberseiten sollten vollständig, aber nicht dick mit Glasur überzogen sein. Trocknet die Glasur während der Arbeit etwas aus, noch ein paar Tropfen Zitronensaft zugeben.

Die Sterne 20–23 Minuten backen, bis sie einen Hauch brauner Farbe angenommen haben und außen knusprig, innen aber noch etwas feucht sind. Bleche aus dem Ofen nehmen, die Plätzchen sofort mit einem breiten Messer auf ein Kuchengitter legen und vollständig auskühlen lassen.

Die Zimtsterne lassen sich bis zu 10 Tagen in einem luftdicht verschlossenen Behälter aufbewahren. Bei längerer Lagerung einfrieren. Sie schmecken am besten, wenn man sie vor dem Servieren 24 Stunden durchziehen läßt.

Das Rezept ergibt etwa 35 Plätzchen mit einem Durchmesser von 7–7,5 cm. (Abb. s. S. 148/149)

MANDEL-»ZIEGEL«-WAFFELN
(TUILES AUX AMANDES)

Frankreich und Spanien

Leicht gebogen und sehr zerbrechlich sind diese Waffeln, die in Frankreich als »Tuiles« (Ziegel) bekannt sind. Die Plätzchen gehören zu den elegantesten, aber auch einfachsten, die ich kenne. Sie besitzen einen zarten Mandelgeschmack und eine pergamentene Knusprigkeit, die bewirkt, daß sie im Mund sofort zerbröseln und einem förmlich auf der Zunge zergehen. Die Waffeln heißen »Ziegel«, weil sie, noch warm, auf einem Nudelholz oder einer Flasche gebogen werden und beim Abkühlen die Form alter französischer Dachziegel annehmen.

Tuiles sind nicht nur in Frankreich, sondern auch in Spanien beliebt, wo man außergewöhnlich große Plätzchen backt, die dann bei Tisch in Stücke gebrochen werden. Dabei genügt es, wenn man mit dem Eßlöffel kurz auf ein Plätzchen klopft, damit es zerspringt.

Weil Tuiles so dünn und empfindlich sind, ist es nicht ganz leicht, sie vom Backblech zu lösen. Nachdem ich verschiedene Bleche und Methoden ausprobierte, habe ich herausgefunden, daß einfache Aluminiumbleche – und nicht etwa teflonbeschichtete Bleche – sich am besten eignen. Sie sollten nach jedem Backgang abgekühlt, gesäubert und stark eingefettet werden. In diesem Fall kann auch ein sehr breites Messer mit sehr dünner Klinge gute Dienste leisten. Am besten läßt sich das Lösen bewerkstelligen, wenn man die Waffeln in schnellen Bewegungen, in einem Augenblick löst, statt sie langsam und behutsam zu lockern und vorsichtig vom Blech zu heben.

Da man nur 30 Sekunden Zeit hat, um sie unbeschädigt von den Blechen zu lösen, bevor sie zu zerbrechlich werden, backe ich nie mehr als 4 oder 5 Waffeln gleichzeitig. Kleinere Waffeln von 7–8 cm Durchmesser sind etwas stabiler und lassen sich leichter vom Blech heben.

5 EL Butter
¼ Tasse (= etwa 2 große) Eiweiße
1 Prise Salz
¾ Tasse und 1 EL Puderzucker
5 Tropfen Bittermandel-Backaroma
⅓ Tasse und 2 EL Mehl
½–⅔ Tasse unblanchierte Mandelscheibchen

Den Backofen auf 160° vorheizen. Mehrere Backbleche sehr gründlich einfetten. Einige Nudelhölzer, Weinflaschen oder ähnliche große Zylinder zum Formen der Waffeln bereitstellen und einfetten.

Die Butter in einem kleinen Topf auf kleinster Hitze erwärmen. Vom Feuer nehmen und beiseite stellen, damit sie zunächst weiter schmilzt und dann etwas abkühlt.

In einer großen Rührschüssel Eiweiße und Salz mit einem Schneebesen schlagen, bis ein blasiger Schaum entsteht. Nach und nach den Puderzucker einsieben und schlagen, bis eine gut vermischte, glatte Masse entstanden ist. Bittermandelaroma einrühren. Nach und nach das Mehl darübersieben und verrühren, bis die Masse sehr glatt und etwas dicklich ist. Die abgekühlte Butter unterrühren.

Auf ein Backblech 4–5 leicht gehäufte Teelöffel Teig setzen; dabei einen Zwischenraum von mindestens 8 cm einhalten. (Die Teigportionen sehr klein bemessen und nicht zu viele auf ein Blech setzen, da sie sehr stark auseinanderlaufen.) Jedes Teighäufchen mit der Spitze eines Küchenmessers in einer kreisförmigen Wirbelbewegung zu einer Scheibe von etwa 4,5 cm Durchmesser verstreichen und dick mit Mandelscheibchen bestreuen.

Auf der obersten Schiene des Backofens 5–7 Minuten backen, bis die Waffeln einen etwa 1 cm breiten braunen Rand haben; Backblech nach der Hälfte des Backvorgangs von vorn nach hinten drehen, um gleichmäßiges Bräunen zu gewährleisten.

Aus dem Ofen nehmen und etwa 20 Sekunden stehenlassen. Am Rand einer Waffel vorsichtig mit einem Messer testen, ob das Gebäck fest genug ist, um es lösen zu können, ohne es zu beschädigen, dann alle Waffeln schnell mit einem

LINKS:
Mandel-»Ziegel«-Waffeln

breiten Messer mit dünner Klinge vom Blech heben. Die Waffeln sofort um die Nudelhölzer und die anderen Zylinder biegen. (Falls die letzten Waffeln auf dem Backblech schon zu sehr abgekühlt sind, während man die ersten löste, das Blech nochmals 1–2 Minuten in den Ofen stellen, um sie wieder zu erwärmen. Es kann jedoch auch dann noch schwierig sein, sie zu lösen.) Sobald die »Ziegel« steif sind, sie von den Zylindern nehmen, auf ein Kuchengitter legen und gut auskühlen lassen. Backbleche vor dem Wiederbenutzen abkühlen lassen, säubern und gründlich einfetten; dann den verbliebenen Teig auf die gleiche Weise verarbeiten.

Die Waffeln sind bis zu 1 Woche in einem luftdicht verschlossenen Behälter aufzubewahren. Bei längerer Lagerung einfrieren. Behutsam mit den Waffeln umgehen, da sie äußerst zerbrechlich sind.

Das Rezept ergibt etwa 30 Waffeln von 7–8 cm Durchmesser. (Abb. s. S. 156)

GLASIERTE SÜSSE BREZELN (BRETZELS SUCRÉS)

Elsaß/Frankreich

Für viele Familien im Elsaß wäre ein Weihnachten ohne süße Brezeln kein richtiges Weihnachtsfest, und fast auf jedem Festtagstisch stehen ein oder zwei Teller mit diesem traditionellen Gebäck.

Die ziemlich großen, leicht süßen, brezelförmigen Plätzchen ziehen mit ihrer glänzenden Puderzuckerglasur den Blick geradezu auf sich. Sehr oft haben sie ein ausgesprochenes Anisaroma, obgleich manche Versionen des Rezeptes – wie etwa dieses, das ich von einer Reise nach Straßburg mitbrachte – sich durch eine subtile Geschmacksverbindung von Zitrone, Vanille und Anis auszeichnen.

2 ⅔ Tassen Mehl
¾ TL Backpulver
¼ TL Salz
10 EL weiche Butter
½ Tasse Puderzucker
3 große Eier
1 TL gemahlener Anis (falls gewünscht)
1½ TL Vanilleextrakt
(ersatzweise Vanillinzucker)
1 TL frischer Zitronensaft
Fein abgeriebene Schale von 2 mittelgroßen unbehandelten Zitronen

GLASUR
2 ¼ Tassen Puderzucker
2 TL frischer Zitronensaft
¾ TL Ahornsirup

Mehl, Backpulver und Salz gut vermischen und beiseite stellen.

Die Butter und ½ Tasse Puderzucker in einer großen Rührschüssel mit dem Handrührgerät bei mittlerer Geschwindigkeit locker und cremig schlagen. Eier zufügen und gut unterrühren. Anis, Vanilleextrakt, Zitronensaft und Zitronenschale zufügen. Etwa die Hälfte der Mehlmischung unterrühren, bis sie gut eingearbeitet ist. Das restliche Mehl mit einem großen Rührlöffel von Hand unterheben. Der Teig sollte ziemlich elastisch sein.

Den Teig halbieren und die Teighälften jeweils in Klarsichtfolie einschlagen. (Kein Backpapier verwenden, da der Teig daran anhaftet.) Jede Teigportion zu einer gleichmäßig dicken, etwa 15 cm langen Rolle formen. Fest einwickeln und über Nacht oder mindestens 5 Stunden in den Kühlschrank stellen.

Den Backofen auf 170° vorheizen. Mehrere Backbleche einfetten und beiseite stellen. Auf der Teigrolle sorgfältig 12 gleiche Abschnitte markieren. Dann die Rolle mit einem scharfen schweren Messer an den Markierungen durchschneiden. Um Brezeln zu formen, die Teigstücke auf einer sauberen Arbeitsfläche zu 43—45 cm langen »Schnüren« rollen. (Der Teig ist ziemlich elastisch, bricht er dennoch, so stückt man ihn einfach wieder an.) Die Teigschnüre auf ein Backblech legen und die Enden überkreuzen (s. S. 252); dabei etwa 3,5 cm Abstand einhalten. Die Schnurenden am Kreuzungspunkt miteinander verschlingen, dann hochheben und fest auf den Brezelbogen drücken. Auf diese Weise alle 12 Brezeln formen. (Wird der Teig zu klebrig, so daß er sich nicht mehr gut verarbeiten läßt, ihn ein paar Minuten in den Kühlschrank stellen.) Mit der zweiten Teighälfte genauso verfahren.

Auf den mittleren Schienen des Backofens die Brezeln 9—11 Minuten backen, bis sie an den Rändern gerade einen Hauch brauner Farbe an-

genommen haben. Aus dem Ofen nehmen und 1—2 Minuten stehenlassen. Dann mit einem breiten Messer auf ein Kuchengitter legen, das auf Wachspapier steht, damit sie abkühlen können, während man die Glasur zubereitet. Die Brezeln sollten noch warm, allerdings nicht heiß sein, wenn man sie glasiert.

Für die Glasur 2 ¼ Tassen Puderzucker in eine kleine tiefe Schüssel sieben und 3 EL heißes Wasser, Zitronensaft und Ahornsirup unterrühren. Die Schüssel in einen Topf mit heißem Wasser setzen, um die Glasur warm zu halten. Eine Zuckerzange benutzen und die Oberseite der Brezeln in die Glasur tunken. Überschüssige Glasur abtropfen lassen und die Brezeln mit der glasierten Seite nach oben zum weiteren Abtropfen auf die Kuchengitter legen; achtgeben, daß sich die Brezeln nicht berühren. Wird die Glasur während der Arbeit zu fest, ein paar Tropfen Wasser zufügen, um sie auf die gewünschte Konsistenz zu verdünnen.

Die Brezeln 5 Minuten stehenlassen, sie dann vorsichtig hochheben, damit sie nicht anhaften, und wieder auf das Gitter legen. Ungefähr 30 Minuten stehenlassen, bis die Glasur getrocknet ist.

Die Brezeln schmecken frisch am besten. Man kann sie aber auch bis zu 48 Stunden in einem luftdicht verschlossenen Behälter aufbewahren; Brezeln dabei nicht aufeinanderschichten. Sie lassen sich 3—4 Tage einfrieren.

Das Rezept ergibt 24 Brezeln von 8—10 cm Länge.

ISCHLER PLÄTZCHEN

Österreich und Deutschland

Ischler Teegebäck ist in Mitteleuropa berühmt – und das mit gutem Grund. Diese zartbutterigen gefüllten Plätzchen schmecken nicht nur besonders fein, sondern sehen auch sehr hübsch aus. Je zwei Kekse werden mit Aprikosenmarmelade zusammengesetzt und dann mit der Oberfläche zur Hälfte in Schokoladenglasur getaucht. So erhält man einen schönen Hell-Dunkel-Kontrast.

Diese Plätzchen werden manchmal mit gemahlenen Mandeln, manchmal mit gemahlenen Haselnüssen, gelegentlich auch mit beidem zubereitet. Falls Sie den milderen Geschmack der Mandeln bevorzugen, können Sie ausschließlich Mandeln verwenden. Ich mag die Verbindung von Haselnüssen und Mandeln und meine, daß sie den Plätzchen einen volleren Geschmack verleiht, der sich gegenüber dem intensiven Aroma der Schokoladenglasur besser durchsetzen kann. Das Rezept enthält Anweisungen für beide Versionen.

Die Plätzchen setzt man am besten erst an dem Tag zusammen, an dem sie gegessen werden. Füllt man sie schon vorher, so dringt die Feuchtigkeit der Marmelade langsam in die Kekse ein und weicht sie etwas auf, so daß sie ihre schöne Knusprigkeit verlieren.

1 Tasse ganze blanchierte Mandeln
oder
2/3 Tasse ganze blanchierte Mandeln und
1/3 Tasse ganze unblanchierte Haselnüsse
1 Tasse weiche Butter
1 Tasse Puderzucker
1/8 TL Salz
1 1/2 TL Vanilleextrakt
(ersatzweise Vanillinzucker)
3–4 Tropfen Bittermandel-Backaroma
2 Tassen Mehl
2/3–3/4 Tasse Aprikosenmarmelade

LINKS:
Ischler Plätzchen

SCHOKOLADENGLASUR
1 1/4 Tassen Puderzucker
3/4 TL Ahornsirup
1 EL Kirschwasser oder Orangensaft
50 g feingeraspelte Edelbitterschokolade

Den Backofen auf 150° vorheizen. Mehrere Backbleche bereitstellen. Die Mandeln in einer flachen Backform verteilen, in den Ofen stellen und unter gelegentlichem Wenden 6–7 Minuten rösten, bis sie gerade Farbe anzunehmen beginnen. Falls auch Haselnüsse verwendet werden, diese in einer zweiten Backform verteilen, in den Ofen stellen und unter gelegentlichem Wenden 16–17 Minuten rösten. Sobald die Haselnüsse so weit abgekühlt sind, so daß man sie anfassen kann, ihre dunklen Schalen entfernen, indem man jeweils eine Handvoll zwischen den Handflächen oder in einem sauberen Küchentuch kräftig aneinanderreibt; dabei lösen sich die dunklen Schalenstücke und fallen ab. (Es ist etwas schwierig, alle Schalenstückchen zu entfernen, aber die Nüsse sollten ziemlich sauber sein.) Geröstete Haselnüsse und Mandeln in der Nußmühle, der Küchenmaschine oder dem Mixer fein vermahlen und beiseite stellen. Ofentemperatur auf 160° erhöhen.

Butter und Puderzucker in einer großen Rührschüssel mit dem Handrührgerät bei mittlerer Geschwindigkeit locker und glatt schlagen. Salz, Vanilleextrakt und Bittermandelaroma zufügen und etwa 30 Sekunden weiterschlagen. Gemahlene Mandeln und Haselnüsse unterrühren. Von Hand mit einem großen Rührlöffel das Mehl gut einarbeiten, bis die Masse zusammenzuhalten beginnt.

Den Teig halbieren und jede Teighälfte zwischen große Backpapierbogen legen. Beide Teigportionen mit dem Nudelholz etwa 5 mm dick ausrollen; dabei häufiger die Unterseite des Teigs überprüfen und eventuell im Papier entstandene Falten glätten. Die Teigblätter auf ein Tablett oder Backblech legen und 10–15 Minuten in den Kühlschrank stellen, bis sie kalt und fest, aber nicht hart sind. (Um den Kühlprozeß zu verkürzen, kann man den Teig etwa 8 Minuten in die Tiefkühltruhe stellen; jedoch darauf achten, daß er nicht zu kalt und hart wird.)

Ein gekühltes Teigblatt aus dem Kühlschrank nehmen, den oberen Backpapierbogen abziehen, das Papier wieder leicht auflegen, den Teig umdrehen und den zweiten Backpapierbogen entfernen. Mit einer Ausstechform von etwa 5 cm Durchmesser oder dem Rand eines entsprechend großen Trinkglases Plätzchen ausstechen und diese mit einem breiten Messer auf die Backbleche heben; dabei etwa 2,5 cm Abstand halten. Teigreste zusammendrücken und erneut zwischen Backpapierbogen ausrollen, dann wie zuvor ausstechen, bis der Teig aufgebraucht ist. (Wird der Teig zu warm, so daß man ihn nicht mehr gut verarbeiten kann, ihn nochmals kurz zum Kühlen in den Eisschrank stellen.) Den Vorgang mit dem zweiten Teigblatt wiederholen, bis alle Plätzchen ausgestochen sind und auf den Blechen liegen.

Im Ofen 11—13 Minuten backen, bis die Kekse einen Hauch goldbrauner Farbe angenommen haben und an den Rändern leicht gebräunt sind. Backbleche aus dem Ofen nehmen und 5 Minuten auf Kuchengittern stehenlassen. Mit einem breiten Messer die Plätzchen lösen, auf ein Kuchengitter legen und vollständig auskühlen lassen. Man kann sie in dieser Form etwa 1 Tag aufbewahren, falls sie nicht gleich verzehrt werden, oder sofort mit Marmelade füllen und glasieren.

Man setzt die Plätzchen zusammen, indem man jeweils ½—¾ TL der zuvor etwas glattgerührten Marmelade mit einem Küchenmesser auf die Hälfte der Taler streicht und dann behutsam einen unbestrichenen Keks auf jeden Aprikosenkeks drückt, so daß man ein gefülltes Plätzchen erhält; nicht zu sehr drücken, da die Kekse ziemlich zerbrechlich sind.

Zur Herstellung der Glasur Puderzucker in einen kleinen schweren Topf sieben. Sirup, Kirschwasser und 3 EL heißes Wasser einrühren, bis die Masse glatt und gut vermischt ist. Bei mittlerer Hitze unter Rühren zum Kochen

bringen. Vom Feuer nehmen. Schokolade einrühren, stehenlassen und ab und zu umrühren, bis die Masse glänzend und glatt ist. Falls notwendig, noch etwas Wasser zufügen, bis die Glasur die richtige Konsistenz hat. Sie sollte ausreichend dick sein, um die Plätzchen mit einer undurchsichtigen Schicht zu überziehen, aber auch flüssig genug, um lediglich eine dünne Schicht zu bilden.

Jeweils ein gefülltes Plätzchen in die Glasur tauchen, dabei den Topf schräg halten, so daß die Glasur nur die Hälfte jeder Plätzchenoberseite überzieht. Nach dem Tauchen die Plätzchen ein paar Sekunden senkrecht über den Topf halten, so daß überschüssige Schokolade abtropfen kann. Den Boden und den glasierten Rand jedes Plätzchens am Topfrand abstreifen, um weitere überschüssige Schokolade zu entfernen. Die Plätzchen wieder auf die Kuchengitter legen und mindestens 45 Minuten stehenlassen, bis die Glasur fest ist. (Falls die Glasur während der Arbeit zu trocknen beginnt und eindickt, noch einige Tropfen heißes Wasser zufügen.)

Die Plätzchen einschichtig in einem flachen, luftdicht verschlossenen Behälter aufbewahren und möglichst noch am gleichen Tag servieren. (Auch wenn man sie länger aufbewahrt, schmekken sie noch gut, doch die Feuchtigkeit der Marmelade macht sie etwas weich.) Die ungefüllten Plätzchen können auch bis zu 10 Tagen eingefroren, kurz vor dem Servieren zusammengesetzt und glasiert werden.

Das Rezept ergibt 25—30 Plätzchen von etwa 5,5 cm Durchmesser. (Abb. s. S. 160)

VANILLEKIPFERLN

Österreich und Deutschland

Diese Plätzchen lernte ich in einer kleinen Pension in den österreichischen Alpen während der Weihnachtstage kennen. Als wir am Nachmittag unseres ersten Ferientages verfroren nach Hause kamen, bot die Pensionswirtin uns einen großen Teller der nach Vanille duftenden Kipferln und dampfenden starken Kaffee an. Die Kombination war – und ist – unvergleichlich.

Diese Plätzchen sind butterig, zart und von feinem Aroma. Manche Kipferlsorten werden in Kristallzucker gewälzt, doch ich bevorzuge die mit Vanille und Puderzucker bestäubten. In Österreich und Bayern gehören Kipferln zum Pflicht-Repertoire jeder Hausfrau und auf jeden weihnachtlichen Plätzchenteller.

1 Tasse blanchierte Mandelsplitter
⅔ Tasse Zucker
1 Tasse und 2 EL weiche Butter
1 großes Ei
1 großes Eigelb
¼ TL Backpulver
⅛ TL Salz
2 TL Vanilleextrakt
(ersatzweise Vanillinzucker)
6 Tropfen Bittermandel-Backaroma
2 ⅓ Tassen Mehl

ZUM BESTÄUBEN
3 EL Zucker
1 Stück Vanilleschote (4–5 cm lang),
in kleine Stücke gehackt
¾ Tasse Puderzucker

Den Backofen auf 150° vorheizen. Die Mandeln in einer großen flachen Backform verteilen. In den Ofen stellen und unter gelegentlichem Wenden 7–8 Minuten rösten, bis sie gerade einen Hauch von Farbe angenommen haben. Die Form sofort aus dem Ofen nehmen und zum Abkühlen beiseite stellen.

Zucker und die abgekühlten Mandeln in der Küchenmaschine 3–4 Minuten mixen, bis die Mandeln sehr fein zermahlen sind, die Masse aber immer noch eine eher bröselige als pastenartige Konsistenz besitzt. (Ist keine Küchenmaschine vorhanden, kann auch ein Mixer verwendet werden. In diesem Fall die Hälfte der Mandeln und die Hälfte des Zuckers in den Mixer geben und bei mittlerer Geschwindigkeit mixen, bis die Mandeln feingemahlen sind. Den Mixer alle paar Sekunden abstellen und die Mandeln durch Umrühren verteilen, damit sie gleichmäßig gemahlen werden und nicht um die Schneidemesser klumpen. Den Arbeitsvorgang dann mit der zweiten Mandel- und Zuckerhälfte wiederholen.)

Die Butter in einer großen Rührschüssel mit dem Handrührgerät bei mittlerer Geschwindigkeit cremig schlagen. Die Mandel-Zucker-Mischung zufügen und weiterschlagen, bis sie sich gut mit der Butter verbunden hat. Ei, Eigelb, Backpulver, Salz, Vanilleextrakt und Bittermandelaroma unterrühren und zu einer glatten Masse schlagen. Nach und nach das Mehl zugeben. Wenn der Motor des Rührgeräts zu stocken beginnt, das restliche Mehl von Hand gleichmäßig einarbeiten, jedoch nicht zu lange rühren. Den Teig abdecken und 35–45 Minuten in den Kühlschrank stellen, bis er fest, aber nicht hart ist. (Kühlt man den Teig länger als 1 Stunde, so sollte man ihn vor dem Weiterverarbeiten etwas aufwärmen lassen.)

Den Backofen auf 160° vorheizen. Mehrere Backbleche leicht einfetten und beiseite stellen.

Um die Kipferln zu formen, etwa ein Drittel des gekühlten Teigs aus dem Eisschrank nehmen. Etwa 2 cm dicke Teigklümpchen abteilen und zwischen den Handflächen oder auf einer ebenen Arbeitsfläche zu etwa 8 cm langen, 1 cm dicken »Schnüren« mit leicht spitz zulaufenden Enden rollen. (Die Enden nicht zu spitz formen, da sie sonst leicht abbrechen.) Die Teigschnüre in etwa 2 cm Abstand auf die Backbleche setzen und zu einer Hörnchenform biegen. Weitere Kipferln formen, bis der Teig aufgebraucht ist.

Im oberen Drittel des Backofens die Hörnchen 11–13 Minuten backen, bis sie an den Rändern gerade einen Hauch brauner Farbe angenommen haben. Backbleche aus dem Ofen nehmen und 1 Minute stehenlassen. Die Kipferln mit einem breiten Messer vorsichtig lösen, auf ein Kuchengitter legen und abkühlen lassen.

Den Vanillezucker zubereiten, indem man Kristallzucker und Vanilleschotenstückchen in den Mixer gibt. Mixen und dabei den Mixer immer wieder abstellen und den Inhalt umrühren, bis die Vanilleschote vollständig pulverisiert und eine homogene Mischung entstanden ist. Diese mit dem Puderzucker gut verrühren.

Den Vanille-Puderzucker in eine feste Plastiktüte schütten. Dann behutsam einige Kipferln in die Tüte geben, diese vorsichtig bewegen, bis die Plätzchen ganz mit einer dünnen Puderzukkerschicht überzogen sind. Auf diese Weise alle Hörnchen überziehen.

Die Kipferln lassen sich bis zu 1 Woche in einer luftdicht verschlossenen Dose aufbewahren. Sollen sie sich länger halten, die ungepuderten Plätzchen einfrieren, erst kurz vor dem Servieren auftauen und mit Vanille-Puderzucker überziehen.

Das Rezept ergibt 50—60 Kipferln von etwa 7,5 cm Länge.

NUSSKRÄNZCHEN

Deutschland und Österreich

Nußkränzchen – knusprige, hübsche kleine Ringe mit feinem, intensivem Nußgeschmack – sind sehr typische mitteleuropäische Plätzchen. Man kann sie mit kandierten Kirschstückchen verzieren, die man so schneidet und anbringt, daß sie wie eine rote Schleife an einem Adventskranz wirken.

3/4 Tasse ganze unblanchierte Haselnüsse
3/4 Tasse blanchierte Mandelsplitter
2 Tassen Mehl
1/2 TL Backpulver
1/4 TL Salz
3/4 Tasse weiche Butter
2/3 Tasse Zucker
1 großes Ei
1/2 TL Vanilleextrakt
(ersatzweise Vanillinzucker)
5 Tropfen Bittermandel-Backaroma

VERZIERUNG (falls gewünscht)
1 Eiweiß
1/3—1/2 Tasse kandierte Kirschen

Den Backofen auf 150° vorheizen. Mehrere Backbleche einfetten und beiseite stellen. Die Haselnüsse in einer flachen Backform verteilen, in den Ofen schieben und unter gelegentlichem Wenden 16—17 Minuten rösten. Mandeln in einer zweiten Backform verteilen, in den Ofen schieben und unter gelegentlichem Wenden 7—8 Minuten rösten. Aus dem Ofen nehmen und Nüsse zum Abkühlen beiseite stellen. Die Ofentemperatur auf 170° erhöhen.

Sobald die Haselnüsse so weit abgekühlt sind, daß man sie anfassen kann, die dunklen Schalen entfernen, indem man je eine Handvoll Nüsse kräftig zwischen den Handflächen oder in einem sauberen Küchentuch aneinanderreibt; dabei lösen sich die Schalen und fallen ab. (Es ist etwas schwierig, jedes Schalenstückchen zu entfernen, doch die Nüsse sollten ziemlich sauber sein.) Ausreichend viele Haselnüsse feinhacken, so daß man etwa ⅓ Tasse erhält. Dann Mandeln feinhacken, so daß man ebenfalls ⅓ Tasse erhält, zu den Haselnüssen geben und zum Verzieren der Plätzchen zurückbehalten. Die verbliebenen Haselnüsse und Mandeln in die Küchenmaschine, den Mixer oder die Nußmühle geben und fein vermahlen. Beiseite stellen.

Mehl, Backpulver und Salz gründlich vermischen. Butter und Zucker in einer großen Rührschüssel mit dem Handrührgerät bei mittlerer Geschwindigkeit zu einer lockeren, glatten Masse schlagen. Ei, Vanilleextrakt und Bittermandelaroma zufügen und gut unterrühren. Die *gemahlenen* Nüsse dazugeben und gleichmäßig in der Masse verteilen. Die Mehlmischung einrühren, bis alles gut vermischt ist und der Teig zusammenhält.

Den Teig halbieren. Jede Teighälfte zwischen große Backpapierbogen legen und mit dem Nudelholz etwa 5 mm dick ausrollen. Die Teigunterseite häufig kontrollieren und eventuell entstandene Knitter im Papier glätten. Die Teigblätter auf ein großes Tablett oder Backblech legen und etwa 10 Minuten in den Kühlschrank stellen, bis sie kalt und fest sind.

Jeweils mit einer Teighälfte arbeiten (die zweite solange im Kühlschrank lassen), sorgfältig den unteren Backpapierbogen abziehen und wieder leicht auflegen. Teig umdrehen, die obere Backpapierschicht entfernen. Mit einer glatten oder gezackten runden Ausstechform von etwa 5,5 cm Durchmesser oder dem Rand eines kleinen Trinkglases Plätzchen ausstechen. Dann mit einem Fingerhut oder einem kleinen Drehverschluß von etwa 2,5 cm Durchmesser die Mitte jedes Plätzchens ausstechen, so daß ein Ring entsteht. Die ausgestochenen Mittelteile mit der Spitze eines Messers herausheben. Mit einem breiten Messer die Ringe in etwa 2,5 cm Abstand auf die Backbleche setzen. Teigreste zu einer Kugel zusammendrücken, wieder zwischen Backpapier ausrollen und wie zuvor Ringe ausstechen, bis der Teig verbraucht ist. (Wird der Teig zu weich, so daß man ihn nicht mehr gut verarbeiten kann, ihn zum Kühlen nochmals kurz in den Eisschrank stellen.) Den Vorgang mit der zweiten Teighälfte wiederholen.

In einer kleinen Schüssel das Eiweiß mit 2 TL Wasser verschlagen und damit jeweils die Oberseite von 2–3 Plätzchen leicht bepinseln. Gegebenenfalls auf jedem Ring 4 kleine Kirschstückchen in Form einer Schleife anbringen. Dann die Plätzchen mit den zurückbehaltenen Nüssen leicht bestreuen. Auf diese Weise alle Kränzchen verzieren.

Auf den mittleren Schienen des Backofens 9–11 Minuten backen, bis die Plätzchen an den Rändern gerade einen Hauch brauner Farbe angenommen haben; Backbleche nach der Hälfte des Backvorgangs von vorn nach hinten drehen, um gleichmäßiges Bräunen zu gewährleisten.

Bleche aus dem Ofen nehmen und 1 Minute auf einem Kuchengitter stehenlassen. Dann die Plätzchen mit einem breiten Messer lösen und zum Auskühlen auf ein Kuchengitter legen.

Die Plätzchen lassen sich bis zu 1 Woche in einem luftdicht verschlossenen Behälter aufbewahren. Bei längerer Lagerung einfrieren.

Das Rezept ergibt 45–50 Nußkränzchen von etwa 6 cm Durchmesser.

Sandplätzchen (Sablés)

Frankreich

Sablés sind ein klassisches französisches Mandel-Buttergebäck mit mürbsandiger Konsistenz. Sie sind gehaltvoll, mild im Geschmack und sehen hübsch aus. Auch die Zubereitung ist einfach.

½ Tasse blanchierte Mandelsplitter
¾ Tasse Zucker
¾ Tasse weiche Butter
1 großes Ei
1 großes Eigelb
⅛ TL Salz
4 Tropfen Bittermandel-Backaroma
2¾ Tassen Mehl

Verzierung
¼ – ⅓ Tasse unblanchierte Mandelscheibchen

Den Backofen auf 150° vorheizen. Die Mandelsplitter in einer großen flachen Backform verteilen. In den Ofen stellen und unter gelegentlichem Wenden 6 – 7 Minuten rösten, bis die Mandeln gerade Farbe anzunehmen beginnen. Aus dem Backofen nehmen und zum Abkühlen beiseite stellen.

Die abgekühlten Mandelsplitter mit dem Zucker in den Mixer oder die Küchenmaschine geben und mixen, bis sie vollständig vermahlen sind. (Falls ein Mixer benutzt wird, den Motor häufig abstellen und die Mischung durch Umrühren verteilen.) Die Ofentemperatur auf 160° erhöhen.

Die Butter in einer großen Rührschüssel mit dem Handrührgerät bei mittlerer Geschwindigkeit cremig schlagen. Die Zucker-Mandel-Mischung, Ei, Eigelb, Salz und Bittermandelaroma zugeben und schlagen, bis alles gut vermischt ist. Mit einem großen Holzlöffel das Mehl unterrühren, bis es gut eingearbeitet und der Teig glatt ist.

Den Teig halbieren, jede Teighälfte zwischen große Backpapierbogen legen und mit dem Nudelholz etwa 1 cm dick ausrollen. Die Teigblätter auf ein Tablett oder Backblech legen. Etwa 10 Minuten in den Kühlschrank stellen, bis sie kalt und etwas fest sind. Mehrere Backbleche bereitstellen.

Jeweils mit einem Teigblatt arbeiten. Sorgfältig die untere Backpapierschicht abziehen und wieder leicht auflegen. (Dadurch lassen sich die Plätzchen später besser vom Papier heben.) Den Teig umdrehen und die obere Backpapierschicht entfernen. Mit einer gezackten oder glatten runden Ausstechform von etwa 5 cm Durchmesser oder mit dem Rand eines entsprechend großen Trinkglases Plätzchen ausstechen. Die Plätzchen mit einem breiten Messer vorsichtig vom Backpapier heben und in etwa 2,5 cm Abstand auf die Backbleche setzen. Jeweils drei Mandelscheibchen speichenförmig in die Mitte jedes Plätzchens drücken. Teigreste zusammendrükken, erneut zwischen Backpapier ausrollen und weitere Plätzchen ausstechen, bis der Teig verbraucht ist. (Falls der Teig zu warm wird und sich nicht mehr gut verarbeiten läßt, ihn nochmals kurz in den Kühlschrank stellen.) Den Vorgang mit dem zweiten Teigblatt wiederholen.

Auf den mittleren Schienen des Backofens die Plätzchen 14 – 16 Minuten backen, bis sie oben einen Hauch von Farbe angenommen haben und an den Rändern ganz leicht gebräunt sind. Backbleche nach der Hälfte des Backvorgangs von vorn nach hinten drehen, um gleichmäßiges Bräunen zu gewährleisten. Aus dem Ofen nehmen und etwa 3 Minuten stehenlassen. Dann die Plätzchen auf ein Kuchengitter legen und vollkommen auskühlen lassen.

Die Sandplätzchen lassen sich bis zu 1 Woche in einer luftdicht verschlossenen Dose aufbewahren. Bei längerer Lagerung einfrieren.

Das Rezept ergibt etwa 30 Plätzchen von etwa 5,5 cm Durchmesser.

WIENER BUTTERPLÄTZCHEN

Österreich

Butterplätzchen sind meist fest und ziemlich dick, diese aber sind zerbrechlich, dünn und schön knusprig. Sie werden normalerweise mit einem Plätzchenstempel verziert. Falls Sie keinen solchen Stempel besitzen, so bietet das Rezept eine gute Alternative an.

2 ⅓ Tassen Mehl
¼ TL Backpulver
⅛ TL Salz
¾ Tasse und 2 EL weiche Butter
⅔ Tasse Zucker
1 großes Eigelb
1 ¼ TL Vanilleextrakt
(ersatzweise Vanillinzucker)
3 Tropfen Bittermandel-Backaroma
Puderzucker

Den Backofen auf 160° vorheizen. Mehrere Backbleche großzügig einfetten. Mehl, Backpulver und Salz in einer großen Schüssel vermischen.

Die Butter in einer Rührschüssel mit dem Handrührgerät bei mittlerer Geschwindigkeit cremig schlagen. Zucker zufügen und zu einer lockeren, glatten Masse schlagen. Eigelb, Vanilleextrakt und Bittermandelaroma unterrühren. Etwa die Hälfte der Mehlmischung einrühren. Das restliche Mehl mit einem großen Rührlöffel von Hand unterheben. Teig etwa 10 Minuten beiseite stellen, damit er etwas fester wird.

Etwa 2 cm große Teigstückchen abteilen, zwischen den Handflächen zu Kugeln rollen und diese in etwa 4,5 cm Abstand auf die Backbleche setzen.

Die Oberfläche jedes Plätzchenstempels sehr leicht einfetten, dann in Puderzucker stippen; überschüssigen Zucker sorgfältig abklopfen. Stempel genau über die Mitte einer Kugel halten und niederdrücken, bis ein etwa 3 mm dicker flacher Taler entstanden ist. Stempel vorsichtig vom Teig heben. Die Stempel müssen nicht nochmals eingefettet, aber nach jedem Gebrauch wieder in Puderzucker gestippt werden. Auf diese Weise alle Teigkugeln stempelnd formen. (Statt eines Plätzchenstempels kann man auch den Boden eines großen Glases benutzen. Leicht einfetten, in Puderzucker stippen und überschüssigen Zucker abklopfen. Glasboden genau über die Mitte einer Teigkugel halten und diese wie mit dem Stempel flachdrücken, so daß ein etwa 3 mm dicker Taler entsteht. Den Glasboden nach jedem Gebrauch wieder in Puderzucker stippen.)

Auf den mittleren Schienen des Backofens 8−11 Minuten backen, bis die Ränder der Plätzchen gerade einen Hauch brauner Farbe angenommen haben. 1−2 Minuten auf den Backblechen stehenlassen. Dann die Plätzchen mit einem breiten Messer vorsichtig auf ein Kuchengitter legen und vollständig auskühlen lassen.

Die Butterkekse lassen sich 3−4 Tage in einem luftdicht verschlossenen Behälter aufbewahren. Bei längerer Lagerung einfrieren.

Das Rezept ergibt 40−45 Plätzchen von etwa 5,5 cm Durchmesser.

FOLGENDE DOPPELSEITE:
»Wurst«-Plätzchen und Falsches Schwarzbrot
(Rezepte s. S. 170, 171)

FALSCHES SCHWARZBROT

Deutschland

Die Deutschen haben eine wunderbare Vielfalt an dunklen, herzhaften, grobschrotigen Broten, und diese interessanten »Trompe l'œil«-Plätzchen wurden offensichtlich davon inspiriert. Falsches Schwarzbrot wird mit Schokolade und gemahlenen Haselnüssen hergestellt und in Laiben gebacken, die dann in Scheiben geschnitten und nochmals kurz gebacken werden. Auf diese Weise erhält man grobe, zwiebackartige Kekse in einer Form, die der des deutsch-jüdischen Mandelbrotes ähnelt. Die Plätzchen werden vielleicht nicht wirklich für Brotscheiben gehalten, doch es besteht kein Zweifel daran, daß sie diese zu imitieren versuchen.

Die Verbindung von Schokolade, Haselnüssen und Orange verleiht diesen Plätzchen ein reiches, exotisches Aroma. Sie schmecken besonders gut, wenn man sie zu starkem schwarzem Kaffee serviert.

1 Tasse ganze unblanchierte Haselnüsse
3⅓ Tassen Mehl
1½ TL Backpulver
1 Prise gemahlener Zimt
1 Prise gemahlene Nelken
4 EL weiche Butter
¼ Tasse Pflanzenöl
1 Tasse Zucker
2 große Eier
1 großes Eiweiß
Fein abgeriebene Schale von 2 mittelgroßen unbehandelten Orangen
200 g feingeraspelte Zartbitterschokolade

Den Backofen auf 150° vorheizen. Die Haselnüsse in einer flachen Backform verteilen und unter gelegentlichem Wenden 17—18 Minuten im Ofen rösten, bis die Schalen sich lösen und die Nüsse leicht gebräunt sind. Nüsse zum Abkühlen beiseite stellen. Ofentemperatur auf 160° erhöhen. Ein großes oder zwei kleine Backbleche einfetten und beiseite stellen.

Sobald die Haselnüsse genug abgekühlt sind, so daß man sie anfassen kann, die dunklen Schalen entfernen, indem man jeweils eine Handvoll Nüsse zwischen den Handflächen oder in einem sauberen Küchentuch aneinanderreibt. (Es macht nichts, wenn ein paar Schalenstückchen haften bleiben, aber die Nüsse sollten ziemlich sauber sein.) Haselnüsse in einer Nußmühle, der Küchenmaschine oder dem Mixer fein vermahlen und beiseite stellen.

Mehl, Backpulver, Zimt und Nelken in einer Schüssel gut vermischen.

Butter, Öl und Zucker in einer großen Rührschüssel schlagen, bis sich die Zutaten gut verbunden haben. Eier, Eiweiß und Orangenschale zufügen und schlagen, bis die Masse locker und glatt ist. Nach und nach etwa die Hälfte der Mehlmischung einrühren. Haselnüsse und Schokolade unterrühren, bis sie gleichmäßig im Teig verteilt sind. Das restliche Mehl einarbeiten. Die Masse etwa 5 Minuten unabgedeckt stehenlassen.

Den Teig halbieren. Jede Teighälfte auf einen großen Bogen Backpapier legen und zu einer gleichmäßig dicken, 21 cm langen Rolle formen. Die Teigrollen direkt vom Backpapier auf das Backblech rollen; mindestens 7,5 cm Zwischenraum zwischen den »Broten« einhalten.

Auf der mittleren Schiene des Backofens 40 Minuten backen. Während des Backens bilden sich Risse in der Oberfläche des Teigs. Rollen aus dem Ofen nehmen und mindestens 1 Stunde auf dem Backblech stehenlassen, bis sie vollständig ausgekühlt sind. Dann die Brote mit einem breiten Messer vorsichtig auf ein Schneidebrett legen und mit einem großen scharfen Messer in etwa 1 cm dicke Scheiben schneiden. Die Scheiben flach und mit nur kleinen Zwischenräumen auf das Backblech legen, nochmals weitere 15 Minuten backen. Aus dem Ofen nehmen und etwa 5 Minuten auf dem Backblech stehenlassen. Die Scheiben auf ein Kuchengitter legen und vollständig abkühlen lassen.

Das falsche Schwarzbrot läßt sich bis zu 2 Wochen in einem luftdicht verschlossenen Behälter aufbewahren. Bei längerer Lagerung einfrieren.

Das Rezept ergibt etwa 40 Scheiben von etwa 8,5 cm Durchmesser. (Abb. s. S. 168/169)

»WURST«-PLÄTZCHEN

Deutschland

In Europa gibt es eine ganze Anzahl von »Trompe l'œil«-Plätzchen, die sich großer Beliebtheit erfreuen. Dieses Gebäck mit dem Aussehen von Wurstscheiben gehört zu den komischsten. Es ist schön knusprig und besitzt ein feines Schokoladen-Mandel-Aroma.

Um des Effektes willen serviert man es zusammen mit einer anderen deutschen »Trompe l'œil«-Kreation, dem sogenannten »Falschen Schwarzbrot« (s. links).

¾ *Tasse gehackte blanchierte Mandeln*
⅓ *Tasse gehackte Pistazien*
2 Tassen Mehl
¼ *Tasse und 3 EL Kakaopulver*
½ *TL Backpulver*
1 Tasse kalte Butter, in Stückchen geschnitten
1 Tasse Zucker
1 großes Ei
8 Tropfen Bittermandel-Backaroma
½ *TL Vanilleextrakt*
(ersatzweise Vanillinzucker)
100 g feingeriebene Zartbitterschokolade

Den Backofen auf 150° vorheizen. Mandeln und Pistazien in einer großen flachen Backform verteilen und unter gelegentlichem Wenden 7−8 Minuten rösten. Zum Abkühlen beiseite stellen.

Mehl, Kakaopulver und Backpulver gründlich vermischen. Butter zufügen und mit einem Rührlöffel, einer Gabel oder den Fingerspitzen in das Mehl einarbeiten, bis die Masse feinen Streuseln ähnelt. Zucker, Ei, Bittermandelaroma und Vanilleextrakt in einer mittelgroßen Rührschüssel mit einer Gabel schlagen, bis alle Zutaten gut vermischt sind. Schokolade und Nüsse einrühren. Die Eier-Nuß-Mischung über die Mehl-Butter-Mischung geben und gründlich einarbeiten. Der Teig erscheint zuerst sehr fest, wird aber beim Mischen weicher.

Den Teig mit einem Löffel in zwei Plastikschläuche von etwa 6,5 cm Durchmesser und etwa 30 cm Länge füllen; den Teig fest in die Schläuche drücken, damit keine Luftblasen entstehen, und diese an den Enden sorgfältig abbinden. Die Teigwürste auf ein Tablett oder Backblech legen und mindestens 3 Stunden in den Kühlschrank stellen, bis sie fest sind. (Im Bedarfsfall kann der Teig auch bis zu 1 Woche eingefroren werden, man sollte ihn jedoch in diesem Fall vor dem Backen im Kühlschrank teilweise auftauen lassen.)

Den Backofen auf 160° vorheizen. Mehrere Backbleche leicht einfetten und beiseite stellen.

Jeweils mit einer Teigwurst arbeiten. Die Wurstzipfel abschneiden und den Plastikschlauch aufschneiden oder -reißen. Den Teig mit einem großen scharfen Messer in etwa gut 3 mm dicke Scheiben schneiden und diese in etwa 3,5 cm Abstand auf die Backbleche legen.

Auf den mittleren Schienen des Backofens 8−10 Minuten backen, bis die Plätzchen oben beinahe fest sind. Die Backzeit kann etwas variieren, je nachdem, wie warm der Teig ist, wenn man ihn in den Ofen schiebt.

Aus dem Ofen nehmen und etwa 3 Minuten auf den Blechen stehenlassen. Dann die Plätzchen auf ein Kuchengitter legen und vollständig auskühlen lassen.

Das Gebäck läßt sich bis zu 1 Woche in einem luftdicht verschlossenen Behälter aufbewahren. Bei längerer Lagerung einfrieren.

Das Rezept ergibt etwa 45 Scheiben von etwa 7 cm Durchmesser. (Abb. s. S. 168/169)

BASLER BRUNSLI

Schweiz

Es überrascht nicht, daß eines der beliebtesten Schweizer Plätzchenrezepte Schokolade enthält. Die Schweizer genießen weltweit wohlverdientes Ansehen für die Herstellung von exzellenter Schokolade, die sie auch selbst sehr gern essen. (In der Schweiz werden pro Kopf jährlich etwa 9 Kilogramm Schokolade verzehrt.)

Diese köstlichen knusprigen Plätzchen ähneln im Geschmack Schokoladenmakronen. Brunsli enthalten tatsächlich – abgesehen von etwas Zimt und Nelken – die gleichen Zutaten wie die klassischen Schokoladenmakronen (s. S. 186), werden jedoch dünn ausgerollt und ausgestochen. Eine der traditionellsten Ausstechformen ist das dreiblättrige Kleeblatt (oder das Spielkartensymbol Kreuz.)

Brunsli sind eine Spezialität der Stadt Basel, wo man sie stets auf dem weihnachtlichen Plätzchenteller findet. Die Verzierung mit geschmolzener weißer Schokolade, die im folgenden Rezept vorgeschlagen wird, ist nicht traditionell, gibt aber diesen einfach wirkenden Köstlichkeiten noch mehr Pfiff.

1¼ Tassen ganze blanchierte Mandeln
(= etwa 200 g)
1½ Tassen Puderzucker
3½ EL Kakaopulver
2½ TL gemahlener Zimt
⅛ TL gemahlene Nelken
85 g gehackte Zartbitterschokolade
3 Tropfen Bittermandel-Backaroma
2 große Eiweiße

ZUM AUSROLLEN DER PLÄTZCHEN
2–4 EL Puderzucker

VERZIERUNG (falls gewünscht)
50 g weiße Schokolade

Den Backofen auf 150° vorheizen. Mehrere Backbleche mit Alufolie auslegen.

In einer Küchenmaschine mit Messereinsatz die Mandeln und 1 Tasse Puderzucker mixen, bis die Mandeln mehlfein vermahlen sind; dabei die Küchenmaschine öfter abschalten und die Masse von den Seitenwänden abstreifen. Kakaopulver, Zimt, Nelken und Schokolade zufügen und weitermixen, bis die Schokolade fein vermahlen ist. Die verbliebene ½ Tasse Puderzucker, Bittermandelaroma und Eiweiße zufügen und gut vermischen, bis eine homogene Masse entstanden ist. Teig 5 Minuten beiseite stellen, so daß er etwas steifer wird.

Die Arbeitsfläche großzügig mit Puderzucker bestäuben. Falls der Teig zum Ausrollen zu weich ist, ihn zusätzlich mit etwas Puderzucker bestäuben und kneten, bis der Zucker eingearbeitet ist und der Teig eine festere Konsistenz hat. Den Teig etwa 5 mm dick ausrollen, ab und zu anheben und die Arbeitsfläche erneut mit Puderzucker bestäuben, damit der Teig nicht anhaftet. Mit einer Kleeblatt-Ausstechform von 6–7 cm Durchmesser oder einer anderen Ausstechform Plätzchen ausstechen. Die Plätzchen mit einem breiten Messer in etwa 2,5 cm Abstand auf die mit Folie ausgelegten Backbleche setzen.

Auf den mittleren Schienen des Backofens 10–12 Minuten backen, bis die Plätzchen oben fast fest und etwas aufgegangen sind. Aus dem Ofen nehmen und auf der Folie stehenlassen, bis sie vollständig ausgekühlt sind; dann von der Folie lösen.

Gegebenenfalls die Brunsli mit weißer Schokolade verzieren: Die Schokolade im Wasserbad langsam schmelzen lassen. Vom Feuer nehmen und beiseite stellen, bis sie etwas abgekühlt ist. In einen Spritzbeutel mit feiner Schreibtülle füllen und in etwa 5 mm Abstand feine diagonale Linien über die Plätzchen spritzen. Stehenlassen, bis die Schokolade fest geworden ist.

Das Gebäck läßt sich bis zu 1 Woche in einem luftdicht verschlossenen Behälter aufbewahren. Bei längerer Lagerung einfrieren.

Das Rezept ergibt 35–40 Brunsli von etwa 6 cm Durchmesser. (Abb. s. rechts)

RECHTS:
Von links nach rechts: Himbeer-Schokoladenstangen (Rezept s. S. 146), Schokohaselnuß-Plätzchen (Rezept s. S. 174) und Basler Brunsli (Rezept s. oben)

SCHOKOHASELNUSS-PLÄTZCHEN

Schweiz und Deutschland

Kombinationen von Haselnüssen und Schokolade werden in Deutschland, der Schweiz und anderen europäischen Ländern sehr geschätzt. Außer zahlreichen Plätzchensorten, die diese Zutaten enthalten, gibt es Schokoladen-Haselnuß-Torten, Bonbons, Puddings, Liköre und sogar einen sehr beliebten Schokoladen-Haselnuß-Brotaufstrich.

Diese Plätzchen sind knusprig, gehaltvoll und aromareich. Obwohl sie auch unglasiert gut schmecken, sind sie mit Schokoladenguß einfach wundervoll. In diesem Fall taucht man die Taler in geschmolzene Schokolade, so daß knapp die Hälfte ihrer Oberfläche damit überzogen wird. In der Schweiz und in Deutschland verwendet man für die Glasur in der Regel Zartbitterschokolade, Sie können aber auch weiße Schokolade nehmen. Die Plätzchen werden dadurch sehr viel süßer und sehen ganz anders aus. Die weiße Schokolade verleiht ihnen einen milden, zarten Schokoladengeschmack statt des intensiven bittersüßen Aromas der dunklen Schokolade.

Da gewöhnliche Schokolade, die nicht spezialbehandelt wurde, ihre dunkle Farbe nach und nach verliert, sollte man die Plätzchen nicht länger als 24 Stunden vor dem Servieren glasieren. Die Verfärbung, ein harmloser, wenn auch unschöner Vorgang, bei dem sich etwas von der weißlichen Kakaobutter auf der Oberfläche der Schokolade absondert, kann weitgehend verhindert werden, wenn man die Plätzchen bis zum Verzehr im Kühlschrank aufbewahrt. (Das Gebäck gekühlt servieren und bei Zimmertemperatur nicht länger als etwa 1 Stunde stehenlassen.) Wenn die Plätzchen mit weißer Schokolade verziert werden, ist die weißliche Absonderung zwangsläufig nicht so stark sichtbar.

⅔ Tasse ganze unblanchierte Haselnüsse
135 g Zartbitterschokolade, grobgehackt oder in Stücke gebrochen
¾ Tasse Puderzucker
¼ TL Instant-Kaffeepulver (kein Kaffeegranulat)
⅛ TL Salz
1 ¼ Tassen Mehl
½ Tasse kalte Butter, in kleine Stücke geschnitten
2 TL Vanilleextrakt
(ersatzweise Vanillinzucker)

GLASUR

230 g Zartbitterschokolade (oder weiße Schokolade), grobgehackt oder in Stücke gebrochen
1 EL Kokosfett
(bei weißer Schokolade nur 1 ½ TL)

Den Backofen auf 150° vorheizen. Mehrere Backbleche einfetten und beiseite stellen. Haselnüsse in einer Backform verteilen und unter gelegentlichem Wenden 16 – 18 Minuten im Ofen rösten, bis die Schalen sich zu lösen beginnen, die Nüsse duften und etwas Farbe angenommen haben. Nüsse zum Abkühlen beiseite stellen.

Die 135 g Schokolade in eine Schüssel geben und im köchelnden Wasserbad erwärmen, bis sie geschmolzen und glatt ist. Beiseite stellen, bis sie kaum noch warm ist.

Sobald die Haselnüsse so weit abgekühlt sind, daß man sie anfassen kann, die Schalen entfernen, indem man jeweils eine Handvoll kräftig zwischen den Handflächen oder in einem sauberen Küchentuch aneinanderreibt. (Es ist etwas schwierig, alle an den Nüssen haftenden Partikelchen zu entfernen, doch sie sollten ziemlich schalenfrei sein.)

Haselnüsse, Puderzucker, Kaffeepulver und Salz in die mit einem Messereinsatz versehene Küchenmaschine geben. 1½−2 Minuten mixen, bis die Haselnüsse pulverisiert sind. Mehl zufügen und mixen, bis es gut verteilt ist. Butterstücke über die Mehlmischung geben. In Intervallen mixen und die Butter ins Mehl einarbeiten, bis die Masse feinen Streuseln ähnelt.

Die abgekühlte Schokolade und den Vanilleextrakt in die Küchenmaschine geben und in Schüben nur so lange mixen, bis die Zutaten gut vermischt und fast alle Butterstückchen verschwunden sind.

Den Teig aus der Maschine nehmen, zu einem Klumpen zusammendrücken und kurz kneten, um zu gewährleisten, daß die Schokolade gleichmäßig verteilt ist. Teig halbieren. Jede Teigportion zwischen Backpapierbogen legen und mit einem Nudelholz etwa 3 mm dick auswellen; dabei öfter die Unterseite des Teiges kontrollieren und eventuelle Falten im Papier glätten. Die Teigblätter auf ein Tablett oder Backblech legen und etwa 10 Minuten in den Kühlschrank stellen, bis der Teig fest ist. (Um den Kühlprozeß zu verkürzen, den Teig etwa 5 Minuten in die Tiefkühltruhe stellen.)

Ein Teigblatt aus dem Kühlschrank nehmen, den unteren Backpapierbogen sorgfältig abziehen, dann wieder leicht auflegen, Teig umdrehen und den oberen Backpapierbogen entfernen. Mit einer gezackten runden Ausstechform von 5,5−6 cm Durchmesser oder dem Rand eines entsprechend großen Trinkglases Plätzchen ausstechen. Die Plätzchen in etwa 2,5 cm Abstand auf die Backbleche legen.

Auf den mittleren Schienen des Backofens 8−10 Minuten backen, bis die Plätzchen sich beinahe fest anfühlen. (Sie gehen beim Backen etwas auf und fallen dann wieder zusammen.) Backbleche aus dem Ofen nehmen und 1 Minute

stehenlassen. Plätzchen auf ein Kuchengitter legen, damit sie vollständig auskühlen. Dann in geschmolzene Schokolade tauchen oder unglasiert aufbewahren und erst am Tag des Verzehrs mit Glasur versehen.

Für die Tauchglasur Schokolade und Kokosfett in einer Porzellanschüssel in kaum siedendem Wasserbad unter häufigem Rühren erwärmen, bis die Schokolade schmilzt und eine glatte Masse entsteht. Die Schüssel etwas schräg halten, so daß sich die Schokolade auf einer Seite sammelt, und jedes Plätzchen so eintauchen, daß die Glasur nur die Hälfte der Oberseite überzieht. Die Unterseite jedes Plätzchens behutsam am Schüsselrand abstreifen, um überschüssige Schokolade zu entfernen; dann das Plätzchen wieder auf ein mit Backpapier unterlegtes Kuchengitter setzen. (Kühlt die Schokolade zwischenzeitlich ab und wird fest, sie wieder etwas erwärmen.) Plätzchen etwa 45 Minuten stehenlassen, bis die Schokolade fest geworden ist, oder den Prozeß verkürzen, indem man sie ein paar Minuten in den Kühlschrank oder die Tiefkühltruhe stellt. (Sobald die Schokolade fest ist, aus der Tiefkühltruhe nehmen und in den Kühlschrank stellen.)

Die unglasierten Plätzchen lassen sich bis zu 4 Tagen aufbewahren. Bei längerer Lagerung einfrieren. Glasierte Plätzchen sollten in einem luftdicht verschlossenen Behälter – Backpapier zwischen den einzelnen Schichten – im Kühlschrank aufbewahrt werden. So halten sie sich etwa 4−5 Tage, aber die Schokolade wird sich allmählich etwas verfärben.

Das Rezept ergibt etwa 45 Plätzchen von etwa 7 cm Durchmesser. (Abb. s. S. 173)

KNUSPERHAUS

Deutschland

Das Basteln von bunten Lebkuchenhäusern ist zur Weihnachtszeit in Deutschland genauso verbreitet wie das Bauen von Pfefferkuchenhäusern in den Vereinigten Staaten. Die Lebkuchenhäuser sind in Deutschland so beliebt, daß in den Geschäften Knusperhaus-Sätze zum Selberbauen verkauft werden, die Musterbeispiele, eine Anleitung und sogar die Plätzchen enthalten.

Obwohl sie ähnlich aussehen, stellt man Lebkuchen- und Pfefferkuchenhäuser nicht auf genau die gleiche Weise her. Amerikanische Pfefferkuchenhäuser werden mit Ingwer und Melasse zubereitet, während zu Knusperhäusern ein Lebkuchenteig verwendet wird, der Honig und viele Gewürze enthält.

Außerdem werden Pfefferkuchenhäuser aus ziemlich zerbrechlichen gebackenen Teigplatten aufgebaut, die man mit Glasur sauber verfugt, wohingegen Lebkuchenhäuser aus festen Kartonstücken bestehen, die man mit Klebeband aneinander befestigt, dann mit einer Schicht Glasur-»Mörtel« bedeckt und mit verschiedenen Plätzchen und Bonbons »fliest«. Der Vorteil dieser Aufbautechnik besteht darin, daß – sobald der Kartonrahmen einmal steht – sogar sehr kleine Kinder beim Verzieren mithelfen können. Sie dürfen die verschiedenen Lebkuchen-»Dachziegel«, -»Bretter« und Bonbons auf das Haus kleben, ohne daß die Gefahr besteht, die Konstruktion zu beschädigen. Und wegen der »Vermörtelung« mit Glasur müssen die Plätzchen nicht präzise zusammengefugt werden, um ein schönes Ergebnis zu erzielen.

LINKS:
Knusperhaus

DIE HERSTELLUNG DER RAHMENTEILE

Sich an der Anleitung (S. 252)) orientieren und aus mindestens 3 mm dickem Karton Rahmenteile herstellen. Der glatte Karton, aus dem die sehr stabilen Geschenkschachteln gefertigt werden, eignet sich besonders gut. Die folgenden Teile ausschneiden und beschriften:

2 jeweils 21×25 cm große Rechtecke für das Dach. (So beschriften, daß die längere Kante waagrecht entlang des Dachfirsts verläuft.)

2 jeweils 9×21 cm große Rechtecke für die Seitenwände des Hauses.

2 jeweils 21×25 cm große Rechtecke für die Vorder- und Rückseite des Hauses. Um eine spitz zulaufende Form zu erhalten, oben an der 21 cm langen Kante die Mitte markieren. Dann auf jeder 25 cm langen Kante vom unteren Rand her 9 cm abmessen und markieren. Mit einem Lineal Linien vom Mittelpunkt an der oberen Kante zu den 9 cm hoch gelegenen Punkten auf jeder Seite ziehen, um die Dachschräge festzulegen. Den Karton entlang der Linien durchschneiden, so daß man die spitz zulaufende Front- und Rückseite des Hauses erhält. Eine 7 cm hohe, 4,5 cm breite Tür unten auf der Mitte der Vorderseite abmessen und markieren, wie auf der Abbildung gezeigt. Die rechte Seite und die Oberseite der Tür durchschneiden; die nicht durchgeschnittene linke Seite bildet die Türangel. Die 3,5 cm hohen und 3 cm breiten oberen Fenster auf der Vorder- und Rückseite des Hauses markieren, indem man die Oberkante jedes Fensters 6,5 cm unterhalb des Dachfirsts anzeichnet. Damit sich die Fenster öffnen lassen, die rechte Seite sowie die Ober- und Unterseite jedes Fensters einschneiden; die linke Seite wie bei der Tür nicht durchschneiden. (Will man die Fenster nicht öffnen, so müssen sie nicht eingeschnitten werden.)

2 jeweils 12,5×3,5 cm große Rechtecke für die Schornsteinseiten. Auf der 12,5 cm langen Seite jedes Rechtecks von oben aus 6,5 cm abmessen und an der Kante markieren. Mit einem Lineal eine diagonale Linie vom markierten Punkt zu der gegenüberliegenden Ecke jedes Rechtecks ziehen. Den Karton entlang der diagonalen Linie abschneiden.

1 12,5×5,5 cm großes Rechteck für die Vorderseite des Schornsteins.

1 6,5×5,5 cm großes Rechteck für die Rückseite des Schornsteins. (Beim Beschriften dafür sorgen, *daß die 5,5 cm lange Seite parallel zum Dachfirst verläuft.*)

DIE MONTAGE DES KARTONRAHMENS

Die Vorderseite des Hauses auf eine ebene Unterlage und je ein Seitenteil seitlich daneben legen. Die Teile entlang den 9 cm hohen Kanten aneinander ausrichten und die Kartonstücke mit Klebeband zusammenkleben. Die miteinander verklebten Teile aufstellen. Das Rückteil an die beiden Seiten anpassen, die Kanten ausrichten und die Teile mit Klebeband zusammenkleben. Falls notwendig, die soweit fertige Einheit etwas verschieben und ausrichten, damit das Haus rechteckig ist und geradesteht. Die Teile mit festem Klebeband nochmals verkleben, um sie zu stabilisieren.

Um das Dach am Rahmen zu befestigen, die beiden 25 cm langen Kanten der Dachteile mit Klebeband zusammenkleben. Das Dach auf den Hausrahmen setzen, der Dachschräge anpassen und den Dachüberstand so ausrichten, daß das Dach vorne und hinten gleich weit übersteht. Das Dach mit Klebeband an mehreren Stellen am Hausrahmen befestigen. Kontrollieren, ob das Haus rechtwinklig und das Dach gerade ist; falls notwendig, etwas ausrichten. Dann die Teile mit festem Klebeband verkleben, damit sie nicht verrutschen.

Für den Schornstein die Schornsteinvorderseite auf eine ebene Unterlage legen. Die Schornsteinseitenteile mit den langen, passenden Kanten seitlich gegen die Schornsteinvorderseite legen, so daß die spitz zulaufenden Teile nach oben zeigen. Vorder- und Seitenteile mit Klebeband zusammenkleben. Die verklebte Einheit aufstellen. Die Schornsteinrückseite an den geraden Kanten der Schornsteinseiten ausrichten, so daß ein Kasten entsteht. Die Teile mit Klebeband zusammenkleben. Kontrollieren, ob der Schornstein rechtwinklig ist, und, falls notwendig, etwas begradigen. Mit festem Klebeband die Teile zusammenkleben, damit sie nicht verrutschen.

Um die ganze Einheit zusätzlich zu stabilisieren, das Haus umdrehen und alle inneren »Nähte« mit festem Klebeband verkleben. Dann auch die äußeren Nahtkanten mit festem Klebeband verkleben.

Um den Schornstein auf dem Dach zu befestigen, den Schornstein so auf die Mitte einer Dachseite setzen, daß die angeschrägte Seite mit der Dachneigung abschließt. Den Schornstein mit Klebeband auf das Dach kleben; kontrollieren, ob er geradesteht, und, falls notwendig, etwas geraderücken. Den Schornstein sichern, indem man alle Kamin-Dach-»Nähte« mit stabilem Klebeband verklebt.

Nun das Haus auf einer Kartonunterlage befestigen. Dazu ein Quadrat mit 30 cm Kantenlänge oder auch größer aus stabilem, mindestens 5 mm starkem Karton ausschneiden. (Wenn man will, den Karton mit gemustertem oder weißem Papier verkleiden.) In die Mitte des Quadrats ein Rechteck schneiden, das groß genug ist, damit eine Hand hindurchpaßt. Den Hausrahmen mittig auf der Unterlage ausrichten und die Unterlage mit festem Klebeband sicher am Haus befestigen.

DAS BACKEN DER LEBKUCHEN

In diesem Rezept wird ein Grundteig mit unterschiedlichen Zutaten aromatisiert, so daß man drei verschiedene Teigarten, hellen, dunklen und Schokoladenlebkuchenteig, erhält. Heller Lebkuchenteig wird zum Herstellen der Plätzchen-»Bretter« verwendet, die die vier Seiten des Hauses verkleiden. Dunkle Lebkuchen werden als »Schindel«, »Fenster«, falls gewünscht, für dekorative herzförmige und runde Teile und für die Tür benutzt. Aus dem Schokoladenteig macht man die »Ziegel« für den Schornstein. Da die Lebkuchen die angegebene Größe besitzen müssen, um das Haus lückenlos zu bedecken, ist es am besten, den Teig mit einem Lineal zu markieren, bevor man sie ausschneidet. Machen Sie sich jedoch keine Gedanken, wenn die Plätzchen vielleicht beim Backen unterschiedlich stark aufgehen; es macht nichts aus, wenn Ritzen zwischen den Lebkuchen-»Brettern« bleiben.

Die Lebkuchen können im voraus gebacken werden. Sie halten sich, luftdicht verschlossen, 1–2 Wochen und können bis zu 1 Monat lang eingefroren werden. Um ein Durcheinander zu vermeiden und später den Aufbau zu erleichtern, Lebkuchen verschiedener Größe und Formen in unterschiedlichen, beschrifteten Plastiktüten aufbewahren.

5–5 ¼ Tassen Mehl
1 EL und 2 TL gemahlener Zimt
1 EL und 1 TL gemahlener Ingwer
½ TL Salz
¼ TL Natron
¾ Tasse weiche Butter
⅔ Tasse Zucker
1 Tasse Kleehonig
oder ein anderer heller Honig
1 großes Ei
1 großes Eigelb
1 EL frischer Zitronensaft
4 ½ TL Kakaopulver
¾ TL gemahlene Nelken

VERZIERUNG
½ Tasse blanchierte Mandelsplitter
Kandierte Kirschhälften, in Viertel geschnitten

In einer großen Schüssel 4 Tassen Mehl, Zimt, Ingwer, Salz und Natron gründlich vermischen.

In einer zweiten Rührschüssel die Butter mit dem Handrührgerät bei mittlerer Geschwindigkeit cremig schlagen. Zucker und Honig unterrühren, bis eine glatte Masse entstanden ist. Ei, Eigelb und Zitronensaft zufügen und gut einarbeiten. Die Mehlmischung unterrühren.

Den Teig in zwei gleich große Portionen teilen. Um *hellen Lebkuchenteig* zu erhalten, ½ Tasse von dem verbliebenen Mehl in eine Teighälfte einarbeiten, bis ein glatter Teig entstanden ist. Falls der Teig zu weich und klebrig erscheint, noch 1 oder 2 EL Mehl zufügen. Um *dunklen Lebkuchenteig* zu erhalten, 2 ½ TL Kakaopulver, die Nelken und die verbliebene ½ Tasse Mehl in die zweite Teighälfte einrühren. Falls der Teig zu weich und klebrig erscheint, noch 1 oder 2 EL Mehl einrühren. Für den *Schokoladenteig* je ein Drittel von den beiden Lebkuchenteigsorten abteilen. Die beiden Teigportionen in eine Schüssel geben, die verbliebenen 2 TL Kakaopulver zufügen und die Mischung rühren oder kneten, bis alles gründlich vermischt und ein glatter Teig entstanden ist. Die drei Teigsorten jeweils zu Kugeln formen und getrennt voneinander in Klarsichtfolie wickeln. In eine luftdicht verschließbare Plastiktüte geben und mindestens 4 Stunden oder bis zu 48 Stunden in den Kühlschrank legen.

Den Backofen auf 170° vorheizen. Mehrere Backbleche einfetten und beiseite stellen. Jeweils mit einer Teigkugel arbeiten und aus den verschiedenen Teigarten, wie unten beschrieben, Lebkuchen ausstechen und backen. Den Anweisungen entsprechend backt man von jeder Lebkuchensorte einige zusätzliche Exemplare für den Fall, daß ein paar zerbrechen sollten. (Die Teigportionen sind großzügig bemessen, so daß auch ein paar Plätzchen gegessen werden können.)

HELLER LEBKUCHENTEIG

Den Teig zwischen Backpapierbogen zu einem etwa 5 mm dicken Rechteck ausrollen; dabei die Teigunterseite ab und zu kontrollieren und eventuell entstandene Falten im Papier glätten. Teig umdrehen, die untere Papierschicht abziehen und wieder locker auflegen. Den Teig erneut umdrehen und das obere Papier entfernen. Die Lebkuchen folgendermaßen abmessen, markieren und ausschneiden:

20 7×3,5 cm große Rechtecke für die »Bretter«, die die untere Vorder- und Rückseite sowie die unteren Seitenwände des Hauses verkleiden.

10 5×3,5 cm große Rechtecke für die »Bretter« der oberen Front- und Rückseite des Hauses.

Die Lebkuchen mit einem breiten Messer in etwa 2,5 cm Abstand auf die Backbleche legen. Mandelsplitter jeweils in die 4 Ecken und 1 Stückchen kandierte Kirsche jeweils in die Mitte der *großen* »Bretter« drücken; 1 kandiertes Kirschstückchen jeweils in die Mitte jedes *kleinen* »Bretts« drücken und jeweils 4 Mandelsplitter um die Kirsche anordnen.

Auf den mittleren Schienen des Backofens 10−12 Minuten backen, bis die Plätzchen an den Rändern einen Hauch brauner Farbe angenommen haben. Aus dem Ofen nehmen und 1−2 Minuten auf den Blechen stehenlassen. Dann auf ein Kuchengitter legen und vollständig auskühlen lassen.

DUNKLER LEBKUCHENTEIG

Den Teig zwischen Backpapierbogen etwa 5 mm dick ausrollen; dabei die Teigunterseite häufig kontrollieren und eventuell entstandene Falten glätten. Mit Ausstechformen und einem scharfen Messer Taler, Herzplätzchen und Rechtecke ausschneiden:

30 Taler von 4,5 cm Durchmesser, mit Hilfe einer entsprechenden Ausstechform oder eines kleinen Glases. Sofort nach dem Backen werden sie in Halbkreise geschnitten, die man als »Schindeln« für das Dach verwendet.

1 7×4,5 cm großes Rechteck, oben mit abgerundeten Ecken, für die Tür. Die Tür mit dem Messer einritzen, wie das Foto zeigt.

2 3,5 cm hohe, 3 cm breite Rechtecke, mit abgerundeten Ecken am schmaleren Ende, für die »Fenster« an Vorder- und Rückseite des Hauses.

Gegebenenfalls kleine Herzen, Sterne oder Taler von etwa 2,5 cm Durchmesser zum Verzieren der oberen Vorder- und Rückseite des Hauses; dazu kleine Ausstechformen oder Flaschenverschlüsse verwenden. (Statt dieser Verzierung kann man auch glasierte Mandeln nehmen.)

Die Lebkuchen mit einem breiten Messer in etwa 2,5 cm Abstand auf die Backbleche legen. Auf den mittleren Schienen des Backofens 8−9 Minuten backen, bis sie an den Rändern einen Hauch brauner Farbe angenommen haben. Aus dem Ofen nehmen und die 30 »Dachschindel«-Taler sofort auf ein Schneidebrett legen und mit einem großen scharfen Messer halbieren. Die übrigen Plätzchen 1−2 Minuten auf den Backblechen stehenlassen. Auf ein Kuchengitter legen und vollständig auskühlen lassen.

SCHOKOLADENTEIG

Den Teig zwischen Backpapierbogen zu einem etwa 20 cm langen Rechteck von etwa 5 mm Dicke ausrollen; dabei die Teigunterseite ab und zu kontrollieren und eventuell entstandene Falten glätten. Die untere Backpapierschicht abziehen und wieder locker auflegen. Die obere Papierschicht entfernen. Die Lebkuchen wie folgt abmessen, markieren und ausschneiden:

6 5×2,5 cm große Rechtecke für die »Ziegel« an der Vorder- und Rückseite des Schornsteins.

6 3,5×3 cm große Rechtecke für die Seitenwände des Schornsteins. Eines dieser Rechtecke diagonal halbieren, so daß man zwei Dreiecke als »Halbziegel« für die unteren Kaminseitenwände erhält.

Die Lebkuchen mit einem breiten Messer in etwa 2,5 cm Abstand vorsichtig auf die Backbleche heben. Auf den mittleren Schienen des Ofens 6–8 Minuten backen, bis sie an den Rändern einen Hauch brauner Farbe angenommen haben. Aus dem Ofen nehmen und 1–2 Minuten auf den Blechen stehenlassen. Auf ein Kuchengitter legen und vollständig auskühlen lassen.

DIE VERZIERUNG DES LEBKUCHENHAUSES

Die gebackenen Lebkuchen und das vorbereitete Kartonhaus bereitstellen.

DEKORATIONSMATERIALIEN
75–80 bunte Pfefferminzbonbons oder M & M-Bonbons von 1 cm Durchmesser für die Zwischenräume zwischen den Dachziegeln und der Vorder- und Rückwand des Hauses
80 buntglasierte und mit Schokolade überzogene Mandeln und Pfefferminzbonbons von 1 cm Durchmesser (oder andere Bonbons) für die obere Vorder- und Rückseite des Hauses und den Dachfirst
⅓–½ Tasse Hagelzucker (falls gewünscht) für die »Vereisung« des Hauses
1 Eiweiß (falls gewünscht)

GLASUR
¾ Tasse Eiweiße (= 6–7 große Eiweiße, ohne Eigelbpartikel; Zimmertemperatur)
2 TL frischer Zitronensaft
¼ TL Salz
6–6 ¾ Tassen Puderzucker

Eiweiße, Zitronensaft und Salz in einer großen, absolut fettfreien Rührschüssel mit dem Handrührgerät bei niedriger Geschwindigkeit schlagen, bis ein großblasiger Schaum entsteht. Auf mittlere Geschwindigkeit schalten und nach und nach den Puderzucker einrühren, bis die Masse schaumig-glänzend ist und feste, aber nicht trockene Spitzen bildet. Der Eischnee sollte eine glatte, streichbare Konsistenz besitzen, allerdings aber auch nicht zu weich sein. Falls die Glasur zu weich erscheint, noch etwas Puderzucker einrühren; falls sie zu trocken ist, ein paar Tropfen Wasser unterrühren. Ein Drittel der Glasur wegnehmen, gut abdecken und zum Verzieren beiseite stellen. Die restliche Glasur abdecken, damit sie während der Arbeit nicht austrocknet. (Falls sie zwischenzeitlich zu fest wird, noch einige Tropfen Wasser einrühren.)

Die Glasur und die Dekorationsmaterialien folgendermaßen am Knusperhaus anbringen: Mit einem großen breiten Küchenmesser die Seitenwände des Hauses mit einer gleichmäßigen, etwa 5 mm dicken Glasurschicht bestreichen. 5 große Lebkuchen-»Bretter« entlang den beiden Hausseiten in die Glasur drücken und gleichmäßig anordnen. Die untere Rückseite des Hauses mit einer etwa 5 mm dicken Glasurschicht bestreichen und 5 große »Bretter« aufkleben. Glasur auf der unteren Vorderseite des Hauses verteilen. Auf jeder Seite 2 große »Bretter« aufdrücken und in der Mitte die Tür aufkleben. Die Tür in die gewünschte Position bringen – offen oder geschlossen –, denn sobald die Glasur fest wird, kann sie nicht mehr bewegt werden.

Die obere Rückseite des Hauses mit einer etwa 5 mm dicken Glasurschicht bestreichen; darauf achten, daß man sie gleichmäßig bis hinauf unter die Dachüberstände verteilt. Ein Plätzchen in Fensterform auf die im Karton ausgeschnittene Stelle drücken oder das Plätzchen 6,5 cm unterhalb des Dachfirsts mittig auf der Hauswand ausrichten, falls sich das Fenster nicht öffnen soll. Das Fenster in die gewünschte – offene oder geschlossene – Position bringen, da es ebenfalls nicht mehr bewegt werden kann, sobald die Glasur einmal fest ist. Die Mandeln, die kleineren »Bretter«, die kleinen runden Bonbons und die herzförmigen (oder runden) Plätzchen, wie angegeben, aufkleben. (Falls man die kleinen herzförmigen oder runden Plätzchen wegläßt, unbedeckte Flächen oder Zwischenräume nach Gutdünken mit Mandeln und Bonbons verzieren.) Dann den Vorgang an der Vorderseite des Hauses wiederholen.

Alle Seiten des Schornsteins mit einer etwa 5 mm dicken Glasurschicht bestreichen. 4 der 5×2,5 cm große Rechtecke auf die Vorderseite drücken und 2 5×2,5 cm große Rechtecke auf die Rückseite kleben. Je 2 3,5×3 cm große Rechtecke und ein dreieckiges Teil an den Schornsteinseiten anbringen.

Die Dachseite ohne Schornstein mit einer etwa 5 mm dicken Glasurschicht bestreichen. Waagrecht arbeiten und 5 »Schindeln« in die Glasur drücken. Dann senkrecht eine Reihe von 6 »Schindeln« gleichmäßig auf der einen Seite anordnen. Weitere Ziegelreihen verlegen und die bereits befestigten »Schindeln« als Orientierungshilfe benutzen. Das Dach verzieren, indem man runde bunte Bonbons in die Zwischenräume zwischen den »Schindeln« drückt.

Die Dachseite mit dem Schornstein mit einer etwa 5 mm dicken Glasurschicht bestreichen. Die »Schindeln« wie auf der ersten Dachseite auflegen und sie da, wo sie an den Schornstein stoßen, passend zurechtschneiden.

Das Dach fertigstellen, indem man eine Reihe von buntglasierten Mandeln, kleinen Bonbons und mit Schokolade überzogenen Mandeln waagrecht auf beiden Seiten des Firsts auf das Dach drückt. Dann eine ähnliche dekorative Reihe von Mandeln und kleinen Bonbons entlang der beiden unteren Dachkanten anbringen.

Um das Haus mit einer Schneemütze und Eis-

zapfen zu versehen, die zurückbehaltene Glasur etwas mit Wasser verdünnen. Die Schornsteinöffnung und den Dachfirst verzieren, indem man reichlich Glasur von einem Löffel auf alle Kanten tropfen läßt. An den Dachüberständen Eiszapfen anbringen, wobei man die Glasur entweder wieder vom Löffel tropfen läßt oder mit einem Spritzbeutel mit großer Schreibtülle aufspritzt. Gegebenenfalls die noch weiche Glasur an den Dachtraufen mit einem Löffel nach unten ziehen, um noch schönere Eiszapfen zu erhalten. Das Lebkuchenhaus mindestens 6 Stunden stehenlassen, bis die Glasur vollkommen fest geworden ist.

Falls man das Haus mit Hagelzucker verzieren möchte, eine Eiweißmischung zubereiten, indem man 1 Eiweiß mit 2 TL Wasser verschlägt. Jeweils nur einen kleinen Teil der mit Glasur bedeckten Oberfläche leicht mit der Eiweißmischung bestreichen; sofort Hagelzucker daraufstreuen.

Das fertige Haus mindestens 2 Stunden unbedeckt stehenlassen, damit die Eiweißmischung vollständig trocknet. Das Haus mit einem Tuch oder Klarsichtfolie leicht abdecken – *nicht luftdicht verpacken* – und so aufbewahren. Plätzchen, Verzierungen und Glasur sind noch mehrere Wochen eßbar, das Haus selbst ist unbegrenzte Zeit haltbar.

Das Rezept ergibt ein 25 cm hohes, 21×25 cm großes Knusperhaus.

PFEFFERNÜSSE

Deutschland

Der Name dieser Plätzchen leitet sich von ihrer Form und Farbe her. Es sind kleine, braune, knusprig-würzige Leckerbissen von etwa Nußgröße. Viele Pfeffernuß-Rezepte geben als Zutat auch etwas schwarzen oder weißen Pfeffer an, der zusammen mit Ingwer und Nelken den Plätzchen eine leicht pfefferige Schärfe verleiht. Pfeffernüsse werden in Deutschland seit Jahrhunderten gebacken, und in vielen Familien sind die Rezepte seit Generationen weitergegeben worden. Pfeffernüsse wurden ursprünglich ohne Butter zubereitet, doch moderne Bäcker verwenden sie häufig, um eine schönere Konsistenz und einen besseren Geschmack zu erzielen.

Das folgende Rezept ist die etwas modernisierte Abwandlung eines sehr alten Rezepts, das ich von einem Koch aus Wiesbaden erhielt.

Manche Rezepte verlangen, daß man jede Pfeffernuß zu einer Kugel rollt (was etwas zeitraubend ist), aber bei diesem hier wird der Teig zu langen, dünnen Rollen geformt und dann einfach in kleine Scheiben geschnitten. Das Rezept ergibt eine große Menge Plätzchen, doch da sie sehr klein und lecker sind, werden sie gewöhnlich schnell aufgegessen. (Sollten welche übrigbleiben, so kann man sie auch gut über längere Zeit aufbewahren.) Auch unglasiert schmecken sie ganz ausgezeichnet.

3 ½ Tassen Mehl
2 ½ TL Backpulver
1 ½ TL gemahlener Zimt
1 TL gemahlener Ingwer
1 TL gemahlene Nelken
1 Prise weißer Pfeffer
⅓ Tasse sehr fein zerkleinertes Zitronat und Orangeat
1 Tasse weiche Butter
1 Tasse Zucker
¼ Tasse Honig
1 großes Ei
Fein abgeriebene Schale von 1 großen unbehandelten Zitrone

GLASUR (falls gewünscht)
2 Tassen Puderzucker (gesiebt)
2 EL weißer oder dunkler Rum
2 TL frischer Zitronensaft

Mehl, Backpulver, Zimt, Ingwer, Nelken und Pfeffer gründlich vermischen. Zitronat und Orangeat untermengen und beiseite stellen.

Die Butter in einer großen Rührschüssel locker und cremig schlagen. Zucker und Honig zufügen und zu einer glatten Masse schlagen. Ei und Zitronenschale unterrühren, bis alle Zutaten gut vermischt sind. Etwa die Hälfte der Mehlmischung einrühren. Das restliche Mehl zugeben und weiterrühren, bis ein glatter Teig entstanden ist.

Den Teig in vier gleich große Portionen teilen, jedes Teigviertel auf einen Bogen Backpapier legen und zu einer gleichmäßig dicken, etwa 30 cm langen Rolle mit glatter Oberfläche formen. Die Rollen auf ein Tablett oder Backblech legen und mindestens 1½ Stunden in den Kühlschrank stellen, bis sie fest geworden sind. Im Bedarfsfall sofort in Scheiben schneiden und die Pfeffernüsse backen oder die Rollen in Klarsichtfolie wickeln und bis zu 2 Wochen einfrieren.

Den Backofen auf 170° vorheizen. Mehrere Backbleche einfetten. Mit einem breiten Messer die Teigrollen in etwa 1 cm dicke Scheiben schneiden und diese in etwa 1,5 cm Abstand auf die Backbleche setzen.

In den Ofen schieben und 8–9 Minuten backen, bis die Plätzchen an der Oberfläche leicht gebräunt sind. Aus dem Ofen nehmen und einige Minuten abkühlen lassen. Die Plätzchen auf ein Kuchengitter legen und vollständig auskühlen lassen.

Wenn man das Gebäck glasieren will, zur Herstellung der Glasur Puderzucker, Rum, Zitronensaft und 1 TL heißes Wasser in einer großen Rührschüssel gut miteinander verrühren. Noch etwas heißes Wasser zufügen, so daß eine dickflüssige Glasur entsteht. Die Oberseite jedes Plätzchens mit der Glasur bepinseln. Pfeffernüsse wieder auf die Kuchengitter setzen, die man auf Wachspapier gestellt hat, und stehenlassen, bis die Glasur getrocknet ist.

Die Pfeffernüsse lassen sich bis zu 2 Wochen in einem luftdicht verschlossenen Behälter aufbewahren. Bei längerer Lagerung einfrieren.

Das Rezept ergibt 110–120 Plätzchen von etwa 3 cm Durchmesser.

MANDELMAKRONEN (MACARONS)

Frankreich

Überall auf der Welt werden diese aromareichen, klassischen französischen Plätzchen, die außen knusprig und innen saftig sind, gern gegessen. Möglicherweise kommen sie ursprünglich aus Italien, doch soll die französische Stadt Nancy sie erst berühmt gemacht haben. Sie werden dort seit mindestens 700 Jahren gebacken.

Eine Legende besagt, daß drei Nonnen aus Nancy besonders gute Makronen buken. Manchmal werden die Plätzchen daher immer noch »Macarons des sœurs« – Makronen der Schwestern – genannt.

Dieses Rezept ergibt besonders schöne Makronen. Den Teig, der beim Backen seine Form behält, spritzt man durch einen Spritzbeutel mit Sterntülle, und jede Makronenrosette wird mit einer halben kandierten Kirsche verziert.

1 ²⁄₃ Tassen ganze blanchierte Mandeln
(= etwa 250 g)
1 ¹⁄₃ Tassen Puderzucker
100 g Marzipan, in kleine Stücke geschnitten
¹⁄₃ Tasse (= 2–3 große) Eiweiße
(ohne Eigelbpartikel)
8 Tropfen Bittermandel-Backaroma

VERZIERUNG
30 halbe kandierte Kirschen

Den Backofen auf 150° vorheizen. Mehrere Backbleche bereitstellen und jedes mit passend zugeschnittener Alufolie auslegen.

Mandeln in einer großen flachen Backform verteilen, in den Ofen stellen und unter gelegentlichem Wenden 7–8 Minuten rösten, bis die Mandeln gerade Farbe anzunehmen beginnen. Aus dem Ofen nehmen und zum Abkühlen beiseite stellen. Ofentemperatur auf 160° erhöhen.

Die abgekühlten Mandeln und den Puderzucker in der Küchenmaschine 1½–2 Minuten mixen und die Mandeln fein vermahlen; dabei ab und zu den Mixvorgang unterbrechen und teilweise zerkleinerte Mandeln von den Seitenwänden der Küchenmaschine streifen. Bei laufendem Gerät Marzipanstücke zugeben und weiterrühren, bis die Masse glatt ist. Eiweiße zufügen und 1 Minute weitermixen, bis alles gründlich vermischt ist.

Die Masse in einem großen schweren Topf bei mittlerer Hitze unter ständigem Rühren und Schaben des Topfbodens 4–5 Minuten kochen, bis die Masse etwas eindickt. Vom Feuer nehmen und Bittermandelaroma einrühren. Die Makronenmasse etwa 15 Minuten abkühlen lassen, bis sie etwas steif, aber nicht fest ist.

Einen großen Spritzbeutel mit Sterntülle von etwa 1,5 cm Durchmesser aufrecht in ein großes Glas stellen, den Beutel wie eine Manschette über den Glasrand schlagen und die abgekühlte Makronenmasse in den Beutel füllen, bis er halbvoll ist. Manschette zurückschlagen und Beutel oben zusammennehmen. Hohe Rosetten von knapp 3 cm Durchmesser in etwa 3,5 cm Abstand auf die mit Folie ausgelegten Backbleche spritzen. (Falls die Masse zwischenzeitlich zu kalt und steif wird und sich nicht mehr gut spritzen läßt, sie nochmals etwas erwärmen.) Eine Kirschenhälfte mit der Schnittseite nach unten in die Mitte jeder Makrone drücken.

Im oberen Drittel des Backofens 11–14 Minuten backen, bis die Makronen gerade einen Hauch brauner Farbe angenommen haben, aber innen noch weich sind. Backbleche nach der Hälfte des Backvorgangs von vorn nach hinten drehen, um gleichmäßiges Bräunen zu gewährleisten. Aus dem Ofen nehmen und die Makronen auf der Folie abkühlen lassen. Sie dann vorsichtig lösen, auf ein Kuchengitter legen und vollständig auskühlen lassen.

Das Gebäck läßt sich 2–3 Tage in einem luftdicht verschlossenen Behälter aufbewahren. Bei längerer Lagerung einfrieren.

Das Rezept ergibt etwa 30 Makronen von etwa 3,5 cm Durchmesser. (Abb. s. rechts)

Hinweis: Möchte man die Makronen nicht spritzen, setzt man mit dem Teelöffel kleine Häufchen der Makronenmasse auf die Folie.

RECHTS:
Mandelmakronen und Schokoladenmakronen (Rezepte s. oben und S. 186)

SCHOKOLADENMAKRONEN (MACARONS AU CHOCOLAT)

Frankreich

Makronen wie diese findet man in allen französischen Bäckereien. Oft werden sie auch als Doppelmakronen angeboten, wobei die Unterseiten zweier Makronen sofort nach dem Backen mit Wasser oder Eiweiß zusammengeklebt wurden, so daß eine gleichmäßige, beidseitig gerundete Form entstand. Ich meine, einfache Makronen lassen sich etwas leichter verzehren.

Diese hier sind außen knusprig, innen saftig und schön schokoladig.

1 ¼ Tassen blanchierte Mandelsplitter
2 Tassen Puderzucker
1 EL Kakaopulver
1 Prise Salz
60 g feingehackte Edelbitterschokolade
3 große Eiweiße
8 Tropfen Bittermandel-Backaroma
½ TL Vanilleextrakt
(ersatzweise Vanillinzucker)

Mandeln, Puderzucker, Kakaopulver und Salz in eine Küchenmaschine mit Messereinsatz geben. 1–1½ Minuten mixen, bis die Mandeln fein vermahlen sind; dabei mehrere Male das Gerät abschalten und die Mandel-Zucker-Masse von den Seitenwänden streifen. Schokolade zufügen und weitere 30 Sekunden mixen. Eiweiße dazugeben und 1 Minute lang weitermixen.

Die Mischung in einem großen schweren Topf bei niedriger Temperatur unter ständigem Rühren und Schaben des Topfbodens (damit die Masse nicht anbrennt) 5–6 Minuten erhitzen, bis die Schokolade schmilzt und die Masse etwas eindickt. Vom Feuer nehmen, Bittermandelaroma und Vanilleextrakt einrühren. Abdecken und 1–1½ Stunden in den Kühlschrank stellen, bis die Masse kalt und ziemlich steif ist. (Nicht länger als 2 Stunden kühlen, da der Teig sonst zu steif und trocken wird.)

Den Backofen auf 160° vorheizen. Mehrere Backbleche mit passend zugeschnittenen Backpapierbogen auslegen.

Zum Formen der Makronen die Hände anfeuchten, einen Teelöffel Teig leicht zwischen den Handflächen rollen, so daß eine glatte Kugel von etwa 2,5 cm Durchmesser entsteht. Die Kugeln mit etwa 5 cm Zwischenraum sofort auf die Backbleche setzen. Auf diese Weise den ganzen Teig verarbeiten.

Auf den mittleren Schienen des Backofens 13–15 Minuten backen, bis die Makronen aufgepufft und rissig sind und beinahe fest erscheinen, wenn man sie anfaßt. (Das Backpapier wird etwas rauchen.) Backbleche aus dem Ofen nehmen und 30 Sekunden stehenlassen. Vorsichtig das Backpapier mit den daran haftenden Makronen vom Blech heben, umdrehen und auf die Arbeitsfläche legen, so daß die Oberseiten der Makronen unten liegen. Ein feuchtes Handtuch auf die Rückseite des Backpapiers legen und 20 Sekunden liegen lassen, wobei der entstehende Dampf dazu beiträgt, die Makronen von der Unterlage zu lösen. Papier nochmals anfeuchten, dann umdrehen, so daß die Makronen wieder mit der Oberseite nach oben zu liegen kommen. Backpapier sofort wieder auf das Backblech legen und weitere 30 Sekunden stehenlassen. Die Makronen vorsichtig vom Papier lösen, auf ein Kuchengitter legen und vollständig auskühlen lassen.

Das Gebäck läßt sich 3–4 Tage in einem luftdicht verschlossenen Behälter aufbewahren. Bei längerer Lagerung einfrieren.

Das Rezept ergibt 25–28 Makronen von etwa 5 cm Durchmesser. (Abb. s. S. 185)

WESPENNESTER

Deutschland

Karamelisierte Mandeln und geriebene Schokolade machen dieses Gebäck besonders reizvoll. Diese knusprigsaftigen Makronen erfreuen sich in Deutschland dauerhafter Beliebtheit.

3 EL Zucker
1½ Tassen blanchierte Mandelsplitter
⅓ Tasse Eiweiße (= 2 oder 3 große Eiweiße; Zimmertemperatur)
½ TL Weinstein (s. Fußnote)
3 Tropfen Bittermandel-Backaroma
1¼ Tassen Puderzucker
1 EL Kakaopulver
2 EL Mehl
30 g sehr feingeriebene Zartbitterschokolade

Den Backofen auf 150° vorheizen. Mehrere Backbleche mit Backpapier auslegen und beiseite stellen.

Den Zucker in einer großen schweren Pfanne bei mittlerer Temperatur unter gelegentlichem Rühren erhitzen, bis er zu schmelzen beginnt. Mandeln zufügen und unter ständigem Rühren weitere 3–4 Minuten erhitzen, bis diese mit Zucker überzogen und schön gebräunt sind; wenn der Zucker zu rauchen beginnt oder die Mandeln zu braun werden, die Temperatur reduzieren oder die Pfanne vom Feuer nehmen. Zucker-Mandel-Mischung in eine große hitzebeständige Schüssel geben und vollständig abkühlen lassen. (Wenn die Mandeln zusammengeklumpt sind, sie mit den Fingern wieder auseinanderbrechen.)

Eiweiße, Weinstein und Bittermandelaroma in einer absolut fettfreien Rührschüssel mit dem Handrührgerät bei niedriger Geschwindigkeit schlagen. Die Rührgeschwindigkeit allmählich erhöhen und weiterschlagen, bis die Masse schaumig, aber nicht steif ist. Nach und nach Puderzucker zufügen, bis der Eischnee sehr steife, glänzende Spitzen bildet.

Kakaopulver und Mehl auf die abgekühlten Zucker-Mandeln sieben. Die geriebene Schokolade ebenfalls hinzufügen und die Zutaten gut miteinander vermengen. Die Mandel-Schokoladen-Mischung mit einem Kuchenspachtel unter den Eischnee heben, bis alles gut vermischt ist; jedoch keinesfalls zu lange rühren. Gehäufte Teelöffel des Teigs auf die mit Backpapier ausgelegten Bleche setzen; dabei etwa 5 cm Abstand einhalten.

Auf den mittleren Schienen des Backofens 20–23 Minuten backen, bis sich die Makronen fest anfühlen. Backbleche aus dem Ofen nehmen und die Plätzchen auf dem Papier stehenlassen, bis sie vollständig ausgekühlt sind, dann behutsam lösen.

Die Makronen lassen sich bis zu 10 Tagen in einem luftdicht verschlossenen Behälter aufbewahren. Bei längerer Lagerung einfrieren.

Das Rezept ergibt etwa 32 Wespennester von etwa 5 cm Durchmesser.

Hinweis: Weinstein wird in vielen Landesküchen als Säuerungsmittel verwendet und ist dort in jedem Lebensmittelgeschäft erhältlich. Bei uns bekommt man Weinstein in Apotheken.

»CHAMPIGNON«-MERINGEPLÄTZCHEN (CHAMPIGNONS EN MERINGUE)

Frankreich

Französische Kondito-ren backen diese entzückenden »Trompe l'œil«-Kreationen schon seit sehr langer Zeit. Entsprechend der Tradition werden diese einfachen Plätzchen als Verzierung für das klassische französische Weihnachtsdessert »Bûche de Noël« oder Baumstamm-Kuchen verwendet.

In dieser Version des Rezepts sind die »Champignons« an den Unterseiten mit Zartbitterschokolade glasiert. Ich präsentiere sie gern in einem rustikalen Korb, umgeben von Pflanzen, die wie ein Wald wirken. Auf den ersten Blick sehen die Plätzchen-Pilze wie echte Champignons aus, was stets Verblüffung hervorruft.

Für die Herstellung benötigt man einen Spritzbeutel mit großer Tülle, doch sogar Bäcker(innen), die mit seiner Technik nicht vertraut sind, bringen Champignons zustande, die sehr real aussehen. Man formt die Meringen, indem man gewölbte Häufchen als »Kappen« und stalagmitenartige Stücke als »Stiele« spritzt und backt. Diese werden dann mit geschmolzener Schokolade »zusammengeklebt«.

⅓ Tasse Eiweiß (= etwa 2−3 große Eiweiße; Zimmertemperatur)
1 TL Weinstein (s. Fußnote)
2⅓ Tassen Puderzucker
8 Tropfen Bittermandel-Backaroma

VERZIERUNG
2 TL Kakaopulver
100 g Zartbitterschokolade

Den Backofen auf 175° vorheizen. Mehrere Backbleche mit Alufolie auslegen.

Eiweiße und Weinstein in einer sauberen, fettfreien Rührschüssel mit dem Handrührgerät bei mittlerer Geschwindigkeit zu einem blasigen Schaum schlagen. Die Geschwindigkeit des Rührgeräts erhöhen und schlagen, bis ein lockerer Eischnee entstanden ist. Weiterschlagen und nach und nach Puderzucker zufügen. Bittermandelaroma zugeben und schlagen, bis die Masse sehr steif, glatt und glänzend ist.

Einen Spritzbeutel mit einer glatten großen (9−12 mm Durchmesser) Tülle versehen. Beutel mit der Meringenmasse füllen, indem man ihn in ein hohes Glas setzt, eine breite Manschette über den Glasrand schlägt und die Masse in den Beutel löffelt, bis er zu ⅔ voll ist. Manschette wieder hochschlagen und den Beutel zudrehen. Um die Pilz-Kappen zu formen, hohe, glatte, kuppelartige Häufchen von 2,5−3,5 cm Durchmesser auf die mit Folie ausgelegten Backbleche spritzen; zwischen den Häufchen etwa 3,5 cm Abstand lassen. Mit dem Finger oder der Spitze eines Küchenmessers, die man vorher in Wasser getaucht hat, sorgfältig die »Schwänze«, die vom Spritzen zurückgeblieben sind, glattstreichen. Für die Stiele eine etwa 1 cm dicke runde Meringe auf die Folie spritzen und dann, während man weiter Meringenmasse herausdrückt, die Tülle vom Blech weg etwa 2,5−5 cm nach oben ziehen, so daß man stalagmitenartige Gebilde erhält. Ein paar überzählige Stiele spritzen, da erfahrungsgemäß beim Backen einige umfallen. Kappen und Stiele leicht mit Kakaopulver bestreuen, um die natürliche Färbung der Champignons anzudeuten.

Auf den mittleren Schienen des Backofens 45 Minuten backen, bis die Meringen fest sind und gerade Farbe anzunehmen beginnen. Ofen abschalten, Backofentür öffnen und die Meringen 15 Minuten im Ofen stehenlassen.

Meringen aus dem Ofen nehmen und stehenlassen, bis sie vollständig ausgekühlt sind. Kappen und Stiele vorsichtig von der Folie lösen.

Die Meringen können in luftdicht verschlossenen Behältern mehrere Wochen, eingefroren noch länger aufbewahrt werden. Man sollte die Champignons frühestens 48 Stunden vor dem Servieren zusammensetzen, da die Schokolade, die zum »Zusammenkleben« der Teile verwendet wird, nach und nach ihre Farbe verliert. (Das beeinträchtigt Geschmack und Eßbarkeit der Meringen nicht; sie sehen dann lediglich nicht mehr so schön aus.)

Um die Champignons zusammenzusetzen, die Schokolade in eine Porzellanschüssel geben und im köchelnden Wasserbad erwärmen, bis sie geschmolzen ist; vom Feuer nehmen. Mit einem scharfen Schälmesser die spitzen Enden der Stiele abschneiden, so daß sie ganz eben sind.

Dann mit einem Küchenmesser eine dünne Schicht Schokolade auf den Unterseiten der Kappen verstreichen, wobei ein etwa 3 mm breiter Rand unglasiert bleibt; sofort das begradigte Ende eines Stiels in die Mitte jeder Kappe drükken. Die fertigen Champignons vorsichtig, mit der Stielseite nach oben, beiseite legen, bis die Schokolade fest geworden ist; sie notfalls abstützen, damit sie nicht umkippen.

Das Gebäck läßt sich in einem luftdicht verschlossenen Behälter bei Zimmertemperatur bis zu 48 Stunden aufbewahren (nicht in den Kühlschrank stellen, da knappen und Stiele sonst auseinanderfallen können).

Das Rezept ergibt 25—35 »Champignons« von 3—5 cm Durchmesser.

Hinweis: In vielen Landesküchen wird Weinstein als Säuerungsmittel für Backwaren verwendet und in Lebensmittelläden verkauft. Bei uns ist Weinstein nur in der Apotheke erhältlich.

Schwarzweiss-Stangerln

Schweiz

Zu diesem Rezept inspirierte mich eine kleine Schachtel Schokoladenplätzchen, die ich vor vielen Jahren in einer Bäckerei in Genf kaufte. Die Gebäckschnitten besaßen ein intensives Mandel- und Schokoladenaroma und waren mit einer dicken Zartbitterschokoladenglasur überzogen. Weiße Schokoladenstreifen vervollständigten die attraktive Dekoration. Meine Version der Plätzchen ähnelt in Geschmack und Aussehen denen, an die ich mich erinnere, ziemlich stark.

2 ¼ Tassen Mehl
¼ Tasse Kakaopulver
¾ TL Backpulver
⅛ TL Salz
1 großes Ei
100 g Marzipan, in kleine Stücke geschnitten
4 Tropfen Bittermandel-Backaroma
1 Tasse weiche Butter
⅓ Tasse Zucker
60 g feingeraspelte Zartbitterschokolade

Dunkle Schokoladenglasur
1 EL Kokosfett
200 g grobgehackte Zartbitterschokolade

Weisse Schokoladenglasur
½ TL Kokosfett
30 g grobgehackte weiße Schokolade

Den Backofen auf 160° vorheizen. Mehrere Backbleche einfetten und beiseite stellen. Mehl, Kakaopulver, Backpulver und Salz gründlich vermischen und beiseite stellen.

Ei, Marzipan und Bittermandelaroma in einer großen Rührschüssel mit dem Handrührgerät bei niedriger Geschwindigkeit etwa 3 Minuten schlagen, bis das Marzipan gründlich eingearbeitet und glatt ist. Butter zufügen und weiterschlagen, bis sie cremig ist. Nach und nach die Mehlmischung und die geriebene Schokolade unterrühren und gründlich einarbeiten. Falls der Motor des Rührgeräts ins Stocken gerät, das restliche Mehl mit einem großen Rührlöffel von Hand einarbeiten.

Den Teig halbieren. Jede Teigportion zu einer glatten, gleichmäßig dicken, etwa 35 cm langen Rolle formen. Jede Rolle flachdrücken, so daß sie einen Durchmesser von etwa 5,5 cm hat. Die Enden der Rollen abschneiden und entfernen. Dann jede Rolle in etwa 1,5 cm breite Streifen schneiden. (Jede Rolle sollte etwa 20 Schnitten ergeben.) Die Scheiben aufrecht, mit etwa 3 cm Zwischenraum auf die Backbleche stellen und etwas flachdrücken, damit sie nicht umfallen.

Auf den mittleren Schienen des Backofens 11 – 13 Minuten backen, bis sie oben in der Mitte beinahe fest sind. Bleche aus dem Ofen nehmen und die Plätzchen 3 – 4 Minuten stehenlassen. Sie dann vorsichtig auf ein Kuchengitter legen und auskühlen lassen.

Für die dunkle Schokoladenglasur Kokosfett und Zartbitterschokolade im Wasserbad unter gelegentlichem Rühren erhitzen, bis die Masse geschmolzen und glatt ist; vom Feuer nehmen. Die Plätzchen glasieren, indem man jeweils die Oberseite eines Plätzchens in die Glasur taucht; sie sollte die Plätzchen oben und an den Seiten bedecken. Die glasierten Stangen auf mit Backpapier unterlegte Kuchengitter setzen und stehenlassen, bis die Glasur fest geworden ist. (Um das Festwerden der Glasur zu beschleunigen, die Plätzchen etwa 15 Minuten in den Kühlschrank stellen.)

Für die weiße Schokoladenglasur Kokosfett und weiße Schokolade in einem kleinen schweren Topf bei niedriger Temperatur unter häufigem Rühren erwärmen, bis die Schokolade glatt und flüssig ist.

Sobald die dunkle Schokoladenglasur auf den Plätzchen vollkommen fest ist, mit einem Löffel diagonale weiße Schokoladenlinien über die Plätzchen gießen. (Wenn man die Glasur mit einem Spritzbeutel mit feiner Schreibtülle aufspritzt, sehen die Plätzchen am professionellsten aus, aber auch die gegossene Glasur ist sehr dekorativ.) Die Stangerln liegenlassen, bis die weiße Schokolade fest geworden ist.

Die Plätzchen lassen sich bis zu 2 oder 3 Tagen im Kühlschrank aufbewahren. Im Bedarfsfall kann man sie auch unglasiert einfrieren und dann nach dem Auftauen glasieren. Sobald sie glasiert sind, sollten sie im Kühlschrank aufbewahrt werden.

Das Rezept ergibt etwa 40 Stangerln von etwa 7 cm Länge.

GEWÜRZTE MANDEL-KNUSPERPLÄTZCHEN (JANHAGEL)

Niederlande

Janhagel, die vielleicht bekanntesten holländischen Plätzchen, sind dünne, knusprige, mit Zimt gewürzte Rechtecke, die mit Mandelscheibchen belegt sind. Sie sind ein einfaches, aber gutes Gebäck.

2 Tassen Mehl
¾ Tasse Zucker
1 TL gemahlener Zimt
¼ TL gemahlener Piment
¼ TL Salz
¾ Tasse und 1 EL kalte Butter, in kleine Stücke geschnitten
1 Eiweiß
1 Tasse unblanchierte Mandelscheiben

Den Backofen auf 160° vorheizen. Ein etwa 40×30 cm großes Backblech (mit Rand) gut einfetten und bemehlen.

Mehl, Zucker, Zimt, Piment und Salz in eine Küchenmaschine geben, die mit einem Knethaken versehen ist. Das Gerät in Intervallen 6−7 Minuten laufen lassen, um die Zutaten zu vermischen. Die Butterstückchen über die Mehl-Gewürz-Mischung streuen, in Intervallen mixen und in das Mehl einarbeiten, bis die Masse feinen Streuseln ähnelt. Weiter in Schüben mixen, dabei nach und nach 2−3 TL kaltes Wasser zugeben, bis der Teig zusammenzuhalten beginnt. Zu einer Kugel zusammendrücken.

Den Teig auf einen etwa 40 cm langen Backpapierbogen legen. Mit einem zweiten Backpapierbogen abdecken und mit dem Nudelholz ausrollen, so daß ein gleichmäßig dickes Rechteck entsteht, das etwas kleiner als das Backblech ist. (Den Teig je nach Bedarf ansetzen oder zurechtschneiden, so daß man die gewünschten Abmessungen erhält.) Die obere Backpapierschicht abziehen, den Teig umdrehen und auf das Backblech legen. Dann die zweite Backpapierschicht entfernen und eventuell entstandene Risse im Teig ausbessern, indem man den Teig mit den Fingern zusammendrückt.

In einer kleinen Schüssel Eiweiß mit 1 EL Wasser verschlagen. Die Teigoberfläche großzügig damit bestreichen, sofort mit den Mandeln bestreuen und diese mit den Fingern etwas andrücken. Einen Backpapierbogen auf die Mandeln legen und mit seiner Hilfe die Mandeln leicht in den Teig drücken. Dann den Teig mit einem scharfen Messer waagrecht in 6 etwa 6 cm breite Streifen und senkrecht in 5 etwa 5 cm breite Streifen schneiden. Um möglichst gleich große Rechtecke zu erhalten, den Teig vor dem Schneiden ausmessen und markieren.

Im Backofen 20−25 Minuten backen, bis der Teig eine goldgelbe Farbe angenommen hat und die Mandeln gebräunt sind. Blech aus dem Ofen nehmen und etwa 5 Minuten auf einem Kuchengitter stehenlassen. Mit einem scharfen Messer die Schnitte nachziehen, die Rechtecke trennen, mit einem breiten Messer auf ein Kuchengitter legen und vollständig auskühlen lassen.

Die Plätzchen lassen sich bis zu 1 Woche in einem luftdicht verschlossenen Behälter aufbewahren. Bei längerer Lagerung einfrieren.

Das Rezept ergibt 30 Plätzchen von etwa 5×6 cm Größe.

KAPITEL 7

SÜDEUROPÄISCHE
PLÄTZCHEN

Vielleicht liegt es an der Mittelmeersonne oder am milden Klima oder aber am feurigen Enthusiasmus der Menschen – die Plätzchen Südeuropas sind jedenfalls besonders festlich und farbig. Oft scheint man auch in den Plätzchen den natürlichen Reichtum des Landes zu feiern: Zutaten wie Orangen- und Zitronenschalen, Orangeat und Zitronat, Mandeln, Walnüsse, Rosinen, glasierte Kirschen und Feigen tauchen oft in den Rezepten auf.

Die bei weitem größte Vielfalt von Plätzchen findet man bei den Italienern. Jahrhundertelang assimilierten und verfeinerten regionale italienische Bäcker kulinarische Ideen, übernahmen Nahrungsmittel von benachbarten Ländern und fremden Eroberern und entwickelten so ein breites und anspruchsvolles Gebäckrepertoire. Die Römer, zum Beispiel, lernten von den Griechen, daß man Mandeln zur Herstellung von Süßigkeiten verwenden kann, und Zitrusfrüchte, Datteln und Feigen wurden von den Kreuzfahrern eingeführt, die aus dem Heiligen Land zurückkehrten. Die berühmten, traditionsreichen aufwendigen Plätzchen und Pasteten Siziliens entwickelten sich aus Kleingebäcksorten, die einfallende arabische Nomadenstämme mitbrachten. Daher gibt es heute sehr viele verschiedene Plätzchenarten, darunter dünne, elegante Mandel-Florentiner, zwiebackartiges, mit Zitrone aromatisiertes Anisbrot, Feigenplätzchen mit Früchtefüllung und Schokoladen-Gewürzplätzchen mit Zitronenglasur.

Wie sehr die Italiener ihre Plätzchen lieben, das zeigen nicht nur die zahlreichen Bäckereien, in denen man sie kaufen kann, sondern auch die witzigen, interessanten Namen. Kleine quadratische, mit Marmelade gefüllte Butterplätzchentaschen sind als »Süße Ravioli« bekannt, und die unregelmäßig geformten Schokoladenmakronen mit Haselnußstückchen heißen »Häßliche, aber gute Plätzchen«.

Obwohl die Spanier und die Portugiesen nicht annähernd so viele Plätzchensorten backen wie die Italiener, lieben auch sie es, ihren Gebäckkreationen skurrile Namen zu geben. So werden zum Beispiel die dünnen, länglichen Butterkekse, die man überall in Spanien und auch in Frankreich und Italien backt, »Katzenzungen« genannt.

Wie der italienische wurde auch der griechische Plätzchengeschmack durch benachbarte Völker, besonders von den Türken, und durch den natürlichen Reichtum des Landes an Früchten und Nüssen beeinflußt. Die »Phönizischen Honigplätzchen«, von denen es heißt, daß sie im alten Mittelmeerreich der Phönizier ihren Ursprung haben, sind mit einer köstlichen Walnuß-Orangen-Mischung gefüllt und werden in einen gewürzten Honigsirup getunkt. Die Griechen backen auch eine ganze Reihe von Mürbeplätzchen mit mildem Geschmack – dazu gehören die Schokoladen-Puderzucker-Stäbchen in diesem Kapitel –, die an nahöstliche Mürbegebäcksorten erinnern.

In den hier vorgestellten Plätzchen ist die Farbigkeit und Vitalität Südeuropas und die Vermischung der Kulturen sehr stark spürbar.

LINKS:
Süße Ravioli (Rezept s. S. 194)

193

SÜSSE RAVIOLI
(RAVIOLI DOLCI)

Italien

Solche ausgefalle-
nen Plätzchen, die sowohl das Auge wie auch den
Gaumen erfreuen, findet man in Italien und in
vielen anderen europäischen Ländern. Diese
süßen Ravioli sind kleine quadratische, mit
Kirschmarmelade gefüllte Plätzchenteig-
taschen. Die Kirschmarmelade ergänzt den
feinen, gehaltvollen Teig ideal.

Die Anweisungen des Rezeptes sind besonders
detailliert und ausführlich, damit die Verarbeitung des ziemlich weichen, butterigen Teigs
auch garantiert gelingt.

Die Plätzchen lassen sich in Wirklichkeit
leichter zusammensetzen, als es auf den ersten
Blick erscheinen mag.

2½ Tassen Mehl
¼ TL Natron
⅛ TL Salz
1 Tasse weiche Butter
⅔ Tasse Zucker

1 großes Ei
1½ TL Vanilleextrakt
(ersatzweise Vanillinzucker)
6 Tropfen Bittermandel-Backaroma
Fein abgeriebene Schale von 1 mittelgroßen
unbehandelten Zitrone
¾–1 Tasse Kirschmarmelade

Mehl, Natron und Salz gründlich vermischen.
Die Butter in einer großen Rührschüssel cremig
schlagen. Ei und Zucker zufügen und zu einer
glatten, schaumigen Masse schlagen. Vanilleextrakt, Bittermandelaroma und Zitronenschale
dazugeben und noch einige Sekunden schlagen.
Etwa die Hälfte der Mehlmischung einrühren.
Sobald die Masse fester wird, das restliche Mehl
mit einem großen Rührlöffel gut einarbeiten.

Den Teig halbieren und jede Teigportion zwischen etwa 35 cm lange Backpapierbogen legen.
Mit dem Nudelholz jede Teighälfte so gleichmäßig wie möglich zu einem Quadrat von etwa
28 cm Seitenlänge und etwa 3 mm Dicke ausrollen. Die Teigunterseite häufig kontrollieren und
eventuell entstandene Knitter im Papier glätten.
Die obere Backpapierschicht behutsam abziehen und den Teig, falls notwendig, ansetzen beziehungsweise beschneiden, so daß ein exaktes
Quadrat entsteht. Das Backpapier wieder leicht
auflegen und die Teigquadrate auf ein großes
Tablett oder Backblech legen. Mindestens 1 Stunde lang in den Kühlschrank stellen, bis der Teig
sehr kalt und fest ist. (Um den Kühlprozeß zu

verkürzen, kann man den Teig 35 Minuten in die Tiefkühltruhe stellen.)

Den Backofen auf 160° vorheizen. Mehrere Backbleche einfetten und beiseite stellen.

Ein Teigquadrat aus dem Kühlschrank nehmen. Das Teigblatt vorsichtig umdrehen, so daß die Unterseite nach oben zu liegen kommt, und den unteren Backpapierbogen entfernen. Den Teig senkrecht und waagrecht ausmessen und in etwa 3,5-cm-Abständen markieren. Mit einem Teigrädchen oder einem großen Messer den Teig nach den Markierungen in 64 Quadrate schneiden; dabei achtgeben, daß man nicht durch die untere Backpapierschicht schneidet. Die Quadrate, solange sie noch kalt und fest sind, mit einem breiten Messer auf die Backbleche legen; etwa 3 cm Abstand einhalten. (Wird der Teig zu weich, so daß man ihn nicht mehr verarbeiten kann, ihn wieder auf das Tablett legen und einige Minuten kühl stellen.) ½ TL Kirschmarmelade in die Mitte jedes Quadrats geben.

Das zweite Teigquadrat aus dem Kühlschrank nehmen. Teig umdrehen und die untere Backpapierschicht abziehen. Papier wieder leicht auflegen, Teig umdrehen und den oberen Backpapierbogen entfernen. Den Teig waagrecht und senkrecht in etwa 3,5-cm-Abständen abmessen, markieren und schneiden wie bei der ersten Teighälfte, so daß 64 Quadrate von etwa 3,5 cm Seitenlänge entstehen. Mit einer Gabel ein »X« in die Mitte jedes Quadrats stechen. Die Quadrate, solange sie noch kalt und fest sind, auf

diejenigen mit Kirschmarmelade setzen und behutsam zur Deckung bringen; zu diesem Zeitpunkt die Teigquadrate nicht niederdrücken oder die Ränder zusammendrücken. Die Plätzchen 4—5 Minuten stehenlassen, bis die oberen Quadrate etwas wärmer und weicher zu werden beginnen. Dann die Ränder der oberen Teigquadrate mit den Zinken einer Gabel niederdrükken, so daß die beiden Teigschichten fest miteinander versiegelt werden. Der Teig sollte weich genug sein, damit das obere Quadrat ein Täschchen um die Marmelade bildet und diese nicht an den Rändern hervorquillt. (Falls notwendig, die Gabel in Puderzucker stippen, um zu verhindern, daß der Teig an den Zinken haftet.)

Im oberen Drittel des Backofens 9—11 Minuten backen, bis die Plätzchenränder gerade einen Hauch brauner Farbe angenommen haben. Die Backbleche nach der Hälfte des Backvorgangs von vorn nach hinten drehen, um gleichmäßiges Bräunen zu gewährleisten. Aus dem Ofen nehmen und die Täschchen 3—4 Minuten auf den Blechen stehenlassen. Die Ravioli mit einem breiten Messer oder einem Spachtel lösen, auf Kuchengitter legen und vollständig auskühlen lassen.

Das Gebäck läßt sich 3—4 Tage in einem luftdicht verschlossenen Behälter aufbewahren. Bei längerer Lagerung einfrieren.

Das Rezept ergibt 64 Ravioli von etwa 4,5 cm Seitenlänge. (Abb. s. S. 192)

ANISBROT
(PANE ANICE)

Italien

W ie geröstete Brotscheiben sehen diese trockenen, knusprigen Zwiebackplätzchen aus. Sie haben ein angenehmes Anis-Zitronen-Aroma.

Rezepte für Anisbrot findet man in den meisten italienischen Kochbüchern.

3 Tassen Mehl
2 TL gemahlener Anis
2½ TL Backpulver
⅛ TL Salz
⅔ Tasse weiche Butter
1 Tasse Zucker
3 große Eier
Fein abgeriebene Schale von 2 großen
unbehandelten Zitronen
¼ TL Zitronen-Backaroma

Den Backofen auf 170° vorheizen. Ein großes Backblech einfetten und beiseite stellen. Mehl, Anis, Backpulver und Salz in einer Schüssel gründlich vermischen.

Butter und Zucker in einer großen Rührschüssel gut miteinander verrühren. Eier, Zitronenschale und Zitronenaroma zufügen und zu einer lockeren Schaummasse schlagen. Nach und nach etwa die Hälfte der Mehlmischung einrühren. Sobald der Teig fester wird, das restliche Mehl mit einem großen Rührlöffel einarbeiten. Den Teig halbieren. Jede Teigportion zu einer gleichmäßig dicken Rolle von etwa 30 cm Länge und etwa 5 cm Durchmesser formen. Um sich die Arbeit zu erleichtern, schlägt man den Teig am besten locker in Backpapier ein und rollt ihn hin und her, bis die Rolle glatt ist. Die Rollen direkt vom Papier in möglichst großem Abstand voneinander auf das Backblech rollen und anschließend etwas flachdrücken.

Auf der mittleren Schiene des Backofens 25–28 Minuten backen, bis die Rollen leicht gebräunt sind. Backblech aus dem Ofen nehmen und das Gebäck etwa 1½ Stunden vollständig auskühlen lassen. Dann die Rollen mit einem großen, scharfen Messer diagonal in etwa 1 cm dicke Scheiben schneiden. Die Scheiben wieder auf das Backblech legen, erneut in den Ofen schieben und 5–7 Minuten rösten. Scheiben umdrehen und 4–5 Minuten von der anderen Seite rösten. (Je länger die Backzeit, desto knuspriger und trockener werden die Scheiben.) Aus dem Ofen nehmen, das Gebäck auf ein Kuchengitter legen und vollständig auskühlen lassen.

Die Scheiben lassen sich bis zu 2 Wochen in einem luftdicht verschlossenen Behälter aufbewahren. Bei längerer Lagerung einfrieren.

Das Rezept ergibt etwa 30 Aniszwiebäcke von 8,5–10 cm Durchmesser. (Abb. s. rechts)

RECHTS:
Anisbrot

SESAMKEKSE (BISCOTTI DI REGINE)

Italien

Ein einfaches, knusprig-trockenes Plätzchen, das etwas nussig schmeckt.

Die Italiener nennen dieses mit Sesamkörnern überzogene Gebäck »Königinnenkekse« und knabbern es am liebsten zu Tafelwein. Da man es auch gern in den Wein tunkt, werden sie auch »Weintunker« genannt.

3¼ Tassen Mehl
1 EL Backpulver
¼ TL Salz
¾ Tasse weiche Butter
¾ Tasse Zucker
2 große Eier
2½ TL Vanilleextrakt
(ersatzweise Vanillinzucker)
¼ TL fein abgeriebene Zitronenschale
(unbehandelt)
1 Tasse geschälter heller Sesamsamen
3 EL Milch

Mehl, Backpulver und Salz gründlich vermischen. Butter in einer großen Rührschüssel schlagen, bis sie sehr cremig ist. Zucker zufügen und weiterschlagen, bis die Masse locker und glatt ist. Eier, Vanilleextrakt und Zitronenschale dazugeben und gut verrühren. Nach und nach etwa die Hälfte der Mehlmischung einrühren. Das restliche Mehl mit einem großen Rührlöffel einarbeiten.

Den Teig halbieren. Jede Teighälfte auf einen Backpapierbogen legen und zu einer gleichmäßig dicken Rolle von etwa 30 cm Länge formen. Um sie zu glätten, die Rollen im Backpapier hin- und herrollen und dann auf ein Tablett oder Backblech gleiten lassen. Mit der Hand etwas flachdrücken, so daß sie einen Durchmesser von etwa 6 cm haben. 30−40 Minuten in den Kühlschrank stellen, bis der Teig kalt und fest genug ist, damit man ihn in Scheiben schneiden kann.

Den Backofen auf 160° vorheizen. Mehrere Backbleche einfetten. Sesamsamen in einer großen Pfanne verteilen und bei mittlerer Hitze unter ständigem Rühren oder Schütteln der Pfanne 5−7 Minuten rösten, bis er hellbraun ist. Sofort vom Feuer nehmen und etwa 30 Sekunden lang weiterrühren. In eine flache Schüssel schütten und etwas abkühlen lassen. Milch einrühren und stehenlassen; von Zeit zu Zeit umrühren.

Mit einem scharfen Messer die unebenen Enden der beiden Rollen abschneiden. Jeweils ungefähr 22 etwa fingerbreite Scheiben markieren und dann schneiden. Jede Scheibe in dem feuchten Sesamsamen wälzen, bis sie vollständig mit Körnern überzogen ist. Die Scheiben in etwa 3 cm Abstand aufrecht auf die Backbleche stellen. Vorsichtig etwas zusammen- und flacherdrücken, damit sie während des Backens nicht umfallen.

Auf den mittleren Schienen des Backofens 17−18 Minuten backen, bis das Gebäck oben goldgelb ist und an den Rändern einen Hauch brauner Farbe angenommen hat; die Backbleche nach der Hälfte des Backvorgangs von vorn nach hinten drehen, um gleichmäßiges Bräunen zu gewährleisten. Bleche aus dem Ofen nehmen, die Plätzchen auf ein Kuchengitter legen und vollständig auskühlen lassen.

Das Rezept ergibt etwa 44 Kekse von etwa 7 cm Länge.

SCHOKOLADEN-PUDER-ZUCKER-STÄBCHEN
(KOURAMBIETHES ME SOCOLATA)

Griechenland und Italien

Diese kleinen butterzarten Plätzchen mit intensivem Schokoladengeschmack werden in einer Puderzucker-Kakao-Mischung gewälzt. Weinbrand, eine beliebte Zutat in griechischem Gebäck, rundet ihr reiches Aroma zusätzlich ab.

Obwohl dieses Rezept aus Griechenland stammt, habe ich doch ähnlich schmeckende, kugelförmige Kekse auch in italienischen Bäckereien gefunden – was einmal mehr beweist, daß gute Backideen keine Landesgrenzen kennen.

⅓ Tasse grobgehackte Walnüsse
¾ Tasse weiche Butter
⅔ Tasse Puderzucker
1 großes Eigelb
1 EL Weinbrand
1 EL Kakaopulver
50 g geraspelte Zartbitterschokolade
2 Tassen Mehl

ZUM WÄLZEN
½ Tasse Puderzucker
1 EL Kakaopulver

Den Backofen auf 150° vorheizen. Mehrere Backbleche einfetten und beiseite stellen. Walnüsse in einer Backform verteilen und unter gelegentlichem Wenden 7–8 Minuten im Ofen rösten.

Aus dem Ofen nehmen und zum Abkühlen beiseite stellen. Die abgekühlten Nüsse in einer Nußmühle, einer Küchenmaschine oder einem Mixer mehlfein vermahlen.

Die Temperatur des Backofens auf 160° erhöhen. Die Butter in einer großen Rührschüssel mit dem Handrührgerät bei mittlerer Geschwindigkeit locker und cremig schlagen. ⅔ Tasse Puderzucker zufügen und weiterschlagen, bis die Masse glatt ist. Eigelb, Weinbrand und 1 EL Kakaopulver einrühren. Gemahlene Walnüsse und geraspelte Schokolade unterrühren. Nach und nach das Mehl zugeben; sobald der Motor des Rührgeräts zu stocken beginnt, das restliche Mehl von Hand unterrühren.

Etwa 2,5 cm große Teigstücke abteilen und zu dicken, etwa 5 cm langen Stäbchen rollen. (Um den Teig gut verarbeiten zu können, muß er eine gewisse Festigkeit haben; ist er zu weich und warm, kurze Zeit in den Kühlschrank stellen.) Die Teigstäbchen in etwa 2 cm Abstand auf die Backbleche legen.

Auf den mittleren Schienen des Backofens 15–16 Minuten backen, bis die Plätzchen an der Oberseite fest sind. Aus dem Ofen nehmen und 1–2 Minuten stehen lassen. Mit einem breiten Messer die Stäbchen lösen, auf ein Kuchengitter legen und vollständig auskühlen lassen.

Die verbliebene ½ Tasse Puderzucker und 1 EL Kakaopulver in eine kleine Schüssel sieben. 2 EL dieser Mischung beiseite stellen. Die Plätzchen in der Zucker-Kakao-Mischung wälzen, bis sie ganz damit überzogen sind. Kurz vor dem Servieren die zurückbehaltenen 2 EL der Mischung über die Stäbchen sieben.

Die Kekse lassen sich bis zu 1 Woche in einem luftdicht verschlossenen Behälter aufbewahren. Sie können auch eingefroren werden, dann wälzt man sie jedoch erst nach dem Auftauen in der Mischung und bestreut sie mit Kakaozucker.

Das Rezept ergibt etwa 45 Stäbchen von etwa 6 cm Länge.

PIZZELLE –
ANIS-ZITRONEN-WAFFELN

Italien

Pizzelle sind große dünne Waffeln, die mit einem Spezialeisen, ähnlich einem Waffeleisen, geprägt werden. Die meisten Pizzelle-Eisen sind jedoch nicht elektrisch, und man muß sie daher auf dem Herd oder einem Brenner erhitzen.

Traditionelle Pizzelle werden mit Zitrone und Anis aromatisiert. Diese Gewürze können jedoch im folgenden Rezept auch durch Vanille ersetzt werden. Der Geschmack ist dann zwar nicht authentisch, aber trotzdem sehr gut.

10 EL Butter
2¼ Tassen Mehl
¼ TL Backpulver
2 große Eier
⅔ Tasse Zucker
2 TL frischer Zitronensaft
Fein abgeriebene Schale von 1 sehr großen unbehandelten Zitrone
1 TL gemahlener Anis
oder
1 TL Vanilleextrakt
(ersatzweise Vanillinzucker)

ZUM EINFETTEN DES PIZZELLE-EISENS
Pflanzenöl

Die Butter in einem kleinen Topf bei schwacher Hitze erwärmen, bis sie geschmolzen ist. Vom Feuer nehmen und abkühlen lassen. Mehl und Backpulver in einer Schüssel gut vermischen.

In einer Rührschüssel die Eier mit dem Handrührgerät bei mittlerer Geschwindigkeit zu einem blasigen Schaum schlagen. Zucker und Zitronensaft zufügen und weiterschlagen, bis die Masse feinschaumig ist. Zitronenschale und Anis einrühren. Die Mehlmischung zugeben und etwas rühren, bis die Masse glatt ist. Die abgekühlte Butter unterziehen.

Die Innenflächen eines vorbereiteten Pizzelle-Eisens (s. Fußnote) leicht mit Pflanzenöl bestreichen; darauf achten, daß alle Rillen und Vertiefungen eingefettet sind. Bei mittlerer Temperatur das Eisen zuerst auf der einen, dann auf der anderen Seite erhitzen.

Eisen vom Feuer nehmen, über Backpapier halten und etwa 2 EL Teig auf die Mitte einer Innenfläche geben. Das Eisen sofort schließen und Teig, der an den Rändern herausquillt, abstreifen. Eisen auf den Brenner setzen und die Waffel backen, indem man das Eisen etwa alle 20 Sekunden umdreht und es auch des öfteren öffnet, um zu kontrollieren, ob die Waffel gar ist. Sobald sie auf beiden Seiten eine goldgelbe Farbe angenommen hat, schnell mit einer Zange oder Gabel aus dem Eisen herausnehmen und zum Abkühlen flach auf ein Kuchengitter legen. Den Vorgang wiederholen, bis der Teig verbraucht ist. (Die Waffeln haften normalerweise nicht in den Rillen eines richtig vorbereiteten Eisens, aber wenn sie sich nur schwer lösen lassen, das Eisen nach jeder Waffel mit einem Papierküchentuch, das man in geschmolzene Butter getaucht hat, ganz leicht bestreichen.)

Die Waffeln lassen sich 3−4 Tage in einem luftdicht verschlossenen Behälter aufbewahren. Bei längerer Lagerung einfrieren.

Das Rezept ergibt 14−15 Waffeln von etwa 12,5 cm Durchmesser. (Abb. s. rechts)

Hinweis: Das neue Pizzelle-Eisen nach der Anleitung des Herstellers vorbereiten. Falls keine Anweisungen gegeben werden, die Innenflächen des Eisens großzügig mit Pflanzenöl bestreichen und zuerst die eine, dann die andere Seite 10 Minuten bei mittlerer Temperatur erhitzen. Das Eisen etwas abkühlen lassen, so daß es nur noch warm ist, und überschüssiges Öl abwischen.

Um die Oberflächenbehandlung des vorbereiteten Eisens zu erhalten, in warmem Seifenwasser abbürsten, nachspülen und trockentupfen. Das Eisen nicht mit Scheuerpulver oder scharfen Reinigungsmitteln behandeln, da sonst schon bald wieder eine Oberflächenbehandlung notwendig ist.

Wenn Sie kein Pizzelle-Eisen besitzen oder anschaffen wollen, können Sie auch ein herkömmliches Waffeleisen oder den im Fachhandel erhältlichen elektrischen Zimtwaffelautomaten benutzen, dessen Eisen eine vergleichbare Prägung besitzt.

RECHTS:
Pizzelle – Anis-Zitronen-Waffeln

FLORENTINER
(DOLCE ALLA FIORENTINA)

Italien

Gehackte Mandeln und Orangenschale geben diesen beliebten, knusperzarten und waffeldünnen italienischen Plätzchen, die zusätzlich mit Schokolade glasiert sind, ihren besonderen Geschmack. Sie erinnern mich ein bißchen an Krokantpralinen, und sie munden vorzüglich zu einer Tasse Kaffee nach dem Essen.

1 Tasse blanchierte Mandelscheiben
3 EL Butter
3 EL Milch
2 EL Klee- oder Orangenblütenhonig
1 Tasse Puderzucker
¼ Tasse Mehl
⅓ Tasse sehr fein gehacktes Orangeat
Sehr fein abgeriebene Schale von 2 mittelgroßen unbehandelten Orangen

SCHOKOLADENGLASUR
½ TL Kokosfett
160 g grobgehackte Edelbitterschokolade

Den Backofen auf 160° vorheizen. Mehrere Backbleche mit passend zurechtgeschnittener Alufolie auslegen. Die Folie gut einfetten. ½ Tasse Mandelscheiben grobhacken. Die restlichen Mandeln für die Verzierung beiseite stellen.

Butter, Milch, Honig und Puderzucker in einem mittelgroßen Topf verrühren. Bei mittlerer Hitze unter Rühren zum Kochen bringen und weitere 30 Sekunden unter Rühren kochen. Topf vom Feuer nehmen. Das Mehl auf die Mischung sieben und verrühren, bis die Masse glatt ist. Gehackte Mandeln, Orangeat und Orangenschale unterrühren.

Den Teig in sehr schwach gehäuften, gleichmäßigen Teelöffelportionen auf die Folie setzen und jeweils etwa 7,5 cm Zwischenraum einhalten. (Nicht zu viele oder zu große Teighäufchen auf ein Blech setzen, da sie sehr auseinanderlaufen.) Die Plätzchen großzügig mit den zurückbehaltenen Mandelsplittern bestreuen.

Im oberen Drittel des Backofens 5—7 Minuten backen, bis die Plätzchen goldbraun sind; die Backbleche nach der Hälfte des Backvorgangs von vorn nach hinten drehen, um gleichmäßiges Bräunen zu gewährleisten. Plätzchen häufig kontrollieren, da sie sehr schnell backen, sobald sie einmal begonnen haben zu bräunen, aber auch darauf achten, daß sie einerseits gut durchbacken, andererseits nicht verbrennen. (Werden sie zu kurz gebacken, so sind sie zäh und lassen sich nur schwer von der Folie lösen; backt man sie zu lange, so schmecken sie leicht verbrannt.)

Die Backbleche aus dem Ofen nehmen und 1 Minute stehenlassen. Dann die Folie mit den Plätzchen vorsichtig auf eine ebene Fläche heben und stehenlassen, bis das Gebäck *vollständig abgekühlt* ist.

Die Florentiner behutsam von der Folie lösen. (Falls die Plätzchen anhaften, hat man sie entweder nicht ausreichend lang gebacken, oder die Folie war nicht kräftig genug eingefettet.) Die Folie kann wiederverwendet werden, muß dann jedoch vorher erneut gründlich eingefettet werden, auch sollten die Backbleche vollständig abgekühlt sein. Die Arbeit fortsetzen, bis alle Plätzchen gebacken, abgekühlt und von der Folie gelöst sind. Sie mit der glatten Seite nach oben auf Backpapier legen.

Für die Glasur Kokosfett und Schokolade in einer Schüssel im Wasserbad unter gelegentlichem Rühren erwärmen, bis die Masse ganz geschmolzen und glatt ist.

Mit einem Küchenmesser eine gleichmäßige Schicht warme Schokoladenglasur auf die glatte, obenliegende Unterseite jedes Plätzchens streichen. Das Gebäck einige Minuten stehenlassen; dann mit den Zinken einer Gabel ein welliges dekoratives Muster über die Schokolade ziehen. Die Florentiner mit der glasierten Seite nach oben etwa 45 Minuten liegen lassen, bis die Schokolade fest geworden ist. (Die Glasur verfestigt sich schneller, wenn man das Gebäck einige Minuten in den Kühlschrank stellt.)

Die Plätzchen lassen sich bis zu 1 Woche in luftdicht verschlossenen Behältern im Kühlschrank aufbewahren; dabei die einzelnen Plätzchenschichten durch Backpapier trennen. Im Bedarfsfall können die Florentiner auch eingefroren und vor dem Servieren im Kühlschrank aufgetaut werden.

Das Rezept ergibt etwa 45 Florentiner von etwa 6 cm Durchmesser.

KATZENZUNGEN
(LENGUAS DE GATO)

Spanien und Frankreich

Diese dünnen, knusprigen Waffeln sind in Spanien wie auch in Frankreich sehr verbreitet und beliebt. Ihr etwas seltsamer Name läßt sich daraus ableiten, daß die langen, schmalen Plätzchen – wenn man seine Phantasie etwas bemüht – Katzenzungen nicht unähnlich sind.

Obwohl sie leicht herzustellen sind, sollte man doch sorgfältig die im Rezept angegebenen Mengen einhalten und auch exakt den Anweisungen folgen. Das genaue Verhältnis der Zutaten und die Temperatur der Butter entscheiden darüber, in welchem Maße die Waffeln auseinanderlaufen.

6 EL sehr weiche Butter
(aber nicht geschmolzen)
½ Tasse Zucker
2 große Eiweiße
¼ TL Vanilleextrakt
(ersatzweise Vanillinzucker)
⅛ TL sehr fein abgeriebene Zitronenschale
(unbehandelt)
½ Tasse und 1 EL Mehl

Den Backofen auf 185° vorheizen. Mehrere Backbleche leicht einfetten und beiseite stellen.

In einer kleinen Rührschüssel Butter und Zucker mit dem Handrührgerät bei mittlerer Geschwindigkeit 2½–3 Minuten schlagen, bis die Masse sehr locker und cremig ist. Eiweiße, Vanilleextrakt und Zitronenschale zufügen und weitere 30 Sekunden schlagen. Das Mehl über die Masse sieben und mit einem Teigspachtel behutsam unterheben, bis es gut eingearbeitet ist.

Einen Spritzbeutel mit einer glatten Tülle von etwa 1 cm Durchmesser mit dem Teig füllen, indem man den Beutel in ein hohes Glas stellt und den oberen Beutelrand in einer etwa 10 cm breiten Manschette umschlägt. Den Teig mit einem Löffel einfüllen, bis der Beutel zu zwei Drittel voll ist. Dann den Beutelrand zurückschlagen und oben zusammendrehen. *Dünne, etwa 6 cm lange Teigstreifen mit etwa 5 cm Zwischenraum* auf die Backbleche spritzen. (Nicht zu viele oder zu breite Plätzchen auf ein Blech spritzen, da sie sehr auseinanderlaufen.) Hochstehende Enden an den gespritzten Streifen mit einem Küchenmesser glattstreichen, das man vorher in Wasser getaucht hat.

Im oberen Drittel des Backofens 4–5 Minuten backen, bis die Plätzchen an den Rändern tief goldbraun geworden sind. Backbleche aus dem Ofen nehmen und die Plätzchen 30 Sekunden lang etwas fest werden lassen. Dann das Gebäck mit einem breiten Messer vorsichtig, aber schnell lösen und auf ein Kuchengitter legen, bevor es spröde wird. Wenn die Plätzchen zu schnell fest werden, Backbleche nochmals kurz in den Ofen stellen, um sie etwas weicher zu machen. Stehenlassen, bis sie vollständig ausgekühlt sind. (Die Backbleche zwischen den einzelnen Backgängen vollständig abkühlen lassen, da sonst der Teig zu sehr aufgeheizt wird und zu stark auseinanderläuft. Backbleche vor dem Wiederverwenden erneut einfetten.)

Die Waffeln lassen sich in einer luftdicht verschlossenen Dose bis zu 1 Woche aufbewahren. Bei längerer Lagerung einfrieren.

Das Rezept ergibt etwa 50 Katzenzungen von etwa 7,5 cm Länge.

HASELNUSS-ZUCKER-STÄUBCHEN
(POLVORONES DE AVELLANAS)

Spanien

Spanische Polvorones verbinden die mürbe Konsistenz von Buttergebäck mit dem kräftigen Geschmack von Nußplätzchen. Eine befreundete Schriftstellerin, deren letzter Roman in Spanien spielte, brachte dieses Rezept aus Madrid mit.

⅔ Tasse ganze unblanchierte Haselnüsse
¾ Tasse weiche Butter
⅓ Tasse Zucker
1 Eigelb
⅛ TL Salz
1¾ Tassen Mehl

ZUM WÄLZEN
⅓ Tasse Puderzucker

Den Backofen auf 150° vorheizen. Mehrere Backbleche einfetten und beiseite stellen. Haselnüsse auf einem großen Backblech verteilen und unter gelegentlichem Wenden im Ofen 16–17 Minuten rösten, bis sich die Schalen zu lösen beginnen und die Nüsse eine braune Farbe angenommen haben. Zum Abkühlen beiseite stellen. Die Ofentemperatur auf 170° erhöhen.

Sobald die Haselnüsse etwas abgekühlt sind, so daß man sie anfassen kann, die Schalen entfernen, indem man jeweils eine Handvoll Nüsse kräftig zwischen den Handflächen oder in einem sauberen Küchentuch aneinanderreibt und dabei die Schalenstücke ablöst. (Es ist etwas schwierig, alle an den Nüssen haftenden Schalenstückchen restlos zu entfernen, aber die Nüsse sollten doch ziemlich sauber sein.) Die Haselnüsse in einer Nußmühle, in der Küchenmaschine oder im Mixer zu feinem Mehl vermahlen.

Die Butter in einer großen Rührschüssel mit dem Handrührgerät bei mittlerer Geschwindigkeit locker und cremig schlagen. Zucker zufügen und weiterschlagen, bis die Masse gut vermischt und glatt ist. Eigelb und Salz einrühren. Das Haselnußmehl unterrühren, dann nach und nach das Mehl einrühren. Falls der Motor des Rührgeräts zu stocken beginnt, das restliche Mehl mit einem Rührlöffel von Hand einarbeiten. Kleine Teigstücke abteilen, zu etwa 2,5 cm dicken Kugeln formen und diese in etwa 2,5 cm Abstand auf die Backbleche setzen.

Im oberen Drittel des Backofens 15–17 Minuten backen, bis die Plätzchen an den Rändern gerade einen Hauch brauner Farbe angenommen haben. Backbleche aus dem Ofen nehmen und 1–2 Minuten stehenlassen. Die Plätzchen mit einem breiten Messer oder einem Spachtel lösen, auf ein Kuchengitter legen und vollständig auskühlen lassen.

Puderzucker in eine flache Schüssel oder auf einen Bogen Backpapier geben und die abgekühlten Plätzchen darin wälzen, bis sie ganz mit Zucker überzogen sind.

Die Stäubchen sind bis zu 1 Woche in einem luftdicht verschlossenen Behälter aufzubewahren. Bei längerer Lagerung einfrieren, jedoch erst nach dem Auftauen in Puderzucker wälzen.

Das Rezept ergibt etwa 45 Plätzchen von etwa 3 cm Durchmesser. (Abb. s. links)

LINKS:
Haselnuß-Zuckerstäubchen

HÄSSLICHE, ABER GUTE SCHOKOLADENPLÄTZCHEN (BRUTTI MA BUONI AL CACAO)

Italien

Trotz ihres etwas merkwürdigen Namens sind diese Plätzchen nicht wirklich häßlich, sondern sehen eher bodenständig als elegant aus. Andererseits ist die Verbindung verschiedener Aromen hier ziemlich raffiniert. Die Plätzchen schmecken wie Schokoladen-Haselnußmakronen, besitzen aber eine grobe Konsistenz und eine unregelmäßige Form. Beim Backen entwickeln sie einen wunderbaren Duft, so daß besonders die Freunde von Schokolade und Haselnuß einfach begeistert sind von diesem Gebäck.

½ Tasse ganze unblanchierte Haselnüsse
½ Tasse blanchierte Mandelsplitter
30 g Zartbitterschokolade
3 große Eiweiße (ohne Eigelbpartikel)
1 Prise Salz
½ TL Instant-Kaffeepulver oder -Kaffeegranulat
2¾ Tassen Puderzucker
6 EL Kakaopulver
6 Tropfen Bittermandel-Backaroma
½ TL Vanilleextrakt
(ersatzweise Vanillinzucker)

Den Backofen auf 150° vorheizen. Die Haselnüsse auf einem Backblech verteilen und in den Ofen schieben. Unter gelegentlichem Wenden 16 – 17 Minuten rösten, bis sich die Schalen lösen und die Nüsse duften. Mandeln auf ein zweites Blech geben und unter gelegentlichem Wenden 6 Minuten rösten. Nüsse zum Abkühlen beiseite stellen. Schokolade im Wasserbad erwärmen, bis sie geschmolzen ist. Beiseite stellen und auf Zimmertemperatur abkühlen lassen.

Die Temperatur des Backofens auf 160° erhöhen. Mehrere Backbleche mit Backpapier auslegen.

Sobald die Haselnüsse so weit abgekühlt sind, daß man sie anfassen kann, die Schalen entfernen, indem man jeweils eine Handvoll Nüsse kräftig zwischen den Handflächen oder in einem sauberen Küchentuch aneinanderreibt. (Es ist etwas schwierig, alle Schalenstückchen restlos zu entfernen, doch die Nüsse sollten ziemlich frei von Schalen sein.) Haselnüsse und Mandeln grobhacken und beiseite stellen.

Eiweiße, Salz und Kaffeepulver in eine saubere, fettfreie Rührschüssel geben. 5 Minuten stehenlassen, damit sich das Kaffeepulver etwas auflöst. Dann mit dem Handrührgerät bei mittlerer Geschwindigkeit schlagen, bis eine blasige Schaummasse entsteht. Die Geschwindigkeit des Rührgeräts erhöhen und weiterschlagen, bis alles gut vermischt und feinschaumig geworden ist. Weiterschlagen und nach und nach den Puderzucker, dann Kakaopulver, Vanilleextrakt und Bittermandelaroma zufügen. Schlagen, bis die Masse steif, glatt und glänzend ist. Schokolade und Nüsse unterrühren, bis alle Zutaten gut eingearbeitet sind, aber nicht zu lange rühren.

Mit einem Teelöffel Teighäufchen auf die mit Backpapier ausgelegten Bleche setzen; dabei etwa 3,5 cm Abstand einhalten. Auf den mittleren Schienen des Backofens 11 – 13 Minuten backen, bis sich die Plätzchen beinahe fest anfühlen. (Sollen die Plätzchen saftiger sein, eine etwas kürzere Backzeit einhalten; sollen sie knuspriger und trockener sein, etwas länger backen.) Die Plätzchen gehen während des Backens auf. Backbleche aus dem Ofen nehmen und die Plätzchen 1 – 2 Minuten darauf stehenlassen. Dann das Backpapier auf eine glatte Unterlage gleiten und die Plätzchen darauf liegenlassen, bis sie vollkommen ausgekühlt sind. Die abgekühlten Plätzchen behutsam vom Papier lösen.

Die Plätzchen lassen sich 3 – 4 Tage in einem luftdicht verschlossenen Behälter aufbewahren. Bei längerer Lagerung einfrieren.

Das Rezept ergibt 40 – 45 Plätzchen mit einem Durchmesser von 5,5 – 6 cm.

SCHOKOLADEN-GEWÜRZ-PLÄTZCHEN MIT ZITRONENGLASUR
(BISCOTTI DI CIOCCOLATA)

Italien

In diesen traditionellen Plätzchen aus dem Süden Europas verbinden sich die Aromen von Schokolade, Rosinen, Zitrusfrüchten und Gewürzen auf die schönste Weise. Die Plätzchen werden in kleinen, gleichmäßig geformten Häufchen gebacken und dann mit einer Zitronen-Puderzuckerglasur dünn überzogen. Zur Weihnachtszeit verziert man sie auch mit Orangeat- und Zitronatstückchen.

1¼ Tassen dunkle kernlose Rosinen
3 EL Orangensaft
3 Tassen Mehl
½ Tasse Kakaopulver
¾ TL Backpulver
½ TL Natron
1 TL gemahlener Zimt
1 TL gemahlener Piment
¾ TL gemahlener Ingwer
½ TL gemahlene Muskatnuß
1 Tasse und 2 EL weiche Butter
1 Tasse Zucker
1 großes Ei
2 TL Vanilleextrakt
(ersatzweise Vanillinzucker)
Fein abgeriebene Schale von 1 kleinen unbehandelten Orange
Fein abgeriebene Schale von 1 kleinen unbehandelten Zitrone
100 g grobgeriebene Zartbitterschokolade

ZITRONENGLASUR
1½ Tassen Puderzucker
2 EL frischer Zitronensaft
1 EL Orangensaft

VERZIERUNG (falls gewünscht)
¼ Tasse Zitronat und Orangeat

Den Backofen auf 160° vorheizen. Mehrere Backbleche einfetten.

Rosinen und Orangensaft in einer kleinen Schüssel mindestens 10 Minuten beiseite stellen, damit sich die Rosinen vollsaugen. In der Zwischenzeit Mehl, Kakaopulver, Backpulver, Natron, Zimt, Piment, Ingwer und Muskat zusammensieben.

Die Butter in einer großen Rührschüssel cremig schlagen. Zucker zufügen und weiterschlagen, bis eine glatte Masse entstanden ist. Ei, Vanilleextrakt, Orangen- und Zitronenschale einrühren. Etwa die Hälfte der Mehlmischung unterrühren. Die Rosinen-Orangensaft-Mischung und die Schokolade unterheben. Das restliche Mehl mit einem großen Rührlöffel einarbeiten.

Teigstücke abteilen und zwischen den Handflächen zu etwa 2,5 cm dicken Kugeln rollen. (Wenn der Teig zu weich ist und sich nicht gut formen läßt, ihn abdecken und vor dem Weiterarbeiten kurz in den Kühlschrank stellen.) Die Kugeln in etwa 3 cm Abstand auf die Backbleche setzen.

Auf den mittleren Schienen des Backofens 7−9 Minuten backen, bis die Plätzchen beinahe fest sind, wenn man sie oben leicht berührt. Backbleche aus dem Ofen nehmen und die Plätzchen 2−3 Minuten etwas fest werden lassen. Mit einem breiten Messer lösen und auf ein Kuchengitter legen. Die Plätzchen glasieren, solange sie noch etwas warm sind.

Für die Glasur Puderzucker in eine kleine tiefe Schüssel sieben. Zitronen- und Orangensaft zufügen und verrühren, bis die Masse glatt ist. Die Glasur sollte ziemlich dünnflüssig sein; falls notwendig, noch ein paar Tropfen Orangensaft zugeben.

Jeweils ein warmes Plätzchen nehmen und es mit der Oberseite in die Glasur tauchen, dann das Plätzchen sofort umdrehen und auf ein Kuchengitter legen, das auf einem Bogen Wachspapier steht. Gegebenenfalls ein Stückchen Orangeat oder Zitronat in die Mitte jedes Plätzchens drücken. Das Gebäck etwa 40 Minuten stehenlassen, bis die Glasur fest geworden ist.

Die glasierten Plätzchen lassen sich bis zu 1 Woche in einem luftdicht verschlossenen Behälter aufbewahren. Bei längerer Lagerung einfrieren.

Das Rezept ergibt 60−65 Plätzchen von etwa 4,5 cm Durchmesser.

GEFÜLLTE SCHOKOLADEN-ORANGEN-WAFFELN

(BISCOTTI MILANO)

Italien

Bei diesem Rezept werden butterige Orangenwaffeln mit Schokolade wie Sandwiches zusammengesetzt. Zu einer Tasse Cappuccino serviert, sind diese Waffeln einfach unwiderstehlich.

1 1/3 Tassen Mehl
1/8 TL Salz
3/4 Tasse weiche Butter
2/3 Tasse Zucker
1 großes Ei
1 1/4 TL Vanilleextrakt
(ersatzweise Vanillinzucker)
Fein abgeriebene Schale von 1 kleinen unbehandelten Orange
Fein abgeriebene Schale von 1/2 kleinen unbehandelten Zitrone

SCHOKOLADENGLASUR
50 g Zartbitterschokolade
1 1/4 Tassen Puderzucker
1 EL Kakaopulver
3/4 TL Ahornsirup
4–5 EL heißer Kaffee oder heißes Wasser

Den Backofen auf 170° vorheizen. Mehrere Backbleche leicht einfetten. Mehl und Salz gut vermischen; beiseite stellen.

Die Butter in einer kleinen Rührschüssel mit dem Handrührgerät bei mittlerer Geschwindigkeit etwa 2 1/2 Minuten schlagen, bis sie sehr locker und cremig ist. Zucker hinzufügen und zu einer glatten Masse schlagen. Ei dazugeben und weiterschlagen, bis eine schaumige Masse entstanden ist. Vanilleextrakt zufügen und einige

Sekunden weiterrühren. Nach und nach das Mehl unterrühren, bis es gut eingearbeitet ist. Orangen- und Zitronenschale einrühren, bis sie sich gleichmäßig im Teig verteilt haben.

Den Teig in einen Spritzbeutel geben, der mit einer glatten Spitze oder einer Sterntülle von 1 cm Durchmesser versehen ist. Den Teig in etwa 5 cm langen Streifen in etwa 7,5 cm Abstand auf die Backbleche spritzen. (Nicht zu viele Plätzchen auf ein Blech setzen, da sie auseinanderlaufen.) Mit einem Küchenmesser die etwas nach oben stehenden Streifenenden behutsam niederdrücken.

Jeweils ein Backblech mit Waffeln im oberen Drittel des Backofens 7–9 Minuten backen, bis deren Ränder goldbraun geworden sind. Nach der Hälfte des Backvorgangs das Backblech von vorn nach hinten drehen, um gleichmäßiges Bräunen zu gewährleisten. Das Blech aus dem Ofen nehmen, die Plätzchen 30 Sekunden darauf stehen- und etwas fest werden lassen. Das Gebäck mit einem breiten Messer schnell, jedoch sorgfältig vom Blech lösen, bevor es brüchig wird, und auf ein Kuchengitter legen. (Falls die Plätzchen zu schnell abkühlen und sich nicht lösen lassen, das Backblech zum Aufwärmen noch einmal 1–2 Minuten in den Ofen stellen.) Auskühlen lassen. Die Bleche müssen, bevor man sie wieder benutzt, mit einem Spachtel abgeschabt werden, um Krümel zu entfernen. Dann gut abkühlen lassen, wieder einfetten und den verbliebenen Teig verarbeiten.

Zur Herstellung der Glasur die Schokolade unter gelegentlichem Rühren im Wasserbad erwärmen, bis sie geschmolzen und glatt ist. Vom Feuer nehmen. Puderzucker und Kakaopulver in eine kleine Schüssel sieben. Ahornsirup und 3 EL des heißen Kaffees einrühren, bis die Zutaten gut vermischt und die Masse glatt ist. Diese Masse zu der geschmolzenen Schokolade geben und rühren, bis eine glatte, glänzende Glasur entstanden ist. Falls notwendig, noch etwas Kaffee hinzufügen, so daß die Glasur ziemlich dünn wird, aber trotzdem nicht läuft.

Mit einem Küchenmesser 1–2 Tupfer Glasur auf die Unterseite einer Waffel geben. (Es ist nicht notwendig, die Glasur zu verstreichen, da sie sowieso nach außen gedrückt wird, wenn man die Waffeln zusammensetzt.) Eine andere Waffel behutsam mit der Unterseite auf die Glasur drücken. Auf diese Weise alle Waffeln verarbeiten.

Die Glasur im Wasserbad wieder unter gelegentlichem Rühren erwärmen, aber nicht heiß

LINKS:
Gefüllte Schokoladen-Orangen-Waffeln

werden lassen. Etwas von dem verbliebenen heißen Kaffee zugeben, so daß die Glasur dünnflüssiger wird und etwas läuft. Die Waffeln nacheinander jeweils an einem Ende etwa 1,5 cm tief in die Glasur tauchen; dabei die Schüssel, falls notwendig, leicht schräg halten. Nach dem Eintauchen überschüssige Glasur abtropfen lassen. Dann die glasierte Kappe leicht am Schüsselrand abstreifen, um weitere überschüssige Glasur zu entfernen. Die Waffeln auf ein Kuchengitter legen und 1−2 Minuten liegenlassen, bis die Glasur ein wenig angetrocknet ist. Dann jedes Plätzchen in der Mitte fassen und jeweils das andere Ende in die Schokolade tauchen; abtropfen lassen, abstreifen und wieder so auf ein Kuchengitter legen, daß das glasierte Ende übersteht. Die Plätzchen etwa 45 Minuten stehen lassen, bis die Glasur vollkommen fest ist.

Die Waffeln können 4−5 Tage in einem luftdicht verschlossenen Behälter aufbewahrt werden. Die ungefüllten Waffeln lassen sich im Bedarfsfall bis zu 10 Tagen einfrieren; kurz vor dem Servieren zusammensetzen und glasieren.

Das Rezept ergibt etwa 30 gefüllte Waffeln von etwa 7 cm Länge. (Abb. s. S. 208)

RICOTTA-ORANGEN-SCHOKOLADEN-TÖRTCHEN (CASSATINE)

Italien

Cassatine, eine Spezialität aus Sizilien, bestehen aus zarten Plätzchenschalen, die mit Ricotta-Käse, abgeriebenen Zitrusschalen, Schokolade und Mandeln gefüllt sind. Sizilianische Köche genießen den Ruf, wundervolle Desserts und Gebäck herzustellen, und diese köstlichen Törtchen haben zweifellos zu diesem Ruf beigetragen.

Die Plätzchenschalen und die Ricotta-Füllung kann man im voraus zubereiten, doch die Törtchen sollten erst 1−2 Stunden vor dem Servieren gefüllt werden, da sie sonst ihre Knusprigkeit verlieren.

TEIG
²/₃ Tasse blanchierte Mandelsplitter
7 EL weiche Butter
¹/₃ Tasse Zucker
¹/₄ TL fein abgeriebene Zitronenschale (unbehandelt)
¹/₈ TL fein abgeriebene Orangenschale (unbehandelt)
¹/₈ TL Salz
1 EL und 1 TL Orangensaft
1 Tasse und 2 EL Mehl

FÜLLUNG
1 ¹/₃ Tassen gut abgetropfter Ricotta-Käse
¹/₃ Tasse Puderzucker
¹/₂ TL Vanilleextrakt (ersatzweise Vanillinzucker)
¹/₈ TL fein abgeriebene Zitronenschale (unbehandelt)
¹/₈ TL fein abgeriebene Orangenschale (unbehandelt)
¹/₈ TL gemahlene Muskatnuß
120 g feingehackte Zartbitterschokolade

Den Backofen auf 150° vorheizen. Die Mandeln in einer Backform verteilen. In den Ofen stellen und unter gelegentlichem Wenden 6−8 Minu-

210

ten rösten, bis sie Farbe angenommen haben. Aus dem Ofen nehmen und abkühlen lassen. Mandeln in zwei gleich große Portionen teilen und die eine Portion zum Verzieren der Törtchen beiseite stellen. Die restlichen Mandeln in die Küchenmaschine oder den Mixer geben und fein vermahlen.

Die Ofentemperatur auf 170° erhöhen. 4 Törtchenformen mit je 6 Vertiefungen gründlich einfetten. (Die Törtchenvertiefungen sollten am Boden etwa 3 cm Durchmesser und oben etwa 4,5 cm Durchmesser haben.)

Für den Teig Butter, Zucker, Zitronen- und Orangenschale in einer kleinen Rührschüssel mit dem Handrührgerät bei mittlerer Geschwindigkeit zu einer lockeren, glatten Masse schlagen. Salz, Orangensaft und gemahlene Mandeln unterrühren. Das Mehl einarbeiten, aber nicht zu lange rühren.

Den Teig halbieren. Jede Teigportion zwischen Backpapierbogen etwa 3 mm dick ausrollen; dabei Falten, die sich an der Teigunterseite bilden, glätten. Die Teigblätter auf ein Backblech legen und 15–20 Minuten in den Kühlschrank stellen, bis sie kalt und fest, aber nicht hart sind.

Jeweils mit einem Teigblatt arbeiten (das zweite solange im Kühlschrank lassen). Die untere Backpapierschicht abziehen und dann wieder locker auflegen. Teig umdrehen, so daß die Oberseite oben zu liegen kommt, und die obere Backpapierschicht entfernen. Mit einer glatten runden Ausstechform von etwa 5,5 cm Durchmesser oder dem Rand eines Likör- oder Sherryglases Taler ausstechen. Teigreste zusammendrücken und wieder zwischen Backpapierbogen ausrollen. Den Vorgang mit dem zweiten Teig-

blatt widerholen. Insgesamt sollen sich 24 Taler ergeben; den übrigen Teig wegwerfen. Die Teigtaler in den Vertiefungen der Törtchenformen mittig ausrichten und fest an Seiten und Boden drücken. Den Teig überall mit einer Gabel einstechen.

Auf den mittleren Schienen des Backofens die Böden 8–10 Minuten backen, bis sie an den Rändern leicht gebräunt sind. Törtchenformen aus dem Ofen nehmen und sofort mit der Spitze eines kleinen Messers die Ränder lösen. Einige Minuten stehenlassen, bis die Böden etwas abgekühlt sind. Die Böden behutsam aus den Formen heben – ein Messer benutzen, wenn sie noch etwas anhaften – und auf ein Kuchengitter legen, bis sie vollständig abgekühlt sind.

Für die Füllung Ricotta-Käse, Puderzucker, Vanilleextrakt, Zitronen- und Orangenschale sowie Muskat in einer Rührschüssel gründlich verrühren. Etwa 90 g von der gehackten Schokolade einrühren; den Rest zum Verzieren zurückbehalten.

Etwa 1 EL Füllung in jede Plätzchenschale geben beziehungsweise genug, um sie ausreichend zu füllen. Die Törtchen großzügig mit Mandeln und etwas Schokolade bestreuen.

Die Törtchen sollten innerhalb von 1–2 Stunden, nachdem sie gefüllt wurden, serviert werden. Die Plätzchenböden lassen sich, luftdicht verschlossen, 2–3 Tage, eingefroren noch länger, aufbewahren. Im Bedarfsfall kann man die Füllung im voraus zubereiten und bis zu 24 Stunden im Kühlschrank aufheben.

Das Rezept ergibt 24 Törtchen von etwa 3,5 cm Durchmesser.

PHÖNIZISCHE HONIGPLÄTZCHEN (PHOENIKA)

Griechenland

Auf den griechischen Inseln, wo es zum Neujahrsfest gebacken wird, ist dieses Gebäck besonders beliebt. Die länglichen Plätzchen, die mit Honig getränkt und mit Orange, Gewürzen und Walnüssen aromatisiert sind, schmecken delikat und sind angenehm knusprig. Es heißt, daß die Phönizier sie nach Griechenland brachten – daher ihr Name. Frühere Versionen des Rezepts schrieben Olivenöl vor, moderne Köche verwenden jedoch meist Butter oder Butter und geschmacksneutrales Pflanzenöl zu gleichen Teilen.

Phönizische Honigplätzchen sind nicht schwierig herzustellen, doch sie brauchen etwas Zeit. Es ist üblich, sie mit einem Muster zu verzieren, indem man einen speziellen Plätzchenstempel verwendet. Das Randrelief einer Kristallschüssel oder die Zinken einer Gabel leisten denselben Dienst, falls man keinen solchen Stempel besitzt.

FÜLLUNG
¾ Tasse Kleehonig
oder ein anderer milder Honig
½ Tasse Zucker
½ Tasse Orangensaft
1 Zimtstange (10 cm lang)
5 ganze Nelken
1 Prise fein abgeriebene Orangenschale
(unbehandelt)
½ EL Weinbrand
1 Tasse feingehackte Walnüsse
Fein abgeriebene Schale von 1 mittelgroßen
unbehandelten Orange

TEIG
3 Tassen Mehl
½ TL Natron
½ TL Backpulver
¼ TL Salz
¾ TL gemahlener Zimt
½ TL gemahlene Nelken
¼ TL gemahlene Muskatnuß
½ Tasse weiche Butter
½ Tasse Zucker
½ Tasse Pflanzenöl
¼ Tasse Orangensaft
2 EL Weinbrand

VERZIERUNG (falls gewünscht)
¼ Tasse feingehackte Walnüsse

Für die Füllung Honig, Zucker, Orangensaft, Zimtstange, Nelken und 1 Prise Orangenschale in einem mittelgroßen Topf auf mittlerer Hitze zum Kochen bringen und unter gelegentlichem Rühren 5 Minuten kochen. Den Sirup durch ein feines Sieb streichen und die Gewürze fortwerfen. Weinbrand in den Sirup rühren. ¼ Tasse des warmen Sirups in eine kleine Schüssel gießen und 1 Tasse Walnüsse sowie Orangenschale gleichmäßig einrühren und beiseite stellen. Den restlichen Sirup wieder in den Topf gießen und beiseite stellen.

Den Backofen auf 160° vorheizen. Mehrere Backbleche einfetten.

Zur Herstellung des Teigs Mehl, Natron, Backpulver, Salz, Zimt, Nelken und Muskatnuß gründlich vermischen. Butter und Zucker in einer großen Rührschüssel mit dem Handrührgerät bei niedriger Geschwindigkeit zu einer lockeren Masse schlagen. Öl, Orangensaft und Weinbrand zufügen und weiterschlagen, bis die Zutaten gut vermischt sind und die Masse glatt ist. Nach und nach etwa die Hälfte der Mehlmischung unterrühren. Mit einem großen Rührlöffel das restliche Mehl von Hand einarbeiten, so daß ein glatter, weicher Teig entsteht.

Teigstücke abteilen und zwischen den Handflächen zu kleinen Rollen von etwa 4,5 cm Länge und etwa 1 cm Durchmesser formen. Mit dem Finger in jede Rolle der Länge nach eine Rinne drücken. ¾ TL der Walnußfüllung in die Vertiefung jeder Rolle geben. Dann die Teigränder um die Füllung herum zusammendrücken und gut versiegeln. Die gefüllten Teighäufchen mit der Nahtseite nach unten auf ein Backblech setzen; dabei etwa 5,5 cm Abstand einhalten. Jedes Plätzchen wieder zu einer gleichmäßig dicken, etwa 5,5 cm langen Rolle zurechtformen; gegebenenfalls die Rollen mit einem Plätzchenstempel, dem Rand einer Kristallschüssel oder den Zinken einer Gabel verzieren. Die Plätzchen, falls sie sich verformt haben, danach erneut in Rollenform drücken.

Auf den mittleren Schienen des Backofens 18 – 22 Minuten backen, bis die Plätzchen hell-

braun geworden sind. Aus dem Ofen nehmen und mehrere Minuten stehenlassen.

In der Zwischenzeit den restlichen Sirup bei niedriger Temperatur etwas erwärmen. Plätzchen von den Backblechen nehmen und jeweils mit der Oberseite in den warmen Sirup tauchen. Auf große Teller oder Servierplatten legen und, falls gewünscht, mit gehackten Walnüssen bestreuen.

Die Platten mit Klarsichtfolie abdecken und fest einschlagen. Die Plätzchen über Nacht oder mindestens 4 Stunden stehenlassen, damit sie gut durchziehen. Sie sind bis zu 1 Woche in einem luftdicht verschlossenen Behälter aufzubewahren. Bei längerer Lagerung einfrieren.

Das Rezept ergibt 34−36 Plätzchen von etwa 6 cm Länge.

ORANGENPLÄTZCHEN (KOULOURAKIA)

Griechenland

Koulourakia werden vor dem Backen traditionell zu Ringen, Achten, S-Kurven oder griechischen Buchstaben geformt. Die Plätzchen haben ein ungewöhnliches Orangen-Walnuß-Aroma. Für dieses Rezept wird eine Küchenmaschine benötigt.

¼ Tasse gehackte Walnüsse
2 Tassen Mehl
¾ TL Backpulver
½ TL Natron
1 Prise gemahlene Nelken
Schale von 1 kleinen unbehandelten Orange
Schale von 1 kleinen unbehandelten Zitrone
¾ Tasse Zucker
2 EL Pflanzenöl
6 EL weiche Butter
1 großes Ei
1 großes Eigelb
1 EL Weinbrand oder Orangensaft
2−3 EL Puderzucker (falls gewünscht)

Den Backofen auf 150° vorheizen. Die Walnüsse in eine flache Backform geben und im Ofen unter gelegentlichem Wenden 7−8 Minuten rösten. Zum Abkühlen beiseite stellen.

Mehl, Backpulver, Natron und Nelken gründlich vermischen. Orangen- und Zitronenschale sowie Zucker in die Küchenmaschine geben. Das Gerät mehrere Minuten laufen lassen, bis die Schalen fein zerkleinert sind. Zwischendurch die Maschine abschalten und an der Mixschüssel haftende Zitrusschalenstückchen abschaben.

Abgekühlte Walnüsse und Pflanzenöl zufügen und weitermixen, bis die Walnüsse püriert sind. Die Zitrusschalen-Walnuß-Mischung in eine kleine Schüssel geben und beiseite stellen.

Die Butter in der Küchenmaschine etwa 1 Minute schlagen, bis sie locker und cremig ist. Zitrusschalen-Walnuß-Masse, Ei, Eigelb und Weinbrand dazugeben und weiterrühren, bis alle Zutaten sich gut verbunden haben. Die Mehlmischung nach und nach zufügen und in Intervallen weiterrühren, bis alles gut vermischt ist, nicht zu lange rühren. Den Teig halbieren, jede Teighälfte in Backpapier einschlagen und mindestens 1½ Stunden in den Kühlschrank stellen, bis der Teig kalt und ziemlich fest ist.

Die Ofentemperatur auf 160° erhöhen. Mehrere Backbleche leicht einfetten. Jeweils mit einer Teigportion arbeiten (die zweite solange im Kühlschrank lassen) und etwa 2,5 cm große Teigstücke abteilen. Jedes Teigstück auf einem Backpapierbogen zu 11−15 cm langen »Schnüren« rollen, aber nicht zu lange bearbeiten, da der Teig sonst zu weich wird. Die Schnüre mit etwa 5 cm Abstand auf die Backbleche legen und zu Ringen, Bögen, S-Kurven, Spazierstöcken, Hufeisen, Achten oder in andere einfache Formen biegen.

Auf den mittleren Schienen des Backofens 10−12 Minuten backen, bis das Gebäck oben eine blaßgoldene und an den Rändern eine etwas dunklere Farbe angenommen hat. Die Backbleche nach der Hälfte des Backvorgangs von vorn nach hinten drehen, um gleichmäßiges Bräunen zu gewährleisten. Aus dem Ofen nehmen und etwa 3 Minuten stehenlassen. Dann die Plätzchen auf ein Kuchengitter legen und vollständig auskühlen lassen. Gegebenenfalls kurz vor dem Servieren leicht mit Puderzucker bestäuben.

Das Gebäck läßt sich bis zu 1 Woche in einem luftdicht verschlossenen Behälter aufbewahren. Bei längerer Lagerung einfrieren.

Das Rezept ergibt etwa 30 Plätzchen von etwa 6 cm Größe.

FESTLICHE FEIGENPLÄTZCHEN (CUCCIDATA)

Italien

Diese wundervollen Weihnachtsplätzchen sind mit einer Früchtemischung aus Feigen, kandierten Kirschen, Rosinen und Nüssen gefüllt. Man stellt sie her, indem man die Füllung in eine Teigrolle drückt und diese dann in Scheiben schneidet.

FÜLLUNG
1½ Tassen feingehackte getrocknete Feigen
(= etwa 300 g)
1 Tasse gehackte kandierte Kirschen
(= etwa 170 g)
1 Tasse grobgehackte helle Rosinen
½ Tasse Kleehonig
oder ein anderer milder Honig
2 EL Orangensaft
1 TL gemahlener Zimt
½ TL gemahlener Piment
Fein abgeriebene Schale von 1 mittelgroßen
unbehandelten Orange

TEIG
3⅔ Tassen Mehl
1½ TL Backpulver
⅛ TL Salz
¾ Tasse weiche Butter
¾ Tasse Zucker
2 große Eier
Fein abgeriebene Schale von 1 mittelgroßen
unbehandelten Orange

In einer großen Schüssel Feigen, kandierte Kirschen, Rosinen, Honig, Orangensaft, Zimt, Piment und Orangenschale gut vermischen.

Abdecken und mindestens 30 Minuten oder bis zu 24 Stunden in den Kühlschrank stellen.

Mehl, Backpulver und Salz in einer großen Schüssel gut vermengen. In einer großen Rührschüssel mit dem Handrührgerät bei mittlerer Geschwindigkeit Butter und Zucker schlagen, bis die Zutaten gut vermischt sind. Eier und Orangenschale zufügen und zu einer lockeren, schaumigen Masse schlagen. Nach und nach die Mehlmischung einrühren. Falls der Motor des Geräts stockt, das restliche Mehl mit einem großen Rührlöffel von Hand einarbeiten. Teig halbieren. Jede Teigportion zu einer glatten, gleichmäßig dicken Rolle von etwa 4,5 cm Durchmesser und etwa 30 cm Länge formen. Den Teig mit der Handkante so drücken und formen, daß in der Mitte jeder Rolle eine etwa 5 cm breite Rinne entsteht. Jeweils die Hälfte der Füllung in jeder Rinne verteilen. Den Teig über der Füllung wieder zusammendrücken und die Rollen glätten, indem man sie in Backpapier hin- und herrollt. Jede Rolle fest in Backpapier wickeln. Auf ein Backblech legen und 2½–3 Stunden einfrieren, bis die Rollen fest sind. (Sie können bis zu 2 Wochen in der Tiefkühltruhe aufbewahrt werden, wenn man sie luftdicht verpackt.)

Den Backofen auf 160° vorheizen. Mehrere Backbleche großzügig einfetten und beiseite stellen. Die gefrorenen Rollen mit einem großen scharfen Messer in etwa 5 mm dicke Scheiben schneiden und diese flach in etwa 3 cm Abstand auf die Backbleche legen.

Auf den mittleren Schienen des Backofens 13–15 Minuten backen, bis die Plätzchen an den Rändern leicht gebräunt sind. Aus dem Ofen nehmen und das Gebäck sofort mit einem breiten Messer vorsichtig lösen, auf ein Kuchengitter legen und vollständig auskühlen lassen. (Die Füllung klebt, wenn sie etwas abkühlt, an den Backblechen fest.)

Die Plätzchen lassen sich bis zu 10 Tagen in einer luftdicht verschlossenen Dose aufbewahren. Bei längerer Lagerung einfrieren.

Das Rezept ergibt 70–80 Plätzchen von 7–7,5 cm Durchmesser.

KAPITEL 8

OSTEUROPÄISCHE PLÄTZCHEN

Mit dem kulturellen Erbe und der Tradition haben in Osteuropa Plätzchen genausoviel zu tun wie mit der guten Ernährung. Viele der weitverbreiteten Rezepte sind Jahrhunderte alt und geben nicht nur Einblick in die kulinarischen Gepflogenheiten, sondern auch in die politische und die Gesellschaftsgeschichte der Gegend.

Zu den Keksen, die fast überall in Osteuropa gebacken werden, gehören die einfachen Honigplätzchen, Nachfahren der frühesten kleinen Dessertkuchen, die man in Europa kennt. Als durch den internationalen Handel der Rohrzukker auf den europäischen Kontinent gelangte, nahm die Verwendung von Honig als Süßmittel beim Backen in vielen Gegenden allmählich ab, und raffiniertere Rezepte auf Zuckerbasis wurden entwickelt. Überall auf dem Balkan, in den baltischen Staaten und in den benachbarten Gebieten jedoch hielt die Bevölkerung an den alten Gebräuchen fest. Die Polen, die für die Erzeugung von erstklassigem Honig berühmt sind und die Imkerei schon seit der vorchristlichen Zeit betreiben, backen zahlreiche köstliche »Honigkuchen«, wie zum Beispiel die Mandel-Honig-Plätzchen in diesem Kapitel. Auch die Jugoslawen bereiten Honigplätzchen, wobei die dicken, mit Zimt gewürzten kleinen Kuchen mit dem Namen »Medenjaci« besonders hervorzuheben sind. In Ungarn erfreuen sich die buntglasierten herzförmigen Honigplätzchen, die als Liebessymbole von fahrenden Bäckern verkauft werden, seit urdenklichen Zeiten auf den ländlichen Kirchweihfesten großer Beliebtheit.

Von besonderer Eigenart unter den osteuropäischen süßen Leckereien sind jene, bei denen Honig und Mohn, eine weitere für die Region typische Zutat, miteinander kombiniert werden. Bei manchen Rezepten, wie zum Beispiel bei den bulgarischen Honig-Mohn-Plätzchen, die hier vorgestellt werden, streut man die winzigen blauschwarzen Samen einfach über die Plätzchen, die so einen angenehm nussigen Geschmack erhalten. Bei anderen, wie bei den zarten Mohnhörnchen, verbinden sich gemahlener Mohn und Honig zu einer ungewöhnlichen, exotisch schmeckenden süßen Füllung.

Neben den Honigkuchen enthält das osteuropäische Repertoire auch ein paar feine Butterplätzchen nach alter Art. In Ungarn, wo die beeindruckende Backtradition des Habsburgerreiches noch nachwirkt, gehören elegante, mit Marmelade verzierte Husarenkrapferl, Rum-Butterplätzchen und Aprikosen-Teeplätzchen zu den typischen Gebäcksorten. Hausfrauen in Polen und im sowjetischen Baltikum bereiten ebenfalls, vor allem zu Ostern und an anderen Festtagen, eine Vielzahl von Plätzchen zu, die reich an Butter und Eiern sind. Die unglaubliche Menge dieser Zutaten in einigen der alten Rezepte weist darauf hin, daß die meisten der hier ansässigen Gesellschaften agrarisch waren (und oft immer noch sind); sogar in schweren Zeiten konnte die Landwirtschaft den Bedarf einer Familie an Milchprodukten und Eiern decken.

Über die Jahrhunderte waren politische Veränderungen und Unruhen immer ein wesentlicher Bestandteil der sozialen Landschaft in Osteuropa. Trotzdem hat sich die Tradition des Plätzchenbackens erhalten. Dieses einfache Vergnügen stellt eine Verbindung zur Vergangenheit her und vermittelt den nachfolgenden Generationen das Gefühl der Kontinuität und Geborgenheit.

LINKS:
Aprikosen-Teeplätzchen (Rezept s. S. 218)

217

APRIKOSEN-TEEPLÄTZCHEN (CIASTKA Z KONSERWA)

Polen

Mit oder ohne Tee – diese zarten, mit Mandeln und Aprikosenmarmelade verzierten Plätzchen sind einfach köstlich. Die Teezeit dauert in Polen von etwa 3 bis 6 Uhr am Nachmittag. Der Tee wird gewöhnlich mit Zitronenscheiben in hohen, schlanken Gläsern gereicht.

1 Tasse weiche Butter
⅛ TL Salz
⅓ Tasse Zucker
¾ Tasse Aprikosenmarmelade
1 großes Eigelb
½ TL Backpulver
4 Tropfen Bittermandel-Backaroma
Fein abgeriebene Schale von 1 großen unbehandelten Zitrone
¼ TL fein abgeriebene Orangenschale (unbehandelt)
2½ Tassen Mehl
1 Tasse feingehackte blanchierte Mandeln

Den Backofen auf 170° vorheizen. Mehrere Backbleche einfetten. Die Butter in einer Rührschüssel mit dem Handrührgerät bei mittlerer Geschwindigkeit cremig schlagen. Salz, Zucker und ¼ Tasse der Aprikosenmarmelade zugeben und weiterschlagen, bis die Masse gut vermischt und glatt ist. Eigelb, Backpulver, Bittermandelaroma, Zitronen- und Orangenschale gut unterrühren. Nach und nach das Mehl einarbeiten. Mandeln in einer flachen Schale verteilen.

Etwa 2,5 cm große Teigstücke abteilen und zwischen den Handflächen zu Kugeln rollen. (Der Teig sollte eigentlich fest genug sein, daß man ihn gut verarbeiten kann; erscheint er jedoch zu weich, ihn 5–10 Minuten in den Kühlschrank stellen, damit er etwas fester wird.) Jede Kugel in den gehackten Mandeln wälzen, bis sie ganz überzogen ist, und in etwa 3,5 cm Abstand auf die Backbleche setzen. Mit dem Knöchel oder dem Daumen eine starke Vertiefung in die Mitte jedes Plätzchens drücken.

Auf den mittleren Schienen des Backofens 5 Minuten backen. Aus dem Ofen nehmen und die Vertiefungen mit jeweils etwa ½ TL Aprikosenmarmelade füllen. Plätzchen wieder in den Ofen schieben und weitere 6–8 Minuten backen, bis sie einen Hauch brauner Farbe angenommen haben und die Marmelade zerläuft. Aus dem Ofen nehmen und 2–3 Minuten auf den Backblechen stehenlassen. Dann zum Abkühlen auf ein Kuchengitter legen; vorsichtig behandeln, da sie sehr zerbrechlich und etwas bröselig sind.

Die Plätzchen lassen sich bis zu 1 Woche in luftdicht verschlossenen Dosen – Backpapier zwischen den einzelnen Schichten – aufbewahren. Bei längerer Lagerung einfrieren.

Das Rezept ergibt etwa 45 Plätzchen von etwa 4,5 cm Durchmesser. (Abb. s. S. 216)

MANDEL-HONIG-PLÄTZCHEN
(PIERNICZKI Z MIGDAŁAMI)

Polen

Honig und Mandeln sind in der polnischen Zuckerbäckerei beliebte Zutaten. Sie verbinden sich in diesem Rezept aufs schönste. Die Plätzchen, mit einer Mandelhälfte und einer Eiweißglasur verziert, schauen hübsch aus und sind von angenehmer Knusprigkeit.

2½ Tassen Mehl
½ TL Natron
⅛ TL Salz
¾ Tasse weiche Butter
⅓ Tasse Kleehonig
oder ein anderer milder Honig
⅔ Tasse Zucker
1 TL Vanilleextrakt
(ersatzweise Vanillinzucker)
6 Tropfen Bittermandel-Backaroma
1 großes Ei, Eigelb und Eiweiß getrennt
20–25 ganze blanchierte Mandeln, der Länge nach halbiert

Mehl, Natron und Salz gründlich vermischen. Butter, Honig und Zucker in eine große Rührschüssel geben und schlagen, bis eine lockere, glatte Masse entstanden ist. Vanilleextrakt, Bittermandelaroma und Eigelb unterrühren. (Eiweiß zum Glasieren der Plätzchen aufheben.) Etwa die Hälfte der Mehlmischung einrühren. Das restliche Mehl mit einem großen Rührlöffel einarbeiten. Den Teig halbieren, jede Teigportion in Klarsichtfolie einschlagen und mindestens 1½ Stunden in den Eisschrank stellen, bis der Teig gut gekühlt und etwas fest, aber nicht hart ist.

Den Backofen auf 160° vorheizen. Mehrere Backbleche einfetten. Jeweils mit einer Teigportion arbeiten (die zweite solange im Kühlschrank lassen) und den Teig auf einer bemehlten Arbeitsfläche etwa gut 3 mm dick ausrollen. Das Teigstück mehrere Male heben und das Nudelholz öfter bemehlen, damit der Teig nicht anhaftet.

Mit einer gezackten, kannelierten oder glatten runden Ausstechform von etwa 3 cm oder etwas größerem Durchmesser oder mit dem Rand eines Trinkglases Plätzchen ausstechen. Die Plätzchen mit einem breiten Messer auf die Backbleche setzen, dabei etwa 3,5 cm Abstand einhalten. Teigreste zu einem Klumpen zusammendrücken, wieder ausrollen und weiter Plätzchen ausstechen, bis der Teig aufgebraucht ist. Den Arbeitsvorgang mit der zweiten Teighälfte wiederholen.

In einer kleinen Schüssel das zurückbehaltene Eiweiß und 1½ EL Wasser mit einer Gabel verschlagen. Eine Mandelhälfte in die Mitte jedes Plätzchens drücken, dann die Oberfläche leicht, aber gründlich mit Eiweiß bepinseln.

Auf den mittleren Schienen des Backofens 8–10 Minuten backen, bis die Plätzchen goldbraun und an den Rändern etwas dunkler geworden sind. (Je länger man sie backt, um so knuspriger und fester werden sie.) Backbleche aus dem Ofen nehmen und etwa 2 Minuten stehenlassen. Mit einem breiten Messer die Plätzchen von den Blechen lösen, auf ein Kuchengitter legen und vollständig auskühlen lassen.

Die Plätzchen können bis zu 10 Tagen in einem luftdicht verschlossenen Behälter aufbewahrt werden. Bei längerer Lagerung einfrieren.

Das Rezept ergibt 40–50 Plätzchen von 3,5–4,5 cm Durchmesser.

MANDELTEEKUCHEN
(KIS SÜTEMÉNY)

Ungarn

Ein wenig ähneln diese Teekuchen amerikanischen Zuckerplätzchen, wenn man davon absieht, daß der Teig feingemahlene Mandeln enthält und dadurch ein leichtes Mandelaroma besitzt. Die Plätzchen werden auch mit gehackten Mandeln garniert.

Die Ungarn servieren dieses Gebäck zum Tee, doch Sie müssen die Teezeit nicht abwarten, um es zu genießen. Die Plätzchen schmecken gut zu Kaffee, Milch, Apfelwein, Kakao und auch für sich allein ausgezeichnet.

2¼ Tassen Mehl
¾ TL Backpulver
⅔ Tasse feingehackte blanchierte
Mandelsplitter
¾ Tasse und 1 EL weiche Butter
¾ Tasse Zucker
2 große Eigelbe
1¼ TL Vanilleextrakt
(ersatzweise Vanillinzucker)
4–5 Tropfen Bittermandel-Backaroma
1 großes Eiweiß

Mehl und Backpulver gründlich vermischen. ⅓ Tasse Mandeln in der Küchenmaschine, dem Mixer oder der Nußmühle mehlfein vermahlen. Die restlichen Mandeln für die Verzierung beiseite stellen.

Die Butter mit dem Handrührgerät bei mittlerer Geschwindigkeit cremig schlagen. Zucker zufügen und zu einer lockeren Masse schlagen. Eigelbe, Vanilleextrakt und Bittermandelaroma zugeben und weiterschlagen, bis alles gut vermischt und die Masse glatt ist. Nach und nach die Mehlmischung einrühren; falls der Motor des Rührgeräts zu stocken beginnt, das restliche Mehl mit einem Rührlöffel von Hand einarbeiten. Teig halbieren und jede Hälfte in Klarsichtfolie einwickeln. Etwa 45 Minuten in den Kühlschrank legen, bis der Teig kühl und fest, aber nicht hart ist.

Den Backofen auf 170° vorheizen. Mehrere Backbleche einfetten und beiseite stellen.

Jeweils mit einer Teighälfte arbeiten (die zweite solange im Kühlschrank lassen) und den Teig zwischen Backpapierbogen etwa 3 mm dick ausrollen; die Teigunterseite häufig kontrollieren und eventuell entstandene Falten im Papier glätten. Teig umdrehen, so daß die Unterseite oben zu liegen kommt. Backpapier abziehen, dann wieder leicht auflegen. Teig nochmals umdrehen und das obere Papier entfernen.

Mit einer gezackten runden Ausstechform von etwa 6 cm Durchmesser oder unterschiedlichen Formen von 5–7,5 cm Länge oder Durchmesser Plätzchen ausstechen, diese mit einem breiten Messer auf die Backbleche heben; dabei etwa 3,5 cm Abstand einhalten.

Teigreste zusammendrücken und zwischen Backpapierbogen ausrollen. Weitere Plätzchen ausstechen. Den Vorgang mit der zweiten Teigportion wiederholen.

Eiweiß und 1 EL Wasser mit einer Gabel leicht verschlagen. Die Plätzchenoberseite mit der Eiweißmischung bepinseln. Sofort mit den zurückbehaltenen gehackten Mandeln bestreuen.

Auf den mittleren Schienen des Backofens die Plätzchen 6–8 Minuten backen, bis sie an den Rändern zu bräunen beginnen. Bleche aus dem Ofen nehmen und die Plätzchen 2 Minuten etwas fest werden lassen. Dann mit einem breiten Messer auf ein Kuchengitter legen und vollständig auskühlen lassen.

Die Teekuchen lassen sich bis zu 1 Woche in einem luftdicht verschlossenen Behälter aufbewahren. Bei längerer Lagerung einfrieren.

Das Rezept ergibt etwa 40 Teekuchen von etwa 7 cm Durchmesser.

HASELNUSSZWIEBACK (SUKHARIKI)

Sowjetunion

Ähnlich wie die italienischen Biscotti (s. S. 198) werden diese trockenen, knusprigen Plätzchen hergestellt, indem man den Teig zu einem Stollen formt und diesen nach dem Backen in Scheiben schneidet. Die Scheiben werden dann nochmals zu wundervoll knusprigen Zwiebäcken gebacken. Haselnußzwieback wird oft zum Tee serviert.

1 ½ Tassen ganze unblanchierte Haselnüsse
2 Tassen Mehl
½ TL Backpulver
⅛ TL Salz
¼ Tasse weiche Butter
1 Tasse Zucker
2 große Eier
¼ TL Vanilleextrakt
(ersatzweise Vanillinzucker)

Den Backofen auf 150° vorheizen. Ein großes Backblech einfetten und beiseite stellen.

Haselnüsse in einer Backform verteilen, in den Ofen stellen und unter gelegentlichem Wenden 17—18 Minuten rösten, bis die Schalen sich zu lösen beginnen und die Nüsse etwas Farbe angenommen haben. Nüsse aus dem Ofen nehmen und zum Abkühlen beiseite stellen. Die Ofentemperatur auf 160° erhöhen. Sobald die Haselnüsse so weit abgekühlt sind, daß man sie anfassen kann, die dunklen Schalen entfernen, indem man jeweils eine Handvoll Nüsse zwischen den Fingern oder in einem sauberen Küchentuch kräftig aneinanderreibt, wobei die Schalen abfallen. (Es macht nichts, wenn sich nicht alle Schalenstückchen lösen.) Die Haselnüsse grob, aber gleichmäßig hacken, am besten mit der Hand. (Man sollte klar getrennte Stückchen erhalten, beim Zerkleinern mit der Küchenmaschine entstehen meist zu viele Brösel.) Nüsse beiseite stellen.

Mehl, Backpulver und Salz in einer Schüssel gründlich vermischen.

In einer Rührschüssel Butter und Zucker gut miteinander verrühren. Eier und Vanilleextrakt zufügen und die Masse locker und schaumig schlagen. Nach und nach etwa die Hälfte der Mehlmischung einrühren. Mit einem großen Rührlöffel die Haselnüsse unterrühren, bis sie gleichmäßig im Teig verteilt sind. Das restliche Mehl einarbeiten.

Den Teig halbieren. Jede Teighälfte zu einer glatten, gleichmäßig dicken Rolle von etwa 18 cm Länge und etwa 5 cm Durchmesser formen. (Am besten schlägt man dazu jede Rolle locker in Backpapier ein und rollt sie hin und her, bis sie glatt ist.) Die Rollen direkt auf das Backblech gleiten lassen und in möglichst großem Abstand voneinander plazieren.

Auf der mittleren Schiene des Backofens 35—40 Minuten backen, bis die Rollen leicht gebräunt und oben etwas rissig sind. Backblech aus dem Ofen nehmen und die Rollen mindestens 2 Stunden – bis sie vollständig abgekühlt sind – darauf stehenlassen.

Den Backofen wieder auf 160° vorheizen.

Die Rollen auf einem Schneidebrett mit einem großen scharfen Messer in etwa 1 cm dicke Scheiben schneiden und diese flach auf das Backblech legen.

Auf der mittleren Schiene des Backofens etwa 10 Minuten backen, bis die Zwiebäcke nur einen schwachen Hauch von Farbe angenommen haben. Auf ein Kuchengitter legen und vollständig auskühlen lassen.

Die Zwiebäcke lassen sich bis zu 2 Wochen in einem luftdicht verschlossenen Behälter aufbewahren. Bei längerer Lagerung einfrieren.

Das Rezept ergibt etwa 30 Zwiebäcke von etwa 7,5 cm Länge.

ROSINEN-ORANGEN-PLÄTZCHEN
(CIASTKA Z BAKALIAMI)

Polen

In Polen verwenden Hausfrauen eine Menge Eier, wenn sie backen. Bei diesem Rezept sorgen Eigelbe, Butter und Zucker für eine gehaltvolle Basis; die Eiweiße werden separat geschlagen und untergehoben, damit der Teig schön locker wird. Schließlich gibt man noch Rosinen, Nüsse und Orangeat in diese reiche und doch luftige Masse. Das Ergebnis sind ungewöhnliche, köstliche Plätzchen mit feiner, leichter Textur und wunderbarem Orangenaroma. Die Plätzchen schmecken ganz frisch am besten.

3 große Eier
1 Tasse sehr weiche Butter
(aber nicht geschmolzen)
1 1/3 Tassen Puderzucker
Fein abgeriebene Schale von 1 großen
unbehandelten Orange
Fein abgeriebene Schale von 1 großen
unbehandelten Zitrone
1 Prise gemahlene Nelken
1/8 TL Salz
1/2 TL frischer Zitronensaft
1 Tasse Mehl
1/2 TL Backpulver
1 Tasse grobgehackte, dunkle kernlose Rosinen
1/2 Tasse feingehackte blanchierte Mandeln
1/2 Tasse feingehacktes Orangeat

Den Backofen auf 150° vorheizen. Mehrere Backbleche großzügig einfetten und beiseite stellen.

Die Eier trennen und darauf achten, daß die Eiweiße völlig frei von Dotter sind. Die Butter in einer Rührschüssel cremig schlagen. 1 Tasse des Puderzuckers gut unterrühren. Die Eigelbe einzeln nacheinander, dann Backpulver, Orangen- und Zitronenschale sowie Nelken unterrühren.

In einer absolut fettfreien Rührschüssel Eiweiße, Salz und Zitronensaft mit dem Handrührgerät bei mittlerer Geschwindigkeit zu einem blasigen Schaum schlagen. Die Rührgeschwindigkeit allmählich erhöhen und 1 Minute bei Höchstgeschwindigkeit schlagen. Nach und nach die verbliebene 1/3 Tasse Puderzucker einrühren und weiterschlagen, bis der Eischnee feste, aber nicht trockene Spitzen bildet. Eigelbmischung über den Eischnee gießen. Nach und nach das mit Backpulver vermischte Mehl darübersieben und mit einem Teigspachtel unterheben, bis die Eigelbmischung und das Mehl mit dem Eischnee vermischt sind. Dann Rosinen, Mandeln und Orangeat unterziehen und gut verteilen, aber nicht zu lange rühren.

Gehäufte Teelöffel der Masse in etwa 8 cm Abstand auf die Backbleche setzen. Nicht zu viele oder zu große Häufchen auf ein Blech setzen, da sie sehr auseinanderlaufen.

Auf den mittleren Schienen des Backofens 11–13 Minuten backen, bis die Plätzchen einen etwa 5 mm breiten gebräunten Rand haben; Backbleche nach der Hälfte des Backvorgangs von vorn nach hinten drehen, um gleichmäßiges Bräunen zu gewährleisten. Bleche aus dem Ofen nehmen und Plätzchen etwa 30 Sekunden darauf stehenlassen. Bevor sie fest werden, mit einem breiten Messer zügig auf ein Kuchengitter legen; die Ränder der Plätzchen sind ziemlich spröde und bröseln vielleicht ein wenig. (Falls die Plätzchen zu kühl und knusprig werden, so daß man sie nicht mehr leicht vom Blech lösen kann, sie nochmals 1 oder 2 Minuten zum Aufwärmen in den Ofen schieben.) Plätzchen vollständig auskühlen lassen. Backbleche säubern und erneut einfetten, bevor man sie wieder benutzt.

Die Plätzchen lassen sich in einem flachen Behälter – Backpapier zwischen den einzelnen Schichten – für 2–3 Tage aufbewahren. Bei längerer Lagerung einfrieren.

Das Rezept ergibt 50–55 Plätzchen mit einem Durchmesser von 7–7,5 cm. (Abb. s. S. 224/225)

SCHOKOLADENHÄUFCHEN
(CIASTKA CZEKOLADOWE)

Polen

Locker und zart, gehaltvoll und sehr schokoladig sind diese Schokoladenhäufchen. Die feine, fast kuchenartige Konsistenz wird durch die etwas ungewöhnliche Rührmethode erzielt; beachten Sie daher die Anweisungen sorgfältig. Die gleiche Technik wird auch bei einigen anderen polnischen Rezepten angewandt, etwa bei der Herstellung der »Rosinen-Orangenplätzchen« (s. links).

Diese Plätzchen schmecken ganz frisch am besten, backen Sie sie daher nur dann, wenn sie sofort verzehrt werden.

2 große Eier
1 großes Eiweiß
¼ TL Instant-Kaffeepulver oder -Kaffeegranulat
¼ TL frischer Zitronensaft
⅛ TL Salz
1 ¼ Tassen Mehl
¼ Tasse Kakaopulver
¾ TL Backpulver
¾ Tasse sehr weiche Butter
(aber nicht geschmolzen)
1 Tasse Zucker
70 g mittelfein gehackte Zartbitterschokolade

Den Backofen auf 160° vorheizen. Mehrere Backbleche gut einfetten und beiseite stellen.

Die Eier trennen und darauf achten, daß die Eiweiße völlig frei von Eigelb sind. Die Eigelbe in einer kleinen Schüssel beiseite stellen. Die 3 Eiweiße, Kaffeepulver, Zitronensaft und Salz vermischen und beiseite stellen; ab und zu umrühren, damit sich das Kaffeepulver auflöst.

Mehl, Kakaopulver und Backpulver in einer Schüssel gründlich vermengen.

Die Butter in einer mittelgroßen Rührschüssel mit dem Handrührgerät bei mittlerer Geschwindigkeit cremig schlagen. ¾ Tasse des Zuckers zufügen und etwa 2 Minuten weiterschlagen, bis eine sehr lockere Masse entstanden ist. Die zurückbehaltenen beiden Eigelbe einrühren und mit der Butter-Zucker-Mischung glatt verschlagen.

In einer absolut fettfreien großen Rührschüssel die Eiweiß-Kaffee-Mischung bei mittlerer Geschwindigkeit zu blasigem Schaum schlagen. Allmählich die Rührgeschwindigkeit erhöhen und etwa 1 Minute mit höchster Geschwindigkeit schlagen. Nach und nach die verbliebene ¼ Tasse Zucker einrühren und weiterschlagen, bis die Masse feste, aber nicht trockene Spitzen bildet. Eigelbmischung über den Eischnee geben. Mehlmischung darübersieben. Dann die Schokolade auf das Mehl streuen. Mit einem Teigspachtel die Zutaten behutsam unter den Eischnee heben, bis sie sich gut verbunden haben; die Masse jedoch nicht zu lange bewegen.

Den Teig in schwach gehäuften Teelöffelportionen mit etwa 6 cm Zwischenraum auf die Backbleche setzen. Nicht zu viele Häufchen auf ein Blech setzen, da sie ziemlich stark auseinanderlaufen.

Auf den mittleren Schienen des Backofens 8–10 Minuten backen, bis die Plätzchen an den Rändern etwas Farbe angenommen haben; Backbleche nach der Hälfte des Backvorgangs von vorn nach hinten drehen, um gleichmäßiges Garen zu gewährleisten. Bleche aus dem Ofen nehmen und die Plätzchen etwa 30 Sekunden darauf stehenlassen. Sofort auf ein Kuchengitter legen und vollständig abkühlen lassen.

Die Plätzchen lassen sich in einem flachen Behälter, mit Backpapier zwischen den einzelnen Schichten, 2–3 Tage aufbewahren; wenn man sie länger aufbewahrt, trocknen sie schnell aus. Bei längerer Lagerung einfrieren.

Das Rezept ergibt 35–40 Plätzchen von 6–7 cm Durchmesser. (Abb. s. folgende Doppelseite)

FOLGENDE DOPPELSEITE:
Schokoladenhäufchen und Rosinen-Orangenplätzchen (Rezepte s. oben und links)

WALNUSS-STANGEN (PALIUSCHKI)

Sowjetunion

Milde, mürbe Plätzchen, mit aromatisiertem Puderzucker bestäubt, ergibt dieses Rezept. Es wurde von Plätzchen inspiriert, die die Mutter einer früheren Schulfreundin buk. Die Familie war vor vielen Jahren aus der Sowjetunion in die Vereinigten Staaten eingewandert, als sie selbst noch ein kleines Kind war, und ihre Mutter hatte einige ihrer Lieblingsrezepte mitgebracht, von denen eines diesem hier ähnelte.

⅓ Tasse gehackte Walnüsse
½ Tasse Butter
2 ½ EL Margarine oder Schweineschmalz
(von bester Qualität)
½ Tasse Puderzucker
1 Prise Salz
1 großes Eigelb
2 EL Crème fraîche
Fein abgeriebene Schale von 1 großen
unbehandelten Zitrone
2 Tassen Mehl

VERZIERUNG
3 EL Zucker
1 Stück gehackte Vanilleschote (2,5 cm lang)
(ersatzweise 2 Päckchen Vanillinzucker)
1 Streifen gehackte unbehandelte Zitronen-
schale (2 cm lang, 1 cm breit)
½ Tasse Puderzucker

Walnüsse in einer Nußmühle, der Küchenmaschine oder dem Mixer sehr fein vermahlen; während des Mahlens darauf achten, daß die Nüsse locker und luftig bleiben und nicht ölig zusammenklumpen.

Butter und Margarine in einer großen Rührschüssel mit dem Handrührgerät bei mittlerer Geschwindigkeit locker und cremig schlagen. Puderzucker und Salz zufügen und weiterschlagen, bis die Zutaten gut vermischt sind. Eigelb, Crème fraîche und Zitronenschale gründlich unterrühren. Die gemahlenen Walnüsse einrüh-

ren. Mehl zugeben und mit einem Rührlöffel gut einarbeiten.

Den Teig abdecken und etwa 1½ Stunden in den Kühlschrank stellen, bis er fest ist. (Wenn man ihn länger als 4 Stunden kühlt, muß man den Teig eventuell sich etwas erwärmen lassen, bevor die Plätzchen geformt werden.)

Den Backofen auf 160° vorheizen. Mehrere Backbleche leicht einfetten und beiseite stellen. Etwa ein Drittel des gekühlten Teigs aus dem Kühlschrank nehmen. Ungefähr 1 cm große runde Teigstücke abteilen und jedes Stück zwischen den Handflächen zu einer etwa 5 cm langen, etwa 5 mm dünnen kleinen Stange rollen. Die Stäbchen in etwa 2,5 cm Abstand auf die Backbleche legen. Den Vorgang mit der zweiten und dritten Teigportion wiederholen.

Im oberen Drittel des Backofens die Plätzchen 9 – 11 Minuten backen, bis sie an den Rändern etwas braune Farbe angenommen haben. Backbleche aus dem Ofen nehmen und 2 – 3 Minuten stehenlassen. Die Plätzchen mit einem breiten Messer vorsichtig auf ein Kuchengitter legen und zum Abkühlen stehenlassen.

Zucker, gehackte Vanilleschote und Zitronenschale im Mixer oder in der Küchenmaschine mixen, bis Vanilleschote und Zitronenschale vollständig vermahlen sind. (Dafür eignet sich der Mixer besser, da er Vanilleschoten und Zitronenschale feiner vermahlt als die Küchenmaschine.) Die Mischung in eine Schüssel geben und mit dem Puderzucker vermengen. Mischung durch ein Haarsieb in eine flache Schale drücken und zurückbleibende Vanilleschoten- oder Zitronenschalenstückchen wegwerfen. Die Plätzchen in 3 oder 4 Portionen in der Zuckermischung wälzen, bis sie leicht, aber gründlich mit Zucker überzogen sind.

Die Stäbchen lassen sich bis zu 1 Woche in einer luftdicht verschlossenen Dose aufbewahren. Bei längerer Lagerung die Plätzchen ungepudert einfrieren und nach dem Auftauen, vor dem Servieren, in der Zuckermischung wälzen.

Das Rezept ergibt 55 – 65 kleine Stangen von etwa 6 cm Länge.

RUM-BUTTERPLÄTZCHEN (VAJAS PISKÓTA)

Ungarn

Ein angenehmes Rum-Zitronen-Aroma zeichnet diese kleinen, zarten Butterplätzchen aus. Ihre Oberfläche wird mit einer Gabel in einem kreuzweise schraffierten Muster verziert.

2 Tassen Mehl
¼ TL Backpulver
⅛ TL Salz
1 Tasse weiche Butter
½ Tasse Zucker
1 großes Eigelb
Fein abgeriebene Schale von 1 großen unbehandelten Zitrone
½ TL Vanilleextrakt (ersatzweise Vanillinzucker)
2 TL weißer oder dunkler Rum

VERZIERUNG (falls gewünscht)
1–2 EL Puderzucker

Mehl, Backpulver und Salz in einer großen Schüssel gründlich vermischen.

Die Butter in einer Rührschüssel cremig schlagen. Zucker einrühren, bis die Masse gut vermischt und glatt ist. Eigelb, Zitronenschale, Vanilleextrakt und Rum zufügen und schlagen, bis alles gut vermischt ist. Etwa die Hälfte der Mehlmischung einrühren, dann das restliche Mehl mit einem großen Rührlöffel einarbeiten. Den Teig abdecken und etwa 30 Minuten in den Kühlschrank stellen, bis er kalt und fest, aber nicht hart ist.

Den Backofen auf 160° vorheizen. Mehrere Backbleche einfetten und beiseite stellen.

Gut 2 cm große Teigstücke zu glatten Kugeln rollen und diese in etwa 2,5 cm Abstand auf die Backbleche setzen. Die Zinken einer Gabel längs und quer in die Plätzchen drücken, um sie etwas flacher zu machen und sie mit einem dekorativen Muster zu versehen. (Falls der Teig an den Zinken anhaftet, die Zinken jedesmal in Puderzucker stippen, bevor man weiterarbeitet.)

Auf den mittleren Schienen des Backofens 11–13 Minuten backen, bis die Plätzchen an den Rändern einen Hauch von Farbe angenommen haben. Backbleche aus dem Ofen nehmen und etwa 2 Minuten stehenlassen. Plätzchen auf ein Kuchengitter legen und vollständig abkühlen lassen. Gegebenenfalls sehr leicht mit Puderzucker bestäuben.

Das Gebäck läßt sich 3–4 Tage in einer luftdicht verschlossenen Dose aufbewahren. Bei längerer Lagerung einfrieren.

Das Rezept ergibt etwa 50 Plätzchen von etwa 3,5 cm Durchmesser.

FOLGENDE DOPPELSEITE:
Honig-Mohn-Plätzchen (Rezept s. S. 232) und
Mohnhörnchen (Rezept s. S. 230)

MOHNHÖRNCHEN
(MAKOS KIFLI)

Ungarn

Mohnsamen werden in Ost- und Mitteleuropa häufig als Grundlage für süße Füllungen in Backwaren verwendet. Der Geschmack der meisten Mohnfüllungen ist subtil, aber auch charakteristisch, und er paßt – wie es bei dem folgenden Rezept der Fall ist – ausgezeichnet zu butterigem Teig.

Bei diesem ungarischen Gebäck ist der Teig gehaltvoll, zart und nur leicht gesüßt. Die Füllung ist dunkel, aromareich und ziemlich süß. Fast jeder, der etwas für Mohnfüllungen übrig hat, wird diese Hörnchen mögen.

2 ¼ Tassen Mehl
½ TL Natron
⅛ TL gemahlener Zimt
¼ TL Salz
½ Tasse und 6 EL weiche Butter
⅓ Tasse Zucker
1 großes Ei
½ TL sehr fein abgeriebene Zitronenschale (unbehandelt)

FÜLLUNG
½ Tasse Mohnsamen
2 ½ EL Zucker
¼ Tasse dunkle kernlose Rosinen
¼ Tasse Honig
1 EL frischer Zitronensaft
½ TL fein abgeriebene Zitronenschale (unbehandelt)

Mehl, Natron, Zimt und Salz gut vermischen und beiseite stellen. Butter in einer Rührschüssel mit dem Handrührgerät bei mittlerer Geschwindigkeit cremig schlagen. Zucker zufügen und weiterschlagen, bis eine lockere Masse entstanden ist. Ei und Zitronenschale einrühren. Nach und nach die Mehlmischung unterrühren, bis der Teig glatt ist.

Den Teig halbieren und die beiden Teigportionen zwischen große Backpapierbogen legen. Mit dem Nudelholz jede Hälfte zu einem run-

den Fladen von etwa 25 cm Durchmesser und 3–4 mm Dicke ausrollen. Der Teigfladen muß keine vollkommene Kreisform haben, damit das Gebäck sich jedoch gut rollen läßt, sollte der Rand ziemlich glatt sein. Die Teigblätter auf ein Tablett oder ein Backblech legen und 15–20 Minuten in den Kühlschrank stellen, bis sie kalt und etwas fest, aber nicht hart sind.

Den Backofen auf 170° vorheizen. Mehrere Backbleche einfetten und beiseite stellen.

Zur Herstellung der Füllung Mohnsamen und Zucker im Mixer mixen, bis die Samen vollkommen vermahlen sind; den Mixvorgang mehrere Male unterbrechen und die Mohnmischung umrühren, damit der Mohn gleichmäßig gemahlen wird. Die Mischung in eine Schüssel geben. Rosinen, Honig, Zitronensaft und Zitronenschale in den Mixer geben und mixen, bis eine pürierte, glatte Masse entstanden ist. Die Rosinenmasse zum Mohn geben und beides gut miteinander verrühren.

Jeweils mit einem gekühlten Teigfladen arbeiten (den anderen solange im Kühlschrank lassen), vorsichtig die obere Backpapierschicht abziehen und dann wieder leicht auflegen. Den Teig umdrehen und behutsam die untere Backpapierschicht entfernen. Mit einem Teigrädchen oder einem großen scharfen Messer den Teigfladen zuerst in 8, dann in 16 keilförmige Stücke schneiden. Jeweils gut ½ TL der Füllung in die Mitte jedes Teigsegments setzen und mit einem Küchenmesser so darauf verstreichen, daß ein etwa 5 mm breiter Rand frei bleibt. Jedes Teigstück vom äußeren Rand zur Mitte hin aufrollen und die so entstandenen Hörnchen in etwa 2,5 cm Abstand auf ein Backblech legen. Den Vorgang mit dem zweiten Teigfladen wiederholen, bis alle Hörnchen geformt sind.

Auf den mittleren Schienen des Backofens die Hörnchen 11–13 Minuten backen, bis sie oben einen Hauch von Farbe angenommen haben und an den Rändern leicht gebräunt sind; nach der Hälfte des Backvorgangs die Bleche von vorn nach hinten drehen, um gleichmäßiges Bräunen zu gewährleisten. Bleche aus dem Ofen nehmen und etwa 2 Minuten stehenlassen. Die Hörnchen auf ein Kuchengitter legen und vollständig auskühlen lassen.

Das Gebäck kann 3–4 Tage in einem luftdicht verschlossenen Behälter aufbewahrt werden. Bei längerer Lagerung einfrieren.

Das Rezept ergibt 32 Hörnchen von etwa 7 cm Länge. (Abb. s. S. 228/229)

HUSARENKRAPFERL (HUSZÁRCSÓK)

Ungarn

Diese Plätzchen, die in Ungarn unter dem Namen »Husarenküsse« bekannt sind, sehen nicht nur hübsch aus, sondern sind auch leicht herzustellen. Der Teig ist butterig und voller Aroma, ein roter Marmeladenklecks und Mandelsplitter runden den Geschmack und das Aussehen des Gebäcks ab.

1 ½ Tassen weiche Butter
1 Tasse Zucker
¼ TL Salz
3 Eigelbe
2 ¼ TL Vanilleextrakt
(ersatzweise Vanillinzucker)
7 Tropfen Bittermandel-Backaroma
3 ¾ Tassen Mehl
½—⅔ Tasse rote Johannisbeer- oder Himbeermarmelade
½—⅔ Tasse blanchierte Mandelsplitter

Den Backofen auf 170° vorheizen. Mehrere Backbleche einfetten.

Butter in einer Rührschüssel cremig schlagen. Zucker und Salz zufügen und zu einer lockeren Masse verarbeiten. Eigelbe, Vanilleextrakt und Bittermandelaroma unterrühren. Nach und nach das Mehl untermischen, bis es gut eingearbeitet ist. Teigstücke abteilen und zwischen den Handflächen zu Kugeln von etwa 2,5 cm Durchmesser rollen. Die Kugeln in etwa 3,5 cm Abstand auf die Backbleche setzen. Mit dem Daumen oder dem Fingerknöchel eine starke Vertiefung in die Mitte jedes Plätzchens drücken.

Auf den mittleren Schienen des Backofens 7 Minuten backen. Backbleche aus dem Ofen nehmen und in die Vertiefungen der Plätzchen jeweils etwa ½ TL Marmelade füllen. Einige Mandelsplitter auf die Mitte jedes Plätzchens streuen. Backbleche wieder in den Ofen schieben und weitere 5 Minuten backen, bis die Plätzchen gerade einen Hauch brauner Farbe angenommen haben und die Marmelade zerläuft. Die Plätzchen zum Abkühlen auf ein Kuchengitter legen.

Die Krapferl lassen sich bis zu 1 Woche in luftdicht verschlossenen Behältern aufbewahren; dabei die Plätzchen nicht aufeinanderschichten. Bei längerer Lagerung einfrieren.

Das Rezept ergibt 55—60 Plätzchen von etwa 3 cm Durchmesser.

HONIG-MOHN-PLÄTZCHEN (MEDENKI S MAKOVO SEME)

Bulgarien

Honig ist ein wichtiger Bestandteil vieler Plätzchenrezepte in Osteuropa und Skandinavien.

Mit Mohnsamen verziert sind diese ungewöhnlichen Honigplätzchen. Er verleiht dem Gebäck den feinen nussigen Geschmack, die angenehme Knusprigkeit und ein attraktives Aussehen. Die fertigen Plätzchen sind leicht würzig, duften lecker und haben eine goldbraune Farbe.

4 ⅓ Tassen Mehl
1 TL Natron
¾ TL Backpulver
2 ½ TL gemahlener Zimt
1 ¾ TL gemahlene Nelken
1 ½ Tassen weiche Butter
1 ¼ Tassen Zucker
⅓ Tasse Kleehonig
oder ein anderer milder Honig
2 große Eier
Fein abgeriebene Schale von 2 großen
unbehandelten Zitronen

VERZIERUNG
1 Ei
2–3 EL Mohnsamen

Mehl, Natron, Backpulver, Zimt und Nelken gründlich vermischen.

Die Butter in einer Rührschüssel locker und cremig schlagen. Zucker und Honig unterrühren, bis die Zutaten gut vermischt sind. Eier und Zitronenschale hinzufügen und gründlich verrühren. Etwa die Hälfte der Mehlmischung einrühren. Das restliche Mehl mit einem großen Rührlöffel einarbeiten.

Den Teig in drei gleich große Portionen teilen und jede Portion zwischen große Backpapierbogen legen. Mit dem Nudelholz jedes Teigdrittel etwa 5 mm dick ausrollen; dabei die Unterseite des Teigs häufig kontrollieren und eventuell entstandene Falten im Papier glätten. Die ausgerollten Teigblätter auf ein Tablett oder Backblech legen und 20–25 Minuten in den Kühlschrank stellen, bis sie kalt und etwas fest sind. (Um den Kühlprozeß zu verkürzen, kann man den Teig 10–15 Minuten in die Tiefkühltruhe stellen; dabei darauf achten, daß er nicht zu kalt und hart wird.)

Den Backofen auf 170° vorheizen. Mehrere Backbleche einfetten und beiseite stellen.

Jeweils mit einem gekühlten Teigblatt arbeiten (die anderen solange im Kühlschrank lassen). Vorsichtig die untere Backpapierschicht abziehen und das Papier locker wieder auflegen. Teig umdrehen und die obere Backpapierschicht entfernen. Mit verschiedenen Ausstechformen von 5–7,5 cm Durchmesser Plätzchen ausstechen. Die Plätzchen mit einem breiten Messer behutsam vom Backpapier nehmen und in etwa 5 cm Abstand auf die Backbleche setzen. Teigreste zu einem Klumpen zusammendrücken und wieder zwischen Backpapierbogen ausrollen. Kühl stellen und weiter Plätzchen ausstechen, bis der ganze Teig aufgebraucht ist. Den Arbeitsvorgang mit dem zweiten und dritten Teigblatt wiederholen.

Für die Verzierung Ei und 1 EL Wasser in einer kleinen Schüssel miteinander verschlagen. Mit einem Backpinsel oder einem Papierküchentuch jeweils einige Plätzchen mit der Eimischung bestreichen, dann großzügig mit Mohnsamen bestreuen. Auf diese Weise alle Plätzchen verzieren.

Auf den mittleren Schienen des Backofens 9–11 Minuten backen, bis die Plätzchen goldbraun und an den Rändern etwas dunkler geworden sind. Aus dem Ofen nehmen und etwa 2 Minuten stehenlassen. Die Plätzchen auf ein Kuchengitter legen und stehenlassen, bis sie vollständig ausgekühlt sind.

Das Gebäck läßt sich bis zu 1 Woche in einem luftdicht verschlossenen Behälter aufbewahren. Bei längerer Lagerung einfrieren.

Das Rezept ergibt 50–65 Plätzchen, je nach Größe der benutzten Ausstechformen.
(Abb. s. S. 228/229)

ZIMT-HONIGPLÄTZCHEN (MEDENJACI)

Jugoslawien

Für Honig-Gewürzplätzchen gibt es in Osteuropa viele Rezepte. In dieser einfachen, aber sehr guten Version dominieren die Aromen von Zimt und Orange. Wie für dieses Gebäck typisch, sind die Plätzchen dick, kuchenartig und sehen richtig nach Selbstgebackenem aus.

1 Tasse weiche Butter
½ Tasse Kleehonig
oder ein anderer milder Honig
Fein abgeriebene Schale von 2 großen
unbehandelten Orangen
3⅓ Tassen Mehl
1¼ Tassen Zucker
2 TL Backpulver
1 EL und 1 TL gemahlener Zimt
1½ TL gemahlene Nelken
½ TL gemahlene Muskatnuß
3 große Eier

Butter und Honig in einem großen Topf bei mittlerer Temperatur unter ständigem Rühren erwärmen, bis die Butter schmilzt. Topf vom Feuer nehmen. Orangenschale einrühren und stehenlassen, bis die Mischung auf Zimmertemperatur abgekühlt ist.

In der Zwischenzeit Mehl, Zucker, Backpulver, Zimt, Nelken und Muskat in einer großen Rührschüssel gründlich vermischen und beiseite stellen.

Eines der Eier trennen und das Eiweiß in einer kleinen Schüssel beiseite stellen. Eigelb und die verbliebenen 2 Eier zu der abgekühlten Honigmischung geben und mit einem Rührlöffel verschlagen. Die Mehlmischung einrühren, bis sie gut eingearbeitet und der Teig glatt ist. Den Teig in Klarsichtfolie einwickeln und mindestens 1½ oder bis zu 4 Stunden in den Kühlschrank stellen.

Den Backofen auf 170° vorheizen. Mehrere Backbleche einfetten und beiseite stellen.

Den Teig auf eine bemehlte Arbeitsfläche legen. Falls er zum Ausrollen noch etwas zu steif ist, ihn kurz kneten, dann gut 5 mm dick ausrollen; dabei das Nudelholz öfter mit Mehl bestäuben und den Teig heben, damit er nicht anhaftet. Mit einer glatten runden Ausstechform von etwa 5,5 cm Durchmesser oder dem Rand eines kleinen Trinkglases Plätzchen ausstechen und diese mit einem breiten Messer in etwa 5 cm Abstand auf die Backbleche setzen. Teigreste zusammendrücken, wieder ausrollen und weitere Plätzchen ausstechen, bis der Teig verbraucht ist. (Falls der Teig sich nicht gut ausrollen läßt, ihn kurz in den Kühlschrank stellen.)

In einer kleinen Schüssel das zurückbehaltene Eiweiß und 2 TL Wasser mit einer Gabel verschlagen. Mit einem Backpinsel oder einem Papierküchentuch die Plätzchenoberseiten gleichmäßig mit dem Eiweiß bestreichen.

Auf den mittleren Schienen des Backofens die Plätzchen 15 – 17 Minuten backen, bis sie überall schön gebräunt und an den Rändern etwas dunkler sind. Backbleche aus dem Ofen nehmen und die Plätzchen 1 Minute darauf stehenlassen, dann sofort auf ein Kuchengitter legen und vollständig auskühlen lassen.

Das Gebäck läßt sich bis zu 2 Wochen in einer luftdicht verschlossenen Dose aufbewahren. Bei längerer Lagerung einfrieren.

Das Rezept ergibt 35 – 40 Plätzchen von etwa 7 cm Durchmesser.

SCHOKOLADENMAKRONEN-SCHNITTEN (PLIATZOK)

Ukraine/Sowjetunion

Bei diesen traditionellen osteuropäischen Makronenschnitten handelt es sich um gehaltvolle, zarte Plätzchen. Sie bestehen aus Mürbeteigboden und Johannisbeergeleefüllung mit einer leichten Schokoladenmakronenschicht.

Der Mürbeteig kann von Hand oder in der Küchenmaschine zubereitet werden.

MÜRBETEIGBODEN
1 ½ Tassen Mehl
1 ¼ TL Backpulver
1 Tasse kalte Butter, in Stückchen geschnitten
3 große Eigelbe
1 EL Sauerrahm oder Joghurt
¼ Tasse Zucker

MAKRONENMASSE
50 g grobgehackte Edelbitter- oder Zartbitterschokolade
1 Tasse feingeriebene oder -gemahlene Walnüsse
1 EL Puderzucker
1 Tasse (= etwa 220 g) roter Johannisbeer- oder Himbeergelee
3 große Eiweiße (ohne Eigelbpartikel)
1 TL Weinstein (s. Fußnote)
⅓ Tasse Zucker

VERZIERUNG (falls gewünscht)
1−2 EL Puderzucker

Den Backofen auf 160° vorheizen. Eine etwa 20×30 cm große Glasbackform einfetten.

Um den Mürbeteigboden von Hand zuzubereiten, Mehl und Backpulver in einer mittelgroßen Schüssel gründlich vermischen. Butterstücke auf das Mehl geben und mit einem Rührlöffel oder einer Gabel einarbeiten, bis die Masse feinen Streuseln ähnelt. In einer zweiten Schüssel Eigelbe, Sauerrahm und Zucker miteinander verschlagen, bis die Zutaten gut vermischt und die Masse schaumig, aber nicht steif ist. Eigelb-

masse auf die Mehlstreusel gießen und rühren, bis die Zutaten gut vermischt sind und der Teig glatt ist; aber keinesfalls zu lange rühren. Der Teig sollte sehr feucht und weich sein.

Bei maschineller Herstellung des Mürbeteigbodens Mehl und Backpulver in die mit einem Knethaken versehene Küchenmaschine geben und in kurzen Mixintervallen etwa 5 Sekunden lang vermischen. Butterstücke auf das Mehl geben und 1−1½ Minuten in kurzen Schüben verrühren, bis die Masse groben Streuseln ähnelt. Eigelbe, Sauerrahm und Zucker in eine kleine Schüssel geben und gut mit einer Gabel verschlagen. Die Eigelbmasse in die Küchenmaschine gießen und in Schüben mit den Mehlstreuseln verrühren. Weiter intervallartig rühren, bis die Zutaten sich gut verbunden haben und der Teig zusammenzuklumpen beginnt, aber immer noch sehr feucht und weich ist.

Den Teig in die Backform geben und mit einem Kochlöffel gleichmäßig verteilen. Im oberen Drittel des vorgeheizten Backofens 20 Minuten backen. Backform aus dem Ofen nehmen und so lange abkühlen lassen, bis sie nur noch lauwarm ist.

Für die Makronenmasse die Schokolade in einem kleinen schweren Kochtopf auf kleinster Flamme unter häufigem Umrühren erwärmen, bis sie geschmolzen ist. Vom Feuer nehmen und zum Abkühlen beiseite stellen. Gemahlene Walnüsse und Puderzucker in einer kleinen Schüssel vermengen. Johannisbeergelee rühren, bis er eine dickflüssige Konsistenz hat.

Sobald der Mürbeteigboden abgekühlt ist, den Johannisbeergelee gleichmäßig darauf verstreichen.

Eiweiße und Weinstein in einer großen fettfreien Rührschüssel mit dem Handrührgerät bei mittlerer Geschwindigkeit schaumig schlagen. Die Geschwindigkeit erhöhen und nach und nach den Zucker einrühren und weiterschlagen, bis das Eiweiß feste, aber keine trockenen Spitzen bildet. Behutsam die abgekühlte Schokolade und die Walnüsse unter die Baisermasse heben; dabei vorsichtig und schnell arbeiten, damit das Baiser nicht zusammenfällt.

Die Makronenmasse mit einem Küchenmesser gleichmäßig auf den Gelee streichen. Backform sofort wieder in den Ofen stellen und weitere 20−23 Minuten backen, bis die Makronenmasse aufgepufft ist und einen Hauch brauner Farbe angenommen hat. Backform aus dem Ofen nehmen und stehenlassen, bis das Gebäck vollkommen abgekühlt ist.

Das Gebäck kurz vor dem Servieren gegebenenfalls leicht mit Puderzucker bestäuben und in kleine Rechtecke schneiden.

Die Schnitten schmecken frisch am besten, lassen sich jedoch auch in einem luftdicht verschlossenen Behälter 2—3 Tage aufbewahren oder bis zu 1 Woche einfrieren.

Das Rezept ergibt 15—18 Schnitten von 5—7,5 cm Länge.

Hinweis: Weinstein ist ein Säuerungsmittel, das bei uns bis etwa 1920 Bestandteil des Backpulvers war. In der englischen, irischen und osteuropäischen Zuckerbäckerei wird es auch heute noch häufig verwendet. Weinstein erhält man in Apotheken.

DOTTERPLÄTZCHEN

Rumänien

In vielen ost- und mitteleuropäischen Ländern findet man die hier beschriebenen Plätzchen. Das Rezept ist insofern ungewöhnlich, als der Teig sowohl zerdrückte Eigelbe von hartgekochten Eiern als auch rohe Eidotter enthält. Die gekochten Dotter geben den Plätzchen ihre blaßgoldene Farbe und machen sie besonders mürbe und gehaltvoll. Abgeriebene Zitronenschale verleiht ihnen den Duft und das Aroma.

*3 große hartgekochte Eier
(abgekühlt und geschält)
10 EL weiche Butter
¾ Tasse Zucker
2 große Eigelbe
½ TL Backpulver
⅛ TL Salz*

*Sehr fein abgeriebene Schale von 2 mittelgroßen unbehandelten Zitronen
2—3 Tropfen Bittermandel-Backaroma
½ Tasse feingemahlene blanchierte Mandeln
1 ½ Tassen Mehl
1 großes Eiweiß*

Die gekochten Eiweiße von den Dottern trennen. Die Dotter durch ein Haarsieb drücken, die Eiweiße für einen anderen Verwendungszweck aufbewahren.

Butter in einer Rührschüssel cremig schlagen. Zucker und zerdrückte Eigelbe zugeben und weiterschlagen, bis die Masse glatt ist. Die rohen Eigelbe, Backpulver, Salz, Zitronenschale, Bittermandelaroma und Mandeln einrühren. Mehl unterrühren und einarbeiten.

Den Teig halbieren und jede Teighälfte in Klarsichtfolie einwickeln. Mindestens 1 Stunde in den Kühlschrank stellen, bis der Teig kalt und etwas fest, aber nicht hart ist.

Den Backofen auf 160° vorheizen. Mehrere Backbleche einfetten. Jeweils mit einer Teighälfte arbeiten (die zweite bleibt solange im Kühlschrank) und den Teig auf einer bemehlten Arbeitsfläche etwa 3 mm dick ausrollen. Teig mehrere Male heben und das Nudelholz häufig bemehlen, damit der Teig nicht anhaftet. Mit einer gezackten runden Ausstechform von etwa 5,5 cm Durchmesser oder dem Rand eines Trinkglases Plätzchen ausstechen. Sie mit einem breiten Messer mit etwa 3 cm Zwischenraum auf Backbleche setzen. Teigreste zusammendrücken, wieder ausrollen und weitere Plätzchen ausstechen, bis der Teig verbraucht ist. Den Arbeitsvorgang mit der zweiten Teigportion wiederholen. In einer kleinen Schüssel das Eiweiß mit 1 EL Wasser verschlagen und die Oberseiten der Plätzchen damit leicht bestreichen.

Auf den mittleren Schienen des Backofens 7—9 Minuten backen, bis die Plätzchen an den Rändern zu bräunen beginnen; die Backbleche nach der Hälfte des Backvorgangs von vorn nach hinten drehen, um gleichmäßiges Bräunen zu gewährleisten. Bleche aus dem Ofen nehmen und etwa 2 Minuten stehenlassen. Die Plätzchen mit einem breiten Messer auf ein Kuchengitter legen und vollständig auskühlen lassen.

Das Gebäck läßt sich bis zu 1 Woche in einer luftdicht verschlossenen Dose aufbewahren. Bei längerer Lagerung einfrieren.

Das Rezept ergibt 40—45 Plätzchen von etwa 6 cm Durchmesser.

KAPITEL 9

PLÄTZCHEN AUS DEM NAHEN UND FERNEN OSTEN, AUSTRALIEN UND NEUSEELAND

Dieses Kapitel gibt Zeugnis von der wunderbaren Mannigfaltigkeit von Plätzchen. Vom Nahen und Fernen Osten bis nach Australien und Neuseeland pflegen Bäcker ihr kulturelles Erbe und verwenden heimische Nahrungsmittel, um Rezepte zu kreieren, die überall Anklang finden, aber auch auf einzigartige Weise für das jeweilige Land charakteristisch sind.

Gehaltvolle Pasteten und Konfektarten sind die wichtigsten Süßigkeiten in Nahen Osten, aber die Bäcker dieser Region stellen auch eine reiche Auswahl von schweren, exotischen Plätzchen her. Zu den beliebtesten Sorten gehören Mürbeteiggebäcke, die jedoch nur wenig Ähnlichkeit mit europäischen oder amerikanischen Mürbeplätzchen haben. »Gribih«, ein libanesisches Mürbegebäck, das in diesem Kapitel vorgestellt wird, enthält gemahlene Pistazien, und »Gurabia«, eine ungewöhnliche, mit der Hand geformte Mürbeplätzchenversion, die in Syrien, dem Irak und in der Türkei gebacken wird, ist mit Pistazienhälften verziert. »Ma'amul«, ein beliebtes gefülltes Plätzchen in der arabischen Welt, enthält eine ganze Reihe typischer Zutaten, zum Beispiel dicke Datteln, Walnüsse, Honig, Grießmehl und manchmal auch Orangenblütenwasser.

Honig und Walnüsse sind auch Bestandteile der köstlichen israelischen Plätzchensorte mit dem Namen »Rugelach«; hier handelt es sich allerdings nicht um eine orientalische Süßigkeit. Sowohl »Rugelach« als auch die ebenfalls weitverbreiteten »Hamantaschen« sind mittel- und osteuropäischen Ursprungs und wurden von aschkenasischen Juden nach Israel mitgebracht.

Im Fernen Osten besteht kein solches Interesse an süßen Backwaren wie in vielen anderen Gebieten, was teilweise daran liegt, daß Backöfen in Privathaushalten sehr selten sind. Kokosnuß, eines der Haupterzeugnisse in den meisten fernöstlichen Ländern, findet man als Zutat in kleinen gekochten oder gebackenen Kuchen, das einzige Plätzchen jedoch, das aus dieser Gegend bekannt ist, ist das chinesische Mandelplätzchen, das in China-Restaurants auf der ganzen Welt als Dessert angeboten wird.

Wie die Engländer backen die Australier und Neuseeländer »Biscuits« (Kekse), keine »Cookies« (Plätzchen), und einige der beliebtesten Sorten verweisen auf das britische Erbe dieser beiden Länder. Pfeffernüsse und Zitronenkekse, zum Beispiel, stehen ganz in der Tradition des feinen englischen und schottischen Teegebäcks. Unter den einheimischen Keksen sind die »ANZAC Biscuits« die bekanntesten, knusprige Kokosnuß-Haferplätzchen, die von den australischen und neuseeländischen Soldaten während des Ersten Weltkrieges viel gegessen wurden.

LINKS:
Chinesische Mandelplätzchen (Rezept s. S. 239)

PLÄTZCHEN MIT WALNUSS-DATTELFÜLLUNG
(MAMOUL, MA'AMUL)

Syrien und Libanon

Diese exotischen, mit Walnüssen und Datteln gefüllten Plätzchen sind ein traditionelles Gebäck, das in einigen Bäckereien im Nahen Osten zur Osterzeit angeboten wird. Die meisten Rezepte verlangen Grießmehl für den Teig, was den Plätzchen eine ungewöhnliche körnige Textur verleiht.

Normalerweise formt man die Plätzchen, indem man Teigkugeln in gewölbte geschnitzte Holzformen drückt, die als Taabeh oder Tabi bekannt sind. Nach dem folgenden Rezept kann man die Plätzchen auch mit einem Eisportionierer formen.

TEIG
1 Tasse Grießmehl (s. Fußnote)
½ Tasse Milch
1 Tasse Butter
⅓ Tasse Zucker
⅛ TL Salz
2−2¼ Tassen Mehl

FÜLLUNG
2 Tassen feingehackte Walnüsse
1 Tasse feingehackte Datteln
½ Tasse Klee- oder Orangenblütenhonig
2½ TL gemahlener Zimt
1 EL Orangenblütenwasser
oder Orangensaft
1 TL frischer Zitronensaft

VERZIERUNG
1−2 EL Puderzucker

Zur Herstellung des Teigs das Grießmehl in eine große Rührschüssel geben. Milch, Butter, Zucker und Salz in einem mittelgroßen Topf bei mittlerer Temperatur unter häufigem Rühren erhitzen, bis die Butter schmilzt und die Mischung heiß ist, aber nicht kocht. Sofort vom Feuer nehmen, die Masse auf das Grießmehl gießen und rühren, bis die Zutaten gut vermischt sind. Abdecken und stehenlassen, bis die Masse vollständig abgekühlt ist.

Für die Füllung Walnüsse, Datteln, Honig, Zimt, Orangenblütenwasser und Zitronensaft in einer großen Rührschüssel gut miteinander verrühren. Abdecken und beiseite stellen.

Den Backofen auf 170° vorheizen. Mehrere Backbleche einfetten und beiseite stellen. 2 Tassen Mehl gut in die Grießmasse einrühren, so daß man einen steifen Teig erhält. Falls der Teig zu weich ist, um daraus Kugeln formen zu können, noch 1 oder 2 EL Mehl zugeben. Den Teig 3−4 Minuten kneten, bis er zusammenhält und schön glatt ist. 10 Minuten stehenlassen.

Den Teig halbieren. Eine Teigportion abdecken und beiseite stellen. Die andere Teighälfte zu 18 Kugeln von etwa 3 cm Durchmesser formen. Jede Kugel zu einer runden Scheibe von etwa 6 cm Durchmesser flachdrücken und ½ EL Füllung in die Mitte der Scheibe geben. Den Teig um die Füllung schlagen und wieder glätten, bis die Füllung vollkommen eingeschlossen und die Kugel wieder glatt ist. Um die Plätzchen fertigzustellen, eine Kugel mit der Nahtseite nach unten halten und die glatte Plätzchenoberseite in einen Eisportionierer drücken. Die Unterseite etwas abflachen. Das Plätzchen aus dem Portionierer lösen und mit der flachen Seite nach unten auf das Backblech setzen. Weiter auf diese Weise Plätzchen formen und sie in etwa 5,5 cm Abstand auf Backbleche setzen. Den Vorgang mit der zweiten Teighälfte wiederholen.

Auf den mittleren Schienen des Backofens 16−18 Minuten backen, bis die Plätzchen einen Hauch brauner Farbe angenommen haben und sich fest anfühlen. Aus dem Ofen nehmen und die Plätzchen 2 Minuten stehenlassen, dann mit einem breiten Messer auf ein Kuchengitter legen und vollständig auskühlen lassen. Die Plätzchen leicht mit Puderzucker besieben.

Die Plätzchen lassen sich bis zu 1 Woche in einer fest schließenden Dose aufbewahren. Sollen sich die Plätzchen länger halten, sie unbestäubt einfrieren und nach dem Auftauen mit Puderzucker besieben.

Das Rezept ergibt 34−36 Plätzchen von etwa 5,5 cm Durchmesser.

Hinweis: Grießmehl findet man häufig in ausländischen Lebensmittelgeschäften, auch in manchen Feinkostläden. Es ist ein körniges Durum-Weizen-Erzeugnis, das in der Konsistenz an Polenta-Mehl erinnert.

CHINESISCHE MANDELPLÄTZCHEN (HSIN REN BING)

Hongkong

Chinesische Restaurants auf der ganzen Welt bieten diese einfachen, aber köstlichen Plätzchen als Dessert an. Das Gebäck besitzt ein intensives Mandelaroma und ist nicht allzu süß.

3 Tassen Mehl
1 1/4 TL Backpulver
1/4 TL Salz
1 1/2 Tassen weiche Butter
3/4 Tasse Zucker
1 großes Ei
9 Tropfen Bittermandel-Backaroma
35 blanchierte Mandelhälften (ungefähr)

Mehl, Backpulver und Salz in einer großen Schüssel gründlich vermischen.

Die Butter in einer großen Rührschüssel mit dem Handrührgerät bei mittlerer Geschwindigkeit cremig schlagen. Zucker zufügen und schlagen, bis die Masse glatt ist. Ei und Bittermandelaroma einrühren. Die Mehlmischung gründlich einarbeiten. Den Teig abdecken und 1 Stunde in den Kühlschrank stellen.

Den Backofen auf 170° vorheizen. Mehrere Backbleche einfetten und beiseite stellen.

Jeweils mit einer kleinen Teigmenge arbeiten (den restlichen Teig solange im Kühlschrank lassen), Teigstücke abteilen und zwischen den Handflächen zu etwa 3,5 cm dicken Kugeln rollen. Diese in etwa 6 cm Abstand auf die Backbleche setzen. Den Boden eines großen Trinkglases in kaltes Wasser tauchen. Überschüssiges Wasser abschütteln und dann mit dem Glas jede Kugel zu einem Taler von etwa 5 cm Durchmesser flachdrücken; das Glas dabei jedesmal erneut ins Wasser tauchen. Eine Mandelhälfte in die Mitte jedes Plätzchens drücken.

Auf den mittleren Schienen des Backofens die Plätzchen 12 – 14 Minuten backen, bis sie an den Rändern einen Hauch Farbe angenommen haben; die Backbleche nach der Hälfte des Backvorgangs von vorn nach hinten drehen, um gleichmäßiges Bräunen zu gewährleisten. Backbleche aus dem Ofen nehmen und die Plätzchen 3 – 4 Minuten stehenlassen; sie dann auf Kuchengitter legen und vollständig auskühlen lassen.

Das Gebäck läßt sich bis zu 1 Woche in einem luftdicht verschlossenen Behälter aufbewahren. Bei längerer Lagerung einfrieren.

Das Rezept ergibt etwa 35 Plätzchen von etwa 7 cm Durchmesser. (Abb. s. S. 236)

ZIMT-WALNUSSHÖRNCHEN (RUGELACH)

Israel

Obwohl ihre Herkunft nicht im Nahen Osten liegt, ist diese Plätzchensorte heute ein Teil der Eßkultur vieler Israelis. Sie wurde von den aschkenasischen Juden aus den Ländern Osteuropas in das junge Land gebracht.

Das Gebäck besteht aus einem zarten Mürbeteig, der mit Frischkäse zubereitet wird, und einer nicht allzu süßen Walnuß-Rosinen-Füllung. Die Hörnchen werden geformt, indem man kleine Teigdreiecke mit der zimtgewürzten Mischung bestreicht und aufrollt.

Es gibt eine ganze Reihe osteuropäischer Plätzchen, darunter beispielsweise die ungarischen Mohnhörnchen (s. S. 230), die auf die gleiche Weise geformt werden.

2 ⅓ Tassen Mehl
¼ TL Natron
¼ TL Salz
1 Tasse weiche Butter
100 g Frischkäse (70 % Fettgehalt)
¼ TL sehr fein abgeriebene Zitronenschale (unbehandelt)

FÜLLUNG
⅓ Tasse Zucker
1 EL und 1 TL gemahlener Zimt
⅓ Tasse Kleehonig
oder ein anderer milder Honig
1 Tasse mittelfein gehackte, dunkle kernlose Rosinen
¼ TL fein abgeriebene Zitronenschale (unbehandelt)
1½ EL frischer Zitronensaft
1½ Tassen feingehackte Walnüsse

Mehl, Natron und Salz in einer großen Schüssel gründlich vermischen und beiseite stellen. Butter, Frischkäse und Zitronenschale in einer Rührschüssel mit dem Handrührgerät bei mittlerer Geschwindigkeit zu einer lockeren, gut vermischten Masse schlagen. Nach und nach die

Mehlmischung unterrühren und gründlich einarbeiten; aber nicht zu lange rühren.

Den Teig halbieren. Jede Teighälfte zwischen große Backpapierbogen legen und mit dem Nudelholz zu einer gleichmäßig dicken runden Teigplatte von etwa 28 cm Durchmesser ausrollen; dabei häufig die Teigunterseite kontrollieren und eventuell entstandene Falten im Backpapier glätten. Die Teigplatten müssen nicht vollkommen rund sein, doch die Ränder sollten ziemlich gleichmäßig und glatt sein. Die Teigplatten auf ein Backblech schichten und etwa 20 Minuten in den Kühlschrank stellen, bis sie kalt und etwas fest, aber nicht hart sind.

Den Backofen auf 185° vorheizen. Mehrere Backbleche großzügig einfetten und beiseite stellen.

Zur Herstellung der Füllung Zucker, Zimt, Honig, Rosinen, Zitronenschale und Zitronensaft in eine Schüssel geben und gründlich verrühren; beiseite stellen.

Jeweils mit einer gekühlten Teigportion arbeiten (die zweite solange im Kühlschrank lassen), vorsichtig die obere Backpapierschicht abziehen und wieder leicht auflegen. Teig umdrehen und behutsam die untere Backpapierschicht entfernen und beiseite legen. Mit einem Küchenmesser die Hälfte der Füllung gleichmäßig auf der runden Teigplatte verteilen; dabei einen etwa 5 mm breiten Rand lassen. Die Hälfte der gehackten Walnüsse gleichmäßig auf die Füllung streuen. Die Teigplatte wieder mit dem Backpapierbogen abdecken und damit behutsam die Nüsse in die Füllung drücken. Den Teig nochmals 10 Minuten in den Kühlschrank stellen. In der Zwischenzeit die zweite Teigplatte aus dem Kühlschrank nehmen, ebenfalls mit Füllung bestreichen und mit Nüssen bestreuen und wieder in den Kühlschrank stellen.

Die obere Backpapierschicht von der ersten Teigplatte entfernen und diese mit einem großen scharfen Messer in Viertel schneiden; dann jedes Viertel in 5 gleich große, schmale dreieckige Stücke schneiden. Hörnchen formen, indem man die Teigstücke vom äußeren Rand zum Mittelpunkt der Teigplatte hin aufrollt. (Falls der Teig bricht oder hart erscheint, ist er zu kalt; dann die Teigplatte 1 oder 2 Minuten stehenlassen, damit sie etwas weicher wird, bevor man die Dreiecke erneut aufzurollen versucht. Falls der Teig zu weich wird und sich nicht mehr gut aufrollen läßt, ihn nochmals einige Minuten in den Kühlschrank stellen.) Auf diese Weise alle 20 Hörnchen formen und sie mit etwa 3 cm

Abstand auf die Backbleche setzen, wobei die Enden der Teigstücke jeweils unter den Hörn- chen liegen sollen, damit sie sich beim Backen nicht aufrollen. Den Arbeitsvorgang bei der zweiten Teigplatte wiederholen.

Auf den mittleren Schienen des Backofens 12−14 Minuten backen, bis die Plätzchen an den Rändern etwas Farbe angenommen haben und oben noch blaß sind. Backbleche aus dem Ofen nehmen und die Plätzchen zum Abkühlen sofort auf ein Kuchengitter legen.

Rugelach schmecken frisch am besten, kön- nen aber 2 oder 3 Tage in einem fest verschlosse- nen Behälter aufbewahrt werden. Bei längerer Lagerung einfrieren.

Das Rezept ergibt 40 Hörnchen von 3,5−4,5 cm Länge.

PISTAZIEN-MÜRBETALER (GRIBIH)

Libanon

Bäcker in vielen Ländern des Nahen Ostens bereiten Mürbeteigtaler, die diesen hier sehr ähnlich sind.

Mürbeteiggebäck aus dieser Region wird oft mit gehackten oder halbierten Pistazienkernen garniert, das folgende Rezept gibt als Zutat jedoch auch gemahlene Pistazien an. Diese Nüsse, die zur Familie der Cashew-Nüsse gehören, verleihen den Plätzchen ein exotisches Aroma, das manchmal schwierig zu identifizieren, aber immer sehr reizvoll ist. Ich füge dem Teig gern etwas Vanilleextrakt zu, obgleich er traditionell hier nicht verwendet wird.

Diese Plätzchen sind zart-knusprig und, für Mürbeteiggebäck, ziemlich dünn.

½ Tasse geschälte Pistazien (s. Fußnote)
½ Tasse Zucker
1 großes Eigelb
¾ TL Vanilleextrakt
(ersatzweise Vanillinzucker)
¾ Tasse kalte Butter, in kleine Stücke geschnitten
1 ½ Tassen Mehl

Den Backofen auf 160° vorheizen. Pistazien in einer Backform verteilen, in den Ofen stellen und unter gelegentlichem Wenden 8–10 Minuten rösten, bis sie einen Hauch brauner Farbe angenommen haben. Sofort aus dem Ofen nehmen und vollständig abkühlen lassen. Jeweils einige Nüsse zwischen den Handflächen hin- und herreiben oder mit den Fingern schälen, um lose Schalenstückchen zu entfernen. 1½ EL Pistazien für die Verzierung beiseite stellen. Die verbliebenen Pistazien und den Zucker in eine Küchenmaschine mit Messereinsatz geben und mixen, bis die Pistazien möglichst fein vermahlen sind. Eigelb und Vanilleextrakt zufügen und alles gut vermischen. Butter auf die Mischung geben und weiterrühren, bis sie sich mit den Zutaten verbunden hat, aber nicht warm oder ge-

schmolzen ist. Mehl zufügen und in Schüben einarbeiten; dabei die an den Seitenwänden der Küchenmaschine haftende Masse mehrere Male abstreifen; nicht zu lange rühren.

Den Teig halbieren. Jede Teigportion zwischen Backpapier etwa gut 3 mm dick ausrollen; dabei die Teigunterseiten kontrollieren und eventuell entstandene Falten glätten. Die Teigblätter auf ein großes Tablett oder Backblech legen und 15–20 Minuten in den Kühlschrank stellen, bis der Teig fest, aber nicht hart ist.

Mehrere Backbleche leicht einfetten und beiseite stellen.

Eine Teigplatte aus dem Kühlschrank nehmen, die untere Backpapierschicht abziehen, wieder leicht auflegen, Teig umdrehen, so daß die Oberseite oben zu liegen kommt, und den oberen Backpapierbogen entfernen. Mit einer runden Ausstechform von 5–5,5 cm Durchmesser oder dem Rand eines kleinen Saftglases Plätzchen ausstechen und diese in etwa 3 cm Abstand auf die Backbleche setzen. Teigreste zusammendrücken und wieder ausrollen, weitere Plätzchen ausstechen, bis der Teig verbraucht ist. (Falls der Teig zu weich wird, so daß man ihn nicht mehr verarbeiten kann, ihn nochmals kurz in den Kühlschrank stellen.) Den Vorgang mit dem zweiten Teigblatt wiederholen. Die zurückbehaltenen 1½ EL Pistazien feinhakken und in die Mitte der Plätzchen streuen. Die Nüsse etwas in den Teig drücken.

Auf den mittleren Schienen des Backofens 9–11 Minuten backen, bis die Taler goldgelb und an den Rändern leicht gebräunt sind. Backbleche aus dem Ofen nehmen und die Plätzchen etwa 2 Minuten darauf stehenlassen, sie dann vorsichtig auf ein Kuchengitter legen und vollständig auskühlen lassen.

Die Plätzchen lassen sich bis zu 10 Tagen in einer luftdicht verschlossenen Dose aufbewahren. Bei längerer Lagerung einfrieren.

Das Rezept ergibt 40–45 Mürbetaler mit einem Durchmesser von 5,5–6 cm.

Hinweis: Nur gewöhnliche (nicht rotgefärbte) Pistazien verwenden. Falls man gesalzene Nüsse nimmt, diese gut abspülen, um überschüssiges Salz zu entfernen, dann mit Papierküchentüchern trockentupfen und rösten.

ORIENTALISCHE MÜRBE-RINGE
(GURABIA)

Libanon, Irak, Syrien und Türkei

Gurabia ist vielleicht die am weitesten verbreitete Plätzchensorte im Nahen Osten. Es ist ein einfaches, mildes Mürbegebäck, das traditionell in Ringe geformt wird. Außerdem sind die fertigen Plätzchen oben fast weiß und mit einer einzigen Pistazie verziert, die ihnen ein exotisches Aussehen verleiht.

Manchmal wird den Plätzchen Orangenblütenwasser, das häufig in der Küche des Nahen Ostens verwendet wird, zugefügt. Im folgenden Rezept kann man statt Orangenblütenwasser auch Orangensaft verwenden, da Orangenblütenwasser schwer erhältlich ist und außerdem ein parfümartiges Aroma besitzt, das nicht nach jedermanns Geschmack ist. Falls Sie es dennoch einmal probieren wollen, so finden Sie es wohl am ehesten in arabischen Lebensmittelläden oder in Feinkostgeschäften.

½ Tasse weiche Butter
5 EL Pflanzenmargarine
½ Tasse Puderzucker
¼ Tasse Zucker
½ TL frischer Zitronensaft
2 Tassen Mehl
1–2 TL Orangenblütenwasser
oder Orangensaft

VERZIERUNG
35 geschälte Pistazien (ungefähr)
(s. Fußnote)

Den Backofen auf 120° vorheizen. Mehrere Backbleche bereitstellen.

Butter, Margarine, Puderzucker, Zucker und Zitronensaft in einer kleinen Rührschüssel mit dem Handrührgerät bei mittlerer Geschwindigkeit sehr locker und schaumig schlagen. Mehl zufügen und schlagen, bis sich die Zutaten verbunden haben; jedoch nicht zu lange rühren.

1 TL Orangenblütenwasser einrühren, bis sich die Teigpartikel zu einer glatten, aber nicht feuchten Masse verbinden. Falls der Teig immer noch zu trocken und bröselig erscheint, zusätzlich 1 TL Orangenblütenwasser zufügen; den Teig aber nicht zu feucht machen.

Etwa 3 cm dicke Teigstücke zu kleinen glatten Rollen formen. Diese auf einer sauberen Arbeitsfläche hin- und herrollen, so daß etwa 13 cm lange, gleichmäßig dicke »Schnüre« entstehen, dabei die Enden spitz zulaufen lassen. Die »Schnüre« auf die Backbleche legen und Ringe formen, indem man die Enden etwas überlappen läßt. Eine Pistazie auf die Stelle drücken, wo sich die Schnurenden überkreuzen.

Auf den mittleren Schienen des Backofens 27–30 Minuten backen, bis die Ringe unten einen Hauch Farbe angenommen haben. Die Oberseiten sollten überhaupt nicht gebräunt sein. Aus dem Ofen nehmen und die Ringe zum Abkühlen auf ein Kuchengitter legen.

Die Mürberinge können bis zu 1 Woche in einer luftdicht verschlossenen Dose aufbewahrt werden. Bei längerer Lagerung einfrieren.

Das Rezept ergibt etwa 35 Ringe von etwa 6 cm Durchmesser. (Abb. s. S. 7)

Hinweis: Ungefärbte (gelbbraune) Pistazien verwenden. Falls sich die Schalen schwer entfernen lassen, die Nüsse 1 Minute in kochendem Wasser einweichen; gut abtropfen lassen und trockentupfen. Die Schalen sollten sich jetzt leicht entfernen lassen. Falls gesalzene Pistazien verwendet werden, diese gründlich unter fließendem Wasser waschen und trockentupfen.

HAMANTASCHEN
(OZNAI HAMAN)

Israel

Hamantaschen werden heute in Israel mit dem Purimfest assoziiert, sie sind jedoch auch Teil der Backtraditionen der amerikanischen jüdischen Einwanderer, die ihre europäischen Gebräuche und Rezepte mitbrachten, als sie sich in Amerika niederließen. »Hamantaschen« ist ein jiddisches beziehungsweise deutsches Wort, das im Englischen aber normalerweise mit »Hamanhüte« übersetzt wird, da die Plätzchen Dreispitzen ähneln. Um die Sache noch verwirrender zu machen, werden sie auf hebräisch als »Hamanohren« bezeichnet, obwohl die meisten Israelis immer noch das ursprüngliche jiddische »Hamantaschen« verwenden. Haman war ein rücksichtsloser, antisemitischer Minister im alten Persien, über den Königin Esther – wie eine Geschichte aus dem Bibel-Buch Esther berichtet – triumphierte.

Obwohl Mohn wahrscheinlich die üblichste und traditionellste Füllung für Hamantaschen ist, gibt das folgende Rezept zwei beliebte Alternativen an – Zwetschgen oder Aprikosen. Beide Füllungen sind leicht zuzubereiten und wirklich köstlich. Falls Sie sich nicht für eine von beiden entscheiden können, so verarbeiten Sie jeweils die Hälfte der angegebenen Mengen. Ich mache dies nicht nur gern wegen der geschmacklichen Abwechslung, sondern auch weil die kontrastierenden Farben der Zwetschgen- und der Aprikosenfüllung auf dem Plätzchenteller sehr dekorativ aussehen.

ZWETSCHGEN- ODER APRIKOSENFÜLLUNG
2 Tassen (= etwa 300 g) feingehackte, entsteinte getrocknete Zwetschgen
oder
getrocknete Aprikosen
1 1/3 Tassen Orangensaft
2/3 Tasse Kleehonig
1/8 TL gemahlener Zimt
Fein abgeriebene Schale von 1/2 mittelgroßen unbehandelten Orange

TEIG
2 2/3 Tassen Mehl
1 1/2 TL Backpulver
1/4 TL Salz
3/4 Tasse kalte Butter, in kleine Stücke geschnitten
2/3 Tasse Zucker
1 großes Ei
1 großes Eiweiß
Sehr fein abgeriebene Schale von 1/2 mittelgroßen unbehandelten Orange

Für die Füllung Zwetschgen oder Aprikosen, Orangensaft, Honig, Zimt und Orangenschale in einem großen Topf bei mittlerer Hitze zum Kochen bringen. Die Temperatur etwas reduzieren und die Mischung unter gelegentlichem Rühren 12–15 Minuten köcheln lassen, bis sie weich und der größte Teil der Flüssigkeit absorbiert ist. (Falls die Früchte besonders trocken waren und die ganze Flüssigkeit aufgesogen haben, 2–3 EL Wasser einrühren.) Abdecken und mindestens 1 Stunde, bis die Masse vollkommen abgekühlt ist, beiseite stellen.

Zur Zubereitung des Teigs Mehl, Backpulver und Salz in die mit einem Knethaken versehene Küchenmaschine geben. 5 Sekunden lang in kurzen Intervallen mixen, um die Zutaten zu vermengen. Butter auf das Mehl geben und in Schüben rühren, bis die Butter eingearbeitet ist und die Mischung groben Streuseln ähnelt. In einer kleinen Schüssel Zucker, Ei, Eiweiß und Orangenschale mit einer Gabel verschlagen. Die Eiermischung in die Küchenmaschine geben und etwa 30 Sekunden rühren, bis die Zutaten gut eingearbeitet sind und der Teig am Knethaken anzuklumpen beginnt; nicht zu lange rühren. Den Teig zu einer Kugel formen, in Klarsichtfolie oder Backpapier wickeln und etwa 30 Minuten in den Kühlschrank stellen, bis er kalt, aber nicht hart und spröde ist.

Den Backofen auf 160° vorheizen. Mehrere Backbleche einfetten. Den Teig halbieren und jeweils mit einer Teighälfte arbeiten. Zwischen Backpapierbogen etwa 5 mm dick ausrollen und eventuell entstandene Falten im Backpapier glätten. Teig umdrehen und behutsam die untere Backpapierschicht abziehen, dann wieder leicht auflegen, Teig umdrehen, so daß die Oberseite oben zu liegen kommt, und den oberen Papierbogen entfernen. Mit einer runden Ausstechform von 7–7,5 cm Durchmesser oder dem Rand eines großen Trinkglases Taler ausstechen. Einen gehäuften Teelöffel Füllung in die Mitte

jedes Plätzchens setzen, dann jeden Taler zu einer dreieckigen Tasche formen, indem man dreimal jeweils etwa ein Drittel des Randes über die Füllung schlägt und die Randenden zusammendrückt, so daß drei Ecken entstehen. Ausreichend Füllung verwenden, damit sie sich schön hochwölbt und aus den Taschen herausschaut. Auf diese Weise alle »Dreispitze« formen und mit etwa 5 cm Abstand auf die Backbleche setzen. (Wenn die Teigtaler während der Arbeit zu weich werden und sich nicht mehr gut verarbeiten lassen, die Plätzchen samt dem Backpapier auf ein Tablett oder Backblech legen und in den Kühlschrank stellen, bis sie wieder etwas fest sind.) Teigreste zusammendrücken und in den Kühlschrank legen, bis der Teig kalt ist. Zwischen

Backpapierbogen ausrollen und ausstechen, bis der Teig verbraucht ist. Den Vorgang mit der zweiten Teighälfte wiederholen.

Auf den mittleren Schienen des Backofens 12–14 Minuten backen, bis die Plätzchen gerade einen Hauch brauner Farbe angenommen haben. Aus dem Ofen nehmen und die Taschen 1 oder 2 Minuten auf dem Backblech etwas fest werden lassen. Mit einem breiten Messer zum Abkühlen auf ein Kuchengitter heben.

Das Gebäck läßt sich bis zu 1 Woche in einer luftdicht verschlossenen Dose aufbewahren. Bei längerer Lagerung einfrieren.

Das Rezept ergibt etwa 35 gefüllte Plätzchen von etwa 7 cm Durchmesser.

KOKOSNUSS-SCHOKOLADENBROCKEN (COCONUT-CHOCOLATE CLUSTERS)

Neuseeland und Australien

Prallvoll mit Kokosflokken, gehackten Walnüssen und Rosinen sind diese leicht herzustellenden, einfachen Schokoladenplätzchen.

Wie bei vielen anderen neuseeländischen Plätzchen wird der Teig einfach mit dem Teelöffel auf die Bleche gesetzt und gebacken. Dies ist die Abwandlung eines Rezepts, das ich in Christchurch erhielt.

100 g Zartbitterschokolade
1 ²/₃ Tassen Mehl
2 EL Kakaopulver
1 TL Backpulver
¼ TL Salz
¾ Tasse und 2 EL weiche Butter
¾ Tasse und 1 EL Zucker
2 große Eier
3 EL Crème fraîche

1 ½ Tassen Kokosflocken
1 Tasse feingehackte Walnüsse
½ Tasse dunkle kernlose Rosinen

Den Backofen auf 160° vorheizen. Mehrere Backbleche einfetten und beiseite stellen.

Die Schokolade im Wasserbad unter gelegentlichem Rühren erwärmen, bis sie geschmolzen und glatt ist. Vom Feuer nehmen.

Mehl, Kakaopulver, Backpulver und Salz zusammensieben und beiseite stellen. Butter in einer großen Rührschüssel cremig schlagen. Zucker zufügen und glatt schlagen. Eier und Crème fraîche einrühren. Etwa die Hälfte der Mehlmischung unterheben. Mit einem großen Rührlöffel die geschmolzene Schokolade einrühren. Kokosflocken, Walnüsse und Rosinen zufügen und gleichmäßig im Teig verteilen. Das restliche Mehl zugeben und gründlich einarbeiten. Schwach gehäufte Teelöffel Teig mit etwa 5 cm Zwischenraum auf die Backbleche setzen.

Im oberen Drittel des Backofens 12 – 14 Minuten backen, bis die Plätzchen an den Rändern etwas Farbe angenommen haben. Backbleche aus dem Ofen nehmen und 2 Minuten stehenlassen. Die Plätzchen mit einem breiten Messer auf ein Kuchengitter legen und vollständig auskühlen lassen.

Das Gebäck läßt sich 3 – 4 Tage in einer luftdicht verschlossenen Dose aufbewahren. Bei längerer Lagerung einfrieren.

Das Rezept ergibt 30 – 35 Plätzchen von etwa 7 cm Durchmesser.

ERDNUSS-SCHOKOLADEN-PLÄTZCHEN (BROWNIES)

Neuseeland

Diese dunklen Schokoladenplätzchen enthalten eine Menge Erdnüsse und sind daher nicht allzu süß.

Das folgende Rezept erhielt ich von der Neuseeländerin Diane Garrett, einer Angestellten der neuseeländischen Luftfahrtgesellschaft in Los Angeles. Neuseeländer verwenden in ihrer Zuckerbäckerei normalerweise keinen Vanilleextrakt; ich nehme ihn jedoch gern als Zutat, weil er den Geschmack der Schokolade und der Erdnüsse noch besser zur Geltung bringt.

70 g Zartbitterschokolade
1 ½ Tassen Mehl
1 TL Backpulver
⅛ TL Salz
10 EL weiche Butter
¾ Tasse Zucker
1 großes Ei
1 TL Vanilleextrakt
(falls gewünscht; ersatzweise Vanillinzucker)
1 Tasse grobgehackte ungesalzene Erdnüsse

Den Backofen auf 160° vorheizen. Mehrere Backbleche einfetten und beiseite stellen. Schokolade im Wasserbad erhitzen, bis sie geschmolzen ist. Vom Feuer nehmen und abkühlen lassen.

Mehl, Backpulver und Salz gründlich vermischen und beiseite stellen. Butter in einer großen Rührschüssel cremig schlagen. Zucker zufügen und weiterschlagen, bis die Masse gut vermischt und glatt ist. Ei und gegebenenfalls Vanilleextrakt unterrühren. Etwa die Hälfte der Mehlmischung einrühren. Erdnüsse und geschmolzene Schokolade dazugeben und rühren, bis sich die Zutaten gleichmäßig im Teig verteilt haben. Das restliche Mehl zufügen und gründlich einarbeiten. Mit einem Teelöffel großzügige Teigportionen auf die Backbleche setzen; dabei etwa 5 cm Abstand einhalten.

Im oberen Drittel des Backofens 12 – 14 Minuten backen, bis die Plätzchen an den Rändern etwas Farbe angenommen haben. Die Backbleche nach der Hälfte des Backvorgangs von vorn nach hinten drehen, um gleichmäßiges Bräunen zu gewährleisten. Bleche aus dem Ofen nehmen und etwa 3 Minuten stehenlassen. Die Plätzchen mit einem breiten Messer auf ein Kuchengitter legen und vollständig auskühlen lassen.

Das Gebäck kann 3 – 4 Tage in einem luftdicht verschlossenen Behälter aufbewahrt werden. Bei längerer Lagerung einfrieren.

Das Rezept ergibt 30 – 35 Plätzchen von etwa 5,5 cm Durchmesser. (Abb. s. S. 249)

Hinweis: Um das Rezept zu variieren, kann man zusätzlich ½ Tasse grobgehackte Schokolade in den Teig einrühren. Die Verbindung von Erdnüssen und Schokolade ist besonders köstlich.

ZITRONENKEKSE (LEMON SNAPS)

Australien

Zitronen-Zucker verziert dieses leichte, knusprige Gebäck.

Die Australier essen es in ihrer morgendlichen Teepause gegen 10.30 Uhr. In vielen Büros ertönt dann eine Glocke, und die Arbeit ruht; keine Hektik darf das wichtige Geschäft des Teetrinkens stören.

2 mittelgroße unbehandelte Zitronen
1 Tasse und 1½ EL Zucker
2 Tassen Mehl
2¼ TL Backpulver
¼ TL Natron
¼ TL gemahlener Ingwer
½ Tasse weiche Butter
1 großes Ei
2 TL Rohrzucker- oder Ahornsirup
(s. Fußnote)
1 TL frischer Zitronensaft

Den Backofen auf 170° vorheizen. Mehrere Backbleche einfetten und beiseite stellen. Mit einem Kartoffelschälmesser oder einem anderen scharfen Schälmesser die dünne gelbe Schalenschicht von den Zitronen schälen; darauf achten, daß man nicht in die bittere weiße Haut darunter schneidet.

Zitronenschale und Zucker in eine Küchenmaschine mit Messereinsatz geben. 2½–3 Minuten mixen, bis die Zitronenschale sehr fein zerkleinert ist und der Zucker etwas die gelbe Zitronenfarbe angenommen hat. Die Masse durch ein Haarsieb streichen und eventuell zurückbleibende Schalenstückchen wegwerfen. Gut 1½ EL Zitronen-Zucker abmessen und zum Verzieren beiseite stellen.

Mehl, Backpulver, Natron und Ingwer in einer großen Schüssel gründlich vermischen.

Die Butter und den verbliebenen Zitronen-Zucker in einer großen Rührschüssel mit dem Handrührgerät bei mittlerer Geschwindigkeit locker und glatt schlagen. Ei, Sirup und Zitro-nensaft zufügen und weiterschlagen, bis die Masse gut vermischt und glatt ist. Nach und nach die Mehlmischung einrühren. Sobald der Teig fester wird, das restliche Mehl mit einem großen Rührlöffel einarbeiten.

Kleine Teigstücke zwischen den Handflächen zu etwa 2,5 cm dicken Kugeln rollen und diese in etwa 5,5 cm Abstand auf Backbleche setzen. Den Boden eines Trinkglases einfetten und leicht in den zurückbehaltenen Zitronen-Zucker stippen. Die Teigkugeln mit dem Glasboden flachdrücken, bis sie etwa 5 mm dick sind und einen Durchmesser von etwa 4,5 cm haben; dabei jedesmal den Glasboden wieder in den Zucker stippen, damit der Teig nicht anhaftet.

Im oberen Drittel des Backofens 8–10 Minuten backen, bis die Plätzchen in der Mitte goldbraun und an den Rändern etwas dunkler sind. Backbleche aus dem Ofen nehmen und 1–2 Minuten stehenlassen. Dann die Plätzchen mit einem breiten Messer auf ein Kuchengitter legen und vollständig auskühlen lassen. Bleche zwischen den Backgängen vollständig abkühlen lassen, da sonst der Teig zu stark aufgeheizt wird und zu sehr auseinanderläuft.

Die Plätzchen lassen sich bis zu 1 Woche in einer luftdicht verschlossenen Dose aufbewahren. Bei längerer Lagerung einfrieren.

Das Rezept ergibt 45–50 Kekse von etwa 6 cm Durchmesser. (Abb. s. rechts)

Hinweis: Rohrzuckersirup (Melasse) ist in Naturkostläden erhältlich. Bei der Verwendung von Ahornsirup haben die Kekse zwar nicht den gleichen Geschmack, doch in diesem Rezept läßt sich der Rohrzuckersirup gut durch Ahornsirup ersetzen.

RECHTS:
Zitronenkekse und Erdnuß-Schokoladenplätzchen
(Rezepte s. oben und S. 247)

AUSTRALISCHE PFEFFERNÜSSE (GINGER NUTS)

Australien

Pfeffernüsse sind kleine, würzige Plätzchen, die in Australien sehr beliebt sind. Durch ihre kompakte, kugelige Form sehen sie ein bißchen wie Nüsse aus, was ihnen wohl ihren Namen eingetragen hat. Die Pfeffernüsse erhalten ihr Aroma durch eine feine Würzmischung.

Obwohl dies ein australisches Rezept ist, stammen Pfeffernüsse ursprünglich aus Europa, wo sie ebenfalls sehr bekannt und beliebt sind.

2 Tassen Mehl
1 TL Natron
1 TL Backpulver
2 ½ TL gemahlener Zimt
2 ¼ TL gemahlener Ingwer
½ TL gemahlene Muskatnuß
½ TL gemahlene Nelken
½ TL gemahlener Piment
10 EL weiche Butter
½ Tasse Zucker
¼ Tasse Rohrzuckersirup
(s. Fußnote; ersatzweise Rübensirup)

Den Backofen auf 170° vorheizen. Mehrere Backbleche einfetten und beiseite stellen. Mehl, Natron, Backpulver, Zimt, Ingwer, Muskatnuß, Nelken und Piment in einer mittelgroßen Schüssel gut vermischen.

Butter, Zucker und Rohrzuckersirup in einem kleinen Topf bei niedriger Temperatur unter häufigem Rühren erhitzen, bis die Butter schmilzt. Den Topf vom Feuer nehmen. Die Butter-Zucker-Mischung über die Mehl-Gewürz-Mischung gießen und rühren, bis alle Zutaten sich verbunden haben und ein glatter Teig entstanden ist. Den Teig halbieren. Dann aus jeder Teighälfte 13–14 gleich große Kugeln von etwa 2,5 cm Durchmesser formen. Die Kugeln in etwa 6 cm Abstand auf die Backbleche setzen. Auf den mittleren Schienen des Backofens 9–11 Minuten backen, bis die Pfeffernüsse an der Oberfläche fast fest sind und an den Rändern etwas Farbe angenommen haben. Aus dem Ofen nehmen und mehrere Minuten auf den Backblechen stehenlassen. Dann die Plätzchen mit einem breiten Messer auf ein Kuchengitter legen und vollständig auskühlen lassen.

Die Pfeffernüsse lassen sich bis zu 10 Tagen in luftdicht verschlossenen Behältern aufbewahren. Bei längerer Lagerung einfrieren.

Das Rezept ergibt 26–28 Pfeffernüsse von etwa 5 cm Durchmesser.

Hinweis: Rohrzuckersirup (Melasse) ist in Naturkostläden erhältlich. Er kann durch Rübensirup ersetzt werden, obwohl die Plätzchen dann nicht mehr genauso schmecken wie die echten australischen Pfeffernüsse.

ANZAC-KEKSE
(ANZAC BISCUITS, KOKOSNUSS-HAFER-PLÄTZCHEN)

Australien und Neuseeland

Australier und Neuseeländer betrachten diese Plätzchensorte als ihre Erfindung. ANZAC steht für »Australian and New Zealand Army Corp«. Die Frauen beider Länder schickten diese Plätzchen ihren Männern, die im Ersten Weltkrieg kämpften.

ANZACs sind fest, knusprig und von goldener Farbe. Die Kombination von Kokosnuß und Hafer schmeckt so gut, daß sogar diejenigen, die für Kokosnüsse eigentlich keine besondere Vorliebe haben, diese Plätzchen mögen.

1 Tasse Mehl
1 Tasse Haferflocken
½ TL Backpulver
½ TL Natron
1 Tasse Kokosflocken
9 EL Butter
¾ Tasse und 2 EL Zucker
2½ EL Rohrzuckersirup
(s. Fußnote; ersatzweise Rübensirup)

Den Backofen auf 150° vorheizen. Mehrere Backbleche einfetten und beiseite stellen. Mehl, Haferflocken, Backpulver, Natron und Kokosflocken gründlich vermischen.

Butter, Zucker und Rohrzuckersirup in einem kleinen Topf bei niedriger Temperatur unter häufigem Rühren erhitzen, bis die Butter schmilzt. Die Butter-Zucker-Mischung über die Mehl-Haferflocken-Mischung gießen und rühren, bis sich alles gut verbunden hat und ein glatter Teig entstanden ist.

Teigstücke abteilen, in den Händen rollen und zusammendrücken, so daß kompakte, etwa 2,5 cm dicke Kugeln entstehen. Diese in etwa 5 cm Abstand auf die Backbleche setzen und etwas flachdrücken.

Auf den mittleren Schienen des Backofens 14—17 Minuten backen, bis die Plätzchen einen goldbraunen Ton angenommen haben. Aus dem Ofen nehmen und mehrere Minuten auf den Backblechen stehenlassen. Dann die Kekse mit einem breiten Messer lösen, auf ein Kuchengitter legen und vollständig auskühlen lassen.

Die ANZACs lassen sich bis zu 1 Woche in luftdicht verschlossenen Behältern aufbewahren. Bei längerer Lagerung einfrieren.

Das Rezept ergibt etwa 30 Plätzchen von etwa 6 cm Durchmesser.

Hinweis: Rohrzuckersirup (Melasse) ist in Naturkostläden erhältlich. Er ist zwar durch Rübensirup zu ersetzen, allerdings entsprechen Farbe und Geschmack der Plätzchen dann nicht mehr ganz den echten ANZAC-Keksen.

ANLEITUNGEN

NAPOLEONHÜTE
(s. S. 121)

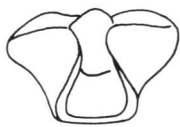

SKANDINAVISCHE ZUCKERBREZELN
(s. S. 120)

GLASIERTE SÜSSE BREZELN
(s. S. 158)
&
SCHOKOLADENBREZELN
(s. S. 144)

1.
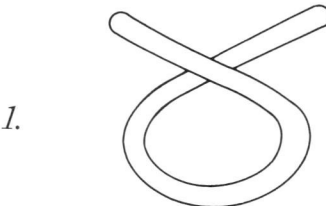

2.
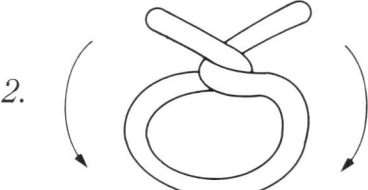

3.

KNUSPERHAUS
(s. S. 177)
Die gestrichelten Linien zeigen
die Plazierung der Teile an

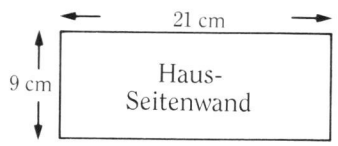

21 cm

9 cm

Haus-
Seitenwand

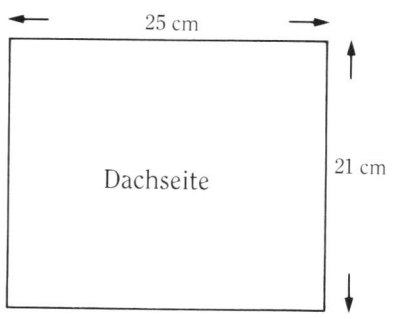

25 cm

21 cm

Dachseite

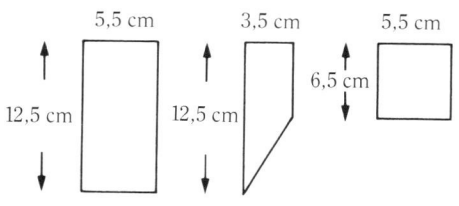

5,5 cm   3,5 cm   5,5 cm

12,5 cm   12,5 cm   6,5 cm

Schornstein-   Schornstein-   Schornstein-
Vorderseite   Seiten   Rückseite

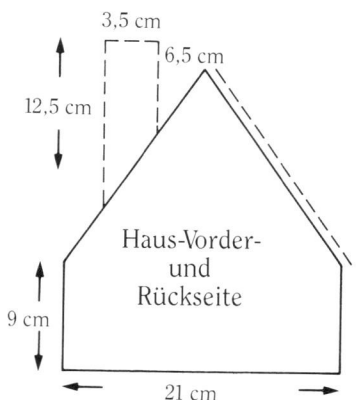

3,5 cm

6,5 cm

12,5 cm

Haus-Vorder-
und
Rückseite

9 cm

21 cm

REGISTER